제자도와 영성 형성

Copyright © 2010 by The Navigators
This edition issued by contractual arrangement with NavPress, a division of The Navigators, U.S.A. through rMaeng2, Seoul, Republic of Korea.
Originally published by NavPress in English as **KINGDOM LIFE, THE**, copyright *2010* by **The Navigators**.

All rights reserved.

This Korean Edition Copyright © 2012 by DMI Press, Seoul, Republic of Korea

이 한국어판의 저작권은 알맹2 에이전시를 통하여 NavPress 와 독점 계약한 도서출판 국제제자훈련원에 있습니다. 신 저작권법에 의하여 한국 내에서 보호받는 저작물이므로 무단 전재와 무단 복제를 금합니다.

제자도와 영성 형성

달라스 윌라드 | 브루스 맥니콜 | 빌 헐 | 브루스 디마레스트 외 지음
앨런 앤드루스 엮음 | 홍병룡 옮김

국제제자훈련원

추천의 글

20세기 중반부터 현재에 이르기까지 제자도에 관한 많은 책과 이론이 나왔다. 하지만 대다수의 제자도에 관한 책이나 이론은 주로 개인적인 양육에 그 초점이 맞춰져 있고, 공동체에 대한 논의가 부족하다고 느껴왔다. 이와 같은 방향은 주님의 제자도의 성격과는 다른 것이고, 사도들이 예수님으로부터 위임받은 바 교회공동체를 통해 실천한 제자도의 성격과도 거리가 먼 것이다. 또 개인의 신앙성장에 관해 체계적으로 다룬 것은 좋으나 압축해서 정답을 제시해 주는 식의 훈련이기 때문에 뿌리 깊은 영성을 형성해 나가기에는 미흡한 점이 많았다.

　이 책은 이런 갈증을 해소해 주고도 남음이 있다. 이런 책이 교계에 널리 읽혔으면 좋겠다는 생각을 늘 하고 있었는데 이번에 국제제자훈련원에서 이 책을 출판한다고 했을 때 필자는 가슴이 떨 정도로 기쁘고 흥분되었다. 이런 책은 한 번만 읽고 책꽂이에 꽂아놓는 책이 절대 아니다. 수시로 다시 펴서 읽고 공부하고 묵상해야 할 종류의 책이다. 그렇게 할 때 독자들은 최소한 다음과 같은 도움을 얻게 될 것이다.

　첫째로, 통합적인 영성을 얻게 될 것이다. 이 책은 신앙생활에 대한 신학적 콘텐츠와 영적 연마를 통합하였다. 자칫 잘못하면 제자도가 신앙생활의 에센스를 주입식으로 넣어주는 것에 그칠 수 있다. 이런 경우 머리는 비대해지지만 "영적 심령"(Spiritual Heart-저자 중 한 명인 Bill Hull이 지적한 것임)이 자라지 못하고 왜소한 상태로 남아 있게 된다. 이러한 부작용을 막기 위해서는 공동체의 역할이 필수적이다. 예배 중에 하나님을 경험하는 것 없이 영적 심령이 강화되는 것은 어려울 뿐만 아니라, 제대로 된 제자도도 기대하기 어렵다. 이 책은 이런 면을 방지하고도 남음이 있다.

둘째로, 제자도와 문화의 관계를 깊이 생각하게 해 준다. 이 책을 쓴 사람들은 교회공동체와 하나님 나라의 세계관을 가진 제자도가 세상 문화 속에서 어떻게 표현되어야 하는가에 대해 고민하는 사람들이다. 따라서 지금 한국 교회의 가장 큰 취약점으로 꼽히는 문화 속에서의 제자도에 대해 깊이 생각하게 해줄 것이다. 교회도 하나님 나라도 우리의 영성이 문화를 통하지 않고서는 적절히 표현될 수 없다. 그동안 우리의 제자도는 교회의 울타리를 넘어가지 못하거나, 문화와 분리된 개인차원에서의 영성을 다룬 면이 있다. 이 책은 이런 우리의 약점을 넘어서게 하는 데도 촉매의 역할을 할 수 있을 것이다.

끝으로, 지금 한국교계는 제자도에 대한 올바른 신학이 그 어느 때보다 필요하다. 이 책은 틀림없이 제자도가 개인적인 영역에서, 교회공동체, 사회공동체 및 하나님 나라 차원으로까지 확대되게끔 하여 한국 교회가 삼위일체 하나님의 선교에 참여하는 데 큰 도움을 줄 수 있을 것이다. 따라서 필자는 이 책을 목회자들과 선교사들 그리고 더 나아가 교회 제직들과 교인들이 필독할 수 있기를 적극 추천하는 바이다.

이태웅 박사
글로벌리더십포커스 원장
GMTC 초대 원장

목차

추천의 글		_이태웅	4
서문		_릭 워렌	8
머리말	TACT가 걸어온 여정	_앨런 앤드루스와 크리스토퍼 모튼	11

1부 영성 형성의 과정적 요소들

1장	하나님 나라의 복음과 영성 형성	_달라스 윌라드	32
2장	은혜의 공동체	_빌 스롤과 브루스 맥니콜	70
3장	영적 변화의 과정	_키스 매튜즈	100
4장	내면으로부터 시작되는 영성 형성	_빌 헐	126
5장	삶의 모든 영역에 걸친 변화	_키스 메이어	166
6장	고난을 통한 영성 형성	_페기 레이노소	196
7장	하나님의 선교에 참여	_파울라 풀러	232

2부	**영성 형성의 신학적 요소들**		
8장	영성 형성의 토대로서의 삼위일체	_브루스 디마레스트	264
9장	성령과 영성 형성	_마이클 글레럽	294
10장	성경과 영성 형성	_리처드 애버벡	324

후기		356
주		370
필자 소개		380

서문

"내 아버지께서 나라를 내게 맡기신 것 같이 나도 너희에게 맡기노라"(눅 22:29)

하나님 나라는 예수님의 사역의 핵심 주제로서, 그분이 하나님께서 세상에서 행하시는 일을 묘사할 때 즐겨 사용했던 용어다. 예수님은 이런저런 비유를 드시면서 "하나님의 나라는 이와 같으니…"라는 표현을 자주 사용하셨다. 사실 신약성경을 보면 "나라"(kingdom)라는 단어가 150번도 넘게 나온다.

예수님의 제자로서 우리는 정기적으로 "당신의 나라가 임하시오며"라고 기도하고, 마태복음 6장 33절(너희는 먼저 그의 나라를 구하라)을 자주 인용하면서도 대개는 그 말의 뜻을 제대로 알지 못한다. 특히 민주주의 국가에 사는 사람들은 예수 그리스도의 통치와 지배 아래 산다는 것이 무슨 뜻인지 잘 이해하기 어렵다.

하나님 나라는 어디에 있는가? 이는 얼마나 복잡한 질문인지 수세기에 걸쳐 신학의 모든 분야에서 많은 논쟁이 있었다. 여기서 나는 성경을 바탕으로 "하나님 나라는 예수님이 왕으로 계시는 어디에나 있다!"라고 간단히 답하고자 한다. 예수님이 당신의 마음속에 왕으로 계시면 하나님 나라는 당신 안에 있다(눅 17:21). 예수님은 하늘에서 왕으로 계시므로 하나님 나라는 하늘에도 있다(시 103:19). 예수님이 이 땅에 계신 때 그분은 하나님의 나라가 그들과 함께 있음을 알리기 위해 기적을 이용하셨다(눅 11:20). 장차 그리스도의 통치가 이 땅에서 완전히 실현될 때는 하나님 나라가 이 땅 위에 있게 될 것이다(계 5:10).

하나님 나라는 무엇인가? 그것은 "하나님의 통치와 지배"이다! 그러므로 "당신의 나라가 임하시오며, 당신의 뜻이 이루어지이다"라고 기도하는 것은 사실 중복되는 기도를 하는 셈이다. 하나님의 뜻이 이루어질 때마다 그 나라가 임하기 때문이다. 그런 의미에서 이 두 어구는 동일한 내용을 말하고 있는 것이다. 우리가 "당신의 나라가 임하시오며, 뜻이 하늘에서 이루어진 것 같이 땅에서도 이루어지이다"(마 6:10)라고 기도하는 것은 하나님의 뜻이 하늘에서는 완전하게 이루어지지만 땅에서는 불완전하게 이루어지고 있기 때문이다.

나는 하나님 나라에서 어떻게 살 것인가? 이 책은 바로 그 주제를 탁월하고 실제적으로 다루고 있다. 이 질문에 대한 성경적 답변을 찾으려고 여섯 친구들로 구성된 그룹이 6년 동안 노력해 왔고, 이 책은 그 모든 노력의 열매이다. 그리고 오늘날 절실하게 필요한 책이다.

오늘날 교회가 당면한 큰 문제 중의 하나는 미성숙한 교인이 그 상태로 남아 있는 것이다. 너무도 많은 그리스도인이 성장하지 못한 채 나이만 먹고 있다. 당신은 일평생 교회에 다니면서도 성숙한 경지에 도달하지 못할 수도 있다. 설교만 가지고는 그리스도의 제자를 양성할 수 없는 법이다. 더 많은 것이 필요하다. 새들백 교회는 지난 30년 동안, 예수님이 그랬듯이, 교인들을 미성숙한 수준에서 성숙한 수준으로 끌어올리고, "와서 보라"는 단계에서 "와서 죽으라"는 단계로 상승시키기 위해 성경적인 "삶의 교리문답"을 시리즈로 실시해 왔다.

하나님 나라의 삶을 살려면 우리가 온 마음(감정)과 온 뜻(의지)과 온 지성(지식)과 온 힘(몸)을 다해 주님을 사랑해야 한다. 우리는 지식과 관점(앎), 신념과 성품(인격), 기술(솜씨) 등 모든 면에서 성장해야 한다.

영적으로 빚어지는 과정은 짧지도 않고 쉽지도 않다. 영성 형성(spiritual formation)을 위해서는 시간, 하나님의 말씀, 의도적인 노력, 훈련, 공동체, 사역과 선교의 기회 등이 모두 필요하다. 나는 『목적이 이끄는 삶』에서 성숙한 경지에 이르려면 하나님의 영원한 목적 다섯 가지가 서로 균형을 맞출 필요가 있음을 보여주었다. 그 다섯 가지는 예배의 경험, 교제의 경험, 제자훈련의 경험, 섬김의 경험, 복음전도의 경험 등이다. 이 책은 이런 내용을 바탕으로 하나님의 영광을 위해 살려는 사람들이 반드시 취해야 할 습관과 관계를 설명함으로써 우리를 더 깊은 차원으로 인도하고 있다.

나는 이 중요한 책을 집필한 내 친구들이 무척 자랑스럽다. 이 책은 국내외적으로 P.E.A.C.E. 팀에서 섬기고 있는 모든 이들에게 필독서가 될 것이다. 이제 당신도 이 책을 읽으며 영적으로 성장할 준비를 갖추라!

릭 워렌 박사
새들백 교회 담임목사
『목적이 이끄는 삶』의 저자
Twitter@rickwarren

머리말

TACT가
걸어온 여정

앨런 앤드루스와 크리스토퍼 모튼
(Alan Andrews with Christopher Morton)

영성 형성은 갈수록 더 많은 그리스도인의 귀에 아름다운 음악을 선사해 준다. 하지만 어떤 이들에게는 염려스러운 주제이기도 하다. 도널드 블로쉬(Donald G. Bloesh)는 『옛 영성과 새 영성』(Spirituality Old and New)[1]이라는 책에서 영성 형성 운동이 가져온 축복을 강조하는 동시에 경고를 부각시키고 있다. 구체적으로, 고전적인 기독교 신비주의와 새로운 형태의 영성이 전통적 의미의 영적 성숙이란 개념 속에 자리를 잡을지도 모른다고 경고했다.

제임스 윌호이트(James C. Wilhoit)는 『교회를 중시하는 영성 형성』(Spiritual Formation as if the Church Mattered)[2]이라는 책에서 영성 형성 운동을 긍정적으로 평가하되, 거기에 참여하는 이들의 삶에서 공동체의 중요성을 강조했다. 영성 형성을 가르쳐온 사람들 중에 윌호이트의 강조점에 반대하는 경우는 거의 없을 테지만, 어쨌든 그는 영성 형성에서 공동체에 높은 우선순위를 부여하고 있다.

"영성 형성"이란 용어를 들으면 다수는 그리스도 안에서 성숙하는 과정에 더 많은 관심을 기울여야 한다는 소리로 이해한다. 하지만 어떤 이들은 영적 성장에 대한 다양한 율법주의적인 접근들을 머릿속에 떠올린다. 일부는 이 주제를 종교개혁의 근본 교리인 이신칭의(믿음으로 의롭게 된다)에 대한 공격으로 보기도 한다. 심지어는 영성 형성을 뉴에이지 사상이 교회의 뒷문으로 침투할 때 사용하는 암호로 간주하는 이들도 있다. 끝으로, 요즈음 유행하는 "영성 형성"은 우리가 전통적으로 "제자도"라고 부른 것을 일컫는 새로운 용어인 만큼 사실은 불필요하다고 생각하는 이들도 많다. 나는 정통교리와 제자도 양자를 매우 중요시하는 한 선교단체에 평생 몸담아 왔기에 이런 염려를 충분히 이해할 수 있고, 나 자신도 때때로 그런 생각을 하곤 했었다.

몇 년 전 위에서 말한 여러 염려거리에 매몰되지 않고 미국 교회의 영적 상태를 슬퍼하는 한 무리의 남녀가 함께 모여 미국의 문화와 교회, 그리고 영성 형성에 관한 대화를 나누기 시작했다. 우리는 교회가 교인들로 하여금 그리스도 안에서 성숙하도록 돕는 일에 초점을 맞추어야 한다는 점에 서로 공감했다. 그런데 오늘의 미국 교회는 교인의 영성 형성보다는 소비주의적인 심성에 초점을 맞추고 있다고 느꼈다. 교인들이 그리스도 안에서 건강하게 성숙하려면 자연스러운 과정이 필요한데, 오히려 온갖 프로그램과 테크닉이 판을 치고 있기 때문이다.

우리는 물론 프로그램도 필요하고 문화적으로 적실한 전략의 수립도 중요하다는 것을 알고 있다. 이 그룹에 속한 몇 명은 하나님 나라의 복음을 적절한 방식으로 미국 문화에 접목하는 법을 마련하는 데 평생을 바친 사람들이다. 그렇지만 프로그램과 적실성을 강조하다 보면 때로는 교인들이 그리스도 안에서 성장하는 것을 방해할 수도 있다는 점 또한 우리는 인식하고 있다.

우리 그룹은 신학자들, 문화 사상가들, 그리고 영성 형성의 실무자들로 구성되어 있다. 우리는 건강한 그룹을 만들기 위해 목사들을 일정 비율 참여시키기로 했다. 그리고 폭넓고 다양한 의견을 수집할 목적으로 남성과 여성, 인종과 세대 등을 골고루 대변하는 이들을 포함시켰다.

우리의 주요 목표 중 하나는 선교 사역이 활발한 교회들이 영성 형성 중심적인 교회가 되도록 돕는 일이다. 우리는 육신이 된 말씀, 곧 예수 그리스도를 통해 인간을 구원하는 분은 오직 하나님밖에 없다는 점을 충분히 인식하는 가운데, 영성 형성은 다음 세 가지 중요한 요소들의 결과라고 믿는다. 그것은 건전한 개인의 영적 성장, 건강한 공동체의 형성, 그리고 활발한 선교사역에의 참여 등이다. 이 세 요소에 대해 더 상세히 설명하는 일은 이 책의 후기에서 시도해 보려 한다.

하지만 지금 당장 말하고 싶은 것은 이 세 가지 요소야말로 예수님과 그의 나라의 복음을 역동적으로 이해하는 데 반드시 필요한 열쇠와 같다는 점이다. 우리의 일차적인 우선순위는 성령의 능력으로 예수님을 따라 하나님 나라에 들어가서 개인적인 생활과 공동체와 선교의 영역에서 제자의 삶을 살아가는 것이어야 한다.

예수님은 우리에게 하나님 나라가 가까이 왔다고 말씀하셨다. 이어서 회개하고, 그분의 좋은 소식을 믿고, 그분을 따르라고 우리를 부르셨다. 하나님 나라의 복음은 아주 복잡하면서도 놀랍도록 단순하다. 복잡한 성격은 하나님 나라가 지닌 신비로운 영광과 아름다움에 있다. 단순한 성격은 우리가 그 나라를 발견하는 길, 곧 예수님의 손을 붙잡고 그분을 따르는 일에 있다. 우리는 그리스도의 충실한 견습생이 될 때 그분 안에서 형성된다.

예수님과의 동행: 단순하면서도 복잡한 일

내게는 장애를 가진 여덟 살짜리 손자가 있다. 그 아이가 하나님 나라의 복잡한 성격을 모두 이해하기는 어려울 테지만, 예수님을 따르는 것에 대해선 우리보다 더 분명하게 이해하고 있다. 어린아이다운 그의 단순한 믿음은 복음의 단순성을 보여주는 놀라운 증거이다. 식탁에서 드리는 그 아이의 깊은 기도는 우리를 깜짝 놀라게 한다.

우리 모두는 내 손자와 같이 이런 과정을 밟기 시작한다. 마샬 대학교에 다니던 1960년대에 내가 그리스도 안에서 성장하기를 무척 바랐던 것이 기억난다. 어디를 향하고 있는지도 모른 채 여러 면에서 혼란스럽던 시절이었다. 나는 누구인가? 내 인생의 목적은 무엇인가? 이런 질문에 대한 답변을 복음에서 찾을 수 있을까? 그리스도인임을 고백하는 것과 예수님을 따르는 것이 반드시 같다고 할 수 없는 세상에서 어떻게 내 길을 찾을 수 있을까? 나는 나아갈 방향과 좇을 지침을 간절히 찾고 있었다.

그런 고민을 붙들고 씨름하던 대학 시절에 한 젊은 목사가 내 친구가 되지 않았더라면 내가 어떻게 되었을지 도무지 상상할 수가 없다. 그의 우정과 나에 대한 헌신으로 말미암아 나는 의기소침했던 날들에도 줄곧 예수님과 함께 걸을 수 있게 되었다. 이와 비슷하게, 하나님과 깊이 동행하던 한 은행가는 나에게 영적인 도움을 주기 위해 매주 사우스캐롤라이나의 찰스턴에서 웨스트버지니아의 헌팅턴까지 100킬로미터씩 여행하기도 했다. 하나님과 깊은 관계를 맺고 있던 그 두 사람은 그들의 삶을 나에게 투자하기로 결심했던 것이다. 그렇게 함으로써 그들은 예수 그리스도의 복음 안에 인생의 목적에 대한 진정한 해답이 있음을 내게 보여주었다.

지난 40년에 걸쳐 다른 사람들이 예수 그리스도의 제자가 되도록 내 삶에 투자하는 동안 그 두 사람의 유산은 내 안에 계속 살아 있었다. 이 여정은 실로 멋지고 보람 있는 길이었다. 물론 이 길을 걷는 동안 믿기 어려울 만큼 높은 고지도 있었고 때로는 아주 고통스러운 골짜기도 통과했다. 아주 분명한 것이 하나 있다. 만일 오래전에 그들을 만나지 못했다면, 나는 분명 하나님의 소명에 따라 살지 못했을 것이라는 점이다. 나는 그들의 어깨 위에 서 있으며, 그들이 오래전에 보여준 사랑과 희생을 생각하면 감사하는 마음과 함께 고개가 숙여질 뿐이다.

그러나 이것은 나만의 이야기가 아니다. 이처럼 타인의 삶에 투자하며 예수 그리스도의 사랑을 실천한 이야기는 "신학 및 문화 사상가 그룹"(TACT, Theological and Cultural Thinkers)의 구성원들의 공통분모에 해당한다. 이 공통분모가 우리의 다양한 인생 경험, 서로 다른 문화 배경, 제각기 독특한 소명 등에도 불구하고 우리를 하나로 묶어준다. 우리는 우리가 그리스도 안에서 누리는 깊은 관계로 인해 다른 사람들이 그리스도를 알게 될 뿐 아니라 그분을 닮아 성장하도록 돕는 일에 헌신한 자들이다. 이와 같은 정신으로 그리스도의 사랑을 다음 세대에도 전수하려고 하니 이런 질문이 떠오른다. '어떻게 하면 21세기에도 사람들이 예수님의 손을 붙잡고 그의 견습생으로 그분을 따를 수 있도록 도울 수 있을까?'

문제를 직시하고 앞으로 나아가기

TACT 모임은 초창기부터 갤럽(Gallup)과 바나(Barna)를 비롯한 여러 여론조사 기관들에서 나오는 데이터를 살펴보았는데, 그 중의 다수는 많은 기독교 지도자들과 헌신적인 그리스도인들이 꽤 오랫동안 느껴왔던 것을 확증해주었다. 미국 교회는 굉장한 노력을 기울이고 여러 가지 프로그램을 수없이 실행했음에도 대체로 변화된 삶을 낳지 못했다. 우리는 미국 교회가 개발한 복음은 예수님이 전파한 하나님 나라의 복음에 훨씬 못 미치는 축소판 복음임을 강하게 느끼기 시작했다. 우리 교회는 사람들에게 천국 가는 티켓을 제공한다는 소위 "회개하고 복음을 영접하는 일"에만 초점을 맞추었고, 그 결과 사람들은 예수님을 만날 때까지 자기네 죄를 그럭저럭 다루는 데만 익숙해졌을 뿐이다. 하지만 우리는 성경을 공부하면서 천국의 복음은 그보다 훨씬 더 많은 것을 요구하고 있음을 알게 되었다.

우리의 마음은 예수님의 좋은 소식을 보다 완전하게 표현하고 싶은 갈망에 사로잡혔다. 우리가 비록 영적 변화의 모든 측면을 다 이해할 수는 없을지라도, 그리스도 안에서 성장한다는 것이 얼마나 크고 얼마나 깊은 경험인지를 좀 더 알아야겠다고 생각했다. 진정한 변혁이 일어나려면 개인적인 삶, 우리의 공동체, 그리고 하나님이 주신 사명 등에서 무엇이 필수적인 요소(핵심 개념)인지를 알고 싶었다.

TACT가 공식적으로 구성된 것은 2002년 9월이었다. 우리는 우리의 공통관심사를 알고 있었지만 하나님이 우리를 어디로 인도하고 있는지는 도무지 알 수 없었다. 이 모임은 중요한 집회도, 어떤 운동도, 거창한 프로젝트도 아니었다. 우리는 그리스도 안에서의 성장에 대해 열정을 품은 남자와 여자들일 뿐이다.

각 참석자는 첫 번째 모임에 참석하기에 앞서 그리스도 안에서 성장하는 것에 무엇이 포함되는지에 대한 서론적 보고서를 쓰게 되어 있었다. 그래서 각 사람은 검토용 보고서를 제출했다. 첫 모임에서 우리가 행한 첫 번째 활동은 그리스도 안에서 성장하도록 도움을 받았던 개인적인 이야기를 나누는 일이었다. 그로부터 명백해진 것은 우리의 영적 여정은 우리가 가진 영적 성장의 신학을 그대로 반영하지 않았다는 사실이다. 그 대신 우리의 개인적인 투자-내 경우에는 웨스트버지니아의 그 목사와 은행가-가 우리의 성장에 가장 크게 이바지했다는 사실을 알게 되었다. 이처럼 항상 그리스도 중심적이고 그분의 성경에 깊이 뿌리박고 있는 개인적인 차원과 공동체적 차원의 관계를 회상하는 일은 우리 모두에게 큰 배움의 순간이 되었다.

이와 더불어 좀 다른 방식으로 우리의 눈을 열어준 또 다른 배움의 기회도 있었다. 가라데 학교 선생님으로도 일하는 한 목사가 휜띠를 따는 데 필요한 패턴과 훈련 과정을 일일이 소개해 주었다. 그것은 아주 거북하고 웃기는 경험이었으나, 이를 통해 우리는 수십 년 동안 "우리 나름대로" 살아온 뒤에 새로운 패턴을 익히고 훈련을 한다는 것이 얼마나 어려운지를 실감했다. 우리는 다양한 패턴을 반복해서 연습하는 동안 그 중 일부는 쉽게 배웠지만 어떤 것들은 자연스럽게 익힐 수 없다는 것을 알게 되었다. 그리고 그런 경험을 성찰한 결과, 그 중에는 영적 변화를 이해하는 데 직접 적용할 수 있는 것들이 있음을 알게 되었다.

우리는 그리스도 안에서의 영적 성장이 반드시 우리의 개인적 삶과 공동체와 선교에 근거를 두고 있음을 깨달았다. 그러나 그것은 옛 패턴을 벗어

버리고 새 패턴을 다시 배우는 과정이기도 했다. 우리의 마음, 의지, 생각, 몸은 새로운 생각과 행동의 패턴으로 다시 훈련될 필요가 있다. 그로 인해 로마서 12장 1-2절이 새로운 의미로 다가왔다.

> 그러므로, 형제들아 내가 하나님의 모든 자비하심으로 너희를 권하노니 너희 몸을 하나님이 기뻐하시는 거룩한 산 제물로 드리라 이는 너희가 드릴 영적 예배니라 너희는 이 세대(이 세상의 패턴)를 본받지 말고 오직 마음을 새롭게 함으로 변화를 받아 하나님의 선하시고 기뻐하시고 온전하신 뜻이 무엇인지 분별하도록 하라.

은혜에 관한 달라스 윌라드의 유명한 어구가 예전보다 훨씬 절실하게 와 닿았다. "하나님은 노력에는 반대하지 않지만 은총의 획득에는 반대한다."3) 우리 모두는 새로운 생각과 정서의 패턴과 행동방식을 습득하려면 애초에 생각했던 것보다 훨씬 많은 노력이 필요하다는 점도 깨닫게 되었다.

우리 모두에게 TACT는 놀라운 배움의 공동체였다. 우리의 생각과 지식을 날카롭게 다듬는 기회이기도 했다. 우리가 가장 많이 경험한 것은, 다 함께 살며 일하는 가운데 서로에게 영향을 주는 공동체적인 변혁의 힘이었다. 우리는 서로 친구가 되었고, 갈수록 더 예수님을 닮아가는 것을 배우는 과정 중에 있다. 우리의 삶과 삶이 서로 부딪히면서 서로를 날카롭게 다듬어 주었다. 서로 간에 큰 차이점이 있음에도 서로 사랑하는 법을 배우는 일이 가장 큰 도전이었다. 때로는 TACT 내에 갈등이 생겨서 큰 긴장이 있기도 했고 유감스럽게도, 상당한 심적 고통을 불러일으킨 적도 있었다.

갈등을 통해 배우고 성장하기

최초의 갈등은 "영성 형성"(spiritual formation)이란 용어를 둘러싸고 일어났다.

일부는 그것을 관조적인 생활방식, 곧 21세기를 특징짓는 복잡다단한 삶에서 물러나는 것을 의미한다고 보았다. 어떤 이들은 그것이 기도와 금식, 성경읽기와 성경암송 등과 같은 훈련을 수용하고 이를 통해 마음과 생각과 몸을 새롭게 하는 것을 뜻한다고 생각했다. 또 다른 이들은 토마스 아 캠피스와 성 안토니와 같은 인물들에게 배우며 고전 작가들을 좇는 것을 의미한다고 보았다.

영성 형성의 이 모든 갈래는 그동안 하나님께서 인생에게 행하신 일들에 그 나름대로 이바지했다. 하지만 우리의 과업은 어느 특정한 갈래를 특별히 강조하는 것이 아니라 예수님의 추종자로 성장한다는 말의 의미를 폭넓게 개관하는 것이었다. 그런데 어떤 이들은 자신의 개인적 입장과 이런 폭넓은 관점을 강조하는 입장이 너무 다르다고 느낀 나머지 상당히 긴장했다. 그래서 우리는 그런 이들에게는 그들 나름의 소명을 좇도록 격려했다. 우리는 영성 형성의 문제에 대한 모든 해답을 제공하려는 것이 아니었기에, 그런 사람들에게 다른 소명을 추구함으로써 우리가 씨름하는 주제에 대해 새로운 빛을 조명해 주기를 바란다고 격려했던 것이다. 우리는 지금까지 그들과 계속 접촉하고 있으며 그들이 발견한 바를 배우려고 애쓰고 있다.

우리가 함께 배우고 있는 것을 널리 보급하는 방법과 관련해 또 다른 갈등이 일어났다. 일부는 당장 콘퍼런스를 개최하여 이미 사방에서 일어나고 있는 영성 형성 운동의 촉매제 역할을 하자고 제의했다. 하나님이 이미 시작하신 운동을 더욱 부추기고 싶었던 것이다. TACT에 속한 대다수는 그런 운동이 이미 존재한다는 것과 그런 부채질이 필요하다는 것에 동의했다. 그래서 우리는 기존의 운동에 열정을 품은 이들에게 하나님의 인도를 받아 그 일에 더욱 정진하도록 격려했다. 우리는 지금도 계속해서 그들을 지지하고 있고, TACT에 속한 다수가 그 운동에 실제로 참여하고 있는 중이다. 그럼에도 TACT는 여전히 신자들이 영성 형성을 명료하게 이해하도록 돕는 싱크탱크로 남아 있다.

우리는 이 두 가지 갈등 덕분에 우리를 기다리고 있던 또 다른 도전에 잘 대처할 수 있었다. TACT의 초창기부터 우리는 그리스도의 몸의 폭넓은 횡단면을 대변하기로 다짐했었다. 여기서 "횡단면"이란 다양한 인종, 세대, 사역의 중점, 성, 그리고 기질-영성 형성에 헌신한 그룹치고 비(非)관조적인 사람이 의외로 많았다-을 모두 포함한다는 뜻이다. 사실 우리의 초기 모임은 그리스도의 몸의 단면을 잘 대변하고 있는 듯이 보였다. 그렇다고 해서 다양성을 위한 다양성을 추구했던 것은 아니고, 우리가 이 주제에 대해 하나님이 말씀하시는 것을 잘 감지하려면 그분의 몸의 일부가 아닌 전부와 연결되는 일이 필요하다고 생각했기 때문이다.

여러 가지 이유로(내 자신의 약점) 우리는 그 후 몇 년을 거치는 동안 그런 다양성을 잃기 시작했다. 때로는 우리가 계속 전진해야 한다는 압박, 곧 무언가를 "생산해야" 한다는 강박감 때문에 갈수록 더 동질화되고 있는 현상을 미처 포착하지 못했다. 2005년 9월, 이제는 우리가 보유하고 있는 것을 출판해도 좋다고 믿고 다 함께 모였을 때, 우리는 갑자기 멈춰 서고 말았다.

이미 언급한 것처럼 우리가 조성하려고 했던 환경은 사람들이 기꺼이 관계의 위험을 감수하려는 그런 것이었다. 여기에는 사람들이 달가워하지 않고 수용하기 어려운 말을 하는 것까지 포함된다. 그런데 그 모임에 참석했던 파울라 풀러(그녀의 경력은 이 책의 뒷부분에 나와 있다)가 우리 그룹이 완전히 베이비붐 세대의 백인 남성을 겨냥하고 있다고 지적하는 바람에 우리는 당시의 상황을 재검토하게 되었다.

물론 베이비붐 세대의 백인 남성이 나쁜 집단인 것은 아니나 그들이 그리스도의 몸 전체를 대변한다고 말하기는 어렵다. 실제로 주위를 돌아보니 우리는 파울라와 다른 두 명을 제외한 모든 참석자가 바로 그 집단에 속해 있음을 알게 되었다. 파울라로서는 이 점을 지적하는 일이 쉽지 않았겠으나, 그 말을 듣는 일도 그만큼 어려웠다.

우리는 개인적 차원과 그룹의 차원에서 잠깐 멈춰 서서 우리가 어디에 서 있는지, 그리고 전진하기 위해 무엇을 해야 하는지를 곰곰이 생각했다. 우리 각자는 이미 TACT에 수많은 시간을 투자한 상태였고 하나같이 매우 바쁜 사람들이었다. 우리가 이제까지 수행했던 일을 모두 내버릴 것인가? 그동안 우리가 우리 그룹의 특징이라고 믿었던 영성 형성의 참뜻을 고수하지 않았음을 인정할 것인가? 우리의 실패를 직시하고 멈출 것인가, 아니면 계속 밀고 나갈 것인가?

우리는 한동안 아주 고통스럽게 눈물로 회개한 뒤에 우리의 실패를 있는 그대로 직시했다. 절대 쉽지 않은 시간이었다. 마침내 우리는 스스로를 낮추고 도중에 그만둔 사람들을 찾아가 우리가 그룹을 축소할 때 범한 실수에 대해 사과했다. 그 후 우리는 아주 다른 배경들을 가진 새로운 사람들을 영입하기에 이르렀다. 우리 모두 애초에 바랐던 그런 다양성을 되찾기로 한 것이었다.

절대 쉽지 않은 시간이었다는 말은 절제해서 표현한 것이다. 미국 기독교 공동체 전반을 대상으로 선교 및 변혁 사역을 도모하고 모든 이들에게 온전한 복음을 전파하는 일에 헌신하는 공동체를 조성한다는 것은 여러 면에서 굉장히 어려운 작업이었다. 실제로 우리는 아직도 배우고 있고 아직도 실수를 범하고 있다. 2005년 9월에 파울라와 성령의 인도가 없었더라면 우리는 우리가 애초에 기대했던 그룹이 되지 못했을 것이다.

개혁과 하나님의 음성 듣기

우리 모두에게 좋은 소식은 우리가 그만두지 않았다는 것이다. TACT는 앞으로 나아갔다. 우리는 여러 장소에서 모였다. 맨 처음에는 피닉스의 도심지로 가서 우리가 이야기하고 있는 내용이 가난한 자에게 적실한지 아닌지를 보았다. 그리고 미니애폴리스에서 목사들과 만나 성령이 우리에게 말씀했듯이 그들에게도 말씀하시는지를 보았다. 또 로스앤젤레스에서 만나 영성 형성에 평생을 바친 달라스 윌라드와 같은 인물도 우리와 같은 하나님의 음성을 듣고 있는지를 타진했다. 우리는 글을 썼고, 서로 논쟁했고, 공동체에 머물렀고, 헌신한 상태를 그대로 유지했다.

지금 당신이 들고 있는 책이 우리의 '최종 산물'은 아니다. 우리는 우리처럼 다양성을 지닌 헌신적 공동체에 성령께서 하나님 나라의 복음과 그리스도 안에서의 성장에 관해 말씀하고 계심을 알아차리기 시작했다. 우리는 여전히 배우는 중이고 여전히 모이고 있다. 우리가 말하고 싶은 것은 이보다 훨씬 많지만, 이 책에서 다루는 내용이 이 시점에 그리스도의 몸에 가장 중요한 것이라고 생각한다. 우리는 영적 변화의 특정 측면을 전문적으로 다루지 않고 영성 형성의 핵심 요소들에 초점을 맞췄다.

우리는 영성 형성의 요소들을 두 가지 범주로 나누었다. 하나는 과정적 요소들이고, 다른 하나는 신학적 요소들이다. 과정적 요소(process elements)는 우리의 지속적인 영적 행습과 관련된 요소를 일컫는다. 신학적 요소(theological elements)는 우리가 그리스도의 형상으로 변화되는 것과 관련된 성경의 기본진리와 관계가 있다. 이 두 범주는 서로 겹치는 면이 있지만, 이 책의 기본 구조를 이해하기 위해 그것을 폭넓게 개관하는 것이 좋겠다.

각 장은 이런 핵심적인 개념들 내지는 요소들 중의 하나를 중심으로 꾸며져 있다. 각 장의 서두에 그 요소를 명기하고 그 부분의 내용을 간단하게 요약해 두었다. 이처럼 그 요소를 명기하고 요약한 것은 독자들이 그 장과 다른 장들과의 관계를 인식하도록 돕기 위해서다. 이 요소들의 순서가 직선적으로 이어지는 건 아니지만 그 모든 요소는 상호관계를 갖고 있다. 당신은 책을 읽기 전에 각 장의 내용을 대충 아는 것이 필요하다. 그래서 우리는 당신이 앞으로 어느 방향으로 나갈지를 감지하도록 여기에 그 내용을 열거하는 바이다.

영성 형성의 과정적 요소들

제1요소 | 하나님 나라의 복음은 우리가 그리스도를 따를 때 그분 안에서 우

리를 빚으시는 하나님의 선한 활동이 일어나는 영역이다. 하나님 나라는 광대하고 장엄하며 아름다움으로 가득 차 있다. 우리는 회개하고 하나님 나라에서 예수님의 견습생이 되어 그 나라를 알아가게 된다.

설명 | 예수께서는 "때가 찼고 하나님의 나라가 가까이 왔으니 회개하고 복음을 믿으라"(막 1:15)고 말씀하셨다. 하나님은 그 나라의 아름다움을 발견하려면 회개하고, 그분을 믿고, 그분을 따르라고 우리를 초대하신다. 우리는 하나님 나라에 들어갈 때 영생의 길로 들어서는 특권을 얻게 된다(요 17:3).

사도 바울은 이렇게 말했다. "그가 우리를 흑암의 권세에서 건져 내사 그의 사랑의 아들의 나라로 옮기셨으니 그 아들 안에서 우리가 속량 곧 죄 사함을 얻었도다"(골 1:13-14). 하나님 나라는 하나님이 활동하고, 그분의 부활의 생명이 작동하고, 그분의 선교가 이루어지는 영역이다. 그리스도가 우리 안에서 그리고 우리 둘레에서 활약하고 계시므로 우리는 그분을 따르고 그분에게 배우라는 초대를 받는다. 우리는 영생의 문으로 들어가라는 부름을 받았는데, 이는 그리스도의 형상을 본받기 위해 그분을 통해 그 나라에 들어가는 순간에 시작된다. 우리는 그리스도의 견습생이다.

그리스도 안에 "지혜와 지식의 모든 보화"가 감추어져 있다(골 2:3). 하나님 나라는 너무도 복잡하여 우리가 영원토록 발견하고 또 발견하게 될, 지극히 아름답고 광대한 하나님의 영역이다. 우리는 그분을 따라가는 가운데 그분의 형상으로 빚어지게 된다.

제2요소 | 영성 형성은 하나님과의 관계 및 서로 간의 관계에 뿌리를 두고 있다. 은혜와 신뢰의 공동체는 우리로 하여금 우리 자신을 발견하고 또 어떻게 신뢰, 사랑, 은혜, 겸손, 존엄성, 그리고 공의 가운데 살 수 있는지를 배우도록 도와준다. 은혜와 신뢰의 공동체는 믿지 않는 세상 속에서 동료 신자들과 진리를 나눌 수 있는 문을 열어준다.

설명 | 이 초대를 받아들이는 사람들은 삼위일체의 삶의 특징이라 할 수 있는

은혜의 원리들을 하나님 및 타인과의 관계 속으로 통합시킨다. 안전한 은혜의 공동체는 이런 원리를 경험하고 살아내는 이들의 부산물인 동시에 타인에게 그것을 경험하고 살아내도록 권하는 초대장이다. 하나님 및 타인과 더불어 은혜를 경험하는 과정은 내가 누군지를 확증해 주고, 성숙하도록 도와주며, 어떻게 살아야 할지를 가르쳐준다.

제3요소 | 그리스도를 닮아가는 영성 형성은 우리가 그리스도의 명령을 순종함으로 삶의 모든 영역에서 그분의 형상으로 변화되는 예수님의 제자로 살기로 다짐하는, 공적, 개인적, 공동체적 차원의 의도적인 헌신을 포함한다.

설명 | 예수 그리스도의 제자가 되는 것은 중생한 삶과 함께 시작되는 변화의 과정이다. 중생한 삶이란 예수님의 제자가 되고, 신앙 공동체와 일치되고, 예수님의 모든 계명에 순종하는 삶을 사는 것을 일컫는다(딛 3:3-7). 이 변화의 과정은 제자가 개인적, 공적, 공동체적, 가정적 차원의 일상 세계에서 의도적으로 예수님의 형상을 본받으려고 애쓰는 동안 계속 이어진다(고후 3:17-18; 엡 5:21-6:9). 우리가 우리 삶을 예수님의 본보기에 맞추고 그분이 명령한 모든 것을 순종하는 삶을 살기로 헌신함에 따라, 우리 삶의 모든 측면은 그리스도를 본받아 가게 된다(마 28:20; 롬 8:29).

제4요소 | 영성 형성은 우리 내면이 평생토록 그리스도의 형상으로 변화해 가는 과정이며, 이는 외적인 활동만의 문제가 아니다.

설명 | 영성 형성은 영적인 마음이 예수 그리스도를 닮아가는 전 인격적 변화를 추진하는 근본적인 내면의 변화를 포함한다(마 5:20; 15:18-20; 롬 6:17-19). 이는 내면의 변화와 외적인 활동이 갈수록 더 조화를 이루어 전 인격이 예수 그리스도께 순종하게 되는 것을 의미한다(갈 4:19; 롬 6:12-14; 엡 4:22-24). 이런 순종은 사람이 아닌 하나님을 기쁘게 하려는 것이다. 성경은, 노력은 칭찬하지만 하나님의 호감을 사려는 율법주의는 반대한다(마 6:1-18). 속에서 겉으로 변화되는 일

은 평생 지속되는 과정이다. 겉사람은 낡아가지만 속사람의 변화는 평생토록 계속되는 것이다(고후 4:16-18). 이처럼 일평생 삶의 모든 국면에서 그리스도의 형상을 닮아가는 총체적인 변화를 이룩하려면 여러 도구와 도움이 필요하다.

제5요소 | 영성 형성은 단순한 테크닉이나 프로그램이 아니라 하나님의 능력으로 상처와 반역이 치유되는 등 전 인격이 지속적으로 변화하는 과정이다.
설명 | 사람들은 하나님의 형상과 모양으로 창조되었다. 그러나 인간의 타락이 그 형상과 모양의 모든 면을 손상시키고 우리를 싸움과 부패에 빠뜨려 우리는 반역적이 되고, 하나님과 서로에게서 소외되고, 고통과 상처를 받아 우리의 영혼이 망하게 되었다.

인생의 여정은 인간관계, 신체적 성숙, 고난, 목표, 소원, 희망 등의 분야에서 평생토록 변화를 경험하는 과정이다. 따라서 영적인 발전에 관한 성경의 은유들을 보면 오랜 기간에 걸친 성장의 개념에 초점을 맞추고 있다. 가령, 경주를 위한 훈련, 광야에서의 방황, 상처와 반역의 치유와 같은 것들이다. 이와 대조적으로, 우리 문화가 즐겨 사용하는 것은 적절한 테크닉과 도구와 프로그램에 기초한 응급처치의 비유들이다. 이와 달리 성경은 평생에 걸쳐 그리스도의 형상으로 변화되는 것을 목표로 삼도록 가르치고, 테크닉과 프로그램과 환경은 그 과정에서 필요한 것이라고 말한다.

제6요소 | 영성 형성은 하나님께서 그분의 은혜로 인간의 타락으로 말미암은 파괴적인 고난 속으로 들어와 자기 백성의 구속을 위해 그 고난의 고통을 사용할 때 일어난다. 그리고 신자들은 잃어버린 세상을 사랑하라는 부름을 받고 그 사랑을 베풀 때 어쩔 수 없이 고난을 겪게 되는데, 이런 고난은 신자의 영성 형성을 도모하는 독특한 성격을 갖고 있다.
설명 | 예수님을 따르는 자들에게 닥치는 고난은 하나도 예외 없이 그리스도 안에서의 영성 형성에 이바지한다. 모든 인간은 타락 때문에 고통을 당하

지만, 예수님을 따르는 신자에게 고난은, 하나님이 고통의 영역으로 들어와서 우리를 위로하고 그리스도의 형상으로 빚어낼 때 영성 형성의 의미를 갖게 된다. 예수 그리스도의 추종자들은 모든 인간이 공통적으로 겪는 고난 외에 특별한 고난으로 부름 받은 자들이다. 이 고난은 하나님의 사랑을 영접하고 이 세상에서 그 사랑을 실천하려고 할 때 어쩔 수 없이 겪는 고난이다(요 15:18-20). 이 독특한 고난은 그리스도의 고난 속으로 들어가는 문을 열어주고, 우리는 그리스도의 남은 고난을 채우게 된다(골 1:24).

제7요소 | 그리스도 안에서의 영성 형성은 하나님 나라에서 영위하는 삶이 성장하고 하나님의 선교에 참여하는 과정이다. 이는 하나님과 화해함으로써 시작되고 하나님의 좋은 소식을 밝히 드러내는 삶을 낳는다. 하나님 나라 제자들은 공동체 내에서 우선적인 선교 활동으로 하나님과의 화해 및 상호 간의 화해를 위해 노력한다. 그들은 또한 모든 사람을 위한 공의와 연민을 추구하며, 인간 세상의 구조에 내재한 제도적인 악을 바로잡기 위해 일한다.

설명 | 하나님 나라는 변화를 가져오는 하나님의 임재와 능력과 선함이 예수의 제자들로 이루어진 공동체에 실재하는 것이다(마 5:13-16). 이 공동체는 이 세대가 다 가도록 하나님 나라의 현존을 증언한다(엡 2:1-21). 영성 형성은 그 자체가 목적이 아니라 언제나 하나님 나라의 확장에 초점을 맞춘다. 우리는 이 세상을 위해 선택한 하나님의 전략이다. 성령으로 힘을 공급받은 제자 공동체는 세상의 모든 사람에게 하나님과 화해하고 또 계급과 성, 인종과 종족, 국가의 장벽을 뛰어넘어 서로 화해하도록 촉구하는 화해의 도구이다(마 5:24; 9:35-38; 고후 5:18-21). 하나님 나라에 대한 증언은 복음 메시지의 선포를 통해서도 이루어지고, 신앙 공동체가 복음 메시지에 따라 겸손과 순결, 책임성과 징계, 화해와 회복, 용서 등을 실천하는 모범을 보임으로 이루어지기도 한다(마 18:1-22). 이런 과업은 우리의 능력을 뛰어넘는 것이지만, 하나님은 우리에게 그분이 주시는 것을 받고 순종함으로 그것을 그분께 되돌리라고 권하신

다. 우리가 큰 대가를 치러야 하는 위험한 소명에 순종하여 그분을 따를 때, 우리는 이 깨어지고 궁핍한 세상에서 하나님의 향기가 되고, 하나님은 그런 우리를 통해 기적을 일으키신다.

영성 형성의 신학적 요소들

제8요소 | 영적 변화의 신학은 하나님의 삼위일체적인 본성에서 나온다. 그 특징은 상호관계성, 사랑, 은혜, 상호복종, 의기투합이다.

설명 | 이것은 모퉁이돌에 해당하는 진술이다. 이후에 따라오는 모든 것은 '하나님이 누구인가'로부터 흘러나온다. 성경에 계시된 하나님, 예수 그리스도 안에서 우리 가운데 살았던 하나님은 세 위격으로 이뤄진 은혜의 공동체로 존재한다. 영원 전부터 영원 후까지 아버지와 아들과 성령은 은혜와 사랑, 상호복종과 한마음으로, 그리고 제각기 맡은 역할을 존중하며 서로를 대한다. 그리고 그 기능상 성령은 아들과 아버지에게, 그리고 아들은 아버지에게 순종하는 관계이다. 놀랍게도, 이 삼위일체 하나님이 우리를 그분과 관계를 맺도록 초대하여 이 은혜의 문화에 참여하게 하신다.

제9요소 | 영성 형성은 성령의 직접적인 사역으로 일어난다. 그것은 우리가 믿음의 공동체와 세상에서 살아가도록 성령께서 내주, 충만, 인도, 은사 및 능력 부여 등의 사역을 수행하여 우리를 중생시키고 예수 그리스도의 형상으로 빚어내는 사역이다.

설명 | 성경적인 형성 작업을 정의하고 이해하려면 성령께서 신자를 빚어내고 변화시키는 것을 다룬 성경 구절들과 함께 시작하는 것이 최선이다(롬 8:26-29). 성령은 우리를 중생시키고 점차 예수 그리스도의 형상을 닮아가도록 인도하신다. 이는 순결과 고난과 희생의 이미지를 반영하고 세상에서 소금과 빛으로 살게 하는 것을 의미한다(롬 8:29; 갈 4:19; 마 5:13, 16). 성령은 신자들이자 믿음

의 공동체인 우리 안에 거하고 우리를 충만케 함으로(엡 5:18) 모든 진리 가운데로 인도하시고(롬 8:14; 요 16:13), 우리 삶에 성령의 열매를 맺게 하시며(갈 5:22-23), 교회와 세상에서의 사역을 위해 은사를 주신다(고전 12장).

제10요소 | 영성 형성은 하나님의 권위 있고 믿을 만한 계시인 성경에 바탕을 두고 있다. 우리의 으뜸가는 진리의 원천인 성경은 역사상 범세계적으로 출현한 영적 훈련의 용도와 영성 모델에 대한 평가지침을 제공한다.

설명 | 성경은 하나님의 특별 계시인 만큼, 우리는 영성 형성을 공부하고 연습하고 가르칠 때 성경에 의존하고 성경에 맞출 필요가 있다(스 7:10; 딤후 3:15-17). 성령께서 성경을 통해 우리에게 개인적으로 또 공동체적으로 역사할 때, 성경은 살아 있고 활력이 있어 우리 마음과 삶에 침투하고 노출시키고 변화시키는 일을 한다(히 4:12-13). 성경은 우리를 영적 훈련으로 초대하고 또 그 용도를 잘 보여주는데, 이는 하나님 나라와 세상에서 잘 사는 방법과 수단과 은혜로 초대하는 것이다(수 1:8; 마 11:28-30). 다양한 전통과 민족적 배경에 바탕을 둔 역사적인 영성 모델들과 오늘날의 모델들은 성경의 가르침에 들어맞는 한, 우리의 생각과 진보를 자극하는 면에서 귀중한 자원이 될 수 있다.

영성 형성의 요소들로 초대하며

TACT의 회원들은 하나같이 이 요소들이 신앙생활에 아주 중요하다고 말한다. 우리는 그리스도의 몸에 속한 지체들은 이 요소들을 좇아 건강한 영성 형성에 이를 수 있다고 믿는다. 물론 이것이 모든 것을 망라하는 목록은 아니지만, 영성 형성을 추구하는 개인의 삶과 교회에 보편적으로 적용할 수 있는 핵심 개념들이라고 할 수 있다.

우리는 각 요소에 대해 적절한 글을 쓸 수 있는, 특별한 자격을 갖춘 사람들을 선정했다. 당신이 이 글을 읽을 때, TACT의 모든 회원이 각 요소에 대해 의견일치를 이루었다는 점과, 각 필자가 이 요소들의 실행방법에 대해 얼마간 다른 견해를 밝힐 수 있다는 점을 유념하기 바란다. 우리는 의견일치에 만족하고 획일적인 견해를 고집하지 않음으로 개개인에게 어느 정도의 융통성을 부여하고 있다. 우리가 한 그룹으로 이 프로젝트를 진행하긴 했지만, 영성 형성에 대한 우리의 견해가 시종일관 똑같아야 한다고 고집하지는 않는다. 그러기에 우리는 아주 세부적인 사항까지 일치시키려고 노력하기보다는 중요한 요소들에 대해 전반적으로 의견일치를 이루는 방향으로 나아갔던 것이다.

건강한 영성 형성을 지향하는 우리의 여정에 당신이 합류하게 된 것을 감사하게 생각한다. 당신이 이 책을 읽고 그 내용을 성찰하는 동안 스스로 TACT 공동체의 일부라고 생각해도 좋다.

미국 교회는 많은 강점을 갖고 있지만 영성 형성과 관련해 현재의 소비주의적인 심성에서 좀 더 통합적이고 유기적인 접근으로 이동할 필요가 있다. 최고의 테크닉과 빠른 결과를 보장한다고 해서 반드시 그리스도의 형상이 이루어지는 것은 아니다.

사도 바울은 자기의 사역 목적이 그리스도께 나아온 자들이 그리스도의 형상을 이루는 것임을 분명히 밝혔다. "나의 자녀들아 너희 속에 그리스도의 형상을 이루기까지 다시 너희를 위하여 해산하는 수고를 하노니"(갈 4:19). 그리고 그는 똑같은 내용을 골로새서 1장 28-29절에서 달리 표현했다. "우리가 그를 전파하여 각 사람을 권하고 모든 지혜로 각 사람을 가르침은 각 사람을 그리스도 안에서 완전한 자로 세우려 함이니 이를 위하여 나도 내 속에 능력으로 역사하시는 이의 역사를 따라 힘을 다하여 수고하노라."

우리는 모든 사람을 위한 온전한 복음을 온 세상에 전할 필요가 있다. 우리에게는 하나님 나라의 온전한 복음이 절실히 필요하다! 우리는 그 복음을 삶으로 실천할 용기가 있는가?

묵상 및 토론을 위한 질문

1. 당신은 영성 형성을 추구하는 공동체가 나타나기를 소원한 적이 있는가? 혹시 그런 공동체의 형성을 방해한 것이 있었다면 무엇인가?

2. 당신이 영성 형성에 관심을 갖게 된 동기는 무엇인가? 문화적인 요인인가, 당신의 사역과 관련된 요인인가, 아니면 성경적인 동기인가?

3. 당신은 그리스도의 형상을 이루어가는 개인과 공동체가 어떤 열매를 맺을 것이라 기대하는가?

4. 이 장에서 다룬 영성 형성의 요소들 가운데 당신이 전혀 예상치 않았던 것은 무엇인가? 당신의 사역 현장에서 가장 실행하기 힘든 것은 무엇인가?

1부

PROCESS ELEMENTS 영성 형성의
OF SPIRITUAL FORMATION 과정적 요소들

1장

하나님 나라의
복음과
영성 형성

달라스 윌라드(Dallas Willard)[1]

제1요소 | 하나님 나라의 복음은 우리가 그리스도를 따를 때 그분 안에서 우리를 빚으시는 하나님의 선한 활동이 일어나는 영역이다. 하나님 나라는 광대하고 장엄하며 아름다움으로 가득 차 있다. 우리는 회개하고 하나님 나라에서 예수님의 견습생이 되어 그 나라를 알아가게 된다.

설명 | 예수께서는 "때가 찼고 하나님의 나라가 가까이 왔으니 회개하고 복음을 믿으라"(막 1:15)고 말씀하셨다. 하나님은 그 나라의 아름다움을 발견하려면 회개하고, 그분을 믿고, 그분을 따르라고 우리를 초대하신다. 우리는 하나님 나라에 들어갈 때 영생의 길로 들어서는 특권을 얻게 된다(요 17:3).

사도 바울은 이렇게 말했다. "그가 우리를 흑암의 권세에서 건져 내사 그의 사랑의 아들의 나라로 옮기셨으니 그 아들 안에서 우리가 속량 곧 죄 사함을 얻었도다"(골 1:13-14). 하나님 나라는 하나님이 활동하고, 그분의 부활의 생명이 작동하고, 그분의 선교가 이루어지는 영역이다. 그리스도가 우리 안에서 그리고 우리 둘레에서 활약하고 계시므로 우리는 그분을 따르고 그분에게 배우라는 초대를 받는다. 우리는 영생의 문으로 들어가라는 부름을 받았는데, 이는 그리스도의 형상을 본받기 위해 그분을 통해 그 나라에 들어가는 순간에 시작된다. 우리는 그리스도의 견습생이다.

그리스도 안에 "지혜와 지식의 모든 보화"가 감추어져 있다(골 2:3). 하나님 나라는 너무도 복잡하여 우리가 영원토록 발견하고 또 발견하게 될, 지극히 아름답고 광대한 하나님의 영역이다. 우리는 그분을 따라가는 가운데 그분의 형상으로 빚어지게 된다.

✠

그리스도인과 비그리스도인을 막론하고 우리에게는 우리의 마음이 일러주는 대로 살기 위해 개인적 순결과 능력을 갖고 싶은 깊은 갈망이 있다. 우리에게 필요한 것은 구속(救贖)과 관련하여 하나님과의 실질적인 관계를 들여다보는 깊은 통찰이다. 우리는 일상생활의 일부로서 하나님 나라와 지속적으로 교류할 수 있게 해주는 깨달음이 필요하다. —**달라스 윌라드,『영성 훈련』**

우리가 하나님이 의도하신 풍성한 삶을 살고 예수님과 그의 가르침에 어울리는 사람이 되려면 하나님 나라 안에서 사는 것이 필요하다. 삶의 전 영역에서 하나님의 나라와 지속적으로 교류하는 것이야말로 그리스도를 닮아가는 지속적인 과정에 필요한 영적 환경이다. 새로운 탄생, 곧 "위로부터" 태어나는 일은 바로 하나님 나라에 들어가는 출생을 일컫는다(요 3:5). 사도 바울은 이것을 "흑암의 권세에서 건져져서…그의 사랑의 아들의 나라로 옮겨지는 것"으로 묘사했다(골 1:13).

이것이 그리스도 안에서의 새로운 삶의 출발점이다. 바로 그 시점에 우리는 하나님 나라 안에 있다. 우리는 그 나라의 소유가 되긴 했지만 아직도 충분히 적응하지 못한 상태다. 이 지점에서 영적인 성장 내지는 형성이 필요하다. 그러므로 예수께서는 우리에게 지속적으로 그 나라, 무엇보다도 하나님이 활동하시는 그 나라를 구하고 또 그 나라의 특징인 의(義) 혹은 선(善)을 구하라고 명한 것이다. 말하자면, 우리는 곳곳에서 그 나라를 열심히 찾아야 한다는 뜻이다. 그리하면 우리에게 필요한 다른 모든 것이 공급될 것이라고 말씀하셨다(마 6:33).

이 대목은 알다시피 **우리가 마땅히 행해야 할 것**을 강조하고 있다. 신약성경의 다른 주요 구절들에서도 볼 수 있듯이, 우리는 **영적으로 성장하는 중에 우리 자신이 분별력 있는 행동을 하도록** 부름 받았다. 물론 하나님 나라의 행위자들, 특히 하나님의 말씀과 성령도 반드시 필요하다. 그러나 우리는 그들이 그들의 몫을 할 것으로 믿는다. 정작 우리가 신경써야 할 것은 우리의 몫이다. 이후에 나오는 장(章)들은 바로 이 점을 돕기 위해 집필되었다. 이 장들은 하나님 나라 안에서의 삶과 영성 형성의 관계를 이해하도록 도와준다. 그리고 기독교적 의미의 영성 형성이 무엇인지와 우리가 어떻게 성장하는지를 이해하도록 도와준다. 성장과정에 내포된 변화의 본질은 무엇인가? 그런 변화는 어떻게 일어나는가? 첫 장에서는 무엇보다도 하나님 나라에 관한 몇 가지 사항에 주목하고 싶다. 우리가 그리스도를 닮은 모습으로 점차 변화되려면 우선 이것부터 제대로 알아야 하기 때문이다.

맨 먼저, 만일 우리가 예수님처럼 **하나님 나라의 복음**이 아니라 만일 다른 복음을 전한다면-오늘날 이런 복음이 여럿 있다-우리는 그리스도를 닮은 성품을 결코 개발할 수 없다. 이유인즉 그 전파된 메시지가 지속적인 영적 성장과 아무런 관계가 없을 것이기 때문이다. 우리는 예수님이 선포하신 그 좋은 소식을 전파하고, 가르치고, 명시해야 한다. 그 좋은 소식이란 **우리가 예수님을 만물의 주님으로 믿음으로써 지금 하나님 나라 안에 살 수 있다는 것**이다(마 4:17, 23; 9:35; 막 1:15; 눅 4:43; 롬 10:9-10; 14:17). 그런데 유감스럽게도, 오늘날 그리스도인들이 대체로 전하는 복음은 이 소식이 아니다. 이런 현상은 그리스도의 형상을 닮아가는 영적인 변화가 신앙생활의 정상적인 코스로 자리 잡지 못한 이유 중의 하나이다.

우리 시대의 가장 유명한 복음주의 목사 중 한 사람이 '그리스도를 믿는다'는 말의 뜻을 실제로 어떻게 설명했는지를 하나의 예로 들어보겠다.

> 당신이 예수 그리스도를 당신의 개인적인 구원자로 믿었을 때 당신은 다음과 같은 일을 한 셈이다. 당신은 예수님이 갈보리 십자가에서 당신의 죄와 허물과 악행과 수치를 모두 짊어지고 죽었다는 것을 믿은 것이고, 그 결과 하나님이 당신의 죄로 인해 그분을 징벌했으며, 그분이 당신을 대신하여 죽었으므로 당신이 용서받을 수 있게 되었음을 믿은 것이다.

이것이 전부다. 아주 훌륭한 이 목사는 이어서 '속죄'와 '예수 그리스도를 믿는다'라는 말의 뜻을 우리 자신을 그리스도와 동일시하는 것으로 설명하면서, 여기에 그리스도를 닮아가는 변화가 포함된다고 말했다. 그러나 오늘날 그리스도인들은 그의 바람과는 달리 양자 간의 연관성을 제대로 보지 못하고 있다. 그리스도와의 동일시를 통해 '변화를 경험하는 일'은 갈보리 십자가의 예수님의 죽음을 믿은 사람 중 극소수에게만 해당될 뿐이다. 만일 그런 경험이 없다면 그들은 실제로 믿은 것이 아니라고 말해야 할 것이다. 하지만 이는 그 누구도 받아들이기 싫어하는 해석이리라.

하나님 나라는 무엇인가?

그리스도의 형상으로 변모되는 일이 신앙생활의 정상적인 코스로 자리 잡지 못한 보다 근본적인 이유는 우리가 **하나님 나라가 무엇인지**, 그리고 **그 나라 안에 사는 것이 어떤 모습인지**를 제대로 알지 못하고 있기 때문이다. 우리가 행하는 모든 일에서 그 나라를 구한다는 것은 정확히 무슨 뜻인가? 우리 주변에서, 그리고 우리가 하는 모든 일에서 그 나라를 찾는다는 것은 어떤 모습을 가리키는가? 이런 질문에 답하려면 하나님 나라라는 개념의 출처로 되돌아가는 것이 필요하다. 말하자면, 구약성경에 기록되어 있는 유대 민족의 역사적 경험으로 돌아가야 한다는 뜻이다. 하나님 나라에 관해 가장 뚜렷하게 묘사하고 있는 책은 시편이다.

시편 145편 8-13절은 우리에게 유익한 관점을 제공해 준다.

여호와는 은혜로우시며 긍휼이 많으시며
노하기를 더디 하시며 인자하심이 크시도다
여호와께서는 모든 것을 선대하시며
그 지으신 모든 것에 긍휼을 베푸시는도다
여호와여 주께서 지으신 모든 것들이 주께 감사하며
주의 성도들이 주를 송축하리이다
그들이 주의 나라의 영광을 말하며
주의 업적을 일러서
주의 업적과 주의 나라의 위엄 있는 영광을
인생들에게 알게 하리이다
주의 나라는 영원한 나라이니
주의 통치는 대대에 이르리이다

하나님 나라에 관한 구약성경의 기본 가르침은 창조세계 전체를 다스리는 그분의 통치와 **그분을 부르는 모든 사람에게 임하는 그분의 현존**이다. 이는 물론 역사의 흐름에 따라 그 세부적인 내용이 서서히 드러나야 할 방대한 주제이지만, 우선 이를 둘러싼 많은 오해를 해결하는 일이 필요하다. 적어도 이스라엘의 언약 공동체 내에서는 하나님의 지식과 능력이 그분을 부르는 자들에게 즉시 주어진다는 사상이 생겼다. 하나님의 무소부재하심과 전지하심이란 신학적 교리가 삶의 현장으로 접목되었던 것이다. 이런 사실은 시편을 비롯한 구약성경의 여러 곳에 줄곧 등장하고 있다. 이를테면, 역대하 16장 9절에 나오는 놀라운 말씀을 생각해 보라. "여호와의 눈은 온 땅을 두루 감찰하사 전심으로 자기에게 향하는 자들을 위하여 능력을 베푸시나니." 여기에 전지하심과 무소부재하심이 모두 나온다.

　　이 점은 시편 23편에서도 볼 수 있다. "여호와는 나의 목자시니 내게 부족함이 없으리로다"(1절). 이 시편은 하나님 나라에서 사는 삶의 모습을 그리고 있는 만큼, 그 나라의 시편이라고 할 수 있다. 그러나 하나님 나라의 실재는 만물, 곧 하나님의 사랑의 손길이 닿는 지구 상의 모든 사람과 모든 것에 대한 그분의 임재를 말한다. 가령, 시편 55편 22절과 같은 여러 놀라운 구절들을 생각해 볼 수 있다. "네 짐을 여호와께 맡기라 그가 너를 붙드시고 의인의 요동함을 영원히 허락하지 아니하시리로다." 이 구절을 베드로는 이렇게 원용했다. "너희 염려를 다 주께 맡기라 이는 그가 너희를 돌보심이라"(벧전 5:7) 시편 34편 15절은 "여호와의 눈은 의인을 향하시고 그의 귀는 그들의 부르짖음에 기울이시는도다"라고 말한다. 그리고 시편 73편 28절은 이렇게 노래한다. "하나님께 가까이 함이 내게 복이라 내가 주 여호와를 나의 피난처로 삼아 주의 모든 행적을 전파하리이다."

열심히 돌보시는 하나님

그러므로 성경의 가르침 중심에는 우리를 위해 그리고 우리와 함께 능동적으로 활동하는 하나님, 사랑이 많고 전능하신 하나님이라는 개념이 있다. 그분은 수동적이지 않다. 그분은 멀리 계시지 않다. 그분은 무관심하지도 않다. "여호와께서 너를 실족하지 아니하게 하시며 너를 지키시는 이가 졸지 아니하시리로다"(시 121:3). 이 모든 가르침은 하나님은 행동하시는 분임을 알려준다. 당신이 아리스토텔레스와 루크레티우스(주전 99-55, 로마의 시인이자 철학자) 등이 주도한 이방의 고전 사상들을 비교해 보면, 초연한 신, 무관심한

신, 혹은 제약이 많아 행동하지 못하는 신 등 다양한 신(神) 개념을 접할 수 있을 것이다. 그러나 성경이 가르치는 하나님 개념은 그런 견해와 정반대 되는 특징을 갖고 있다. 그 배후에는 물론 고대에 하나님의 백성이 겪은 경험이 놓여 있다. 이 하나님은 우주 안에서 활동할 뿐 아니라 언제나 자기에게 열려 있는 자들을 향해 움직이는, 행동하는 신이다.

그런데 유대인이 이 모든 것을 이해하기까지는 많은 어려움을 겪어야 했다. 우리가 그들의 역사를 일련의 우연한 사건들로서가 아니라 하나님에 의해 계획된 것으로 여기며 살필 때-그들의 역사는 출애굽에서 광야 생활로, 사사 시대로, 군주제로, 이스라엘의 왕과 백성들이 겪었던 온갖 어려움들로, 그리고 마침내 포로생활로 이어졌다-우리는 그들이 (특히 예루살렘에서 포로가 되어 끌려갔을 때) 위대한 진리 하나를 발견했음을 알게 된다. 그것은, 당신에게 무슨 일이 일어나든 하나님은 여전히 하나님이시라는 것, 그리고 당신이 어디에 있든 하나님은 하늘에서 다스리신다는 것이다. "하늘의 하나님"이란 개념은 다니엘서, 역대하, 에스라서, 느헤미야서 등에 나온다. 성경의 이런 책들에는 "하늘의 왕국(천국)"이란 개념이 등장하는데, 이 사상의 열매는 몇 세기가 흐른 뒤에 마태복음에서 맺어진다. 마태는 "천국"이란 어구를 거듭해서 사용하는데, 이는 하나님의 언약 백성은 물론이고 그분의 이름을 부르는 모든 사람에게 즉시 다가오는 분임을 알리기 위해서였다. 이것은 마태가 예수님에 관한 메시지, 복음을 표현할 때 즐겨 사용했던 방식이다.

하나님, 곧 "하늘"(우리를 둘러싸고 있는 대기)의 하나님이란 개념은 여호와께서 아브라함을 필두로 자신이 택한 백성에게 계시한 핵심적인 내용이다. 창세기와 이후에 나오는 책들은 이 점을 분명히 하고 있다. 예컨대, 멀리서 이스라엘과 하나님의 관계를 알고 있던 자들도 이 점을 이해하고 있었다. 라합은 여리고로 파견된 스파이들을 만나 자신과 자기 민족이 이스라엘에 관한 소문을 어떻게 들었는지를 이야기하면서 "우리가 듣자 곧 마음이 녹았고 너희로 말미암아 사람이 정신을 잃었나니 너희의 하나님 여호와는 위로는 하늘에서도 아래로는 땅에서도 하나님이시니라"라고 말했다(수 2:11). 하나님이 이집트와 광야에서 행한 업적이 그만큼 널리 알려졌던 것이다. 모세는 그의 마지막 노래에서 이렇게 읊었다. "여수룬이여 하나님 같은 이가 없도다 그가 너를 도우시려고 하늘을 타고 궁창에서 위엄을 나타내시는도다 영원하신 하나님이 네 처소가 되시니 그의 영원하신 팔이 네 아래에 있도다"(신 33:26-27). 이것은 이스라엘뿐 아니라 온 세상에게 주신 하나님의 계시였다. 그런데 유대인들이 이런 하나님, 특별한 장소(예루살렘, 참고. 요 4:21)에 묶여 있지 않고, 가시적으로 나타나지 않는 곳에서도 여전히 존재하고 행동하는 하나님이라는 것을 깨닫기 위해서는 예루살렘의 파멸과 바벨론 포로생활 같은 불행한 사건이 필요했다. 바로 그것이 신구약 중간기가 주는 교훈이었고, 그 뜻이 무르익다가 마침내 세례 요한의 입을 통해 전파되었다.

당신의 생각에 관해 생각하라

이제 문제는 우리가 어떻게 언약 백성을 뛰어넘어 세계적인 차원에서 하나님 나라를 이해할 것인가이다. 또한 이 땅에서 하나님의 특별한 백성으로 구별되었던 그들이 품었던 자민족중심주의를 어떻게 다룰 것인가이다. 하나님의 선택을 받는 것은 무거운 책임이 따르는 일이다. 세상이 유대 민족에게 계속해서 분노했던 것은 그들이 하나님의 선민이었기 때문이다. 그들은 실제로 선택받은 민족이고, 선민으로서 이 땅의 한복판에 서 있다. 선택받지 못한 이들은 이 사실을 이해하기가 어렵다. 때문에 그런 사실에 대해 분노하고 또 유대인에 대해 분노한다. 그러나 이스라엘을 선택한 하나님의 의도는 언제나 그들 너머에 있었다. "네가 나의 종이 되어 야곱의 지파들을 일으키며 이스라엘 중에 보전된 자를 돌아오게 할 것은 매우 쉬운 일이라 내가 또 너를 이방의 빛으로 삼아 나의 구원을 베풀어서 땅 끝까지 이르게 하리라"

(사 49:6). 이 소명은 아브라함에게 주신 하나님의 말씀에도 나온다. "땅의 모든 족속이 너로 말미암아 복을 얻을 것이라"(창 12:3). 이스라엘이 이스라엘을 위해서가 아니라 온 세상을 위해 존재하는 것은, 오늘날의 교회가 교회를 위해서가 아니라 온 세상을 위해 존재하는 것과 같다.

천국의 외적인 움직임에 대해서는 나중에 다룰 것이고, 현재로서는 예수님이 하나님의 택한 백성 가운데 태어나 세계 역사의 무대에 등장했음을 분명히 해둘 필요가 있다. 그분은 그리스인이나 이집트인에게 오지 않았다는 말이다. 즉 그분은 이미 경험을 통하여 천국과 하나님 나라가 무엇인지를 이해하도록 준비된 민족에게 온 것이다. 이미 살펴보았듯이, 만약 당신이 시편을 하나님 나라의 안목으로 읽는다면, 당신은 그 시편들이 그 나라의 본질과 실재에 대한 증언임을 알게 될 것이다. 시편은, 종종 잘못 이해되긴 했지만, 그 나라를 사랑했던 사람들의 삶에서 발췌한 것이다. 시편의 중심에는 하나님 나라에서 영위되는 아름다운 삶이 놓여 있다. 이 모든 사건이 서서히 진행된 후에 예수님이 오셨다. 신구약 중간기는, 하늘의 왕국은 그 것을 매개할 장소나 정치적 왕국이 없는 중에도 여전히 존재한다는 메시지를 각인시키는 면에서 중요한 역할을 했다.

하나님이 현재 통치하는 하늘의 왕국이 존재한다. 그리고 그 왕국에 대한 지식은 마침내 세례 요한이 그것에 관한 메시지를 선포했을 때 최고의 수준에 이르렀다. 그의 메시지는 한 마디로 "회개하라"(마 3:2)는 것이었다. 오늘날에는 이 말에 대한 오해와 잘못된 이미지 때문에 그것을 입에 담는 사람이 거의 없을 정도다. 이 말을 들으면 길거리에서 "종말이 가까웠다"는 현수막을 들고 왔다갔다 하는 사람이 머릿속에 떠오른다. 하지만 성경적 회개는 아주 중요하고 교훈적인 개념이므로 결코 포기할 수 없다. 나는 이 메타노에이테(*metanoeite*)라는 단어를 이런 식으로 번역하고 싶다. "당신이 이제까지 어떻게 생각해 왔는지에 대해 생각해 보라." 혹은 "당신의 생각에 관해 생각해 보고, 당신의 생각을 뛰어넘는 생각을 품으라"고. 하나님은 즉각적으로 임재하는 분이고 또한 그리스도를 통해 다가갈 수 있는 분이다. 그러므로 당신은 **이제 하늘의 왕국 안에 살 수 있다**. 시편 23편은 당신의 일상적인 경험이 될 수 있다. 그리고 문은 모든 사람에게 열려 있다. "원하는 사람은 누구나 와도 좋다." 이 사실에 비추어 당신이 가진 인생관 곧 당신의 계획, 두려움, 희망 등에 대해 재고해 보라.

하나님 나라의 문을 여는 것

예수님과 그의 복음이 가져온 큰 변화는 하나님 나라의 문을 모든 사람에게 열어준 것인데, 누구보다도 이스라엘 안에서 버림받은 자들에게 그렇게 하셨다. 바로 그것이 그 복음의 핵심이다. 예수님은 당시에 권력자들, 종교 지도자들과 서기관들과 바리새인들이 절망적인 존재로 여겨 문을 닫아야 한다고 생각했던 자들에게 하나님 나라를 가져왔다. 그로 인해 우리는 사복음서 곳곳에서 예수님이 세리들과 죄인들과 함께 앉아 교제하는 등 종교 권력자들의 눈에 거슬리는 행동을 하는 모습을 보게 된다(눅 15:1-2).

하나님 나라의 문이 활짝 열리고 그 나라의 복음이 이 세상에 능력으로 임하자 다니엘이 예언했던 일이 일어나기 시작했다. 당신은 다니엘서 2장에서 느부갓네살 왕이 거대한 신상에 관한 꿈을 꾼 것을 기억할 것이다. 맨 꼭대기에는 순금 머리(바벨론)가 있었고, 밑바닥에는 쇠와 진흙으로 된 발과 발가락(로마제국)이 있었다. 그때 갑자기 "아무도 떠내지 아니한" 돌이 나와서 신상의 발을 쳐서 부서뜨렸다(34절). 그 돌은 우상을 산산조각 내어 거대한 산을 이루어 온 땅을 가득 채웠다. 그것은 "영원히 존속할" 나라였다. 다니엘은 그 돌이 바로 하나님 나라라고 왕에게 말했다. "하늘의 하나님이 한 나라를 세우실 것이다"(44절). 바로 이것이 포로시절에 다니엘에게 임했던 하나님 나라의 환상이었다. 거기서 이스라엘 백성은 하나님 나라의 참된 본질,

곧 "아무도 떠내지 아니한" 것을 이해하기 시작했다. 그 나라는 모든 인간의 통치로부터 자유로운 곳이다.

먼저 그 나라를 구하라

이미 언급했듯이, 하나님 나라는 한 마디로 **행동하시는 하나님**(God in action) 이다. 신학서적들은 그 나라를 정의할 때 '통치'라는 단어를 애용하지만, 그 단어는 평범한 사람에게는 크게 와 닿지 않는다. 물론 '지배'라는 단어로 바꿀 수도 있지만, 내게는 오히려 '행동하시는 하나님'이란 개념이 더 나아 보인다. 하나님 나라는 하나님이 원하시는 바가 이루어지는 곳이다. 예컨대, 하나님의 법, 하나님이 만물과 인간의 삶 속에 세운 질서를 생각해 보라. 이 법 역시 하나님이 이루고 싶어 하시는 것이다. 이 법칙들은 특히 자연세계에서 하나님이 원하시는 바를 성취하는 능력이다. 그리고 도덕법 또한 하나님이 이루려 하시는 것이다. 하나님 나라를 구하는 일은 하나님이 자연과 인생을 위해 세운 법칙을 알고 그것을 따르려고 애쓰는 것이다.

이런 이유로 우리는 여호수아 1장 8절 같은 구절들을 진지하게 여길 필요가 있다. "이 율법책을 네 입에서 떠나지 말게 하며 주야로 그것을 묵상하여 그 안에 기록된 대로 다 지켜 행하라 그리하면 네 길이 평탄하게 될 것이며 네가 형통하리라." 당신이 하나님의 법에 맞추어 정렬하면 그것은 곧 하나님이 행하시는 일에 맞추어 정렬하는 셈이다. 하나님의 법은 하나님 나라에서 그분이 갖고 있는 성품을 드러낸다. "너희는 먼저 하나님 나라를 구하라"(마 6:33)는 예수님의 말씀을 들을 때 우리는 "어떻게 하면 되지요?"라고 묻고 싶어진다. 한 가지 방법은 하나님의 법을 찾고 따르는 것이다. 그 법들을 따르려면 많은 도움이 필요한데, 우리는 그런 도움을 얼마든지 받을 수 있다. 하나님이 우리에게 법을 주실 때는 그것을 따를 수 있도록 은혜도 공급하시기 때문이다.

　　하나님 나라를 구하는 것을 돕는 방편이 많이 있다는 것에 유념하라. 먼저 하나님이 계신다. 하나님의 아들과 하나님의 영도 계신다. 하나님의 말씀이 존재한다. 하나님의 백성도 있다. 하나님이 행한 역사적인 업적들도 있다. 하나님 나라에 속한 모든 것도 들 수 있다. 하지만 하나님 나라의 진수는 무엇인가? 다시 말하지만, 하나님 나라는 **행동하시는 하나님**이다. 하나님은 항상 존재하시고 항상 행동하실 것이기에, 하나님 나라는 언제나 존재했고 또 항상 존재할 것이다. 어떤 사람들은 하나님이 세계를 창조하기 전에는 무슨 일을 하고 계셨는지 궁금해한다. 그들은 마치 하나님이 그 전에는 할 일이 전혀 없었던 것처럼 생각하는 모양이다. 나도 대학 캠퍼스에서 그런 질문을 종종 받는다. 그럴 때에 나는 항상 "삼위 하나님은 그들 자신을 즐거워하고 계셨다"고 대답한다. 사람들은 이 물리적 우주가 하나님을 위축시킨다고 생각하는 것 같다. 전혀 그렇지 않다. 우리가 믿는 하나님은 거대한 우주의 이곳저곳을 훨훨 날아다니는 자그마한 하나님이 아니다. 오히려 물리적 우주는 언제나 여기에 계셨고 영원히 여기에 계실 크나큰 하나님의 새끼손가락에 맞는 규모일 뿐이다.

통치하시는 하나님

그런데 이 위대한 하나님은 자신이 만든 자유로운 인간, 그럼에도 자신을 향해 적대적인 태도를 보인 인간에게 자신의 현존을 전할 매개체가 필요했다. 이런 상황에 대한 하나님의 대처가 곧 인간의 역사이고 그 중심에 그리스도가 계신다. 예수님은 이 땅에 오셔서 하나님 나라가 임했다고 선포하면서 그 나라의 현존을 온유하게 보여주셨다. 그것은, 엄밀하게 말하면, 새로운 메시지는 아니었지만, 새로운 의미를 내포하고 있었다. 우리는 "주 다스리시네"

(Our God reigns)라는 찬송을 잘 알고 있다. 이 노래는 이사야 52장 7절에서 따온 것인데, 그 구절에는 "평화의 복음을 전하는 자들의 발이 어찌 그리 아름다운가"라는 말도 나온다. 그러면 평화의 복음이란 무엇인가? 우리의 하나님이 통치하신다는 것이다. 물론 이 구절에서 시온은 구출과 하나님의 통치를 바라고 있다. 하지만 하나님은 그보다 훨씬 더 큰 무언가를 염두에 두고 계시다. 바로 인류와 물리적 우주이다. 사실 하나님 나라에 대한 큰 비전을 품고 있던 선지자 이사야의 글을 보면 이런 광대한 차원을 표현하는 구절들이 많이 등장한다. 이사야 52장에 나오는 이 구절은 "시온을 향하여 '네 하나님이 통치하신다!'고 이르라"고 말하지만, 이는 시온을 훨씬 뛰어넘는 메시지이다. 오늘 여기에 있는 우리는 시온이 아니다. 우리는 그 너머에 있는 존재들이다. 시온을 향한 그 말씀은 시온에만 비치는 빛이 아니라 온 세상에, 아니 온 우주에 비치는 빛이기도 하다.

이처럼 하나님 나라의 복음은 이스라엘 가운데서 선포되었다. 그러나 예수님이 마태복음 4장 17절 등에서 "회개하라 천국이 가까이 왔느니라"고 말씀하셨을 때는 하나님 나라가 기존의 생각을 뛰어넘어 곳곳에 주어졌다고 선포하신 것이다. 이처럼 범세계적으로 주어진 것을 바울은 "만세와 만대로부터 감추어졌던 비밀"이라고 불렀다(골 1:26). 과거에 하나님 나라가 특별한 방식으로 이스라엘 백성에게 주어졌기 때문에 그와 같이 감추는 일이 필요했다. 예수님이 이 메시지를 선포하기 전에는 이방인이 거기에 동참할 수 없었다. 이런 의미에서, 이스라엘 백성은 이 땅에서 하나님 나라의 '주소'로 지정되었다고 말해도 무방할 것이다. 물론 하나님은 언제나 이스라엘을 뛰어넘는 분이었으나, 그들은 특별한 소명을 갖고 있었던 만큼 하나님을 찾고 싶은 사람은 누구나 이스라엘에 와서 그분을 찾을 수 있었던 것이다. 하나님의 뜻은 이스라엘 백성을 통하여 그 나라를 이 땅에 가져오는 것이었다. 그리고 마침내 그 뜻을 실행하셨다!

가난한 자는 복이 있다고? 이게 무슨 말인가?

예수님과 함께 온 큰 변화-그분이 "좋은 소식"이라고 부른 것-는 하나님 나라를 우리의 것으로 삼을 수 있게 되었다는 점에 있다. 이 소식은 맨 처음 이스라엘에서 일반적으로 복이 없다고 생각되던 사람들에게 전파되었다. 이 사실은 복음서에 줄곧 등장하고 있고, 특히 '팔복'(Beatitudes, 마태복음 5장과 누가복음 6장)과 '화 있을진저' 시리즈(누가복음 6장)가 체계적으로 설파하고 있다. 거기에서 우리는 누가 복을 받고 누가 받지 못하는지에 관해 대역전이 일어나는 장면을 볼 수 있다. 그리고 이 역전은 항상 하나님 나라와 관계가 있다. 누가복음 6장 20절 "너희 가난한 자는 복이 있나니, 하나님의 나라가 너희 것임이요"라고 말한다. 이것은 하나님의 나라에 관한 가르침인 동시에 복음의 선포이다. 이 구절은 어느 누구에게 복을 받기 위해 가난해지라고 말하지 않는다. 또한 가난 그 자체에 선한 면이 있다고 말하지도 않는다. "지금 우는 자는 복이 있다"(21절)는 말씀은 어느 누구에게 가서 울라고 말하지 않는다. 팔복은 그저 다음과 같이 선포할 뿐이다. "(인간적인 척도로 보면) 일반적으로 복을 받지 못했다고 생각되는 여기에 있는 여러분은-인간적으로 비참한 상태임에도 불구하고-하나님 나라 안에 살게 되어 복을 받은 것이다." 예수님의 복음은 하나님 나라가 모든 사람 곧 로마인, 질병으로 불결해진 사람들, 저주받은 것으로 여겨지는 가난한 자들의 것이 될 수 있게 되었다는 좋은 소식이다.

하나님 나라에서 사는 일이 모두에게 가능케 된 이 놀라운 변화는, 마태복음 11장에 나오는 애처로운 장면, 곧 그 나라에 관한 예수님의 메시지를 최초로 전파하기 시작했던 세례 요한(마 3:2)이 감옥에 갇혀 죽음을 앞두고 있는 장면이 확실히 보여주고 있다. 요한은 감옥에서 그 나라의 도래가 자기가 생각했던 것과 다르다는 사실을 붙들고 씨름하고 있었다. 그래서 자기 제자들을 예수님에게 보내어 "당신이 정말로 오실 그분입니까? 나는 그렇다고 생각했지만, 사태가 그리 좋아 보이지 않습니다"라고 물어보게 했다. 이에 예수님은 하나의 메시지와 함께 그들을 돌려보냈다. 그 메시지를 살펴보면, 바로 그것이 하나님 나라가 복을 받지 못한 것으로 여겨진 이들에게 주어졌다는 메시지임을 알게 된다. 예수님의 답변은 이랬다. "너희가 가서 듣고 보는 것을 요한에게 알리되 맹인이 보며 못 걷는 사람이 걸으며 나병환자가 깨끗함을 받으며 못 듣는 자가 들으며 죽은 자가 살아나며 가난한 자에게 복음이 전파된다 하라"(마 11:4-5). 이게 무슨 말인가? 이는 전혀 자격이 없는 어려운 사람들에게 하나님의 능력이 주어졌다는 메시지인 것이다. 이는 곧 행동하시는 하나님이다. 이 메시지의 끝부분에 "가난한 자에게 복음이 전파된다"는 말이 덧붙여진 것에 주목하라. 그것은 세례 요한이 결코 깨닫지 못했던 나라였다. 그렇기 때문에 예수님은 이어서 요한에 대해 이런 말씀을 하신 것이다. "내가 진실로 너희에게 말하노니 여자가 낳은 자 중에 세례 요한보다 큰 이가 일어남이 없도다 그러나 천국에서는 극히 작은 자라도 그보다 크니라"(11절).

침노하는 사람들?

예수님은 가난한 자들에게 변화를 알리는 복음을 주셨다. 그것은 실로 하나님 나라의 큰 징표였다. 어쩌면 치유와 다른 기적들보다 더 큰 징표인지도 모르고, 유대 민족이 정권을 되찾는 일보다 더 큰 것임이 분명했다. 그런데 그 소식은 이스라엘의 신학에 큰 타격을 주었다. 예수님이 부유한 젊은 관원과 만난 뒤에 부와 가난에 대해 논하신 것을 되새겨보라. 그 논의에 대한 정확한 이해가 꼭 필요한 이유는 그것이 마태복음 11장 12절(눅 16:16절도 보라)에 나오는 중요한 변화에 필수적인 부분이기 때문이다. "세례 요한의 때부터 지금까지 천국은 침노를 당하나니 침노하는 자는 빼앗느니라." 이 구절은 일부 해방신학자들이 말하는 뜻을 갖고 있지 않다. 즉, 무기를 들고 문화적 기준을 역전시켜 가난한 자들을 부자들 위에 군림시키라고 말하는 것이 아니다. 오히려 이것은 사복음서의 페이지마다 등장하는 무언가에 관해 말하고 있다. 말하자면, 예의바른 행동을 하지 않는 사람들, 특히 유대인의 예법에 따라 하나님 나라를 대하지 않는 사람들에게 그 나라가 열려 있다는 것을 뜻한다.

이 구절은 예수님께 나아왔던 보잘것없는 나병환자(마 8:1-4)에 관해 말하고 있다. 당시에 나병환자는 사람들에게 가까이 올 수 없게 되어 있었다. 그러나 그는 예수님의 메시지를 들었고 그분의 치유사역을 보았던 것이 틀림없다. 마침내 그 나병환자는 용기를 내어 예수께 나아와서 "주여, 원하시면 저를 깨끗하게 하실 수 있나이다"(2절) 하고 말했다. 그러자 예수님은 "뭐라고?" 하시면서 "내가 원하노라"(3절)고 말씀하셨다. 이 예수님의 말씀과 행위를 통해 하나님 나라가 그 사람에게 이른 것이다. 그리고 이것이 한 나병환자에게 그리고 주위에서 예수님을 보고 있던 사람들에게 무슨 의미를 주었을지를 생각해 보면, 그 구절에 나오는 침노의 개념을 이해할 수 있을 것이다. 여기서 침노란 그저 예법을 지키느라 가만히 서 있지 않는 것을 뜻한다. 당신이 그냥 예수님께 나아오면, 그분은 당신이 질병으로 불결하든 이방인이라 불결하든 상관없이 당신에게 하나님 나라가 임하게 하신다. 사실 그분은 세리든, 거리의 여자든, 로마의 백부장이든, 그 누구든 상관없이 그 나라가 임하게 하신다. 이런 사람들이 바로 침노하는 자들이다. 그들은 하나님과 관계를 맺으려고 예의바른 길을 택하지 않았다. 그저 있는 그대로 예수님께 나아왔을 뿐이다.

우리 역시 나름의 예법을 갖고 있기 때문에 그것을 우리 시대에 맞게 적용할 필요가 있다. 이런 예법들은 하나님 나라 안에 살지 못하도록 사람들의 마음에 걸림돌로 작용하는 경우가 많다. 자세히 관찰해 보면, 우리는 예수님이 늘 그런 예법을 돌파해서 예의바른 사람들, 곧 독선적인 서기관들과 바리새인들이 이해하지 못하는 행동을 하는 모습을 볼 수 있다. 마태복음 21장

43절은 예수님의 주변에서 갑자기 사람들이 떠나는 현상을 부각시키고 있다. 당시에 예수님과 지배자들(혹은 스스로 지배자라고 생각했던 자들) 사이에 상당한 충돌이 있었다. 그때 예수님은 "하나님의 나라를 너희는 빼앗기고 그 나라의 열매 맺는 백성이 받으리라"고 말씀하셨다. 자신의 죽음 직후에 일어날 큰 운동에 대해 말하고 있었던 것이다. 예수님은 하나님 나라를 땅끝까지 들고 갈 소그룹을 양육하셨다. 그들은 스스로 그 나라를 짊어지고(눅 10:9, 11) 여러 곳으로 퍼져나갔다. 그들이 들고 간 것은 단지 그 나라에 관한 메시지가 아니라 그 나라의 실체 그 자체였다. "하나님의 나라는 말에 있지 아니하고 오직 능력에 있음이라"(고전 4:20). 그런데 예수님과 당시의 종교 지도자들이 서로 대립하게 된 것은 그들이 이처럼 유대인을 뛰어넘는 범세계적인 그 나라의 성격을 수용하지 않았기 때문이다. 그들은 단지 그들 자신과 자신들의 지위에 대해서만 생각했을 뿐이다. 그래서 마태복음 23장 13절에서 예수님은 이스라엘의 영적 지도자들이 천국의 문을 닫아 버렸다고 지적했던 것이다. "너희는 천국 문을 사람들 앞에서 닫고 너희도 들어가지 않고 들어가려 하는 자도 들어가지 못하게 하는도다."

하나님의 생명에 붙잡히다

마태복음 5장 20절에 나오는 예수님의 말씀은 그 지도자들의 상태를 잘 비춰준다. "너희 의가 서기관과 바리새인보다 더 낫지 못하면 결코 천국에 들어가지 못하리라." 여기서 예수님은 죽은 뒤에 천국에 가는 것에 관해, 혹은 누가 들어가고 누가 못 들어갈지에 관해 말하고 있지 않다. 그분은 현재의 관계에 관해, 그리고 진정한 삶 속으로 들어가는 것에 관해 말하고 있다. 즉, 지금 인류 가운데서 하나님 나라를 행동으로 전파하고 계시는 하나님과 함께하는 삶에 대해 말하고 있는 것이다. 만일 당신이 서기관과 바리새인의 수준에 머물러 있다면, 당신은 누룩처럼 퍼지는 하나님의 통치에 참여하지 못할 것이라는 말이다. 당신의 인생은 스스로 옳다고 생각하는 것에 그리고 당신의 능력으로 이룰 수 있는 것에 국한될 것이다. 그리고 그것은 그리 대단한 인생이 아니다.

예수님은 지금 세상의 한복판에 서 계신다. 그 왕은 "원하는 사람은 누구나 와도 좋다"라고 말하고 있다. 당신을 이 정책에서 배제시키는 선제 조건은 존재하지 않는다. 아예 없다. 당신이 신체적으로나 영적으로, 나병환자이거나 에이즈 환자일지라도 상관없다. 당신은 얼마든지 올 수 있다. 당신은 부자인가? 그래도 올 수 있다. 하지만 당신의 재산 이상의 것이 필요할 것이다. 재산이 곧 복은 아니다. 당신은 가난한가? 그래도 올 수 있다. 당신은 필요한 것을 모두 얻게 될 것이다. 당신의 생명은 하나님의 생명에 붙잡히게 되고, 이는 당신의 생명을 영원한 생명으로 만들어줄 것이다. 예수께서 요한복음 17장 3절에서 말씀하신 것처럼, "영생은 곧 유일하신 참 하나님과 그가 보내신 자 예수 그리스도를 아는 것이니이다." 이것이 바로 영생이다. 영원히 살아계신 예수님과의 살아있는 관계이다.

바울과 하나님 나라

이제 사도 바울이 이방 세계를 향해 나갈 때 하나님 나라를 어떻게 생각했는지 살펴보자. 흔히들 바울은 예수님과 다른 복음을 전했다고 생각하는 듯하다. 그러나 이미 살펴보았듯이, 골로새서 1장 13절에서 바울은 우리가 위로부터 태어남으로 흑암의 나라에서 하나님의 사랑의 아들의 나라로 "옮겨졌다"라고 말한 바 있다. 바울의 언어는 곧 하나님 나라의 언어다. 그리고 바울의 복음은 예수님의 복음과 마찬가지로 영성 형성에 초점을 두고 있다. 만일 당신이 더욱 성장하여 바울이 말한 대로 행한다면, 당신은 산상설교의 가르침을 당신의 삶에 적용하게 될 것이다.

골로새서 1장 9-12절에는 골로새 교인들을 위한 바울의 갈망을 담은 심오한 기도가 나온다.

> 너희로 하여금 모든 신령한 지혜와 총명에 하나님의 뜻을 아는 것으로 채우게 하시고 주께 합당하게 행하여 범사에 기쁘시게 하고 모든 선한 일에 열매를 맺게 하시며 하나님을 아는 것에 자라게 하시고 그의 영광의 힘을 따라 모든 능력으로 능하게 하시며 기쁨으로 모든 견딤과 오래 참음에 이르게 하시고 우리로 하여금 빛 가운데서 성도의 기업의 부분을 얻기에 합당하게 하신 아버지께 감사하게 하시기를 원하노라

이것은 물론 영성 형성 혹은 은혜 안에서의 성장에 따른 결과이다. 이는 바울 자신과 그 교인들을 향한 바울의 소원이라고 할 수 있다.

> 그는 보이지 아니하는 하나님의 형상이시요 모든 피조물보다 먼저 나신 이시니 만물이 그에게서 창조되되 하늘과 땅에서 보이는 것들과 보이지 않는 것들과 혹은 왕권들이나 주권들이나 통치자들이나 권세들이나 만물이 다 그로 말미암고 그를 위하여 창조되었고 또한 그가 만물보다 먼저 계시고 만물이 그 안에 함께 섰느니라 그는 몸인 교회의 머리시라 그가 근본이시요 죽은 자들 가운데서 먼저 나신 이시니 이는 친히 만물의 으뜸이 되려 하심이요 아버지께서는 모든 충만으로 예수 안에 거하게 하시고 그의 십자가의 피로 화평을 이루사 만물 곧 땅에 있는 것들이나 하늘에 있는 것들이 그로 말미암아 자기와 화목하게 되기를 기뻐하심이라(골 1:15-20)

일단 당신이 이 구절의 뜻을 이해하면 하나님의 계획이 얼마나 방대한지 알 수 있을 것이다. 우주 안에서 예수님이 누구인지를 밝히는 이 구절 이

후에 그리스도 안에 있는 우리 생명의 영광스러움이 설파된다. "그러므로 너희가 그리스도와 함께 다시 살리심을 받았으면 위의 것을 찾으라 거기는 그리스도께서 하나님 우편에 앉아 계시느니라 위의 것을 생각하고 땅의 것을 생각하지 말라 이는 너희가 죽었고 너희 생명이 그리스도와 함께 하나님 안에 감추어졌음이라"(골 3:1-3). 이 구절과 그 뒤에 나오는 내용은 순전히 영성 형성에 관한 구절들이다. 그런데 그리스도와 함께 다시 살아난 것이 새로운 삶의 전제가 되고 있음을 주목하라. 하나님 나라는 그리스도 안에서, 그리고 무엇보다도 부활을 통해 그 모습을 드러낸다. 바울이 고린도전서 15장 17절에서 말한 것을 기억하라. "그리스도께서 다시 살아나신 일이 없으면⋯너희가 여전히 죄 가운데 있을 것이요." 그러면 십자가는 어떻게 되는가? 부활이 없는 십자가를 전해서는 안 된다. 우리는 십자가와 부활 둘 다를 갖고 있어야 한다. 그렇지 않으면 하나님 나라나 그 나라의 그리스도가 없을 것이고, 따라서 잘못된 구원관을 갖게 될 것이다. 말하자면, 신자가 갖고 있는 현재의 영적인 생명, 곧 부활의 생명과 상관이 없는 구원을 생각하게 될 것이다. 이런 경우에는 영성 형성 내지 은혜 안에서 자라는 일은 구원의 일부가 되지 못한다.

부활의 생명

그러므로 진정한 영적 삶을 영위하려면, 편협한 속죄관, 즉 구원에 있어서 중요한 것은 예수님이 우리 죄를 위해 징벌을 받았다는 사실뿐이라고 보는 견해를 뛰어넘어야 한다. 이런 축소주의적인 견해의 문제점은 일단 죽음 이후의 천국을 확보하고 구원의 문제가 해결되면, 그것으로 모든 것이 끝난다는 점이다. 우리를 위한 일은 다 성취되고 종결된다. 그렇다면 이제 우리는 무엇을 해야 하는가? 제자도는 어떻게 되는가? 그것은 필요하지 않으며, "구원받은" 상황에서는 자연스러운 것도 아니다. 이 축소주의적인 견해에 따르면, "구원받았다"는 것은 내 죄가 용서받았다는 것을 의미할 뿐이다. 나를 오해하지 말라. 구원에 그런 뜻이 있는 것은 분명하다. 구원이 당신의 죄가 용서받았음을 의미하는 것은 확실하지만, 하나님의 관점에서 보면 구원의 행위는 바로 **생명의 부여**라는 것에 유념하라. 이는 중생을 뜻한다. 그리고 부여된 생명은 부활의 생명이며 또한 계속해서 성장하는 실재이다.

그러므로 골로새서 3장 1-4절로 되돌아가자.

> 그러므로 너희가 그리스도와 함께 다시 살리심을 받았으면 위의 것을 찾으라 거기는 그리스도께서 하나님 우편에 앉아 계시느니라 위의 것을 생각하고 땅의 것을 생각하지 말라 이는 너희가 죽었고 너희 생명이 그리스도와 함께 하나님 안에 감추어졌음이라 우리 생명이신 그리스도께서 나타나실 그 때에 너희도 그와 함께 영광 중에 나타나리라

얼마나 영광스러운 말씀인가! 신약성경은 **우리가 어떤 존재가 되어가고 있는지**를 거듭해서 말하고 있다. 예컨대, 요한이 첫 번째 편지에서 말한 것을 기억하라.

> 보라 아버지께서 어떠한 사랑을 우리에게 베푸사 하나님의 자녀라 일컬음을 받게 하셨는가…사랑하는 자들아 우리가 지금은 하나님의 자녀라 장래에 어떻게 될지는 아직 나타나지 아니하였으나 그가 나타나시면 우리가 그와 같을 줄을 아는 것은 그의 참모습 그대로 볼 것이기 때문이니 주를 향하여 이 소망을 가진 자마다 그의 깨끗하심과 같이 자기를 깨끗하게 하느니라(요일 3:1-3)

우리가 그리스도를 닮아간다는 이 위대한 주제는 지금 우리가 영광스런 삶 속으로 들어가고 있음을 분명히 밝히고 있다. **우리는 그의 깨끗하심과**

같이 우리 자신을 깨끗하게 하고 있다. 바로 이것이 영성 형성을 묘사하는 말이 아니고 무엇이겠는가!

그래서 사도 베드로는 "그(하나님)의 많으신 긍휼대로 예수 그리스도를 죽은 자 가운데서 부활하게 하심으로 말미암아 우리를 거듭나게 하사 산 소망이 있게 하시며"(벧전 1:3)라고 쓴 것이다. 만일 우리가 이와 같은 삶이 곧 구원임을 알지 못한다면, 영성 형성은 적실성이 없는 이상한 것으로 보인다. 사실 영성 형성은 위로부터 난 생명 안에서 일어나는 일이고, 또한 그런 생명의 형성이기에 오늘날 대다수 그리스도인들에게는 그렇게 보이고 있다. 하나님 나라의 복음은 우리에게 그런 생명 안에서의 점진적인 변화의 문을 열어준다.

세상, 육신, 그리고 마귀

영성 형성이 그리스도 안에 있는 구원의 자연스런 일부이기는 하나, 만약 우리의 변화에 투쟁이 수반되지 않는다고 생각한다면, 그건 오해다. 에베소서 2장은 우리에게 무슨 문제가 있는지를 잘 보여준다. 솔직히 말하면, 그것은 그리 고무적인 그림은 아니다. 이 대목은 "여러분도 전에는 범죄와 죄로 죽었던 사람들입니다. 그때에 여러분은 범죄와 죄 가운데서 이 세상의 풍조를 따라 살았습니다"(1-2절, 표준새번역)라고 시작한다. 여기에 악의 삼위일체 중의 첫 번째 요소인 **세상**이 나온다. 이어서 "…공중의 권세를 잡은 통치자, 곧 지금 불순종의 자식들 가운데서 역사하는 영을 따라 살았습니다"(2절)라는 내용이 뒤따른다. 여기에 두 번째 요소인 **마귀**가 등장한다. "우리도 전에는 그들 가운데서 모두 육신의 정욕대로 살고, 육신과 마음이 바라는 대로 행하여, 다른 사람들과 마찬가지로 날 때부터 진노의 자식이었습니다"(3절, 표준새번역). 이것이 세 번째 요소인 **육신**이다. 혹시 "세상, 육신, 그리고 마귀"

라는 제목이 어디서 나왔는지 궁금하다면 바로 이 바울의 진술에서다.

그러니까 이 세 가지 요인들, 세상, 육신, 마귀가 모두 당신을 대적하고 있는 중이다. 그러면 이것들은 무엇을 의미하는가? 당신은 사회적 및 역사적인 악의 체제 한복판에서 살아야 한다는 것이다. 이것이 세상이다. 그 뒤에는 인격을 지닌 영적 권세가 있다. 그 권세는 특정한 방식으로 세상을 다스리는 세상의 임금이다. 그는 예수님이 십자가에 죽기 전 큰 몸부림을 치고 있을 때 그에게 다가왔다. 그래서 예수님은 요한복음 14장의 끝부분에서 "이 후에는 내가 너희와 말을 많이 하지 아니하리니 **이 세상의 임금**이 오겠음이라"(강조체는 추가한 것임)고 말씀하신 것이다. 그런데 우리는 구속(救贖)의 역사와 영성 형성에 대해 생각할 때 흔히 '세상'이란 요소를 빠뜨리곤 한다.

그리고 '육신'이란 요인도 있다. 육신이란 무엇보다도 인간의 자연스런 욕망을 일컫는 말이고, 인간 속에 있는 육체의 소욕은 인간의 영과 싸운다. 인간의 영은 의지(will)이고, 의지는 욕망의 노예가 되지 않는다면 항상 최선의 것을 찾으며 다른 대안들을 생각한다. 그러나 욕망은 대안들을 생각하지 않는다. 욕망은 "나는 도넛을 먹어야겠다"는 식으로 말한다. 아니, 당신은 도넛을 먹어야 할 필요가 없다. 그러나 도넛을 향한 당신의 욕망은 "너의 혈당에 대해선 잊어버려. 네 체중도 잊어버려. 이 정크 푸드에 중독되었다는 사실도 잊어버려. 넌 도넛을 원하잖아!" 하고 말한다. 바로 이것이 육신이 하는 소리다.

바울은 갈라디아서 5장에서 육신은 영을 거스르고, 영은 육신을 거스른다고 말했다. 육신은 욕망을 낳고 욕망은 당신을 사로잡는 힘이 있기 때문에 그럴 수밖에 없다. 다시 말하건대, **욕망은 다른 대안들을 생각하지 않는다**. 그냥 "나는 저걸 원해!"라고 말할 뿐이다. 그리고 당신이 당신의 의지를 욕망에 넘겨주면, 당신은 중독자가 될 것이다. 중독자란 자신의 영과 의지를 욕망에 넘겨준 사람을 일컫는다. 이런 사람은 "그래, 나는 이것을 꼭 소유해야 해!"라고 말한다. 그런데 실제로는 당신이 그것을 꼭 소유할 필요는 없다. 물론 당신이 소유해야만 하는 것이 없지는 않다. 그러나 그런 것은 극소수에 불과하며, 대개 우리는 그런 것에 크게 신경을 쓰지 않는다. 영성 형성은 여러 욕망을 질서정연하게 정돈하되 하나님이 보시기에 선한 것을 참조해 그것들을 제자리에 두는 일이다.

권세, 관념, 그리고 이미지

사도 바울은 우리에게 "우리의 씨름은 혈과 육을 상대하는 것이 아니요 통치자들과 권세들과 이 어둠의 세상 주관자들과 하늘에 있는 악의 영들을 상대함이라"(엡 6:12)고 경고했다. 이 고차원적인 권세들과 세력들은 **주로 우리 문화의 관념 체계 내에서 작동하는** 영적 행위자들이다.

관념 체계는 사람들이 흔히 품고 있는 실재에 관한 가정(假定)들이다. 이는 역사적으로 개발되어 사회적으로 공유하는 사고와 해석의 패턴이다. 관념의 예를 들면, 자유, 교육, 행복, 아메리칸 드림, 과학, 진보, 죽음, 가정, 여성다움 혹은 남성다움, 종교, 교회, 민주주의, 공정함, 공의, 가족, 진화, 하나님, 세속성 등이다. 이런 관념들은 아주 널리 퍼져 있고 인생관에 꼭 필요한 것이기 때문에 우리가 의식하지 못할 때도 많고 어떻게 작용하는지를 모를 때도 많다. 우리가 가진 특정한 관념 체계는 아주 어린 시절부터 가족과 공동체의 가르침, 기대, 행위 등으로부터 배운 하나의 문화적 산물이다. 이런 관념 체계는 악한 세력의 조종을 받을 소지가 있다. 아니, 사실은 악한 세력이 인류를 지배하려고 이용하는 주된 도구들이다.

이와 반대로, 우리는 "흑암의 권세에서 건져져서…그의 사랑의 아들의 나라로 옮겨진"(골 1:13) 사람들인 만큼 "이 마음 곧 그리스도 예수의 마음"을 품는 것이 마땅하다(빌 2:5). 바로 이것이 그리스도인의 영성 형성의 본질을 묘사하는 핵심적인 방식이다. 바울이 즐겨 사용하는 표현을 빌리자면, 우리는 "(우리의) 마음을 새롭게 함"으로써 변화된다(롬 12:2).

이런 관념 체계들과 밀접한 관련이 있는 것은 우리의 마음을 점유하고 있는 이미지들이다. 관념은 추상적인데 비해 이미지들은 항상 구체적이고 정서가 잔뜩 실려 있다. 이미지들은 종종 지배적인 관념 체계와 강력한 정서적, 감각적 연계성을 갖고 있다. 예를 들면, 머리스타일(길거나 짧거나 벗겨진 모양, 혹은 녹색이나 오렌지색이나 보라색 등의), 보디 피어싱, 문신, 깃발(과 모독행위), 옷차림새 등은 서로 상충되는 관념 체계들에 강력한 이미지와 상징을 제공한다. 어느 한 세대나 인종 집단이나 지역 주민은 종종 스스로를 다른 이들과 차별화하기 위해 이런 이미지를 채택하곤 한다.

예수님은 이미지의 중요성을 잘 이해했다. 그분은 자신과 자기의 메시지를 훌륭하게 전달해 주는 이미지 하나를 신중하게 선택했다. 바로 십자가다. 십자가는 구속을 가져오는 하나님의 희생과, 하나님께 버림받은 것과 인간의 상실을 상징한다. 그것이 인류 역사를 통틀어 가장 강력한 이미지이자 상징인 것은 두말할 필요가 없다. 예수님은 십자가를 선택할 때 자신이 무엇을 하고 있는지 알았을까? 물론이다. 그분은 이미지의 대가이기 때문이다. 예수님을 따르는 자들은 자기의 유익을 위해서라도 그 마음속에 십자가의 이미지를 생생하게 간직할 필요가 있다. 이처럼 십자가를 늘 마음속에 모시는 훈련이야말로 영적 성장과 성숙의 중요한 요소다.

인류를 향한 하나님의 계획을 무너뜨리려는 사탄은 주로 관념과 이미지를 이용한다. 그러기에 그 둘은 영성 형성의 주요 전쟁터가 된다. 우리가 사탄이 선택한 관념과 이미지에 종속될 경우에는 사탄이 마냥 즐거워할 것이다. 그는 하와를 하나님에게서 멀어지게 할 때 막대기로 그녀를 친 것이 아니라 어떤 관념으로 그녀를 공략했다. 하나님은 신뢰할 수 없는 존재라는 생각과 그녀가 스스로 자기의 행복을 확보해야 한다는 생각이 그것이었다.

모든 시험 배후에 있는 관념

하나님은 우리에게서 좋은 것(혹은 적어도 우리가 원하는 것)을 빼앗으려는 존재이므로 우리가 직접 주도권을 쥐어야 한다. 모든 시험의 배후에는 이와 같은 생각이 도사리고 있다. 하나님에 대한 이런 이미지는 그분을 우리의 생각에서 밀어내고 우리 자신을 우주의 왕좌에 앉히라고 부추긴다. 그러므로 우리의 마음속에 있는 것 중에 가장 중요한 것은 바로 하나님에 대한 관념이라고 할 수 있다. 영성 형성의 과정은 우리의 파괴적인 이미지들과 관념들을 점차 예수님의 마음을 채웠던 이미지들과 관념들로 대체하는 과정이다. 그렇게 함으로써 우리는 갈수록 "하나님의 형상인 그리스도의 영광의 복음의 광채"(고후 4:4)를 더 뚜렷이 보게 된다.

그리스도가 빚은 마음이 얼마나 다른 안목을 낳는가 하는 것은 바울의 골로새서에 잘 나와 있다. 그는 땅 혹은 육신의 길과 새 사람의 길을 대비시켰다. 인간의 길은 분함, 노여움, 악의, 비방, 부끄러운 말, 거짓말로 물들어 있다(골 3:8-9). 솔직히 말해서, 우리 인간의 삶은 이런 것들로 얼마나 가득 차 있는가! 그러나 바울은 "너희가 서로 거짓말을 하지 말라 옛 사람과 그 행위를 벗어 버리고 새 사람을 입었으니 이는 자기를 창조하신 이의 형상을 따라 지식에까지 새롭게 하심을 입은 자니라"(9-10절)고 말한다. 이 견해에 따르면, 우리가 사람들을 대할 때 흔히 행하는 차별(헬라인과 유대인, 할례파와 무할례파, 야만인과 스구디아인, 종과 자유인 등)은 전혀 중요하지 않다. 그리스도는 만유 안에 똑같이 계시기(혹은 계실 수 있기) 때문이다(10-11절).

사실 **모든 종류의 사람을 똑같은 진실과 사랑으로 대하는 일**보다 더 인간답지 **않은** 것이 있을까? 당신이 이런 태도로 온종일을 보낸다면 얼마나 큰 영향을 미칠지 상상해 보라. 오늘날 우리가 자주 듣는 차별반대운동은 하나님 나라의 삶의 심오한 진리를 보여준다. 구속받지 못한 인간을 지배하는 관념들과 이미지들은, 아주 특별한 상황을 제외하면, 그리고 예수님과 그의 제자들의 영향을 강하게 받은 공동체들의 경우가 아니라면, 그런 태도를 도무지 낳을 수 없다. 바울은 우리가 오직 그리스도의 마음을 받을 때에만 타락한 인성을 본받는 일을 피할 수 있다는 것을 알고 있었다(고전 2:16; 빌 2:5). 그리스도 안에서 이뤄지는 영성 형성은 우리의 관념과 이미지들을 그분의 것들과 완전히 교환하는 방향으로 나가는 것을 뜻한다.

어떻게 그런 일이 일어날 수 있을까? 이에 대해 답하려면, 하나님의 은혜와 인간의 주도적 노력이 어떻게 합력하여, 우리를 하나님께 대해 죽은 존재로 만드는 유해한 관념과 이미지 체계의 권세를 깨뜨리는지를 알아야 한다. 우리는 하나님이 말씀과 영으로 우리 안에 새로운 생명을 심은 후에야 하나님 나라를 위해 우리의 전반적인 사고를 점차적으로 회복하는 데 주력할 수 있다. 바로 이것이 "먼저 그의 나라와 그의 의를 구하라"는 말씀(마 6:33)에 담긴 한 가지 의미이다. 물론 하나님의 은혜는 우리의 발걸음마다 함께하겠지만, 영성 형성의 과정에서 우리가 수동적으로 남아 있도록 내버려 두지는 않을 것이다.

은혜의 사역

우리가 치르는 영성 형성의 싸움의 배경에는 부활의 은혜가 있다. "긍휼이 풍성하신 하나님이 우리를 사랑하신 그 큰 사랑을 인하여 허물로 죽은 우리를 그리스도와 함께 살리셨고 (너희는 은혜로 구원을 받은 것이라)"(엡 2:4-5). 우리의 씨름의 맥락은 곧 은혜다. 우리를 살리는 것은 무엇인가? 은혜다. 은혜란 무엇인가? 은혜란 하나님이 우리 자신의 힘으로 이룰 수 없는 것을 이루게 하려고 우리 삶 가운데서 일하시는 것이다. 이것은 아무런 공로 없이 받는 은총인가? 물론이다. 그러나 우리가 은혜에 관해 이것밖에 모른다면 문제가 있다. 나는 어느 유명한 기독교인 강사가 "은혜는 오직 죄책감을 위한 것일 뿐이다"라고 말하는 것을 들은 적이 있다. 그러나 성경을 정직하게 살펴보면, 결코 그렇지 않다는 것을 알게 되리라. 은혜는 삶을 위한 것이기도 하다. 그렇기 때문에 당신은 죄책감을 키우지 않으면서 은혜 안에서 자랄 수 있는 것이다. 은혜는 삶을 위한 것이다. **우리가 설사 죄를 범한 적이 없다 할지라도 우리에게는 여전히 은혜가 필요했을 것이다.** 은혜가 당신이 스스로 이룰 수 없는 것을 이루게 하려고 하나님이 당신의 삶 속에서 일하시는 것임을 알기만 한다면 이것은 깨달을 수 있을 것이다. 이런 은혜를 경험할 때 우리는 하나님 나라를 구하게 된다. 우리는 은혜를 위해 은혜로 창조되었기 때문이다.

영성 형성은 우리의 의지가 필요한 작업이다

하나님의 계획은 흑암의 나라가 존재하도록 허용한다. 바울은 골로새서 1장 13절에서 우리가 "그의 사랑의 아들의 나라로 옮겨지기" 전에 "흑암의 권세" 안에 있었다고 말한다. 우리는 하나님께 대하여 살아 있었던 게 아니라 흑암의 나라에서 죽어 있었던 것이다. 말하자면, 우리의 기본적인 본성이 작동하지 않고 있었다는 것이다. 그래서 우리가 빛의 나라와 접촉을 재개하기 위해서는 위로부터 태어나지 않으면 안 되었다. 그런 중생이 있은 후에야 우리는 빛의 나라 안에서 어떻게 움직일지 선택할 수 있게 된다. 이 점이 영성 형성과 관련해 중요한 이유는 이런 변화가 수동적인 과정이 아니기 때문이다. 이 과정이 진행되는 동안에 우리는 계속해서 선택을 하고, 우리의 성품을 개발해 나간다. 그리고 때로 그 경험은 아주 힘든 것이 될 수도 있다.

성(聖) 안토니는 사막에 들어갔을 때 밤마다 사탄이 온갖 모양을 하고 온갖 소리를 내며 그에게 접근하는 바람에 무시무시한 시간을 보냈다. 그럼에도 그는 끝까지 저항했고 결코 굴복하지 않았다. 그러자 마침내 예수님이 그를 찾아오셨다. (이게 무슨 뜻인지는 당신이 알아서 해석하라. 나는 상당히 문자적으로 해석하고 싶다.) 성 안토니가 예수님께 던진 첫 질문은 "왜 당신은 더 일찍 오지 않았습니까?"였다. 이에 예수님은 "나는 네가 어떻게 하는지 보고 싶었다"라고 응답하셨다.[2] 이것은 사실 성경에 나오는 주제다. 예컨대, 하나님은 아브라함에게 그렇게 하셨고(창 22:12), 광야에서 이스라엘 백성에게도 그렇게 하셨다(신 8:2). 예수님도 제자들에게 그런 적이 있었다(마 6:37, 48-51). 당신은 그분이 당신과 나에게도 그렇게 할 수 있다고 확신해도 좋다. 이는 우리가 은혜 안에서 성장하는 데 꼭 필요한 요소이기 때문이다.

이것은 우리의 영적 성장 과정에 빛을 비춰준다. 하나님은 흑암으로 하여금 자신을 찬양하게 만들 테지만, 종종 우리는 그런 순간에 그런 일을 경험하지 못한다. 우리가 몸담고 있는 세상은 사람들이 선택을 하되 종종 잘못된 선택을 하는 곳이다. 또한 이곳에는 하나님과 싸웠으나 이길 수 없었던 하나님의 적이 존재하는 곳이다. 그래서 그 적은 현재 하나님의 주요 프로젝트 중의 하나인 인간, 곧 당신과 나에 초점을 맞추고 있다. 우리는 흑암의 세계에서 씨름을 하는 중이고, 그 흑암의 일부는 우리 안에 있다. 즉 우리는 예수님의 제자로서 우리 안에 또 우리 주변에 있는 흑암을 점차 제거해 가는 이른바 영성 형성의 과정에 있는 것이다. 성경에서 빛과 빛의 자녀들이 얼마나 중요시되는지를 기억하라. 빛의 자녀가 되고 빛 가운데 온전히 사는 것이 우리의 운명이다. 에베소서 5장 8-9절에 나오는 말씀을 생각해 보라. "너희가 전에는 어둠이더니 이제는 주 안에서 빛이라 빛의 자녀들처럼 행하라 빛의 열매는 모든 착함과 의로움과 진실함에 있느니라." 그리고 사도 요한이 그의 글에서 빛을 얼마나 중요시했는지, 빛이 영성 형성에서 행하는 역할의 중요성을 얼마나 역설했는지 우리는 잘 알고 있다. 어둠에서 벗어나려면 우리가 숨어 있는 장소에서 나오고 남에게 알려지길 원치 않는 행위에서 손을 떼는 것이 필요하다.

사탄은 하나님의 통제 아래 있다

하나님 나라는 하나님이 달갑잖게 여길 만한 여러 가지 것들을 그냥 허용하고 있다. 이미 언급했듯이, 하나님은 이스라엘에 군주제를 허락했다. 이것은 하나님이 원치 않았지만 허락한 경우에 해당한다. 그런 의미에서 군주제는 그분의 승인을 받은 것이라고 할 수 있다. 하지만 하나님은 사무엘에게 "그들이 너를 버림이 아니요 나를 버린 것이다"(삼상 8:7)라고 말씀하셨다. 이는 하나님 나라가 어떤 모습인지를 이해하는 데 여러 가지 시사점을 제공해 준다. 하나님이 축복하시는 것과 그냥 허락해서 사용하시는 것은 근본적으로 다르다. 나의 삶에서 하나님이 원치 않지만 그냥 허락하시는 것은 무엇일까? 이것은 영성 형성과 관련하여 우리가 늘 염두에 둬야 할 아주 중요한 질문이다. 하나님은 자신이 허용하는 모든 것을 실제로 승인하시는 것일까? 나는 그렇지 않다고 생각한다. 그러나 하나님이 허용하는 모든 것을 그분은 활용할 수 있을까? 물론 그럴 수 있다. 누구보다도 하나님 나라를 계속 구하는 사람을 위해 그렇게 하실 것이다.

믿음의 삶

우리가 위로부터 태어나 새로운 삶을 살게 되면 중생을 다른 각도에서 보기 시작한다. 예컨대, 우리가 고린도전서 12장 3절을 통해 "성령으로 하지 않고는 아무도 예수를 주님이라고 부를 수 없다"는 것을 알게 된다. 은유들에는 이런저런 문제가 있기는 하나, 출생은 내가 행하는 일이 아니다. 출생은 나에게 행해지는 어떤 것이고, 위로부터의 출생은 새로운 영역에 진입하는 일이다. 아브라함은 하나님을 믿었고 그분은 이것을 의(義)로 간주하였다. 당시에 일어났던 일을 풀어보면 이렇다. 하나님은 아브라함의 믿음을 보셨는데, 이 믿음은 하나님과 아브라함에게(적어도 아브라함의 자발적인 태도가 필요했으므로) 달려 있었다. "나는 완전한 순종보다 나에 대한 이런 신뢰를 더 선호한다. 나는 율법적인 순종보다 이 사람이 내게 두는 신뢰를 더 좋아한다." 그리고 이런 신뢰는 화려한 신학의 옷을 입고 있지 않다는 점을 상기할 필요가 있다. 아브라함은 하나님이 자신에게 아들을 상속인으로 줄 것이라고 믿었다. 바로 그것이 하나님이 보시고 의로 여긴 믿음이다. 이것이 바로 믿음의 삶이다. 이는 평생토록 하나님을 의지하는 믿음의 삶이었다. 아브라함이 품었던 이런 믿음이 로마서 4장에서 바울이 말하는 바로 그 믿음이다. 그리고 이런 믿음의 각성이 바로 중생이다. 이는 한 순간이 아니라 한 과정이 될 수도 있다. 새로운 생명을 부여받는 중생에서 용서는 하나님이 우리에게 베푸는 은혜의 중요한 일부이다.

초대 교회에서의 복음

이제 초대 교회 안에서 복음이 어떤 모습을 지녔는지를 주목해 보자. 이를 살펴보기에 가장 좋은 곳은 사도행전 8장 12절에 나오는 빌립의 이야기다. "빌립이 하나님 나라와 및 예수 그리스도의 이름에 관하여 전도함을 그들이 믿고 남녀가 다 세례를 받았다." 그런데 잠깐만 멈춰 보라. 여기에 무언가 새로운 것이 있다. 빌립은 "하나님 나라와 예수의 이름"에 관한 좋은 소식을 전파하고 있었다. 그게 무엇이었는가? 예수의 이름에 관한 복음이라니? 신약성경에서 이 주제를 공부해 보면, 복음을 표현하는 방식이 아주 다양하다는 점을 알게 될 것이다. 여기서는 제자가 "예수의 이름"을 통하여 그리스도 및 그의 나라와 관계를 맺는 것을 볼 수 있다. 예수의 이름 자체가 "좋은 소식"이다. 우리는 예수의 이름과 함께 행함으로써 하나님 나라를 발견하게 된다(요 14:13-14).

이제 이 점을 생각해 보라. 만일 당신이 그 나라 없이 그리스도를 갖고 있다면, 당신은 그리스도를 갖고 있지 않은 셈이다. 그리고 당신이 그리스도 없이 어떤 나라를 갖고 있다면, 당신은 하나님 나라를 갖고 있지 않은 셈이다. 당신은 이 양자를 함께 묶어 놓아야 한다. 예수님의 초기 제자들과 그들의 제자들에게 이 둘이 어떻게 묶여 있었는지는 사도행전에 잘 나와 있다. 예수님은 하나님 나라의 얼굴에 해당하는 인물이었다. 그런데 "하나님 나라"라는 어구는 19세기와 20세기에 미친 방향으로 치달았다. 신학적 차원에서뿐 아니라 정치적 차원에서도 그랬다. 교회와 서구 사회에서 특히 자유주의적인 성향을 띤 분파들은 예수를 잊었다. 그로 인해 결국 사람의 나라가 하나님 나라의 행세를 하게 되었다. 그러나 우리는 그분에 관해 잊을 수 없다. 예수님은 무대에서 결코 사라지지 않을 것이다. 요한복음 12장 32절에 대해 생각해 보라. "내가 땅에서 들리면 모든 사람을 내게로 이끌겠노라." 당신은 이 말씀을 제거할 수 없다. 이 말씀을 빼내어 버리면 역사는 사라지고 만다. 예수님과 그의 가르침은 서구 세계의 중심이다. 그러므로 오늘날 미국 문화에 속해 있는 우리는 예수님과 관련하여 비극적인 실험을 하고 있는 셈이다. 우리는 예수님의 자리에 다른 것을 놓으려고 애쓰는 중이다. 그러나 그것은 세속주의라는 텅 빈 껍질에 불과하다.

그럼에도 복음은 여전히 여기에 있다. 하나님 나라와 예수의 이름이 그것이다. 예수의 이름이란 무엇인가? 그것은 하나님 나라에 들어가는 문과 같다. 예수님은 제자들에게 자기 이름으로 행하는 법을 가르쳤다. 우리가 어둠과 어둠의 임금을 이기는 것은 바로 예수의 이름을 통해서다.

예수의 제자를 위한 영성 형성

사도행전 전체를 꼼꼼하게 읽어보면 하나님의 나라가 처음부터 끝까지 줄

곧 거기에 있다는 것을 알 수 있다. 이 나라는, 사도행전 20장에서 바울이 에베소 장로들과 헤어지는 장면과 같은 감동적인 구절들에서 그 모습을 드러낸다. 그리고 사도행전의 끝 대목에 이르면 "하나님의 나라를 전파하며 주 예수 그리스도에 관한 모든 것을 담대하게 거침없이 가르쳤다"(행 28:31)라고 기록되어 있다. 이는 사도행전의 마지막 구절이다. 이 구절은 로마에 있던 바울에 관한 내용이므로, 상징적인 의미에서 마태복음 21장 43절("하나님의 나라를 너희는 빼앗기고, 그 나라의 열매 맺는 백성이 받으리라")의 성취라고 할 수 있다.

이 모든 내용에 비추어 볼 때 영성 형성이란 무엇일까? 그것은 예수님의 제자들에게 일어나는 일종의 훈련 과정이다. 영성 형성과 제자도는 부활한 주님을 통해 우리에게 오는 하나님 나라에서의 삶이 성장하는 것을 일컫는다. 예수님의 제자로서 나는 그분과 함께 살면서 그분이 하나님 나라 안에 살았듯이 나도 하나님 나라 안에 사는 법을 배우고 있는 중이다. 영성 형성이란 예수님의 명시적인 말씀을 받아들여 그렇게 사는 법을 배우는 것을 가리킨다. 예수님은 우리에게 사람들을 불러 제자를 삼되 그들을 삼위일체의 실재 속에 푹 잠그라고 말씀하지 않았던가? 그들에게 삼위 하나님의 이름으로 세례를 준다는 것은 단지 그들을 물에 적시며 "아버지"와 "아들"과 "성령"의 이름을 입에 올리는 것만을 뜻하지 않는다. 성경에 따르면 이름은 곧 실재를 의미하므로, 그들에게 세례를 준다는 것은 그들을 삼위일체의 실재 속에 푹 잠그는 것과 같다. 우리는 삼위일체와 복음의 상관성에 대해 알아야 한다! 복음은 삼위 하나님과 함께하는 삶에 관한 소식이기 때문이다.

하나님 나라에 들어가는 것

지금쯤이면 우리가 마태복음 5장 20절에 대해 좀 더 깊이 이해하게 되지 않았을까 생각된다. "내가 너희에게 이르노니 너희 의가 서기관과 바리새인보다 더 낫지 못하면(여기에 당신이 갖고 있는 다양한 장점도 끼워 넣을 수 있다) 결코 천국에 들어가지 못하리라." 이제 당신이 천국에 들어가는 것에 관한 진술을 읽는다면 아마 당신은 이런 식으로 생각하게 될 것이다. '이런 말씀은 내가 죽은 뒤에 천국에 가는 걸 말하는 게 아니고, 이생과 관련된 말씀일 것이다' 라고. 그렇다면 당신은 제대로 이해한 것이다. 만일 당신이 지금 천국을 순간순간 경험하며 살고 있다면, 당신은 이생이 끝난 뒤에 일어날 일을 염려하지 않아도 될 것이다. 하나님이 알아서 해주실 것이므로.

그러면 우리는 서기관들과 바리새인들의 의를 뛰어넘은 셈이다. 이 말은 우리가 무엇을 행하거나 행하지 않는 것의 견지에서 생각하기를 멈추고, 우리가 누구인가에 관해 생각하기 시작했다는 뜻이다. 우리의 신분과 본성은 하나님 나라 안에서 우리에게 주어진 삶이 제공한다. 영성 형성은 산상설교 전체에서 아주 돋보이는 주제다. 어떻게 하면 나는 화를 내지 않고 남을 경멸하지 않을 수 있을까? 이것은 영성 형성의 문제다. 서기관이나 바리새인은 "나는 아무도 죽이지 않았다" 혹은 "나는 간음을 범하지 않았다"라고 말할 것이다. 그런데 진짜 문제는 이런 것이다. 나는 어떤 사람인가? 나는 사람들을 너무도 사랑한 나머지-예컨대, 내가 자주 보고 만나고 대하는 여성들을 사랑해서-내 정욕을 자극하거나 다른 용도로 그들을 이용하지 않을 수 있는 경지에 도달할 수 있을까? 진짜 문제는 '당신이 사람들을 어떻게 생각하는가?'이다. 문제는 '당신이 누군가와 성교를 했는가, 혹은 누군가를 죽였는가?'가 아니다. 오히려 문제는 '당신이 실제로 사람들을 어떻게 생각하는가, 그들이 당신의 마음과 생각 속에서 어디쯤에 서 있는가'이다. 바로 이것이 영성 형성이 중요시하는 문제이다. 그것은 외적인 예절에 관한 것이 아니라, 속사람이 그리스도를 닮아 성장하는 것과 관련이 있다.

하나님 나라의 복음과 영성 형성

하나님 나라의 복음은 살아 계실 뿐 아니라 우주의 주인이신 예수님께 의존함으로써 위로부터 오는 생명을 얻을 수 있다는 소식이다. 이 복음을 영접하는 사람들, 부활하신 그리스도의 자비를 요청하는 사람들은 그들 안에 작동하는 하나님의 은혜 가운데 살게 된다. 요한복음 1장 12절은 이렇게 말한다. "영접하는 자 곧 그 이름을 믿는 자들에게는 하나님의 자녀가 되는 권세(exousia, 혹은 권리)를 주셨다." 그리고 이렇게 이어진다. "이는 혈통으로나 육정으로나 사람의 뜻(선천적인 능력)으로 나지 아니하고 오직 하나님께로부터 난 자들이니라"(12-13절).

하나님 나라의 생명을 부여받는 것은 영성 형성으로 이어지는 열린 문이다. 그런데 오늘날 우리는 사람들을 제자도와 상관없이 교회로 인도하는 경우가 많고, 영성 형성에 이르도록 이끌어주지 않는 경우도 많다. 그렇기 때문에, 만일 우리가 그들에게 그 주제를 꺼내면, 그들은 교회의 문 안으로 들어올 때 들었던 것들이 그런 새로운 개념과 상관이 없기 때문에 그것을 일종의 미끼 상술이라고 생각하게 된다. 다수는, 아니 대다수는 듣기를 거부하거나 화를 낸다. 아마도 그들은 "당신은 예수님이 필요하다고 느끼지 않습니까?"라는 식의 질문을 받았을 것이다. 그리고 필요를 느끼지 않는다면 바보일 것이다. 그런데 그들이 느끼는 '필요'는 정확히 어떤 것인가? 나는 지금까지 신약성경에 기초하여 복음을 설명했는데, 만일 당신이 그 복음을 제대로 이해하지 못한다면, 그 '필요'는 엉뚱한 것에 대한 것일 수도 있다. 어쩌면 용서받을 필요가 아닐 수도 있다. 그러나 예수님의 진정한 복음은 이렇게 말한다. "나는 너에게 생명을 준다. 하지만 너도 네 생명을 포기해야 한다. 그렇다, 네가 주관하고 있다고 생각하는 그 생명, 네가 그토록 불평을 늘어놓는 그 삶을 포기해야만 한다." 그러므로 우리가 할 일은 사람들에게 예수님을 소개하되 그들이 늘 그분을 동반자로, 자신의 주님으로, 스승으로, 중보자로 붙잡을 수 있게 해주는 것이다. 우리는 그분을 단지 십자가에서 죽은 사람으로뿐 아니라 십자가를 넘어서 살아 계신 분으로 소개해야 한다. 그분은 우리를 하나님과 화해시킴으로써 우리가 하나님과 동행하며 새로운 삶을 살고, 장차 영원히 그분의 우주적 미래인 천국에 몸담게 하려고 오신 분이다.

이 복음을 소개할 때 우리는 육신의 생각이 하나님에게 적대적이란 사실을 유념할 필요가 있다. 인간은 본래 철두철미하게 하나님을 좋아하지 않는다. 오직 새로운 생명만이 이 문제를 치료할 수 있다. 이 생명은 인간을 죄와 세상, 육신과 마귀의 손아귀에서 끌어내어 그 적대감을 아가페 사랑으로-이번에도 철두철미하게-대치할 수 있다. 우리는 그 새 생명이 사람들 속에서 일하도록 가만히 기다리는 것이 아니다. 우리는 말씀과 성령, 우리의 삶과 교회의 삶을 통하여 그들의 마음과 생각에 열매와 믿음과 회개를 불러일으킨다. **그러므로 영성 형성과 제자도는 예수 그리스도를 믿음으로 얻는 선물, 곧 하나님 나라에서의 삶에 대한 자연스러운 반응인 셈이다.** 하나님 나라는 그리스도 안에서 이뤄지는 영성 형성의 바탕과 에너지가 된다.

묵상 및 토론을 위한 질문

1. 이 글은 하나님 나라의 복음에 대한 이해가 예수님의 형상을 본받는 것(영성 형성)의 토대가 된다고 주장한다. 당신은 이에 동의하는가? 이와 관련된 당신의 경험이 있다면 이야기해 보라.

2. 하나님 나라의 복음은 주로 내세를 지향하는 복음과 어떤 면에서 상반되는가?

3. 당신이 현재 관여하고 있는 사역의 모델(들)에 대해 생각해 보라. 그 사역의 정신과 방법은 하나님 나라의 복음에 얼마나 초점을 맞추고 있는가?

4. 하나님 나라의 가치들을 감안하면, 이에 기초한 영성 형성 사역은 다른 사역들과 어떻게 구별되는가? 그 나라의 복음이 지닌 여러 측면 가운데 당신의 사역과 거기에 참여하는 교인들에게 가장 큰 도전을 주는 것은 무엇인가?

추천도서

존 브라이트, 『하나님의 나라』(The Kingdom of God: The Biblical Concept and Its Meaning for the Church), 크리스챤다이제스트사, 1994. (브라이트는 훗날 자유주의 신학으로 전향하지만, 이 책은 여전히 하나님 나라의 성경적 요소들을 다룬 최고작이다).

마틴 로이드 존스, 『하나님의 나라』(The Kingdom of God), 복 있는 사람, 2008.

달라스 윌라드, 『하나님의 모략』(The Divine Conspiracy: Rediscovering Our Hidden Life in God), 복 있는 사람, 2007.

Allen Mitsuo Wakabayashi, *Kingdom Come: How Jesus Wants to Change the World*, Downers Grove, IL: InterVarsity, 2003.

2장

은혜의 공동체

빌 스롤과 브루스 맥니콜
(Bill Thrall and Bruce McNicol)

제2요소 | 영성 형성은 하나님과의 관계 및 서로 간의 관계에 뿌리를 두고 있다. 은혜와 신뢰의 공동체는 우리로 하여금 우리 자신을 발견하고 또 어떻게 신뢰, 사랑, 은혜, 겸손, 존엄성, 그리고 공의 가운데 살 수 있는지를 배우도록 도와준다. 은혜와 신뢰의 공동체는 믿지 않는 세상 속에서 동료 신자들과 진리를 나눌 수 있는 문을 열어준다.

설명 | 이 초대를 받아들이는 사람들은 삼위일체의 삶의 특징이라 할 수 있는 은혜의 원리들을 하나님 및 타인과의 관계 속으로 통합시킨다. 안전한 은혜의 공동체는 이런 원리를 경험하고 살아내는 이들의 부산물인 동시에 타인에게 그것을 경험하고 살아내도록 권하는 초대장이다. 하나님 및 타인과 더불어 은혜를 경험하는 과정은 내가 누군지를 확증해 주고, 성숙하도록 도와주며, 어떻게 살아야 할지를 가르쳐준다.

✠

더불어 살기 어려운 사람들

그레이스와 내(빌)가 결혼한 지 5년째 되던 어느 날이었다. 일터에서 귀가하는 시간에 아내가 현관에서 나를 기다리고 있었다. 당시에 나는 피닉스에서 회계사 겸 경영 컨설턴트로 일하고 있었다. 본래 온화한 아내가 그날따라 다짜고짜 내게 말했다. "함께 차를 타고 나가야겠어요."

긴장어린 말투와 쏘아보는 눈빛으로 보아 심각한 문제가 생겼고 아내의 마음이 불편한 것이 분명했다. 그 순간 '내가 뭔가를 잘못했군' 하는 생각이 들었다. 시간을 벌기 위해 슬쩍 "애들은 어떻게 하지?"라고 물었다.

"애들은 걱정할 것 없어요. 조치를 다 취해 놓았으니까" 하고 아내가 응답했다.

나는 자동차를 향해 걸으며 '내가 무슨 잘못을 했지?', '내가 아내에게 말하지 않은 어떤 게 발각된 거지?' 등 온갖 염려를 했다. 내가 운전대 앞에 앉을 즈음에 나는 이미 머릿속에 방어기제와 알리바이를 쌓아올리느라 진땀을 흘리고 있었다. "어디로 가지?" 하고 풀죽은 말투로 내가 물었다.

"북쪽으로 가세요."

우리는 30분 동안 차를 타고 갔는데, 그것은 내 평생 가장 긴 30분이었다. 스코츠데일에 있는 텅 비다시피 한 주차장에 차를 대라고 아내가 말하기까지 우리는 한 마디도 하지 않았다. 내 와이셔츠는 땀으로 흠뻑 젖었지만 나는 불안한 내 모습을 들키지 않기 위해 시종 침묵을 지켰다. 이제까지 아내는 이런 행동, 아니 이와 조금이라도 비슷한 행동을 한 적이 없었다. 이것은 그녀의 외침 소리였다.

아내는 이 순간을 위해 단단히 준비한 모습이 역력했다. 차분한 태도와 명료한 생각이 나를 더욱 무력화시켰다. 한참 뜸을 들인 뒤에 그레이스가 입을 열었다.

"나는 우리 결혼생활이 아주 불행하다는 것에 대해 말하고 싶어요."

"뭐라구?" 하고 내가 끼어들었다. "난 좋은 아버지요. 가족을 위해 열심히 일하고 있소. 우린 돈도 많이 벌고 있소. 청소년 사역에도 깊이 관여하고 있고. 그런데 도대체 당신은 왜 그렇게 불행하단 말이오?" 나는 '이건 내 문제가 아니야. 이건 아내의 문제라고. 아내가 불행하다고 느낄 뿐이야'라고 생각하며 잠시 안도감을 느꼈다.

나는 계속 화를 뿜어내면서 아내로부터 양심의 가책을 끌어내려고 다른 칭찬거리를 늘어놓았다. 그런데도 전혀 효과가 없었다. 그래서 나는 차에서 나와 거칠게 쏘다니며 상처 받은 배우자 행세를 했다. 나는 '아니, 아내가 내게 이럴 수 있어?' 하며 홀로 투덜거렸다. 그러나 내가 차로 돌아왔을 때 아내는 내 행동에 전혀 아랑곳하지 않은 채 차분한 모습을 그대로 유지하고 있었다. 그 후 그녀가 잠깐 입을 떼며 말했다. "내가 왜 이토록 불행하게 느끼는지 그 이유를 알고 싶어요?"

"으음…그렇소"라고 내가 응답했다. "그 이유부터 말하는 게 좋겠소."

"당신은 내가 당신을 사랑하는 걸 허용하지 않아요"라고 아내가 말했다. 그리고 이렇게 덧붙였다. "당신은 나를 신뢰하려고 노력조차 하지 않아요. 난 당신을 사랑해요. 나는 당신을 위해 최선을 다하고 싶지만, 당신은 그걸 허용하지 않아요. 무슨 말인지 제발 생각해 보세요."

아내의 눈동자에 눈물이 고였다. "이건 심각한 문제예요" 하고 아내가 말을 이어갔다. "당신은 나를 사랑할 수 없어요. 서로 관계를 맺으려면 나도 당신을 사랑할 수 있어야 해요!" 그리고 그녀를 신뢰하지 못하는 내 모습이 어떻게 우리의 결혼생활, 나와 자녀들과의 관계, 그리고 나의 영향력을 좀먹어 갔는지를 설명했다.

지난 5년 동안 나는 내 생활을 아내에게 밝히지 않았다. 그녀의 사랑을 여러 방식으로 테스트하면서도 그것을 신뢰할 만한 것으로 믿으려 하지 않았다. 나는 아내가 나의 참 모습을 감당할 수 없을 것이라고 느꼈다. 아내는 내 마음을 사려고 성실하게 노력했지만 그때마다 배척을 당했고, 그것이 그녀에게 엄청난 고통을 주었다. 그런데도 그녀는 나를 비난하거나 깎아내리지 않고 헌신적인 자세로 나를 대했다. 드디어 아내는 내가 그녀를 신뢰하도록, 그녀가 나의 삶으로 다가오도록, 내가 사랑받을 수 있도록 해주었다. 처음으로 나는 아내를 신뢰하기로 마음먹었다. 이를 계기로 나는 펀드를 잘못 운용하는 문제, 멋있게 보이려는 태도, 포르노 중독 등을 청산하기 시작했다.

그때 이후로 우리는 이중생활의 해로운 황무지에서 숨막힐 듯이 살고 있는 다양한 분야의 지도자들을 포함하여 수많은 사람들을 만났다. 기독교 지도자들은 물론이고 대다수의 그리스도인은 사랑을 주기로 헌신한 사람들이다. 그들은 복음을 전하고, 가르치고, 설교하고, 공부하고, 섬기고, 지도하고, 정의를 위해 일하는 등 다양한 활동을 한다. 그들은 이런 은사를 활용해 흔히 사랑으로 표현되는 하나님의 은혜를 드러낸다. 그러나 빌의 사례가 보여주듯이, 기독교 지도자들은 홀로 숨어서 미해결된 인생의 문제를 끌어안은 채, 피상적인 관계를 맺고 살면서 이런 활동을 수행할 수도 있다. 이런 불건전한 상태는 그리스도인이 사랑을 받기보다 주는 것만 배울 때 생기게 된다. 대다수의 그리스도인은 보호받는 사랑을 거의 경험하지 못한다. 하지만 그런 사랑은 죄로부터 자유하고, 상처를 치유 받고, 영적·정서적 건강을 위해 반드시 필요한 것이다. 사실 그것이야말로 예수님의 제자들 사이에서 '은혜의 환경'이 자라나고 성장하는 방식이다.

예수님의 다음 약속을 곰곰이 묵상해 보라. "너희가 서로 사랑하면 이로써 모든 사람이 너희가 내 제자인 줄 알리라"(요 13:35). 무슨 생각이 떠오르는가? 만일 '내가 더 많이 사랑해야 한다는 뜻이다'라는 생각이 떠오르면, 그건 옳다. 하지만 '내가 남에게 더 많은 사랑을 받을 수 있는 법을 배워야 한다는 뜻이다'라는 생각이 떠오른다면, 그것도 역시 옳다. 만일 당신이 이런 생각을 하지 못한다면, 당신은 더 많이 그리고 더 잘 사랑하는 법의 토대를 잃어버린 셈이다. 이 약속은 우리가 사랑받는 법을 배우기까지는 효과를 발휘할 수 없다. 하나님의 세계에서는 사랑받는 일이 사랑을 주는 일보다 앞선다. 우리는 먼저 하나님과 타인의 사랑을 받는 법을 배울 때에만 사랑하는 법을 배울 수 있다. "우리가 사랑함은 그가 먼저 우리를 사랑하셨음이라"(요일 4:19). 그리고 그렇게 되려면 신뢰가 필요하다.

그러므로 사랑받는 법을 배우는 것과 관련된 하나의 핵심적인 원리는 다음과 같다. **당신이 얼마나 많은 사랑을 나에게 주려고 하든지, 나는 내가 당신을 신뢰하는 것만큼 당신의 사랑을 받을 수 있다.** 신뢰하지 못하는 사람들은 결코 사랑을 체험할 수 없을 것이다. 우리 중 어느 누구도 그 막다른 골목에서 빠져나올 수 없다. 우리에게는 사랑받고 싶은 욕구가 있지만, 자신이 원하는 대로 받을 수는 없다. 다른 사람들이 그들의 방식으로 우리를 사랑하도록 허용하는 법을 배우는 것이야말로 "그리스도를 경외함으로 피차 복종한다"(엡 5:21)는 말의 부분적인 의미이다.

그러면 사랑받는 일은 은혜의 공동체와 무슨 관계가 있는가? 그리고 이런 공동체는 어떻게 나를 정의하며, 나에게 사는 법을 가르쳐 주는가?

의사소통의 단순한 법칙

은혜의 공동체에 대해 공부하기 전에, TACT 회원들이 공동체에 관해 믿는 바를 아는 것이 중요하다. (이 책의 목적상 우리는 **공동체, 환경, 문화**를 번갈아 사용할 것이다. **공동체**나 **문화**를 "우리가 여기에서 일하는 방식"으로 정의한다. 그리고 **풍조**는 "우리가 여기에서 일하는 방식에 대해 느끼는 방식"으로 정의한다.)

이 장은 물론이고 이 책 전체에 깔려 있는 가정이 있다. **그것은 아무리 정교하게 꾸민 말이라 할지라도 환경이 말보다 더 강력한 힘을 발휘한다는 것이다.** 이를 달리 표현하면 "행동이 말보다 더 큰 소리를 낸다"라고 할 수 있다. 당신이 어떤 것을 믿는다고 말하면서도 그렇지 않은 듯이 행동하면, 다른 사람들은 모순을 발견하고 당신을 믿지 않게 된다. 이 법칙을 다른 식으로 바꾸어 말하면, "우리가 한 사람에 대해 보는 것이 그로부터 듣는 소리를 진압할 수 있다"는 것이다. 말에는 세우기도 하고 무너뜨리기도 하는 강력한 힘이 있다. 하지만 우리는 공동체 안에서 실제로 경험하는 것(사람들이 서로를 어떻게 대하는가)을 믿을 뿐이다. 이것이 그들이 입술로 말하는 것보다 더 큰 힘을 발휘하기 때문이다.

이 법칙은 영성 형성과 관련해서는 어떤 의미가 있는가? 이 점을 곰곰이 생각해 보라. 당신이 교회에 다닌다면, 한 주 동안 접하는 메시지들 중에 가장 정교하게 꾸민 메시지는 무엇인가? 아마 주일 대예배 설교일 것이다. 그렇다면 의사소통의 법칙은 이렇게 말한다. 설교의 진리와 환경의 진리가 서로 충돌할 경우, 시간이 흐를수록 전자가 패배하게 될 것이다. 비록 당신의 교회가 설득력 있는 말로 용서를 가르칠지라도, 만일 당신의 환경은 비판과 비난과 냉소로 가득 차 있다면, 교인들은 화해보다는 소외를 배우게 될 것이다. 여기에 담긴 함의는 우리의 교회 환경이 우리의 좋은 메시지와 충돌하지 않고 부합하도록 만드는 일이 꼭 필요하다는 것이다. 은혜의 공동체 혹은 은혜가 없는 공동체가 말보다 훨씬 더 그리스도인들을 훌륭한 모습으로 혹은 일그러진 모습으로 빚어낼 것이다.

당신의 피와 당신의 감정

환경이 말보다 더 강력한 힘을 발휘하는 것은 이 의사소통의 법칙 때문만은 아니다. 과학적 관점에서 보면, 하나님은 인간의 뇌의 감정을 관장하는 부분을 이른바 개방순환형(open loop)으로 작동하도록 설계했다. 하지만 순환계와 같은 폐쇄순환형(closed-loop)은 자율적으로 조정되기 때문에 주변사람의 순환계에서 일어나는 일이 당신의 체계에 영향을 주지 않는다. 그러나 감정의 체계는 그렇게 작동하지 않는다. 이 시스템은 건강을 유지하기 위해 주로 외적인 출처에 의존하는 개방순환형 체계이다. 예를 들어, 미국의료협회의 조사에 따르면 "심장병 병동에 근무하는 간호사들의 분위기가 '우울한' 경우에는 그렇지 않은 병동에 비해 환자의 사망률이 네 배나 높다"고 한다.[1] 이와 같이 한 공동체의 상호관계와 정서는 거기에 속한 구성원들에게 큰 영향을 미친다. 그러므로 당신이 교회를 선택할 때에도 이 점을 중요한 평가 기준으로 삼으라.

당신이 어떤 교회에 들어갈 경우, 당신은 어느 누구와 대화를 나누기도 전에 이미 자유로움과 기쁨과 안전감을 느낄 수 있다. 이것이 바로 분위기라는 것이다. 또 어느 방에 있을 때 당신은 위협이나 두려움이나 힘을 감지하기도 한다. 환경은 실로 선이나 악, 성장이나 쇠퇴를 좌우하는 결정적인 요인이다. 그러므로 우리가 부모나 대통령이나 목사로서 무엇을 말하고 행하는지가 중요할 뿐더러 공동체 내에서 그것을 **어떻게** 행하는지도 중요하다. 건강한 공동체는 안정, 신뢰, 정직, 자유, 창의성, 성숙, 기쁨, 신체적인 안전을 확보하는 데 결정적 역할을 한다. 달리 표현하면, 공동체는 긍정적이거나 부정적인 인격을 낳는다. 다니엘 골맨(Daniel Goleman) 박사가 지적했듯이, 우리의 정서적 안정과 성숙은 다른 사람들과의 관계에 달려 있다.[2] 건강한 영성 형성 역시 공동체의 맥락에서만 일어날 수 있다. 이제 이런 공동체적 혹은 환경적 관점에서 은혜를 정의해 보자.

은혜는 당신이 들어가는 공동체다

환경이 말보다 (양자가 서로 다를 때) 더 큰 영향을 미친다는 공리(axiom)는 교회에서 잘 가르치지 않는 한 가지 은혜의 원리에 주목하게 한다. **그것은 은혜란 당신이 들어가는 공동체**라는 것이다. 이 진리가 그리스도인들의 눈에 명백하게 보이기만 한다면, 그들은 그 영역 안으로 들어가는 문을 찾으려 할 것이다. 그러나 대부분은 은혜를 주로 구원의 경험이나 배워야 할 교리로 생각하기 때문에 그런 환경 안으로 들어가는 길을 찾지 않은 것이다.

은혜는 이제까지 수많은 오해의 돌무더기 아래 매장되어 있었다. 은혜는 이 세상에서 가장 남용되고 오용되는 용어 중 하나이다. 많은 이들이 은혜를 하나의 신학적인 지위로 이해한다. 우리는 기쁜 마음으로 이에 동의한다. 다함이 없는 하나님의 사랑과 우리를 용납하시는 손길이야말로 아무런 자격이 없는 우리를 향한 그분의 한없는 그리고 흔들리지 않는 은혜가 아니고 무엇이겠는가? 더구나 그분이 우리와 같은 존재를 그토록 기뻐하신다니 이 또한 놀라운 은혜가 아닐 수 없다. 은혜로 말미암아 우리는 하나님의 가정에 입양되어 새로운 신분과 새로운 삶, 새로운 능력과 하나님의 보호를 받게 된 것이다.

은혜: 하나님이 사시는 곳

하지만 은혜는 신학적 지위 이상의 것이다. 은혜는 우리를 위한 구원의 수단 이상이다. 그것은 우리의 성숙과 공동의 삶을 위한 토대이다. 은혜는 우리의 최악의 날에조차 우리의 매 순간을 관통하고 있는 하나의 영역 혹은 현재적 실재이다. 하나님이 베푸는 은혜의 선물은 계속해서 그리고 언제나 우리를 둘러싸고 있다.

수많은 이들이 바로 이 은혜의 영역에 진입하여 그것을 경험함으로써 새로운 삶을 체험하고, 상처가 치유되고, 관계가 회복되고, 자신을 향한 하나님의 꿈을 살아내는 기쁨을 맛보았다. 그들은 우리에게 그것이 그들 나름의 "나니아 경험"(Nania experience, '나니아'는 C. S. 루이스의 소설 『나니아 연대기』에서 따온 말이다-편집자 주)이라고 말했다. 이런 환경은 우리에게 삼위일체에 대해 가르쳐 주고 우리를 그리스도의 형상으로 빚어 준다(히 4장, 골 1장).

하나님은 은혜로 만든 보좌에 가만히 앉아 계시지 않는다. 삼위 하나님은 은혜의 영역, 곧 서로의 관계 안에 진리와 신뢰가 넘쳐흐르는 은혜의 공동체 안에 함께 살며, 사랑하며, 서로를 지도한다(히 4장; 요 17:20-24). 히브리서 4장 16절은 하나님께서 그의 자녀들에게 그와 똑같은 환경 안에서 서로를 사랑하고 지도하도록 초대하는 말씀이다. 기독교 신앙은 곧 관계중심적인 신앙이고, 은혜의 환경은 우리가 그런 관계가 어떤 것인지를 배우는 곳이다. 신앙은 여기에서 시작하여 여기에서 끝난다. 삼위 하나님께서 우리를 그들의 현존, 그들의 공동체로 초대하셨다니, 이 얼마나 놀라운 일인가!

이 공동체의 중심인물은 예수님이다

예수님은 은혜와 진리가 충만한 분으로 우리에게 오셨다. 믿음으로 우리는 예수님을 통해 이 은혜 속으로 들어가게 된다(롬 5:1-2). 그분의 희생으로 말미암아 우리는 이 믿기 어려운 은혜의 장소, 곧 지성소로 들어갈 수 있게 된 것이다. 바울의 말을 들어보라. "우리 주 예수 그리스도의 은혜를 너희가 알거니와 부요하신 이로서 너희를 위하여 가난하게 되심은 그의 가난함으로 말미암아 너희를 부요하게 하려 하심이라"(고후 8:9). 예수님은 이 은혜의 공동체의 중심인물이고, 그분은 우리에게 그 안으로 들어오라고 초대하신다. 예수님은 우리의 비전이요, 우리의 초청자이며, 우리의 구원자이다.

그럼에도 많은 그리스도인들은 자기에게 예수님에게서 멀어지지 않고 가까이 있을 자격이 있음을 증명하기 위해 끊임없이 그리고 필사적으로 노력한다. 그러나 어떤 이들은 자기가 그 지성소에 접근할 만큼 선하다고 믿지 않는다. 그들은 하나님이 그들을 사랑하고 그들과 함께 있기를 원한다고 믿지만, 자신의 죄가 자신과 하나님 사이에 장벽을 만들었다고 믿는다.

과거에는 우리도 그렇게 믿었다. 우리는 예수께서 언젠가 천국에서 우리와 함께 있기 위해 어떤 길을 마련했다는 것을 알고 있었다. 그러나 **현재로서는-우리가 더 나아지고, 더 잘 하고, 더 진지해질 때까지는-그저 이따금 그분과 친밀하다고 느끼는 것으로 만족해야 한다**고 생각했다. 우리 역시 우리 자신을 이런 식으로 보았기에 숨어사는 데 익숙했다. 즉 이중적인 생활을 했던 것이다. 우리는 자신을 너무도 잘 알았고, 우리가 계속 죄를 짓지 않을 방도는 없었다. 우리는 하나님이 우리를 사랑한다고 믿었으나, 또한 그분이 우리에게 상당히 실망하셨다는 것도 알고 있었다. 우리는 언젠가 하나님을 보기를 기대했지만, 현재로선 죄로 인해 예수님으로부터 분리된 상태라고 생각했다. 그래서 어느 날엔가 그분이 우리에게 와서 우리를 만져줄 것을 막연히 바라고 있었다. 이 땅에서는 우리가 그 정도밖에 선해질 수 없다고 생각했다. 아니, 그렇게 믿기에 이르렀다.

그런데, 사실은 예수님이 우리를 사랑하고 결코 우리를 떠나지 않는다는 진리를 깨닫게 되었을 때, 우리는 얼마나 큰 충격을 받고 얼마나 놀랐던가! 우리 죄는 예수님과 우리 사이를 가로막지 못한다. 이 은혜의 영역의 중심인물인 예수님이, 우리 죄가 우리 앞에 있음에도, 우리 죄를 우회하여 그 팔로 우리를 감싸주고, 우리 죄에 대한 그분의 관점을 갖게하신다. 그분은 결코 우리를 떠나지 않으신다. 그리고 이 깨달음이 모든 것을 바꿔 놓는다!

많은 이들이 예수님이 우리와 함께 서 계시다는 진리를 주제넘은 소리로 여긴다. 하나님과 내가 함께 나의 죄를 바라보며 그분의 팔이 나를 감싸고 있는 모습을 상상해 보라고? 그게 무슨 소리야! 잘못 표현한 것이 분명해. 나는 이제까지 내 죄가 여전히 하나님과 나 사이에 있는 장벽이란 말을 늘 들어왔거든. 그러나, 만일 정말로 하나님이 나와 함께 내 죄 앞에 서 계시다면, 그 친밀함이 모든 것을 바꿔 놓을 것이다. 만일 내가 무슨 짓을 했더라도 하나님이 나에게서 멀어지지 않는 게 사실이라면 말이다! 그렇다면 나는 모든 것을 다시 생각해야 할 것이다.[3)]

그리스도인인 우리는 우리가 자신을 구원할 수 있는 능력이 전혀 없이 태어났다는 것을 알고 있다. 그래서 우리는 구원자를 믿었던 것이다. 우리가 그 어떤 죄도 다룰 수 없었기에 예수님이 우리의 모든 죄를 위해 죽은 것이다. 그런데 우리가 그리스도인이 된 이후에 웬일인지 우리 중 많은 이들이 마치 자기가 자신의 죄를 처리할 수 있는 특별한 역량, 즉 그 죄를 제자리에 둘 수 있는 능력을 얻은 것처럼 상상했다. 이 얼마나 순진하고 교만한 생각인가!

우리가 우리 죄를 처리할 수 있다는 이런 신학은 또 다른 중요한 문제를 수반한다. 그것은 우리를 추어올려 실패하게 만들고 숨어살도록 만든다. 그것은 하나님께서 엄청난 대가를 치르고 우리 안에 이미 심어놓은 경건함, 곧 의로움을 무시하고, 우리의 영적인 여정을 방해한다. 일단 우리가 이런 길을 선택하면, 올바른 행위에 대한 부담감이 끈질기게 우리를 괴롭힌다. 이런 신학은 경건을 다음과 같은 공식으로 축소시킨다.

더 많은 올바른 행위 + 더 적은 그릇된 행위 = 경건

사도 바울의 가르침은 이런 함정에서 벗어나는 데 많은 도움을 준다.

혹시 우리가 아직 완전한 사람이 아니라는 것을 눈치 챘습니까? (그리 놀랄 일도 아닙니다.) 나처럼 그리스도를 통해 하나님과 바른 관계를 맺으려는 사람들이 덕을 완전히 갖추지 못했다는 이유로, 그리스도는 죄의 방조자임에 틀림없다고 비난하시렵니까? 그런 비난은 섣부른 것입니다. 내가 "자기 힘으로 선한 사람이 되려고" 한다면, 그것은 전에 헐어 버린 낡은 헛간을 다시 세우는 셈이 되고, 사기꾼처럼 행동하는 꼴이 되고 말 것입니다(갈 2:17-18, 메시지 성경).

그러면 당신은 어떻게 이 영역에 들어갈 수 있는가? 당신을 결코 떠나지 않고 늘 그 팔로 당신을 감싸주는 예수님을 어떻게 경험할 수 있는가? 거

기에 들어갈 수 있게 하는 열쇠는 무엇인가?

그 공동체에 들어가게 하는 열쇠는 겸손이다

베드로전서 5장 5절과 야고보서 4장 6절을 포함한 몇 구절은 은혜의 영역에 들어가는 문을 우리에게 보여준다. 하나님은 특정한 부류의 사람에게 은혜를 베푸신다. 다름 아닌 겸손한 사람이다. 그분은 또 다른 부류를 대적하신다. 바로 교만한 사람이다. 이런 구절들은 내가 은혜를 획득할 수는 없어도 걸어찰 수는 있다는 것을 알려준다. 은혜는 늘 과분한 것이긴 하지만, 겸손이 하나님의 은혜를 끌어당기기 때문에 늘 주제넘은 것은 아니다. 그런즉 하나님의 은혜의 공동체에 들어가는 데 필요한 열쇠는 겸손이다.

이는 내가 나의 참 모습보다 못한 자인 듯 행동하는 가짜 겸손을 말하는 것이 아니다. 또한 주변 사람들은 그렇게 생각하지 않는데도 나 홀로 스스로 겸손하다고 상상하는 그런 겸손도 아니다. 이런 겸손은 나를 영적 꼴불견으로 만들기 때문에 차라리 없는 것보다 못하고 이름이 잘못 붙여진 것이다.

반면에 성경적인 겸손은 눈에 잘 띈다. 당신은 누가 겸손하고 누가 그렇지 않은지 쉽게 알아차린다. 그러므로 굳이 "당신이 겸손하다고 주장하는 순간 겸손을 잃어버린다"는 식의 어리석은 말을 할 필요가 없다. 겸손은 한마디로 나와 함께 하나님과 타인을 신뢰하는 것이다. 겸손의 정의(定義)에 건강한 상호의존성의 개념, 곧 타인에 대한 신뢰가 포함되지 않으면, 그것은 부적절한 정의이며 삼위 하나님의 공동체를 반영하지 않는 것이다. 겸손이란 당신이 이 공동체에 들어가는 통로일 뿐 아니라 그 안에서 날마다 살아가는 방식이기도 하다.

겸손은 나와 함께 하나님과 타인을 신뢰하는 것이다. 이는 어쩌면 모든 영적 훈련 가운데 가장 기본적인 훈련이다. 우리는 맨 먼저 하나님을 신뢰함으로써 은혜의 환경에 들어가게 되었고, 이제는 하나님을 신뢰함으로 그분 안에 살고 있다. 당신이 하나님과 타인을 신뢰할 때 당신은 하나님의 능력이 내재하는 하나님의 은혜를 끌어당긴다. 바로 이것이 그분의 은혜의 능력이다(롬 5:20; 11:6). 그러므로 당신이 몸담을 수 있는 은혜의 공동체를 키우고 싶다면, 무엇보다도 당신은 자신과 함께 타인을 신뢰하는 법을 배워야 한다.

겸손은 병적인 의존관계가 아니다. 하지만 겸손은 공동체에 속한 사람들이 다음과 같은 말을 하는 상호의존적인 관계를 낳는다. "내가 건강하려면 다른 사람이 필요하다. 타인이 없으면 나는 건강할 수 없고 성숙할 수도 없다. 그리고 나는 나의 정체성과 독특한 기질을 잃지 않고도 이 모든 것을 할 수 있다. 아니, 실은 나의 인격과 강점이 충분히 개발되고 표출될 수 있는 곳은 바로 이 공동체다."

우리는 우리가 맺는 인간관계와 공동체 내에서 이 기본 진리를 계속해서 배우고 있다. 솔직히 말하면, 그것은 성가시고 비효율적이면서도 또한 멋지다! 빌은 강하지만 브루스에게 인정을 받지 못했다고 느끼면 수동적으로 변한다. 브루스는 강하지만 빌에게 압도당하면 주도권을 쥐려고 덤빈다. 우리 둘은 늘 일에 쫓기고, 주도권을 좋아하고, 옳다고 우기는 A 유형에 속한다. 우리 모두 우리 자신과 더불어 타인을 신뢰하지 않고는 인생의 문제를 해결할 수 없고 영적으로 성숙할 수도 없다. 우리는 공동체 내에서 타인들에게 우리의 약점과 한계를 보이는 가운데 그들을 신뢰하려고 애쓰는 중이다. 이는 평생 지속되는 과업이다. 우리는 타인들이 우리가 미처 보지 못하는 것으로부터 우리를 보호하도록 허용한다. 때로는 우리는 그 일을 잘 해내지만, 때로는 엉망으로 만들기도 한다. 하지만 우리는 바로 그것이 은혜의 공동체의 기반임을 알고 있다. 우리는 옛 방식으로 되돌아가지 않는다. 맨 앞에 나오는 설명문처럼 "은혜와 신뢰의 공동체는 믿지 않는 세상 속에서 동료 신자들과 진리를 나눌 수 있는 문을 열어준다." 이제 우리는 첫 부분에 나온 빌과 그레이스의 이야기로부터 배운 것, 곧 사랑받기의 원리로 되돌아왔다. 은혜의 공동체에서는 내가 겸손하지 않고는 사랑을 받을 수 없다. 그리고 사랑을 체험하지 않으면 내가 건강해질 수 없다.

모든 환경은 제각기 나름의 특징을 낳는 요소들을 내포하고 있다. 화창한 날과 궂은 날이 다른 것은 각 환경에 내포된 분자들이 다르기 때문이다. 겸손이 은혜의 공동체에서 가장 중요한 분자인 것은 다른 무엇보다도 그 공동체에 들어가는 통로인 동시에 그 안에 살 수 있게 해주는 수단이기 때문이다.

은혜의 공동체는 내가 누구인지를 가르쳐 준다

어린 시절부터 우리의 자아상은 우리를 둘러싼 환경과 상황에 의해 형성되어 왔다. 거기에는 순탄한 환경과 드라마틱한 환경이 모두 포함되어 있다. 아래의 충격적인 사건은 우리의 공동편집자인 매리언 스키트에게 일어났던 일이다. 이 이야기가 당신의 자아상에 어떤 영향을 미칠지 한번 생각해 보라.

날카로운 타이어 소리와 함께 무장한 두 명의 백인 경찰대원이 경찰차에서 뛰어내리더니 우리가 타고 있던 카마로 소형차를 둘러싸고 우리에게 손을 계기판으로 내밀라고 명령했다. 그들은 권총을 뽑아 우리의 관자놀이를 겨냥했다. 24세의 링컨과 13세의 션과 흑인 여성인 나는 이제 잔인한 고정관념에 따른 교훈을 배우게 될 참이었다. 특히 나는 이른바 '이중의 소수자'(double minority, 흑인이자 여성임을 가리키는 용어-편집자 주)의 딱지가 붙여진 채 일종의 카스트 제도에 갇혀 있는 현실을 직면하는 순간이었다.

한 경찰관이 링컨을 차에서 끌어내려 거칠게 소지품을 검사하기 시작했다. 나는 "주님, 제발 그들이 내 형제를 죽이지 않게 해주소서!"라고 기도했다. 그는 링컨에게서 자신이 원하는 답변을 얻을 수 없자 링컨을 경찰차로 끌고 갔고, 그동안 다른 경찰관이 션과 나를 지키고 있었다. 그 경찰관의 얼굴에는 땀방울이 맺혔고 그의 손은 두려움에 떨고 있었다. 우리가 말없이 서로를 응시하던 그 순간은 정말로 긴장된 찰나였으며, 그가 방아쇠를 당기지 않은 것은 하나님의 은혜라고밖에 말할 수 없었다. 잠시 뒤에 우리는 죽을 뻔한 위기를 모면했다. 그것은 "신분이 오인된" 경우였다.[4]

매리언처럼 피부색으로 인해 이처럼 '다른 신분'으로 오인되어 죽을 뻔한 위기에 몰렸던, 충격적인 사건을 경험한 사람은 어떻게 자신의 '진정한' 신분을 발견할 수 있을까? 현재 큰 교회의 목사로 일하는 매리언 스키트는 은혜의 공동체 안에서 사는 삶의 능력을 알고 있기에 새로운 신분으로 살고 있다. 겸손한 사람은 하나님을 향해 "저는 제가 당신이 말하는 그런 존재인 것을 믿습니다"라고 말한다. 은혜의 공동체가 형성되는 일은 언제나 타자를 신뢰함으로 시작되는데, 그 가운데 첫 번째 타자는 항상 하나님이다.

당신의 환경을 신뢰하는 것

대다수의 그리스도인은 하나님이 말하는 그런 존재가 아닌 '그릇된 신분'으로 살아간다. 그들은 자신이 어떤 존재가 돼야겠다는 나름의 생각에 입각해 자기의 신분을 만들 필요성을 느낀다. 그들은 스스로를 개혁하려고 애쓴다. 그리고 보통은 자기가 기대하는 수준에 못 미치지만 이따금 찾아오는 영적인 경험에 의거하여 자신을 규정지으려고 노력한다. 대체로, 그들은 자신이 하나님의 기대에 못 미치기 때문에 그분이 자기에게 실망하고 자신을 정죄한다는 자신의 평가를 신뢰한다. 그리고 그런 부정적인 자아상으로 인해 공동체 안에서 가면을 착용하게 된다. 또한 어떤 이들은 자신의 실패를 도무지 감당할 수 없어서 마치 자신의 노력으로 초(超)영적인 존재가 된 것처럼 스스로 착각하기도 한다. 이 두 가지 극단은 서서히 '그릇된 신분'으로 변하게 된다. 이런 신학적 뿌리는 진정성의 열매 대신 은둔의 열매만 맺을 뿐이다.

이런 상황을 더 복잡하게 만드는 요인이 있다. 그것은 많은 이들이 자신은 절름발이 신자이며, 언젠가 하나님의 용납을 얻어내길 바라며 점점 더 나은 생활을 기대하는 죄인일 뿐이라는 그릇된 메시지를 심어주는 환경에서 살아가고 있다는 것이다. 교회 강단에서는 그들을 의인이라고 선포할지 몰라도, 그들의 가정환경이나 교회 문화는 그들로 하여금 이런 잘못된 메시지를 믿고 그에 따라 살아가게 만들고 있는 실정이다. (다시금 환경이 말보다 더 강력하다는 사실을 기억하라.)

그리스도인이 자신을 '은혜로 구원받은 죄인'으로 여길 때는 기껏해야 성도(saint)가 되려고 열심히 분투하는 죄인의 신분으로 살아갈 수밖에 없다. 하지만 이런 노력이 실패로 끝날 수밖에 없는 것은 우리가 성도의 신분을 주관하지 못하기 때문이다. 성도의 신분은 우리를 사랑하는 구원자인 예수 그리스도에 의해 이미 성취된 것이다. 그러므로 그리스도인이 자신을 죄를 짓는 성도, 내 속에 그리스도를 모신 피조물, 의의 옷을 입은 존재로 볼 때에야 비로소 이미 성취된 그 신분을 향해 성장할 수 있는 기반을 갖게 된다. 하나님은 우리를 의인으로 선포하시는데, 바로 그것이 그리스도께서 우리 안에서 살게 되는 맥락 내지는 조건이 된다. 만일 장래의 내 모습에 대한 나의 비전이 예수께서 이미 선포하신 말씀, 곧 "너는 의인이다"라는 말씀에 기반을 두고 있다면, 나는 여유를 갖고 그 의로운 존재로 성숙해갈 수 있다. 우리가 하나님을 신뢰할 때(겸손을 기억하는가?), 우리의 자기 정체성은 우리 자신의 평가가 아닌 그분의 평가에, 우리 자신의 의(義)가 아닌 그분의 의에 기초하여 정립된다.

나비 신학

우리는 하나님이 이미 우리에게 주신 신분을 확신하지 못할 때가 있다. 그럴 때마다 우리는 나비를 기억할 필요가 있다. 겉으로 보이는 우리의 모습과 진정한 신분 사이에 크나큰 간격이 있다는 사실은 자연의 예를 통해서도 알 수 있다. 애벌레에 대해 생각해 보라. 우리가 애벌레를 생물학자에게 가져가 그것을 분석하고 그것의 DNA를 묘사해 달라고 부탁하면, 아마도 그는 이런 식으로 말할 것이다. "이것이 당신에게 애벌레처럼 보인다는 것은 알겠소. 그러나 DNA를 포함한 모든 테스트에 의거하여 과학적으로 말하면, 이것은 완전한 의미에서 나비라고 할 수 있소." 와우! 하나님은 전혀 나비처럼 보이지 않는 피조물 속에 완전한 나비의 신분을 내장시켜 놓았다. 그리고 애벌레는 본래 나비이기 때문에 언젠가 나비의 행위와 속성을 드러낼 것이다. 애벌레는 이미 자기가 갖고 있는 신분으로 성숙할 것이다. 그동안 애벌레에게 나비를 닮지 않았다고 꾸짖는다면, 그것은 쓸데없는 짓에 불과하고, 어쩌면 그 자그마한 귀에 상처를 줄지도 모른다!

우리 역시 마찬가지다. 하나님은 이미 우리에게 경건의 DNA를 주셨다. 우리는 성도이고 의로운 자들이다. 우리가 무슨 행위를 하더라도 현재 우리의 신분보다 더 의롭게 될 수는 없다. 우리가 무슨 행위를 하든지 이 진리를 바꿀 수는 없다. 그분은 우리가 "내 안에 계신 그리스도"임을 알고 있다. 그리고 지금 그분은 우리에게 그분이 말하는 진리를 받아들이도록 권하고 있다.

영적인 변화와 토대의 교체

이제 우리는 영성 형성의 중요한 대목에 이른 만큼 이 주제를 보다 상세하게 설명할 필요가 있겠다. 우리 가운데 다수는 갈라디아서 2장 17-18절에 나오는 대로 "낡은 헛간을 다시 세우는" 신학을 수용한 뒤에 하나님을 섬기려고 수많은 시간과 에너지를 낭비해 왔다. 우리는 "선하게 보이기"위해 온갖 노력을 기울였다. 그럼에도 우리는 깨어지고 실패했으며 외롭고 절망적인 상태에 처해 있다. 이와 반대로, 은혜의 신학은 우리의 영성 형성(그리스도의 형상을 본받는 일)의 토대를 바꾸어줄 세계관(worldview, 우리 자신과 타인을 보는 방식)과 죄관(sin-view, 죄가 거주하는 곳을 보여주고 죄를 다루는 방식을 가르쳐 준다)을 제공하는 공동체로 우리를 초대한다.

그리스도를 믿는 우리는 이생에서 언제나 두 가지 이슈를 안고 살아갈 것이다. 하나는 우리가 짓는 죄의 문제이고, 다른 하나는 우리의 새로운 신분이다. 이 둘은 변치 않는 실재이다. 이를 도표로 그리면 다음과 같다.

여기서 제기되는 핵심적인 질문은 이런 것이다. 이 둘 중에 당신은 어디에 초점을 맞추고 있는가? 당신은 어느 선에서 시작하여 다른 선으로 넘어가는가? 어느 선이 당신에게 다른 선을 경험할 것이라는 희망을 주는가? 당

내 죄의 문제를 붙들고 씨름하는 일 →

내가 하나님이 말하는 그런 존재임을 신뢰하는 일 →

신이 윗선을 선택하면 아랫선을 결코 경험하지 못할 것이다. 그러나 아랫선과 함께 시작하면 윗선에 있는 죄의 문제와 관련하여 놀라운 변혁을 경험하게 될 것이다.

이는 몇 해 전에 유행했던 매직아이 그림처럼 사물을 보는 전혀 새로운 방식이다. 첫 눈에는 그저 몇 가지 패턴만 보일 뿐이다. 하지만 사팔눈을 하고 그림을 '꿰뚫어' 보면 마침내 삼차원의 모양이 눈에 들어오고 아름다운 그림이 보이기에 이른다. 그런 이미지를 맨 처음 보는 것은 참으로 감동적인 경험이다. 우리의 죄로 얼룩진 패턴을 꿰뚫고 그 이면에 있는 아름답고 놀라운 실체, 곧 하나님이 말하는 우리의 참 모습을 보는 일도 이와 마찬가지다. 별안간 우리의 삶이 생명과 풍성함과 소망으로 가득 찬 3차원으로 보이게 되는 것이다.

이 진리를 깨닫는 기독교 지도자들이 극히 드문 이유는, 많은 성경적 진리가 그렇듯이, 그것이 반(反)직관적이기 때문이다. 당신이 만일 죄의 문제를 심각하게 생각한다면, 당신이 경건해지기 위해 온갖 다짐을 하며 그것을 붙들고 씨름해야 할 것처럼 보인다. 그러나 사실은 그와 정반대다. 우리는 TACT의 저자들로서 영성 형성에서 '의도성'(intentionality)이 얼마나 중요한 역할을 하는지 이해하고 있다. 사도 바울이 골로새서 1장 29절에서 말했듯이, 은혜가 있다고 수고가 불필요한 것은 아니다. 그렇지만 우리의 의도성이 우리를 더 의로운 사람으로 만들어 주는 것은 아니다. 오히려 우리는 하나님이 우리를 의롭다고 말씀하실 때 그분이 옳다고 의도적으로 믿으며, 또한 이미 진실인 것-우리의 새로운 마음, 곧 의로운 신분-에 도달하도록 그분이 우리를 성숙시켜 줄 것을 의도적으로 믿는다. 바로 이것이 우리가 그리스도를 닮아가는 데 필요한 토대이다.

이제 이 일이 어떻게 작동하는지를 보여주는 실례를 들어보자. 5년쯤 전에 어떤 이가 나(브루스)와의 친구관계를 깨고 나의 평판을 실추시키고 금전적인 손실을 야기하는 등 나에게 막대한 손해를 끼친 적이 있었다. 그 시점에 나는 그를 용서할지 말지를 선택해야 했다. 만일 용서하기로 결정하면, 또 다른 선택이 나를 기다리고 있었다. 용서하기로 했으니 스스로 의지를 발동해 용서해 줄 것인가, 아니면 예수님의 안목과 자문을 신뢰하고 그분의 지혜에 기대어 그분이 결과를 좌우하게 할 것인가? 내가 죄를 범하든지 범죄의 대상이 되든지 언제나 예수님이 나와 함께 계시다는 것에 유념하라. 설사 내가 누군가를 용서하지 않기로 결정할지라도, 예수님은 나의 분노와 고통이 다할 때까지 나와 함께 계신다. 예수님은 내 가까이 계셨기에 나는 그분이 이렇게 말씀하시는 것을 들을 수 있었다. "만일 네가 나에게 묻는다면-네가 그렇게 하길 바란다만-내가 너를 용서한 것 같이 너도 이 사람을 용서하게 될 것이다. 이 충고를 주는 나를 믿어라. 그리하면 내가 너를 치유하며 회복시키고, 이로 말미암는 진리로 너를 자유롭게 하리라." 나는 예수님을 신뢰했기에 그를 용서해 주었다. 그런데 이것은 전혀 무기력한 나의 의지력으로 이뤄진 일이 아니라 신뢰로 말미암아 성취된 것이었다. 하나님을 신뢰하면 결국 "몸의 행실을 죽이게" 된다는 것에 주목하라(롬 8:13). 그렇게 하여 하나님이 나를 빚어내는 일에 내가 참여했던 것이다. 그런데 내가 용서하기로 결정하기 전에도 예수님은 여전히 그의 팔로 나를 감싸고 계셨다. 그리고 내가 용서하기로 했기 때문에 모든 쓰라린 후유증에서 벗어나는 진정한 자유를 맛보았다.

이런 새로운 마음은 또한 남을 위해 살기로 다짐하는 의도성을 창조한다. 그런 마음은 우리가 직면하는 인생의 문제들을 의식하고 또 그런 것들에 대해 열린 태도를 가져오는 의도적인 의식구조로 변한다. 은혜의 공동체 안에서 사랑이 허다한 죄를 덮는다는 것을 믿을 때, 우리는 우리 안에 있는 이런 새 마음을 보호함으로써 타인으로 하여금 우리를 사랑하도록 초대하게 된다. 그로 인해 우리는 더 이상 숨을 필요가 없어진다. 반면에 우리가 의도적으로 우리 힘으로 죄의 문제를 처리하는 쪽으로 나아가면, 우리는 어쩔 수 없이 그 문제에 묶여있게 된다.

그러므로, 당신이 윗선에서 시작하면, 당신의 믿음은 율법적인 노력이 된다. 반면에 아랫선(신뢰의 선)에서 시작하면, 은혜를 경험하게 된다. 윗선은 당신의 능력에 의존하는 반면에 아랫선은 하나님의 능력에 기댄다. 즉 자기 노력 대 하나님의 노력인 셈이다.

윗선에서 아래로 내려가는 것은 당신이 스스로 구원자가 되려는 것이다. 그러나 아랫선에서 위로 올라가는 것은 예수님을 당신의 구원자로 초대하는 것이다. (당신이 애초에 그리스도인이 된 것은 당신 스스로 당신의 죄에 대해 아무것도 할 수 없음을 시인했기 때문에 가능했다는 것을 기억하라. 우리로서는 우리 죄에 대한 대비책이 전혀 없다.) 혹시 당신의 행위로 당신이 하나님을 얼마나 사랑하는지를 증명함으로써 그분을 기쁘게 할 수 있을 것 같은가? 그분이 더 잘 알고 계시다. 그런 식으로 하나님을 기쁘게 할 수 없는 것은 그분이 당신에게 주신 최대의 선물을 평가 절하하기 때문이다. 그 선물은 바로 하나님의 아들인 우리의 구세주이다. 하나님은 당신이 먼저 그분을 신뢰하기를 원하신다(아랫선). 그러면 당신은 그분을 기쁘게 할 것이다(윗선). 그래서 "믿음(이는 '신뢰하다'라는 동사의 명사형이다)이 없이는 하나님을 기쁘시게 하지 못한다"(히 11:6)라고 말씀하시는 것이다.

만일 당신이 좀 더 경건하게 되려고 윗선에서 시작하면, 죄를 적게 지으려고 애쓰는 함정에 빠지게 될 것이다. 이는 자기 힘으로 죄를 처리하려는 시도이지만 결국 실패로 끝나게 된다. 그것은 마치 물에 빠져드는 타이타닉호의 갑판 위에서 의자를 재배치하여 더 나은 전망을 확보하려는 것과 같다. 죄의 처리 시스템은 죄를 다룰 수 있는 유일한 자원을 차단시킬 뿐이다. 그 자원은 하나님이 말씀하시는 우리의 존재를 신뢰하고, 그로 인해 하나님의 은혜의 능력을 끌어오는 것을 가리킨다. 만일 당신이 하나님이 말씀하시는 당신의 신분을 신뢰함으로 시작하면, 당신 나름의 죄 처리방식을 그리스도의 속죄로 대치하게 될 것이다. 그리하면 당신은 더 많이 사랑하고 더 적게 죄를 짓게 될 것이다. 만일 당신이 경건해지기 위해 죄의 문제를 붙들고 씨름하면(윗선), 당신은 은둔의 삶으로 끝나게 될 것이다. 반면에 하나님의 말씀을 신뢰하고 당신과 하나님이 함께 죄의 문제를 다루게 되면, 당신은 당신의 믿음의 진정성을 고백하는 셈이 될 것이다.

은혜의 공동체에 들어가려면, 당신의 환경에도 불구하고, 사회가 당신을 어떤 존재라고 말하든 간에, 당신은 하나님이 당신에 대해 선언하는 것을 신뢰해야 한다. 당신은 그리스도 안에서 의로운 사람이다. 사회의 모든 이들이 당신의 신분을 긍정적으로 평가하지 않더라도, 은혜의 공동체에 속한 이들은 하나님이 이미 성취한 바에 따라 당신의 존재를 긍정할 것이다.

과연 다른 사람들이 우리의 필요를 완벽하게 채워주고 우리가 그들을 완전히 신뢰할 수 있을까? 결코 그럴 수 없다. 그러나 이 새로운 공동체에서 "은혜는 사랑이 불완전한 모습을 만날 때 나타내는 얼굴이다."[5] 이는 완벽하게 사랑하거나 완벽하게 신뢰하는 법을 배우는 문제가 아니다. 오히려 사랑받는 법을 배우는 문제이다. 우리가 완벽한 사람을 만나야 우리 자신과 더불어 서로를 신뢰할 수 있는 것은 아니다. 그런 사람들을 만나려면 천국에 갈 때까지 기다려야 하리라.

이 시점에서 당신은 정말로 은혜의 공동체에 들어가고 싶은지 자문할지도 모르겠다. 어쩌면 우리처럼, 한편에는 이 놀라운 공동체에 들어가고픈 강한 열망이 있지만, 다른 한편에는 당신이 너무 취약해지거나 너무 큰 대가를 치러야 할지도 모른다는 염려가 고개를 들지도 모르겠다. 디트리히 본회퍼가 말했듯이, 은혜는 값이 없지만 결코 싸구려는 아니다. 당신이 우리와 비슷하다면, 하나님의 은혜를 더 많이 알고 싶은 마음과 더불어 그것이 당신을 실망시킬지도 모른다는 두려움을 느낄 것이다. 그러나 당신이 이런 생활을 한참 동안 경험해 보면 다시 옛 생활로 되돌아가고 싶지는 않을 것이다.

만일 우리 모두가 스스로 허락하는 사랑만 즐길 수 있는 게 사실이라면, 그리고 하나님께서 우리가 허락할 만한 방식으로 사랑을 베풀기 위해 한없이 나간 것도 사실이라면, 우리가 하나님의 사랑의 수레를 거침없이 몰아 그 사랑을 널리 퍼뜨려야 하는 것은 너무도 자명한 도리이다.

은혜의 공동체는 어떻게 우리를 빚어내는가

우리는 은혜로 충만한 공동체가 작동하는 방식을 어떻게 묘사할 수 있을까? 특히 그 공동체가 우리 대다수가 사는 곳과 동떨어진 세계라면? 이 과업은 C. S. 루이스의 『나니아 연대기』에 나오는 피터와 수잔이 런던에 사는 가족에게 나니아 왕국에 대해 묘사하려는 것과 비슷하다. 이 새로운 세계의 모습과 소리와 장소와 관습은 전혀 색다르다. 우리는 모임에서 은혜의 공동체가 우리를 어떻게 빚어내는지를 묘사하려고 애썼는데, 이제 그 내용을 요약해

볼까 한다.

첫째, 나와 함께 하나님과 타인을 신뢰하는 것(겸손)은 칭의(justification)의 출발점인 동시에, 성화(sanctification)의 출발점이기도 하다. 이런 신뢰는 흥망성쇠의 과정을 거친다. 나의 경우에 그것은 마침표가 없는 유동적인 경험이었다. 내가 맨 처음 예수님을 만났을 때 나는 내 자신의 해결책 대신 하나님을 신뢰했는데, 그리스도 안에서 영위하는 이 생활 역시 마찬가지다. 우리가 자신의 평가나 부끄러운 내면의 이야기 대신 하나님을 신뢰할 때, 우리는 비로소 하나님이 우리에 대해 말씀하시는 것이 우리가 자신에 대해 말하는 것보다 **더 정확하다**는 것을 믿기 시작한다. 그리고 우리가 완전한 하나님을 신뢰하기 때문에 우리 삶에서 만나는 불완전한 타인도 신뢰할 수 있게 된다.

많은 사람이 영성 형성에서 **타인을 신뢰하는 일**이 얼마나 중요한지를 깨닫지 못하는 것은 그들이 늘 더 나은 사람이 되라고 권면하는 도덕주의적 환경에서 살아왔기 때문이다. 이런 환경은 겸손을 높이 평가하지 않는다. 이런 공동체는 겸손에 대해 논의할지는 모르지만 주로 지식과 유능함과 더 열심히 노력하는 일을 더 높이 평가한다. 그러므로 서로 상충되는 두 가지 가치체계로부터 두 가지 대조적인 문화가 나오는 것에 주목하라. 한쪽은 겸손과 신뢰하는 일에, 다른 쪽은 유능함과 기쁘게 하는 일에 가치를 두고 있다.

그런 환경에 오래 몸담은 이들은 늘 접하는 관계에서 겸손, 곧 나와 함께 하나님과 타인을 신뢰하는 일을 경험하지 못했기 때문에 겸손의 능력에 대해 고개를 갸우뚱거릴 것이다. 그들도 물론 겸손에 관해 이야기는 하겠지만, 줄곧 "그 다음에 대해 말해 주시오. 내가 할 일을 말해 주시오"라는 반응을 보일 것이다. 그러나 은혜의 공동체는 도덕주의적인 '당위'가 아니라 '신뢰'에 의해 움직이는 곳이다.

둘째, 우리가 뼈아픈 실패를 할 경우, 우리는 실시간으로 우리를 제대로-죄를 짓는 의로운 성도로-대우하는 다른 이들로부터 사랑받을 기회를 얻는다. 이것은 모든 것을 바꿔 놓는다! 은혜의 환경에서 이런 신뢰의 관계는 말보다 강력한 힘을 발휘한다. 이 은혜의 환경은 우리를 안심시킨다. 다른 이들이 베푸는 이런 사랑은 실패의 와중에도 우리가 누구인지를 상기시켜준다. 만일 내가 이 사랑을 신뢰한다면, 이 사랑은 나의 최악의 날에조차 나는 곧 "내 안에 계신 그리스도"임을 알려준다. 이런 환경에 몸담을 때 우리는 타인을 초대하여 함께 우리의 약점과 흠과 죄에 관해 이야기할 수 있는 그런 관계를 맺을 수 있다. 이런 은혜의 공동체는 우리가 짓는 죄의 정도가 아니라 우리가 경험하는 사랑의 분량에 따라 의로움을 측정하므로, 우리가 회개하거나 용서하거나 화해를 구할 필요가 있을 때라도, 사람들은 그 팔로 우리를 감싸준다. 그들은 죄를 간과하는 게 아니라, 사랑으로 죄를 다룰 수 있음을 알기에, 우리가 회개나 용서를 배우거나 함께 화해를 경험할 때 하나님의 은혜를 신뢰하도록 도와준다.

　　이런 은혜의 공동체에 속한 사람들은 더 이상 우리의 죄를 고착화 하거나 더 나은 사람이 되려고 발버둥치는 쓸데없는 도덕주의에 집착하는 잣대를 사용하지 않는다. 그들의 사랑은 우리를 자유롭게 하고, 그 결과 우리는 죄를 덜 짓게 된다. 내 경험에 따르면, 죄를 덜 지으려고 애쓴다고 반드시 더 많은 사랑을 하게 되는 건 아니지만, 남을 사랑하는 것은 반드시 죄를 덜 짓게 한다. 내가 타인을 신뢰하기에 그들의 사랑을 경험하게 되면, 그것은 나로 하여금 죄를 짓도록 부추기는 수치심의 힘을 약화시킨다. 사랑을 통해 다가오는 은혜만이 수치심을 이길 수 있다. 다른 사람들 덕분에 수치심을 벗어버린 정체성을 갖게 되면, 우리는 치유되고 자라고 성숙하게 된다. 이런 안전한 장소에서는 성령이 우리에게 주는 조언과 격려를 신뢰하기가 쉽고, 성령의 열매가, 그 중에서도 특히 사랑이 우리 안에 맺히게 된다.

　　셋째, 베드로전서 5장에 따르면, 타인을 신뢰하면 하나님의 은혜가 임하게 된다. 겸손은 하나님의 은혜를 끌어당기기 때문에 겸손을 귀하게 여기는 공동체에는 많은 은혜가 있기 마련이다. 은혜는 우리에게 안전한 관계를 맺을 수 있는 환경을 조성해 주고, 이런 환경은 사랑을 경험하고 진리를 순종하게 하며 서로의 지도를 신뢰하게 해준다. 이런 은혜는 실제적인 혹은 논리적이고 이해할 만한 것인 동시에 신비로운 것이다. 사실 은혜가 나를 나의 참된 정체성(하나님이 이미 성취한 나)을 따라 성숙하도록 돕는 데는 나름의 방법이 있다. 내가 겸손할 때, 하나님은 나에게 은혜를 주시고, 이 은혜는 나를 새로운 방향으로 이끌어준다. 그때 나는 공동체 안에서 예수의 형상으로 빚어지게 된다.

은혜의 공동체는 자연스레 선교적이며 매력적인 공동체가 된다

수많은 영적 구도자들이 그리스도인들로부터 안전한 거리를 유지하고 있다. 이 얼마나 역설적인 현상인가? 그들은 교회와 기독교 단체와 기관 같은 집단들을 안전하지 않은 것으로 여긴다. 더 나아가, 많은 이들이 오늘날 그리스도인들이 그들의 주장과는 어울리지 않는 삶을 살고 있다고 믿는다. 또 어떤 이들은 얄팍한 복음주의 가면을 뚫고 그 이면에 있는 약점과 결함을 들여다본다. 그들은 결점은 용납하지만 가면은 용납하지 못한다. 그래서 좀 더 진정한 것을 찾아 이동한다. 교회 밖에 있는 다수는 그리스도인들이 서로를 대하는 방식을 좋아하지 않는다. 또한 그들이 예수님을 따르지 않는 자기네와 같은 이들을 대하는 방식도 좋아하지 않는다. 이런 이유로 교회에서 자란 십대들 중 많은 이들이 고등학교를 졸업한 뒤에 그 공동체를 떠난다. 그들은 기독교에 진정성이 결여되어 있다고 생각할 뿐 아니라, 그리스도인들이 자기네를 프로젝트의 '대상'으로 여긴다고 느낀다. 말하자면, 참된 관계를 맺고 싶은 영예롭고 존귀한 인물로 대우받지 못한다고 느끼는 것이다. 이런 식의 접근은 비그리스도인들을 끌어당기기는커녕 밀어낼 뿐이다. 은혜의 공동체는 본래 이런 선교의 걸림돌을 해결하기 위해 하나님이 고안한 것이다.

오늘날 많은 사람들이 진정성을 갈망하고 있다. 이는 북아메리카에 국한된 현상이 아니라, 어느 대륙에서든 그와 동일한 열망을 목격할 수 있다. 세계 곳곳에 사는 사람들이 진정한 것을 원하고 있다는 말이다. 그리고 모든 사람은 하나같이 남에게 알려지고, 타인의 사랑을 받고, 자신의 진면목을 찾고 싶어 한다. 우리는 하나님의 형상으로 만들어진 존재이기에 그런 관계를 향한 갈망이 생기는 것이다.

매력적인 공동체

은혜는 언제나 선교적인 성격을 지니고, 선교적인 은혜의 공동체는 매력이 넘쳐흐른다. 은혜의 공동체가 매력적일 수밖에 없는 것은 진정성과 관대함과 자유가 그 특징이기 때문이다(고후 8-9장). 이런 특성이 있으면 매력을 풍기지 않을 수 없다. 제도적인 교회는 프로그램을 중시하는 경향이 있다. 그러나 은혜의 공동체는 구도자들 사이에 자연스럽고 지속적인 관계를 도모한다. 그러기에 구도자들이 메시지를 전하는 사람들의 진정성과 사랑에 끌리는 것은 놀랄 일이 아니다. 달리 말하면, **당신이 그리스도 안에서 영적으로 성숙해가면, 선교는 저절로 이루어질 것**이다. 그럼에도 영적인 변화가 결국 다른 사람을 돌보는 것으로 이어진다는 사실을 이해하는 사람이 무척 드물다. 변혁적인 공동체는 선교적 성격을 갖는다. 이 책의 7장을 읽을 때 이 점을 기억하기 바란다.

베드로전서 5장은 이렇게 말한다. 때가 되면 하나님이 우리에게 은혜를 주셔서 우리를 높이고, 우리의 영향력을 확대하고, 우리의 운명을 보여주실 것이라고. 이는 개인적 차원과 공동체적 차원에 모두 적용된다. 은혜의 공동체를 향한 하나님의 궁극적 목표는 성숙한 자들로 창세전에 자신이 고안하신 꿈을 성취하게 하는 것이다. 그 꿈은 언제나 관계를 통해 관대하게, 창조적으로, 희생적으로 사람들을 섬기는 일을 포함한다. 종은 자기 주인과 비슷하고, 예수님은 섬김을 받기 위해서가 아니라 섬기기 위해 오셨다(마 20:28; 막 10:45). 당신이 당신의 공동체에서 우리 주 예수님의 은혜를 경험하기만 하면, 당신은 당신의 삶에서 뜻밖의 선교사역이 흘러나오는 것을 즐거워하게 될 것이다.

맞춤형 운명

은혜의 공동체가 지닌 가장 아름다운 측면 중 하나는 당신이 맞춤형 운명을 즐기게 된다는 것이다. 은혜의 공동체는 각 개인의 존엄성을 존중하기 때문에 다양성을 갖고 있다. 이런 문화에서 우리는 서로의 약점을 보호하는 한편 서로의 강점을 따르는 법을 배운다.[6] 그런 곳에서 당신은 하나님이 창세전에 당신을 위해 계획하신, 당신에게 딱 맞는 섬김을 즐기게 된다.

    이 장에서 우리는 나름대로 열심히 노력하다가 깨어져 쓸모없게 되고 비참한 결말을 맞은 후에 은혜의 공동체 안에서 성숙하게 되는 과정을 묘사하려고 했다. 치유, 안전, 안식, 사랑받는 일 등은 놀라운 선물이지만, 하나님의 목표는 그런 것에 국한되지 않는다. 그분의 목표는 우리가 평생 이룰 수 없었던 그 꿈을 이루도록 우리를 해방시키는 것이다. 우리의 핵심 요소가 결론적으로 말하듯이, "은혜와 신뢰의 공동체는 믿지 않는 세상 속에서 동료 신자들과 진리를 나눌 수 있는 문을 열어준다." 이런 공동체가 이루 말할 수 없는 해방의 날을 위해 당신을 준비시켜 주는 것은, 이 공동체 안에서 당신은 본질적으로 다른 사람으로 변하는 게 아니라 하나님이 이미 이뤄주신 성도로 성숙해가기 때문이다.

묵상 및 토론을 위한 질문

1. 이제까지 살아오면서 당신이 속했던 여러 공동체들에 대해 생각해 보라. 당신은 그 중 어디에서 은혜와 진리의 공동체를 경험했는가? 그런 환경에서 은혜와 진리를 낳은 것은 무엇인가? 당신에게 피해를 입힌 공동체가 있었는가? 그 공동체의 어떤 면이 당신에게 피해를 초래했는가?

2. 당신은 예수님이 당신과 타인을 어떻게 본다고 생각하는가? 이에 비추어볼 때, 당신은 장차 그리스도 안에서 어떤 인물이 되어야 할 것 같은가?

3. 현재 당신은 예수님 안에서 어떤 사람인가? 장차 하나님 나라가 완성될 때에는 어떤 사람이 될 것 같은가? 이 둘을 반영하는 기도문을 작성해 보라. 그리스도 안에서 우리에게 약속된 운명과 현재 우리가 그것을 경험하는 것 사이에는 어떤 관계가 있는가?

4. 은혜의 공동체는 죄에 빠진 사람들이 거룩함에 이르도록 어떻게 도와주는가?

5. 당신이 속한 공동체가 은혜와 진리의 공동체로 성숙해가는 과정에서 가장 큰 도전거리는 무엇인가? 이와 관련하여 당신이 할 수 있는 역할은 무엇인가? 그 공동체에 정말로 예수님이 거하고 있다면, 왜 일부 교인은 개인주의와 자율성을 선호한다고 생각하는가?

추천도서

Randy Alcorn, *The Grace and Truth Paradox: Responding with Christlike Balance*. Sisters, OR: Multnomah, 2003. (은혜와 진리의 관계를 다루는, 아주 읽기 쉬운 책이다.)

Bruce Demarest and James R. Beck, *The Human Person in Theology and Psychology: A Biblical Anthropology for the Twenty-first Century*. Grand Rapids, MI: Kregal, 2005.

Bill Thrall, Bruce McNicol, and John Lynch, *TrueFaced: Trust God and Others with Who You Really Are*. Colorado Springs, CO: NavPress, 2004.

Bill Thrall, Bruce McNicol, and Ken McElrath, *The Ascent of a Leader: How Ordinary Relationships Develop Extraordinary Character and Influence*. San Francisco: Jossey-Bass, 1999.

3장

영적 변화의
과정

키스 매튜즈(Keith J. Matthews)

제3요소 | 그리스도를 닮아가는 영성 형성은 우리가 그리스도의 명령을 순종함으로 삶의 모든 영역에서 그분의 형상으로 변화되는 예수님의 제자로 살기로 다짐하는, 공적, 개인적, 공동체적 차원의 의도적인 헌신을 포함한다.

설 명 | 예수 그리스도의 제자가 되는 것은 중생한 삶과 함께 시작되는 변화의 과정이다. 중생한 삶이란 예수님의 제자가 되고, 신앙 공동체와 일치되고, 예수님의 모든 계명에 순종하는 삶을 사는 것을 일컫는다(딛 3:3-7). 이 변화의 과정은 제자가 개인적, 공적, 공동체적, 가정적 차원의 일상 세계에서 의도적으로 예수님의 형상을 본받으려고 애쓰는 동안 계속 이어진다(고후 3:17-18; 엡 5:21-6:9). 우리가 우리 삶을 예수님의 본보기에 맞추고 그분이 명령한 모든 것을 순종하는 삶을 살기로 헌신함에 따라, 우리 삶의 모든 측면은 그리스도를 본받아가게 된다(마 28:20; 롬 8:29).

✢

1972년 여름

나는 지금도 예수님을 따르기로 결단했던 그해 여름을 생생하게 기억하고 있다. 1970년대 초, 남 캘리포니아 주에서는 이른바 '예수 운동'(Jesus movement)이 한창 진행 중이었다. 나는 부모님의 손에 끌려서 교회에 다니는 젊은이이긴 했지만 하나님과의 관계에 대해서는 제대로 모르고 있었다(복음을 명쾌하게 전하는 일은 내가 다니던 주류파 자유주의 교회의 관심사가 아니었다). 그런데 교회에 다니지 않다가 그리스도를 믿게 된 한 친구 때문에 예수님과 그의 메시지에 대해 더 깊이 생각하게 되었다. 나로서는 그 친구에게 일어난 변화를 모른 척 할 수가 없었다. 여름이 시작될 즈음 그는 몇 달간 아버지와 함께 지내기로 했고(그는 이혼한 가정 출신이었다), 여름이 끝날 무렵에 전혀 새로운 태도와 인생관을 갖고 돌아왔다. 무언가가 그를 꽉 붙잡아서 그의 삶이 완전히 변화된 게 분명했다. 그리고 나는 그가 가지고 있는 것을 얼마나 부러워했던가! 그는 눈에 띌 정도로 기쁨과 평안이 충만했고, 성경을 알고 싶은 갈증과 무엇보다도 예수님에 대한 열정이 돋보였다. 처음에 나는 '아니, 교회에도 다니지 않던 친구가 예수님에 관해 무슨 말을 하겠는가?' 하는 의구심이 들었다. 어쨌든 나는 교회에는 다니고 있지 않은가! 그런데 시간이 흐를수록 그의 경험이 그저 지나가는 것이 아니라는 사실이 분명해졌다. 예수님이 정말로 내 친구를 변화시켰던 것이다! 그러면 나는 어떻게 해야 하는가? 예수 그리스도라고 불리는 이분과 어떤 관계를 맺어야 하는가?

당시만 해도 그리스도인이 되는 패턴은 아주 단순하고 명료해 보였다. "예수님을 영접하라. 성경을 읽으라. 그리고 교회에 가라." 혹은 "그리스도를 영접하라. 그분이 너를 위해 죽은 것을 믿으라. 네 삶을 예수님께 헌신하라" 그렇게만 하면 신앙생활을 시작할 수 있었다. 그리고 실제로 그런 일이 일어났다! 내 삶이 1972년 여름에 정말로 바뀌었던 것이다. 나 역시 "나는 완전하지 않으나 용서받은 그리스도인이다"라는 범퍼 스티커를 그대로 따라할 수 있었다. 나는 실로 놀라운 기쁨과 더없는 평안을 경험했다. 용서를 받았을 뿐 아니라 그리스도와 함께하는 영생도 얻었다!

하지만 나이 50에 들어선 나는 신앙생활이 천국을 향해 올라가는 상향 곡선만은 아니었다고 말할 수 있다. 예수님을 좇기로 결단한 후 36년 동안 나는 높은 고지와 낮은 골짜기, 좌절, 막다른 골목, 패배와 승리, 고통과 진보, 뜻밖의 우회 등을 두루 경험했고, 답변보다는 의문이 더 많았던 적도 적지 않았다.

예수님을 좇기로 결단한 후 나는 20년이 넘도록 목회 사역에 종사하면서 수많은 사람들이 그리스도를 좇고 동일한 영적 여정에 진입하는 것을 목격했다. 그 가운데 다수는 여전히 예수님을 좇는 가슴 벅찬 경험을 하고 있지만, 어떤 이들은 여러 이유로 그리스도와 동행하려는 의지를 잃고 말았다. 지금 나는 차세대 목사들에게 목회 소명의 중요성을 가르치는 교수로서 오늘날 복음주의 교회에 만연되어 있는 '회심 중심적 복음'의 단순한 공식에 대해 크게 염려하고 있다.

내 인생의 이 시점에서 나는 검토가 필요한 몇 가지 질문을 갖고 있다. 아마도 가장 중요한 질문은 이것일 것이다. 현재 우리가 몸담고 있는 복잡한 세상에서 예수님의 추종자가 된다는 것은 무엇을 의미하는가? 복음은 나를 천국에 가게 해주는 죄 용서에 불과한 것인가? 아니면 이보다 더 큰 그 무엇인가? 이생에서 그리스도의 형상으로 변화하는 것은 가능한가? 가능하다면, 어떻게 그렇게 되는 것인가? 내가 영적으로 진보하고 있다면, 그것을 어떻게 알 수 있는가? 이 성장 과정에서 내가 맡은 역할은 무엇인가? 그리고 하나님의 역할은 무엇이고, 교회의 역할은 무엇인가? 이런 질문들은, 오늘날에는 아주 적실하지만, 70년대만 해도 레이더에 잡히지도 않았었다. 당시의 일차적인 목표는 복음전도였다. 당시에 우리는 '말세'에 살고 있는 것으로 알았기 때문이다(이 중요한 가르침이 모든 것에 영향을 미쳤다!). 세상은 종말에 가까워지고 있고 예수님이 돌아오실 것이므로 우리는 사람들이 구원을 받게 해야 했다. 가능한 한 빨리 그리스도인을 만들어야 했다. 문제는 시간이었다. 이제 곧 그리스도가 돌아오실 테니까! 제자도나 영성 형성에 관한 논의는 아주 드문 편이었다. 이런 주제는 회심 중심적 복음에 뒤따르는 부차적인 이슈일 뿐이었다. 사람들은 어쨌든 구원을 받아야 하니까! 이는 충분히 이해할 수 있는 입장이었다…당시에는! 그런데 오늘을 사는 우리에게 그것은 무슨 의미가 있는가? 이것이 이 장에서 다룰 주제이다.

백만 달러짜리 질문을 던져보자. 회심 중심적인 복음은 과연 평생토록 변화를 경험하는 예수님의 제자를 낳을 수 있을까? 적어도 여론조사 기관에 따르면 부정적인 답변이 나온다. 갤럽 여론조사에 의하면, 미국인의 40퍼센트가 '거듭난' 경험을 했다고 말하지만, 이것이 실생활 곧 결혼과 이혼, 개인 윤리와 도덕 등에 초래한 변화를 살펴보면, 그리스도인과 비그리스도인 사이에 차이가 별로 없다고 한다. 하지만 너무 성급하게 비난하기에 앞서 회심 중심적인 복음에 결여된 것이 무엇인지를 상세히 살펴보도록 하자.

현대의 복음: 회심자 vs 제자

1장에서 말했듯이, 예수님의 복음은 **현재** 하나님 안에 사는 삶의 가능성과 방법을 제공하는 하나님 나라의 복음이다! 이런 초대는 태초부터 고려되어 왔으나 예수님이 오심으로 모든 사람에게 주어지게 되었다. 이 하나님 나라의 복음이 바로 유일무이한 복음이다. 그러나 이 책의 저자들이 지적한 것처럼, 오늘날에는 그 복음이 '죄 용서와 천국에 대한 확신'에만 초점을 두는 축소된 복음으로 대치된 것 같다. 그런데 가장 분명한 문제는, 다수의 사람이 회심 중심적인 접근을 출발점이 아닌 종착점으로 해석해 왔다는 사실이다. 이런 해석은 우리가 지금 어떻게 살아야 하는지에 엄청난 영향을 미친다! 만일 죄를 용서받고 천국이 보장되는 것이 '그리스도인이 된다'는 말의 뜻이라면, 그 이후로 내가 행하는 것은 모두 추가 사항에 불과할 뿐이다. "왜 나에게 제자도에 관해 말하는 것이오? 그게 나에게 왜 필요하지요? 나는 이미 용서를 받았소. 이미 천국에 가고 있는 중이오. 더 이상 무엇을 하라는 말이오?" 그러나 그로 인한 결과를 내다보지 못했던 이 회심 중심적인 복음은 복음주의 교회 안에 2층 구조를 만들고 말았다. 대다수의 교인은 회심하는 시점에 그리스도인이 되었다고 생각하며, 제자가 되는 일은 2층에 있는 하나의 선택안, 곧 보다 진지한 그리스도인들에게만 해당되는 것이라고 여긴다. 따라서 회심 중심적인 복음을 전할 때는 제자도의 요소가 결여되기 마련이다.

공정하게 말하면, 이제껏 사람들이 그리스도 안에서 성장하도록 돕는 방법은 많이 있었다. 가령, 여러 선교단체가 발간한 제자도 분야의 수많은 책들과 성경공부교재들은 사람들의 영적 성장에 기여했다. 그러나 솔직히 말하면, 대다수의 교재는 성경 지식의 증대에 관한 것이거나 예수님에 관한 바른 믿음에 초점을 두고 있다. 물론 그런 것도 필요하지만, 예수님의 제자(견습생)가 되는 데 큰 도움이 되지 않는다.

성경은 예수님을 좇는 초신자까지도 분명히 제자라고 부르고 있다. 예수님을 좇는 사람들을 언급하는 대목 중 265회 이상이 그들을 그분의 '제자들'(*mathetes*)이라고 부르는데, 이는 학생이나 견습생이나 학습자를 의미하는 말이다. 신약성경에 '그리스도인'이란 단어는 네 번밖에 나오지 않고, 대체로 다른 사람들이 사용한 단어라는 사실은 시사하는 바가 크다. 세월이 흐르면서 **그리스도인**이란 용어는 신앙 공동체 안에서 자기들이 "작은 그리스도들"이라고 불리는 것에 대한 영예로운 호칭으로 수용되었다.

달라스 윌라드는 이렇게 말했다.

신약성경은 예수 그리스도의 제자들을 위한, 제자들에 의한, 제자들에 관한 책이다. 그런데 이 점은 단순히 말로만 그치는 것이 아니다. 더 중요한 것은 초창기 교회에 나타나는 삶이 특별한 유형의 사람이 영위하는 삶이란 사실이다. 복음을 통해 인류에게 주어진 모든 확신과 유익은 명백히 그런 삶을 전제로 하고, 그런 삶을 떠나서는 실질적인 의미를 지니지 못한다. 예수의 제자는 그리스도인들 중 우량하고 튼튼한 모델-특히 곧고 좁은 고속도로를 내달리도록 부상 방지용 쿠션과 날렵한 외형과 강력한 힘을 갖춘 모델-이 아니다. 오히려 그는 신약성경 안에서 하나님 나라의 가장 기본적인 운송수단으로 등장한다.[1]

회심 중심적인 복음의 또 다른 문제는 선교적인 호소력이 없다는 점이다. 말하자면, 그것은 나 자신을 뛰어넘어 다른 사람에게 손길을 뻗치게 하지 않는다. 회심 중심적인 복음은 사적인 교류에 불과하기 때문에 일단 기도를 드리고 나면 그것으로 끝이다. 진정한 복음은 하나님의 의제를 들고 세상에 나가게 하는 것인데, 그 복음은 그런 삶을 살도록 호소하지 않는다. 그러므로 회심 중심의 복음은 철저히 수동적인 복음이라 할 수 있다. 수년 전에 나는 '구원을 받은' 새로운 그리스도인이었고, 오로지 죽을 때 천국에 가려고 내 죄로부터 구출되는 일에만 몰두했다. 당시에 나는 어떤 목적을 위해, 즉 이 세상에서 하나님의 구속의 목적을 이루는 일원이 되기 위해 구원을 받았으며, 따라서 내가 구원받은 것은 현재 중요한 의미가 있으며, 예수님의 제자가 되는 일은 세상과 지역 공동체의 구속에 영향을 미치는 법을 그분에게 배우는 과정이라는 말을 한 번도 들어보지 못했다. 그러니 회심 중심적인 복음을 지닌 복음주의 기독교 세계가 대체로 변혁적이고 선교적인 제자들 대신 수동적인 그리스도인들만 양산한 것은 결코 놀랄 일이 아니다.

내가 예수님의 좋은 소식에 관해 생각할 때면, 두 가지 질문이 머릿속에 떠오른다. 오늘날 우리가 회심자의 배출에서 제자 양성으로 방향을 전환하기 위해 해야 할 대조적인 두 가지 질문이 있다. 첫째 질문: 회심 중심적인 복음 안에서 우리는 다음과 같이 묻는다. "당신이 만일 오늘 밤에 죽는다면 천국에 갈 것입니까?" 이 질문은 구원을 실현해 줄 중대한 **사건**에 초점을 둔다. 둘째 질문: 제자 중심적 복음 안에서 우리는 다음과 같이 묻는다. "당신이 만일 영원히 살 것임을 알고 있다면 어떤 사람이 되고 싶습니까?" 이 둘째 질문은 그리스도의 형상을 닮아가는 **과정**에 초점을 두고 있다.

전자의 관심사는 우리를 천국에 들어가게 하는 일이고, 후자는 내가 지금 어떤 사람인지에 관심을 둔다. 만일 우리가 제자 삼는 일을 제대로 이해한다면, 천국에 가는 일은 이미 확보된 것이나 다름없다. 그러나 이 순서를 거꾸로 바꾸면 곤란하다.

아래 도표는 "제자 양성: 당시와 지금"[2]에 나오는 대조적인 양상을 묘사한 것이다.

두 종류의 제자 양성 (당시와 지금)

제자 양성의 세계(당시)	서구식 제자도(지금)
히브리 방식–행위	헬레니즘 방식–사고, 언어, 관념
보다 구체적	보다 추상적
통합적인 맥락을 이해함	대부분의 맥락이 상실됨
통합과 종합의 문제–모든 요소를 다함께 묶어둠	분석과 범주화와 분류의 문제–구성요소를 따로따로 분리함
"믿다"는 하나의 동사임	"믿음"은 곧 신조임–일련의 명제에 동의함
한결같은 행위를 강조함	관념을 더 강조함
개인보다 공동체를 더 중시함–공동체의 유익을 위해 개인의 권리를 희생함	공동체보다 개인을 더 중시함–개인의 이익을 위해 공동체의 조화를 희생함
바른 행위에 관심을 둠	바른 생각에 관심을 둠
랍비의 권위에 기꺼이 순종함	나 자신을 제외한 누구에게도 순종치 않음
랍비의 해석에 순종함	텍스트를 나 나름대로 해석함
오랜 기간 텍스트를 붙들고 씨름하려는 태도	텍스트를 잠깐 읽고 빨리 단순한 답변을 얻으려는 태도

분별력의 개발에 초점을 둠	비판적 사고 기술의 결여
성경 암송	성경에 대한 무지
공동체 중심의 삶	외로운 방랑자의 삶
통합적이고 통전적인 삶	이분법적인 삶(성/속, 믿음/행위)
제자가 되고 싶은 열망	그냥 예수님을 "믿는" 것에 만족함
삶에 대한 랍비의 해석적 권위에 완전히 순종함	편의상 예수님의 권위에 부분적, 선택적으로 순종함
삶의 모든 부분이 랍비의 조사 대상이 됨	삶의 많은 부분이 타인에게 숨겨져 있음
실질적인 삶의 문제를 지향함	개념 지향적
대화 중심	정보 전달 중심
남성에게 초점을 둠	남성보다 여성의 수가 더 많음

이 도표는 예수님 당시와 오늘날의 문화가 제자도를 얼마나 달리 생각했는지(생각하는지)를 극명하게 대조하고 있다. 사람들이 제자가 된다는 것의 의미를 알지 못하는 상황에서 그리스도 안에서 제대로 성장하지 못하고 역동적인 믿음을 갖지 못하는 것은 결코 놀랄 일이 아니다. 이제 제자 양성과 관련하여 우리 시대에 등장한 또 다른 복음을 살펴보도록 하자.

포스트모던 복음: 세계적 행동주의자 vs 제자

현대의 회심 중심적 복음이 복음을 '더 작게' 만드는 결과를 초래했다면, 포스트모더니즘의 세계 중심적인 복음은 복음을 너무 크게 만들었다! 이 복음이 온통 나에게만 초점을 맞추는-나의 죄, 내가 천국에 갈 필요성…나…나…나-현대의 개인주의적 복음에 반발하는 것은 옳다.

다른 한편, 선교적 교회나 이머징 교회가 신봉하는 포스트모던 복음은 예수님의 나라를 권리를 박탈당한 가난한 대중 사이에, 타락한 정치구조와 비인간적이고 파편화된 사회 가운데, 그리고 파괴된 지구 환경을 치유하는 데까지 확장시켜야 한다는 강력한 메시지를 선포한다. 이 '큰' 복음은 레슬리 뉴비긴(Lesslie Newbigin)과 다렐 구더(Darell Guder)와 같은 사람들의 저술에 나오는 '하나님의 선교'(Missio Dei) 신학에서 유래한 것이고, 고린도후서 5장 19절-"하나님께서 그리스도 안에 계시사 세상을 자기와 화목하게" 하셨고 우리 역시 화목케 하는 직분을 받았다는 것-과 같은 구절에 뿌리를 두고 있다. 그런데 회심 중심적인 복음이 수동적인 그리스도의 추종자를 만들어내는 것과 같이 이 행동주의적 복음 또한 똑같은 결과를 초래한다. 그 이유는 다음과 같다. 당신이 두세 명의 자녀를 둔 젊은 엄마이거나 매주 50시간을 일하는 젊은 남성이라고 가정해 보자. 당신은 예수님의 좋은 소식이 당신에게 세계를 바꾸고, 가난한 자를 섬기고, 아프리카 수단에 필요한 구제의 손길을 뻗치고, 환경을 정화시키는 과업을 주었다는 소리를 듣는다. 그리고 그 소리에 어떻게든 반응해야 한다고 느낀다. 이런 이슈들은 물론 중요하고 당신의 노력을 요구할 만한 가치가 있다. 하지만 그것들은 너무도 무겁고 복잡한 문제들인지라 당신의 제한된 능력으로는 변화시키기가 어렵다. 그래서 오늘날의 많은 남녀는 무력감에 빠지고 수동적인 자세를 취한다. 한 마디로, 이런 포스트모던 복음은 사람들에게 너무 크게 보일 수 있다.

결론적으로, 현대적 복음과 포스트모던 복음은 모두 예수님의 제자(견습생)를 만들기에 적합하지 않고, 오히려 종종 수동적인 자세를 낳는다. 그러면 어떻게 해야 하는가? 그리스도를 따름에 있어서 우리에게 무엇보다도 선의의 전략적인 노력이 필요하다. 이제 평범한 사람이 평범한 일상생활에서 예수님의 제자로 살아가기로 의도적으로 다짐하는 것이 어떤 것인지를 살펴보자. 복음이 정말로 효과가 있다면 바로 이런 경우에 그 효과를 발휘해야 한다.

의도성과 영성 형성

우리의 거듭남은 하나님만의 사역임이 분명하지만, 하나님 나라의 삶에서 우리가 성장하는 일은 그리스도의 은혜를 힘입은 우리의 능동적인 참여로 좌우된다. 달라스 윌라드는 우리에게 한 가지 핵심 진리를 가르쳐주었다. "하나님은 노력에는 반대하지 않지만 은총의 획득에는 반대한다.[3] 달리 말해서, 우리가 성장하고 싶으면 올바른 방향으로 노력을 기울여야 한다는 뜻이다. 그리스도를 닮아가는 우리의 성장은 저절로 일어나지 않는다. 우리가 노력의 필요성을 이야기한다고 해서 당신이 이를 악물고 좀 더 그리스도인다운 행동을 하라고, 혹은 하나님이 용납할 만한 행동을 하기 위해 당신의 의지력을 최대한 발휘하라고 말하는 것은 아니다. 결코 그렇지 않다! 그렇게 하는 것은 결국 실패와 죄책감과 실망만 낳을 뿐이다!

　　의도성에 관해 알아야 할 점은, 변화의 작업은 하나님이 하시는 일이나 그 과정에서 우리가 수동적으로 있어야 하는 건 아니라는 점이다. 사도 바울은 하나님과 우리 사이에 시너지적인 참여가 있다는 것을 잘 알고 있었다. 그래서 빌립보서 2장 12-13절에서 이렇게 말한 것이다. "항상 복종하여 두렵고 떨림으로 너희 구원을 이루라 너희 안에 행하시는 이는 하나님이시니 자기의 기쁘신 뜻을 위하여 너희에게 소원을 두고 행하게 하시니라." 그리고 골로새서 1장 29절에서도 이렇게 말했다. "이를 위하여 나도 내 속에서 능력으로 역사하시는 이의 역사를 따라 힘을 다하여 수고하노라." 이 두 구절은 인간의 행위와 하나님의 행위가 동시에 작동하는 것을 인정하고 있다. 이는 행위로 의롭게 되는 것을 말하는 게 아니라 지혜로 충만한 삶에 관해 이야기하고 있다. 이와 관련하여 달라스 윌라드는 이런 멋진 말을 한 적이 있다. "그리스도를 떠나서는 우리가 아무것도 할 수 없다는 말은 옳지만, 우리가 아무것도 하지 않으면 그리스도를 떠나게 될 것이란 말도 옳다." 그러므로 우리가 예수님의 제자로 변화되기 위해서는 무엇보다도 노력과 의도성이 중요하다. 윌라드는 "그리스도를 닮아가는 일은 우리 편에서 열심히 분별력 있는 행동을 하지 않고는 결코 일어나지 않는다"라고 말했다.[4]

일부 사람이 변화의 과정에서 우리가 노력하는 것에 대해 거부감을 느끼거나 회의적인 태도를 보이는 이유는 그런 것이 은혜의 역할을 축소시키거나 제거하는 듯이 보이기 때문이다. 그러나 이런 주장은 하나님의 은혜를 오해하기 때문에 나온다. 은혜란 우리가 스스로의 힘으로 할 수 없는 일을 이루도록 돕기 위해 우리 삶에 역사하시는 하나님의 활동이다. 그러므로 우리의 모든 노력은 하나님의 은혜로부터 연료를 얻는 셈이다! 디도서 2장 11-14절이 이 진리를 말하고 있다.

> 모든 사람에게 구원을 주시는 하나님의 은혜가 나타나 우리를 양육하시되 경건하지 않은 것과 이 세상 정욕을 다 버리고 신중함과 의로움과 경건함으로 이 세상에 살고 복스러운 소망과 우리의 크신 하나님과 구주 예수 그리스도의 영광이 나타나심을 기다리게 하셨으니 그가 우리를 대신하여 자신을 주심은 모든 불법에서 우리를 속량하시고 우리를 깨끗하게 하사 선한 일을 열심히 하는 자기 백성이 되게 하려 하심이라

바울은 디도에게 보낸 편지에서 우리를 구원하는 그 은혜가 우리를 가르치는 은혜가 된다고 말했다. 이로 보건대, 은혜가 노력에 힘을 실어주는 것이 분명하다! 그런즉 은혜는 실질적인 의미에서 날마다 거룩하고 변화된 삶을 사는 데 필요한 연료가 되지만, 우리의 노력도 필요하다. 신약성경은 이런 노력이 어떤 것인지를 명료하게 보여준다. 예수님 자신이 친히 노력이나 의도성을 내포하는 말을 사용했는데, 바로 '회개'(*metanoeo*)란 단어다. 이 단어는 어쩌면 성경에 나오는 용어 가운데 가장 오해를 많이 받는 단어일 것이다. (사람들은 회개를) 종종 "마음이 언짢은 상태"나 "미안한 느낌"이나 "슬픈 심정"과 같은 정서적인 상태를 뜻한다고들 생각하는데, 이는 예수님의

취지에서 빗나가는 해석이다. 무엇보다도, '회개'는 하나님이 우리가 하도록 남겨두신 그 무엇을 가리킨다. 그분은 우리를 회개하도록 만들지 않는다! 회개는 어디까지나 행동이다. 예수님이 하신 말씀의 문맥을 보면, 회개는, 먼저는 생각의 움직임이고 이어서 의지가 따라오는 행동으로 보인다. "하나님의 나라가 가까이 왔으니 회개하고 복음을 믿으라"(막 1:15). 이를 다음과 같이 풀어 볼 수 있겠다. "어이, 여보게들, 하나님의 나라가 여러분 한복판에 있다네. 그러니 현실에 대한 사고방식을 고치고 이 초대에 따라 행동을 취하게."

유진 피터슨은 『한 길 가는 순례자』(*A Long Obedience in the Same Direction*)란 훌륭한 책에서 우리가 이해하는 회개를 자세히 설명했다.

> 회개는 결코 감정이 아니다. 그것은 당신의 죄에 대해 미안하게 느끼는 것이 아니다. 그것은 하나의 판정이다. 당신이 자신의 인생을 잘 요리할 수 있고 스스로의 신이 될 수 있다고 추정한 것이 잘못이었다고 판정하는 것이다. 당신이 스스로의 힘으로 능력과 교육과 훈련을 받을 수 있다고 생각한 것이 잘못이었다고 판정하는 것이다. 그동안 당신이 당신의 귀로 자신과 이웃과 세상에 관한 거짓말을 한 보따리나 들어왔다고 판정하는 것이다. 그리고 예수 그리스도 안에 계신 하나님이 당신에게 진리를 말씀하고 계시다고 판정하는 것이다. 회개란 하나님이 당신에게 원하는 것과 당신이 하나님에게서 원하는 것이 예전과 똑같은 일을 행하고 예전과 똑같은 생각을 해서는 결코 이뤄지지 않는다는 점을 깨닫는 것이다. 회개는 예수 그리스도를 따르고 평화의 길에서 그분의 순례자가 되기로 하는 결단이다.
>
> 회개는 모든 단어 가운데 가장 실제적이고, 모든 행동 가운데 가장 실천적인 것이다. 이는 아주 실용적인 종류에 속하는 단어다.[5]

역사적으로 수많은 그리스도인들이 이 회개라는 단어가 그리스도의 초대에 대한 올바른 반응으로서 생명과 자유, 그리고 예수님의 제자가 되는 능력에 이르는 길임을 알지 못한 채, 그저 그것은 우리 죄에 대해 언짢게 여기는 감정으로 오해해 왔다. 피터슨의 말과 같이 "회개는 모든 단어 가운데 가장 실제적이고, 모든 행동 가운데 가장 실천적인 것이다." 회개의 뿌리는 비록 대단히 실제적이고 주로 의지적인 성격을 갖고 있지만, 그와 더불어 그 시각에 기초한 정서적 속성도 지니고 있다. 이 시각은 그리스도를 어떻게 보느냐 하는 것, 특히 그분의 선함과 사랑과 충분성과 능력에 대한 관점과 관련이 있다. "하나님의 인자하심이 너를 인도하여 회개하게 하신다"(롬 2:4). 이 시각은 그리스도의 여러 직분들-주님, 구원자, 스승, 친구-을 깊이 고려하고 있다. 이 진리가 제자들에게 바울이 골로새서 2장 3절에서 내세운 강력한 주장을 믿게 해준다. 그것은 "하나님의 비밀인 그리스도를 깨닫게 함이니 그 안에는 지혜와 지식과 모든 보화가 감추어져 있다"는 주장이다. 바로 이런 시각이 우리의 회개를 촉발하고, 우리로 하여금 예수님이 우리에게 제공하시는 하나님 나라의 삶으로 들어가게 해준다. 우리가 하나님을 생각할 때 마치 저 멀리서 우리의 죄를 주목하는 감독처럼 여기는 것은 얼마나 왜곡된 시각인가! 이런 시각은 분명 예수님을 슬프게 할 것이다. 그리스도에 대한 우리의 시각이야말로 제자도와 그리스도를 닮은 성품의 형성에 이르도록 우리에게 능력을 주는 열쇠와 같다. 그러면 이제 제자도의 중요성을 살펴보도록 하자.

그리스도를 닮은 성품 형성으로서의 제자도

달라스 윌라드는 복음과 제자 간의 밀접한 관계를 보여주는 두 가지 사항을 지적했다. "우리가 전하는 복음은 자연스럽게 제자를 생산하는 성향이 있는가, 아니면 종교적인 재화 및 서비스의 소비자를 생산하는 성향이 있는가?…당신이 복음으로 제시하는 것이 당신이 제자도로 제시하는 것을 결정할 것이다."[6] 이 두 진술은 우리가 예수님을 따른다는 말의 의미를 어떻게 전하는지에 대해 깊이 반성하게 만든다. 만일 참된 복음이 회심 중심적 접근과 대비되는 제자도 중심적인 접근이라면, "때가 찼고 하나님의 나라가 가까이 왔으니 회개하고 복음을 믿어라"는 예수님의 메시지는 우리가 숙고해야 할 중요한 요소를 갖고 있다. 더군다나 예수님이 베드로와 안드레를 부를 때 "나를 따라오라…내가 너희를 사람을 낚는 어부가 되게 하리라"(마 4:19)는 고전적인 랍비식 진술을 했던 것을 생각하면 더욱 그러하다.

예수님을 통해 하나님의 직접적인 통치 아래 사는 삶, 곧 하나님 나라 안에서 사는 삶이 실현되려면, 우리가 예수님의 제자, 학생 혹은 견습생이 되어 성품과 행위 면에서 어떻게 살아야 할지를 그분으로부터 배우는 수밖에 없다. 말하자면, 예수님이 우리라면 우리 인생을 어떻게 사실 것인지를 배워야 한다는 뜻이다. 이것이 바로 제자가 된다는 말의 의미이다. 예수님이 우리의 랍비 혹은 스승이라는 깨달음은 평생에 걸친 우리의 성장에 대단히 중요하다. 그분은 우리를 죄에서 구원하는 구원자에 불과한 존재가 아니다. 그분은 또한 날마다 우리가 그 나라 안에서 새로운 삶을 살아가도록 돕는 스승이기도 하다. 우리는 갓 태어난(즉, "거듭난") 아기인 만큼 그분의 성품을 덧입는 법을 배우지 않으면 안 되기 때문이다. 그러므로 예수의 제자가 된다는 것은 성품과 행위 면에서 그분을 닮아가는 것, 곧 그분의 형상으로 변모되는 것을 뜻한다. 예수님이 살던 당시에 학생들은 성품과 행위 면에서 특정 랍비를 닮기 위해 그에게 붙어 있곤 했었다. 그런데 우리가 알아야 할 것은 이런 성품의 변화는 그냥 수동적으로 있을 경우에는 결코 일어나지 않는다는 사실이다. 성품이 개발되려면 상당한 시간과 경험이 모두 필요하다. 그러므로 우리는 새로운 제자들에게 "이제 여러분은 '예수님을 신뢰하기로' 결정했으나 그것은 평생에 걸친 변화 과정의 출발점에 불과하다"라고 말해야 한다. 그들의 회심은 종착점이 아닌 멋진 새로운 출발점이며, 이제 예수께서 그들의 길을 인도해 주실 것이다. 예수님은 우리를 죄와 죽음에서 구원한 구원자요 구속자일 뿐 아니라, 지금은 우리의 일상에서 하나님 나라 안에 살 수 있도록 우리와 같은 견습생을 가르치는 스승이기도 하다. 현재로서는 후자가 전자보다 더 중요한 의미를 갖고 있다. 견습생이란 개념은 현재 서구의 학습 모델에서는 생경한 것이다.

견습생의 교육은 책을 통한 지식의 획득이 아니라 경험을 통한 배움이다. 고등학교 시절, 나는 배관공으로 일하던 중고등부 전도사의 견습생이 되어 그에게서 배웠던 일이 생각난다. 그는 배관작업의 기초에 관한 책을 나에게 넘겨주며 읽으라고 하지 않았다. 그 대신 나를 데리고 작업 현장에 가서 나에게 관찰하고 듣고 질문을 하라고 요구했다. 그리고 몇 달이 지난 뒤에 나에게 몇 가지 일거리를 주었는데, 이는 배우는 과정에서 매우 중요한 경험이었다. 초기에 내가 맡은 일은 그의 견습생으로서 "그가 했던 대로 하면" 되었다. 나는 전문기술자인 나의 선생을 관찰하고 그에게 배움으로써 책에서는 결코 배울 수 없는 것들을 습득했다. 오래 지나지 않아 나는 그와 나란히 일하게 되었고, 나중에는 홀로 일할 수 있는 수준에 도달했다.

바로 이것이 예수님이 제자들을 가르칠 때 사용했던 견습생 교육 모델이다. 마태복음 10장은 제자들이 받았던 첫 번째 테스트를 잘 보여준다. 예수께서는 그들을 둘씩 보내며 자기가 했던 것과 동일한 일을 한 후에 돌아와서 거기서 일어난 일을 보고하라고 지시하셨다. 이 부활한 예수님이 오늘날에도 우리에게 똑같은 일을 시키시는데, 우리는 그 초대의 말씀을 놓칠 때가 많다.

우리가 예수님의 제자, 학습자 혹은 견습생의 신분을 겸손히 받아들인다면, 그분이 우리를 빚어내고 가르칠 수 있도록 우리 삶을 정돈할 필요가 있다. 이어서 우리는 이런 제자훈련에 필요한 훈련도구를 배워야 한다.

제자들을 위한 영적 훈련

영적 성장을 위한 삶의 정돈은 그리스도를 따르는 모든 사람에게 상당한 도전거리다. 우리는 제각기 다른 가정환경과 근무시간대와 기대치가 다른 직업을 갖고 있고, 생활의 속도도 다양한 편이다. 하지만 아무도 우리를 대신할 수 없기 때문에 우리 자신을 예수님 앞에 두는 책임은 오로지 자신의 몫이다. 하나님은 물론 일상의 사건, 시련과 환난, 우리 속에서 일하시는 성령의 지속적인 사역을 통해 우리를 빚어내고 변화시키지만, 자신만이 주도할 수 있는 독특한 활동이 있다. 전통적으로 이런 활동을 가리켜 '영적 훈련'이라고 부른다.

디모데전서 4장을 보면, 사도 바울은 영적인 아버지로서 영적인 아들인 디모데에게 조언하는 대목에서 그의 삶에 대해 훈계하며 이상한 말을 했다. "경건에 이르도록 네 자신을 연단하라 육체의 연단은 약간의 유익이 있으나 경건은 범사에 유익하니 금생과 내생에 약속이 있느니라"(7-8절).

이 이미지는 육체의 훈련에 적용하면 금방 이해가 되지만, 경건에 이르는 훈련 내지 연단은 많은 그리스도인이 이해하기 어려워한다. 그게 무슨 말인가? '영적인 연습'이란 무엇을 의미하는가? 내가 초신자였던 시절에는 이런 이미지를 미처 생각하지도 못했다. 내가 배운 유일한 영적 훈련은 '경건의 시간'(Q.T.)이었다. 그것은 무척 간단했다. 날마다 성경을 한두 장씩 읽고 하나님의 인도와 보호를 위해 기도함으로 그분을 구하는 일이었다. 이것은 교회에 가는 일과 다른 그리스도인들과 만나는 일과는 별도로 내가 개인적으로 갖는 시간이었다. 이 훈련이 완전히 몸에 배면 내가 영적으로 성숙하고 성장할 것이라는 이야기를 들었다. 이는 유익한 조언이었고 나도 실제로 성장했다. 그러나 종교적인 활동이 으레 그렇듯이 여기에도 함정이 있었다. 얼마 지나지 않아 나의 경건의 시간은 율법주의로, 나중에는 미신으로 변질되는 바람에 그런 활동 자체가 하나님과의 바른 관계를 뜻하는 듯이 거기에 의존하게 되었다. 이따금 경건의 시간을 빠뜨릴 때는 내가 하나님을 실망시키고 있다거나 하나님이 신앙심이 부족한 나를 기뻐하지 않는 것처럼 느끼곤 했다. 내가 나중에 배운 것은, 영적 훈련이나 연단의 올바른 실행은 의로움보다는 지혜와 더 관련이 있으며 하나님에게 '점수'를 따는 것이 아니라는 것이었다. 달리 표현하면, 우리는 훈련을 통해 하나님의 은총이나 복을 얻는 것이 아니라는 것이다. 이런 훈련들은 어떤 목적을 위한 수단에 불과할 뿐이다. 그 목적은, 내가 성품과 행위 면에서 하나님을 더욱 닮아가도록 돕는 특정 훈련을 통해 하나님 앞에서 시간을 보내기 위함이다.

다양한 영적 훈련에 대해 다루기 전에, 훈련이 무엇인지를 분명히 하고, 좀 더 예수님처럼 살기 위해 그리스도인들이 흔히 취하는 방법에 대해 설명할까 한다. 훈련이란 우리의 직접적인 노력으로 달성할 수 없는 것을 달성하게 해주는, 우리의 능력 안에 있는 활동을 말한다. 예를 들어, 만일 내가 훌륭한 음악가-피아니스트라고 가정하자-가 되고 싶다면, 어려운 악보를 연주하려고 애쓴다고 그 길에 들어설 수는 없을 것이다. 그럴 만한 지식이나 기술이 아직 내게 없기 때문이다. 이 점에서 나의 직접적인 노력은 실패할 수밖에 없지만, 나는 장차 그 음악을 연주하기 위해 음계를 배우고 건반을 두드리는 기술을 연마하는 등 필요한 활동을 해나갈 수는 있다. 이런 훈련은 애초에 내가 직접적인 노력으로 달성할 수 없었던 기술(음악을 연주하는 기술!)에 도달할 수 있게 해주는, 내 능력 안에 있는 활동들이다. 이런 맥락에서 훈련은 그것이 없이는 결코 이뤄질 수 없을 성취와 변화를 가져오는 놀라운 노력임에 유의할 필요가 있다. 잠시 동안 당신이 이제까지 살면서 감행했던 성공적인 모험을 생각해 보라. 그런 성공을 이루기 위해 얼마나 끈질긴 훈련을 했던가! 사실상 음악가나 운동선수로서, 혹은 학문 분야나 전문직에서 이룬 위대한 업적은 모두 이런 훈련된 삶에서 비롯된 것이다.

이런 본보기를 영적인 삶으로 옮기자면 이런 식으로 적용할 수 있다. 우리가 사랑과 인내, 친절과 평화의 행동을 연마하는 등 예수님의 성품을 구현하고 싶다면, 하나님의 은혜로 시작하기만 하면 뚜렷한 변화를 초래하는, 검증된 영적 훈련들이 있다. 이것이 바로 "경건에 이르도록 네 자신을 연단하라"는 바울의 말이 지닌 뜻이다. 이 훈련은 오늘날 유행하는 WWJD(예수님이라면 어떻게 할 것인가?)의 접근법과는 대조되는 것인데, 후자는 본질적으로 그리스도를 닮아가려고 애쓰는 '노력'의 모델(노력 vs 훈련)이기 때문이다. 굉장히 많은 그리스도인들은 이 '노력'의 모델에 따라 날마다 좀 더 사랑하고 인내하고 기뻐하려고 애쓰거나, 분노와 정욕과 욕심을 품지 않으려고 애쓰다가 많은 죄책감과 실패감과 허무감을 안고 살아간다. 물론 우리는 남과 다르게 살고 싶어 해야 마땅하지만-행동으로 그리스도를 반영하고 싶어 하는 것-우리의 직접적인 노력은 종종 실패하여 좌절감과 절망을 낳기 쉽다. 좀 더 노력하고 또 노력하는 것은 이런 감정을 더 심화시킬 뿐이다. 그러므로 변화하려고 애쓰는 '노력'의 모델은 무용지물과 다름없다. 그 대신 우리는 우리의 독특한 삶의 정황에 어울리는 '훈련'의 접근을 수용할 필요가 있다. 이 접근이 얼마나 효과적인가 하는 것은 여러 가지 '열두 단계' 프로그램들을 통해 명백히 볼 수 있다. 그런 프로그램을 통해 성공한 사람들은 그들의 내면에서 일어나고 있는 도전을 분명히 알고 있고, 절박하고 분명한 태도로 개인적 및 공동체적 훈련을 받아온 자들이다. 이런 훈련을 거친 이들 중 많은 이들은 깊은 변화를 체험하는데, 이는 수동적인 자세를 통해서나 혹은 좀 더 노력한다고 얻어지는 것이 아니다. 그러므로 열두 단계 프로그램들은 당신에게 단지 어떻게 살지를 알려주는 유익한 진술에 그치지 않고, 생생하게 살아가는 법에 관한 의도적인 원리들인 것이다.

이제 당신의 의도를 현실로 만들 수 있게 해주는 기본적인 훈련들에 대해 살펴보자. 영적 훈련은 두 가지 기본 범주로 나눌 수 있다.[7] 첫째는 금욕의 훈련이고, 둘째는 참여의 훈련이다. 첫째 범주는 우리 자신을 하나님 앞에 두기 위해 어떤 것을 '삼가는' 훈련들이다. 둘째 범주는 우리 자신을 하나님 앞에 두기 위해 어떤 것에 '참여하는' 훈련들이다. 몇 가지 예를 들어보자. 고 고독(solitude)은 금욕의 훈련에 속하는 중요한 영적 훈련이다. 우리가 고독을 연습할 때에는 사람들과의 교류, 일, 활동과 같은 것을 삼가고 있는 셈이다. 우리는 오직 머릿속의 음성에만 주목함으로써 문자 그대로 홀로 있음을 실천하는 것이다. 헨리 나우웬은 고독의 훈련을 "변혁의 용광로"라고 불렀다. 그는 이 훈련의 깊은 차원을 다음과 같이 자세하게 설명했다.

> 이제 이 고독 속에서 일어나는 만남뿐 아니라 몸부림까지도 좀 더 상세하게 묘사해 볼까 한다.
>
> 고독 속에서 나는 나의 발판들을 모두 제거한다. 이야기할 친구, 걸어야 할 전화, 참석할 모임, 즐길 음악, 눈길을 끌 책 등이 없고 오직 나만 남는다. 벌거벗고, 취약하고, 연약하고, 죄 많고, 불우하고, 깨어진 나만. 내가 홀로 있을 때 직면해야 하는 것은 바로 이 무(無)의 상태이다. 이 무의 상태는 너무나 두려워서 내 속에 있는 모든 것은 내 친구, 내 일, 내 취미에게로 달려가서 내가 그 무의 상태를 잊고 중요한 인물이나 되는 것처럼 스스로 믿고 싶어 한다. 하지만 이게 전부가 아니다. 내가 홀로 있기로 결심하자마자 마치 바나나 나무에 매달린 원숭이들처럼 헷갈리는 생각들, 혼란스런 이미지들, 터무니없는 공상들, 이상한 연상들이 내 머릿속에서 여기저기 뛰어다닌다. 분노와 탐욕이 그 꼴사나운 얼굴을 들이대기 시작한다. 나는 적들에게 적대적인 긴 연설을 한바탕 늘어놓고, 내가 부유하고 유명하고 아주 매력적인 인물로 등장하는 선정적인 꿈을 꾼다. 혹은 가난하고, 못 생기고, 당장 위로가 필요한 인물로 나오는 꿈을 꾼다. 이런 식으로 나는 다시금 캄캄한 무의 심연에서 벗어나 온갖 허영에 찬 거짓 자아를 회복시키려고 한다.
>
> 내가 할 일은 나를 유혹하는 모든 방문객이 내 문을 두드리다 지쳐 나를 홀로 둘 때까지 고독 속에서 인내하고 내 골방에 머물러 있는 것이다.[8]

나우웬이 감동적으로 묘사한 이 훈련의 가치는 그것이 하나님 앞에 있는 우리 자신을 볼 수 있게 해주어 우리의 존재 속에 용서와 회개, 갱신과 소망이 회복될 수 있게 한다는 점이다. 이런 통찰을 발견하고 주목하고 하나님의 은혜로 새롭게 되는 일은 고독 속에서만 일어난다. 고독을 연습할 때 병행할 수 있는 또 다른 훈련은 침묵이다. 침묵 속에서 우리는 음악과 텔레비전과 라디오 등 주의를 산만케 하는 것을 제거하고, 끊임없이 우리에게 소리치는 시스템에서 벗어난다. 우리가 그리스도의 음성을 듣는 법을 배우는 것은 침묵 속에서다.

또 다른 금욕의 훈련은 금식이다. 이는 하나님으로부터 직접 영양분을 공급받기 위해 음식을 삼가는 자발적인 훈련이다. 이 행습은 참여의 훈련에 속하는 기도와 함께 나란히 진행되는 경우가 많다. 기도는 대화를 통하여 하나님께 간구하고 응답을 받는 활동이다.

이제 잠시 동안 두 가지 중요한 참여의 훈련에 초점을 맞춰보자. 예컨대, 공부의 훈련은 우리의 지성을 하나님에게 속한 것들에 몰두하게 하는 중요한 훈련이며, 특히 성경을 공부함으로써 하나님과 그분의 길에 대해 더 많이 배울 수 있다. 고백은 또 다른 참여의 훈련으로서 다른 사람과 함께 우리의 고통과 죄, 유혹과 생각을 나눔으로써 하나님 안에서 더욱 자유롭게 살고 그분의 구속(救贖)을 받을 수 있게 된다. 이런 것들이 그리스도의 시대로부터 지금까지 교회에서 실행되어 온 몇 가지 중요한 영적 훈련들이다. 이들을 가리켜 '고전적인 훈련'이라 부를 수 있는 것은 그것들이 각 시대마다 그리스도의 제자들에 의해 검증된 훈련들이기 때문이다.

공동체 안에서의 제자훈련

특히 우리 시대에는 이 제자도의 여정을 홀로 걸을 수 있다고, 즉 "예수님과 나"만 있으면 된다고 생각하려는 커다란 유혹이 존재한다. 이런 "외로운 방랑자"풍의 기독교를 많은 사람이 다양한 이유로 선호하고 있다. 그러나 이는 우리 문화의 과도한 개인주의가 부추기는 받는 큰 환상이자 위험한 오류이다.

공동체는 유행어나 근사한 개념에 불과한 것이 아니다. 그것은 하나님의 삼위일체적 본성, 곧 하나 속에 셋이 존재한다는 본성에 근거하고 있다(8장을 보라). 하나님은 아버지와 아들과 성령으로 구성된 사랑의 공동체 안에 존재하신다. 그리고 우리는 하나님의 형상으로 창조되었다. 그러므로 인간은 유일하게 공동체적인 피조물인 것이다. 우리 자신에 대한 가장 깊은 차원의 이해는 우리가 주고받는 상호작용을 통해서 온다. 이 상호작용은 무엇보다도 가정에서 맨 먼저 일어나고 그리스도의 몸을 통해 영적으로 일어나는데, 후자는 주로 지역 교회의 모습으로 나타난다. 어린이를 대상으로 한 연구 가운데는 이런 유형의 공동체가 필요하다는 것을 입증한 연구가 상당히 많다. 타인의 접촉이나 인정을 받지 못한 채 고립된 상태에서 자라는 어린이는 심각한 발달손상에 시달리고, 종종 행동장애와 사회장애 증세를 보이곤 한다. 사실은 어린이뿐 아니라 모든 인간이 그러하다. 하나님은 우리를 이렇게 설계하셨고, 예수님은 인간 존재의 이런 면을 깊이 이해하셨다. 예수께서 열두 제자를 불러 공동체를 만든 것은 가르침을 전수하기 위한 방법 이상의 의미를 갖고 있었다. 이런 공동체 형성은 예수님 당시에 랍비들의 훈련 모델 속에 깊이 각인되어 있던 고전적인 방법이었다.

예수님이 모아놓은 제자들의 성격과 배경을 보면 놀랄 만큼 다양하고 다채로왔지만 그들은 이 세상을 거꾸로 뒤집어놓은 장본인들이었다. 이런 배경과 성격과 영향력의 다양성이 다함께 작용하여 그들을 주변 사람들에게 강력한 증인이 되게 했다. 예수님이 그들에게 한 말을 기억하라. "내가 너희를 사랑한 것 같이 너희도 서로 사랑하라 너희가 서로 사랑하면 이로써 모든 사람이 너희가 내 제자인 줄 알리라"(요 13:34-35).

독특한 방식으로 예수님의 부름을 받은 사도 바울조차도 예루살렘에 있는 다른 제자들의 공동체에 순종했다. 그는 사적인 부르심을 경험했지만 자신의 그런 부르심이 동료 제자들의 공동체 안에서 성취되어야 함을 알고 있었다. 다른 기독교 지도자들도 이 점을 강조한다. 예컨대, 워치만 니(Watchman Nee)는 이렇게 썼다.

> 나 홀로는 주님을 효과적으로 섬길 수 없고, 그분은 내게 이 교훈을 가르치기 위해 어떤 수고도 아끼지 않을 것이다. 내가 주님뿐 아니라 그리스도의 몸의 도움도 필요한 존재임을 깨달을 때까지, 그분은 문들이 닫히게 하고, 내 머리가 벽에 부딪히게 하고, 모든 것이 막다른 골목에 도달하게 할 것이다.[9]

또 하워드 스나이더는 『그리스도의 공동체』에서 이렇게 썼다.

> 교회가 하나님의 세계를 구속하는 그분의 대리자가 되어야 한다는 점을 알게 되면, 신약성경의 저자들이 왜 그토록 끈질기게 신자들에게 서로 화해하고, 모든 원망과 비방을 버리고, 서로 용서하며, 그리스도가 우리를 사랑한 것처럼 사랑해야 한다는 것을 강조했는지 그 이유를 이해할 수 있다. 신약성경의 서신들에는 진정한 기독교 공동체를 회복하거나 유지하는 일을 거듭해서 강조하는 대목들이 나온다. 하나님 나라가 서로 사랑하는 우리의 관계를 통해 입증되기까지는 우리가 믿지 않는 깨어진 세상을 향해 할 말이 없다.[10]

이는 우리가 귀담아 들어야 할 아주 교훈적인 말이다. 그렇다면 진정한 공동체야말로 예수님을 오늘의 세상에 나타내고 영화롭게 하는 일차적인 변혁의 매체라고 할 수 있다. 이는 우리의 말뿐 아니라 주로 우리의 행동을 통해서 이루어진다. 이런 의미에서 "언제나 (복음을) 전하라. 그리고 필요하면 말을 사용하라"는 성 프란시스의 말은 어느 때보다 더 진실로 다가온다.

영적 훈련의 행습은 하나님의 은혜로 촉발된 우리의 노력에 달려있지만, 우리는 그 훈련을 우리를 잘 알고 있되(우리의 결함까지) 무조건적으로 사랑하는 사람들 사이에서 실행한다. 그들의 역할은 하나님의 은혜를 우리에게 비춰줄 뿐 아니라 우리 자신의 삶을 우리에게 도로 비춰주는 것이다. 우리는 타인들로부터 우리 자신의 내적 태도와 행위에 대해 배우게 되는데, 이런 것은 우리에게는 잘 보이지 않으나 타인의 눈에는 너무도 잘 띄기 때문이다. 타인들을 통해 우리는 우리를 짜증나게 하고, 해롭게 하고, 심지어는 대적하는 이들까지 사랑하는 법을 배우게 된다. 그렇다, 이것이 "너희 원수를 사랑하고" 또 "너희를 저주하는 자를 위하여 축복하는" 법(눅 6:27-28)을 배우는 유일한 길이다. 그 길을 따라가면 많은 기쁨과 눈물, 슬픔과 웃음이 우리를 기다리고 있다. 우리는 공동체를 위해 창조되었고, 공동체 안에 영원히 살면서 살아계신 하나님을 위해 다함께 기쁘게 일할 것이다.

세상의 유익을 위해 기쁘게 순종하는 삶

이 장에서 살펴보았듯이, 회심 중심적인 복음의 목표와 매력은 개개인이 죽을 때 천국에 갈 수 있도록 그들로 구원을 받게 하는 데 있다. 하지만 이 복음은 하나님이 인간을 자신에게 돌아오라고 부를 때 나름의 의제가 있다는 사실을 알지 못한다. 그렇다, 하나님은 분명히 개개인을 구원하기 원하신다. 아울러 이 세계를 구속할 계획도 갖고 계시고, 우리를 이 계획에 동참하도록 초대하신다. 순종은 고도(高度)의 예배일 뿐 아니라 세계를 바꾸는 일차적인 수단이기도 하다.

마태복음 4장에서 예수님이 베드로와 안드레를 부르는 장면을 보면, 그 말씀이 그들의 구원 이상의 의제를 갖고 있다는 것을 알 수 있다. 바로 "나를 따라오라 내가 너희를 사람을 낚는 어부가 되게 하리라"(19절)는 말씀이다. 예수님을 따르는 일은 그들 자신의 구원보다 남을 인도하는 일과 더 관계가 있다. 예수님은 대위임령을 줄 때 "너희는 가서 모든 민족을 제자로 **삼아**… 내가 너희에게 분부한 모든 것을 가르쳐 **지키게**(순종하게) 하라"고 하셨다. 그런즉 제자가 되는 과정에서 중요한 것은 예수님이 명한 모든 것을 순종하는 일이다.

많은 팀을 승리로 이끈 훌륭한 경력을 가진 감독을 위해 축구를 한다고 상상해 보라. 그는 당신을 비롯한 여러 선수를 자기를 위해 경기를 뛰어 달라고 초대했다. 그런데 당신은 승리를 위한 감독의 게임 전략을 경청하지 않고 당신 나름대로 경기를 하겠다고 결심한다. 뿐만 아니라 다른 선수들도 제각기 자기 나름대로 경기를 하겠다고 고집한다. 그들이 감독의 게임 전략을 신뢰하지도, 순종하지도, 실행하지도 않았기 때문에 결국 어떤 팀이 될지는 충분히 예측할 수 있다. 하나님 역시 게임 전략을 갖고 있고, 우리의 소명은 우리 자신의 구원에 국한되지 않고 그분의 의제를 실행하는 데서 기쁨을 맛보는 팀의 일원이 되는 것이다.

이제 당신이 보다시피 예수님을 좇는다는 것은 내생에서 우리가 변화되도록 가만히 기다리는 것이 아니다. 우리는 창세전부터 진행되어 온 어떤 계획에 합류하도록 초대를 받았다. 그렇다, 하나님은 구원 사역을 추진하고 계시지만 그 자체가 목적은 아니다. 영원한 생명은 현존하는 실재로서 우리가 예수님의 제자가 되어 그의 나라에 들어갈 때 시작된다. 이 제자의 길을 걸음으로써 우리는 위로부터 태어난 삶을 살아가는 법과 성품과 행위 면에서 그분을 본받는 법을 배울 것이다. 그리하여 이 세계를 구속하려는 하나님의 의제를 성취하고 그분에게 영광과 존귀를 돌리게 될 것이다. 이것이 바로 의도적으로 예수님을 따라가는 삶의 위대한 모험이다!

묵상 및 토론을 위한 질문

1. 우리는 흔히 복음전도를 '일차적인' 소명으로 생각한 나머지, 변화의 사역을 부차적인 것으로 여길 때가 많다. 당신이 교회나 사역 현장에서 목격한 예를 몇 가지 들어보라.

2. 예수님의 형상을 본받으려고 의도적으로 노력하는 일이 왜 그토록 중요한가? 잠시 동안 당신의 사역의 바탕에는 어떤 의도들이 깔려 있는지 찾아보라.

3. 많은 사람은 영성 형성을 은혜의 삶과는 대조되는 노력의 결과로만 생각하는 경향이 있다. 영성 형성 역시 복음의 은혜의 연장선상에 있다는 것을 당신은 어떻게 설명하겠는가?

4. 영적 훈련은 영성 형성을 방해하는 걸림돌이 될 수 있는가? 당신은 사람들에게 영적 훈련을 어떻게 소개하는가? 이 글에서는 영적 훈련의 어떤 특성을 강조하고 있는가?

5. 이 글에 비추어 당신이 속한 교회와 기독교 공동체를 한 번 점검해보라. 그 가운데 영성 형성이 이뤄지고 복음적인 삶이 풍성하게 펼쳐지려면 어떤 사역이 필요하다고 생각하는가?

추천도서

로렌스 형제, 『하나님의 임재 연습』(*The Practice of the Presence of God*), 좋은 씨앗, 2006.

리처드 포스터, 『영적 훈련과 성장』(*Celebration of Disciplines*), 생명의 말씀사, 2009.

헨리 나우웬, 『마음의 길』(*The Way of the Heart*), 분도출판사, 1991.

John Ortberg, *The Life You've Always Wanted: Spiritual Disciplines of Ordinary People*. Grand Rapids, MI: Zondervan, 1997.

달라스 윌라드, 『영성훈련: 삶을 변화시키는 하나님의 방법에 대한 이해』(*The Spirit of the Disciplines*), 은성출판사, 1993.

4장

내면으로부터
시작되는
영성 형성

빌 헐(Bill Hull)

제4요소 | 영성 형성은 우리 내면이 평생토록 그리스도의 형상으로 변화해 가는 과정이며, 이는 외적인 활동만의 문제가 아니다.

설명 | 영성 형성은 영적인 마음이 예수 그리스도를 닮아가는 전 인격적 변화를 추진하는 근본적인 내면의 변화를 포함한다(마 5:20; 15:18-20; 롬 6:17-19). 이는 내면의 변화와 외적인 활동이 갈수록 더 조화를 이루어 전 인격이 예수 그리스도께 순종하게 되는 것을 의미한다(갈 4:19; 롬 6:12-14; 엡 4:22-24). 이런 순종은 사람이 아닌 하나님을 기쁘게 하려는 것이다. 성경은, 노력은 칭찬하지만 하나님의 호감을 사려는 율법주의는 반대한다(마 6:1-18). 속에서 밖으로 변화되는 일은 평생 지속되는 과정이다. 겉사람은 낡아가지만 속사람의 변화는 평생토록 계속되는 것이다(고후 4:16-18). 이처럼 일평생 삶의 모든 국면에서 그리스도의 형상을 닮아가는 총체적인 변화를 이룩하려면 여러 도구와 도움이 필요하다.

✥

예수님은 내면의 사람이다. 그분이 우리 안에 사는 것은 거기서 변화가 시작되기 때문이다. 하지만 변화는 거기에서 끝나지 않는다. 내면의 변화는 우리가 다른 사람을 대하는 방식으로 표출되는 법이다. 이 장은 변화의 과정을 다루되 그것이 단기간의 경험이 아니라 평생토록 지속되는 것임을 보여줄 것이다. 변화는 단순한 순종의 삶을 낳는 영적인 마음의 개발에서 시작된다. 이는 수동적인 삶이 아닌 지속적 노력을 수반하는 삶이며, 여러 도구와 구조와 훈련이 필요하다. 그것은 또한 고난의 삶이기도 하다. 모든 인간은 고난을 겪기 마련이지만, 그리스도인의 경우에는 그리스도를 좇는 데서 고난이 찾아온다. 무엇보다도 이런 삶은 타인과 더불어 공동체에서 살 것을 요구한다. 그리스도의 형상으로 변모하는 일은 타인을 섬기고 사랑하려 할 때에만 그 의미가 있기 때문이다. 우리가 변화를 도모하려면 먼저 우리 자신부터 변할 필요가 있다.

이제 막 그리스도인이 된 젊은이는 자신의 장래 모습에 대해 나름의 시각을 갖고 있다. 하지만 부정확한 경우가 많다. 예를 들어, 젊은 남자 그리스도인은 자기보다 성숙한 신자를 보며 성경공부와 훈련을 조금 더 쌓으면 성적인 유혹을 쉽게 다룰 수 있을 것으로 생각한다. 또한 기도생활도 밥 먹듯이 자연스럽게 몸에 밸 것이고, 물질에 대한 욕망도 손쉽게 다스릴 수 있을 것으로 추정한다. 우리의 가슴속에는 신앙생활의 초기에는 영적 성장이 어렵지만 성숙한 제자가 되면 순조로이 항해할 것이라는 막연한 희망이 있다. 악한 생각에 빠지지 않고 권력을 탐하지 않는 신실한 제자들은 자연스럽게 평생토록 그리스도를 섬길 것처럼 보인다. 그러나 인생을 살다보면 그런 순진한 생각은 현실의 벽에 부딪혀 산산조각이 나고 만다.

노련한 제자는 영성 형성이 평생에 걸친 과정이요 경험이라는 것을 알고 있다. 인생은 본래 거기에 몸담은 사람을 계속 놀라게 한다. 이것이 영성 형성의 기본진리이며 이 장의 주제이기도 하다.

영성 형성은 평생의 과업이다

최근의 한 경험은 내게 영성 형성이 평생에 걸친 과업임을 강하게 각인시켜 주었다. 나는 TACT 그룹에 속한 저자들, 목사들, 그리고 기독교 지도자들과 나흘을 함께 지냈다. 이 모임은 언제나 빡빡한 일정이어서 집에 돌아오는 항공기에서는 입을 열고 싶지 않았다. 휴식이 필요했다. 동석자는 이미 21A석에 앉아서 손에 책을 들고 귀에 이어폰을 끼고 있었다. 나는 아이팟과 책을 갖고 있었다. 서로를 무시한 채 여행하기에 좋은 분위기였다. 내가 실수로 인사말을 건네고 말았지만, 그는 머리를 끄덕이더니 다른 쪽으로 시선을 돌리는 것이었다. 됐다, 이것도 좋은 사인이다. 그는 남을 짜증나게 하는 수다쟁이는 아닌 것이 분명했다. 그런데 폭풍이 일어나는 바람에 그것을 우회하느라 비행시간이 삼십 분 더 길어질 것이라는 조종사의 설명이 있었다. 이것을 계기로 우리 사이에 뜻밖의 대화가 시작되었다. 그가 먼저 나에게 "당신은 미니애폴리스에서 무슨 일을 하십니까?" 하고 물었다. 당신이라면 미국 최고의 사상가들과 1년에 두 차례씩 5년 동안 모임을 갖고 교회의 문제를 규명하려고 한다는 것을 어떻게 설명하겠는가? 그것은 만만찮은 일이었다. 그 모든 뉘앙스와 논쟁, 글쓰기와 기도, 토론을 한 문장으로 압축해야 했다. "글쎄요, 우리는 교회에 문제가 있는지에 대해 생각해왔습니다." 이 말을 듣고 그는 웃으며 이렇게 말했다. "나는 아이오와에서 루터교인으로 자랐는데, 문제가 있다는 것을 확실히 압니다!" 이어서 놀랍게도 "당신들이 발견한 것은 무엇입니까?"라고 묻는 것이었다. 우리가 무려 열 번의 모임을 거쳐 규정지었던 그 문제를 이제 단 한 문장으로 축약해야 했다. 이런 생각이 들었다. '과연 그에게 간단하게 말할 수 있을까?' 나는 한숨을 들이쉬며 말했다. "문제는 우리 중의 다수가 예수님의 제자가 되지 않고도 그리스도인이 될 수 있다고 배웠고 또 그렇게 믿는다는 것입니다." 그는 내가 하는 말을 알아들었다. "그러니까 믿는다고 말하면서도 믿는 것처럼 행동하지 않는다는 말이군요." 나는 깜짝 놀라 숨이 멈추는 것 같았다. 그가 정곡을 찔렀기 때문이다. "그러면 해결책은 무엇입니까?" 하고 그가 물었다.

진단보다 더 어려운 것은 처방이다. 내가 답했다. "해결책은 우리의 삶을 예수님의 습관을 중심으로 재정돈하여 그분의 진정한 추종자가 되는 것입니다." 그는 그 해결책을 어떻게 구체적으로 실행할 수 있는지 알고 싶다고 했다. 그는 이제 우리 그룹이 지난 5년 동안 나갔던 진도보다 10분을 더 나간 것이다. 몇 년 전이었다면 내가 좋아하는 사영리 책자를 끄집어내어 그를 그리스도에게 인도하려고 했을 것이다. 그러나 그동안 하나님이 내 속에서 많은 일을 하셨기 때문에 나는 그냥 동석자가 내놓은 길목을 따라 들어가고 싶었다. 나도 모르는 사이에 내가 예전에는 생각지도 않았던 말을 하고 있었다. "내 인생의 많은 기간을 무언가를 이뤄보고 주변 사람들에게 그들이 원치 않는 일 혹은 그들의 성품에 걸맞지 않는 일을 시키려고 하는 데 소모했습니다. 이제는 세상을 바꾸려고 애쓰는 일을 그만 두기로 했습니다. 심지어는 교회를 바꾸려는 일까지 그만 두었습니다. 교인들이 쉽게 화를 내더군요. 나는 나 자신을 바꾸는 데 초점을 맞추기로 결심했습니다. 나는 살면서 많은 벽에 부딪혔고 많은 사람에게 상처를 주었습니다. 그런 시절은 끝났습니다. 나는 그저 사람들이 내가 어떤 인물인지, 내가 무슨 말을 하는지, 내가 어떻게 말하는지를 보고 그리스도에게 매력을 느끼게 되기를 바랄 뿐입니다."

그는 눈길을 내게서 돌리더니 창밖을 내다보았다. 입을 다문 채 아주 조용해졌다. 그의 얼굴이 굳어지고 안색이 붉어지며 어깨가 처지고 침을 꿀꺽 삼키는 모습이 내 눈에 들어왔다. 그는 크게 울기 시작하더니 점차 흐느끼는 울음으로 바뀌었다. 나는 어쩔 줄을 몰라 그냥 가만히 기다렸다. 우리는 그가 부딪혔던 많은 벽에 대해 이야기하기 시작했고, 그날 그는 복음에서 새로운 소망을 찾았다. 겸손과 진정성의 옷을 입고 그에게 찾아온 복음이었다. 그때까지 그 젊은이는 복음의 정신에 관해 전혀 들은 적이 없었던 게 분명하다. 그리고 그런 일은 내가 계속 변화되고 있었기 때문에 일어날 수 있었을 것이다. 우리의 변화는 곧 우리가 복음 전하는 통로가 될 때 일어난다. 이 변화가 현재 진행형이라면, 그것은 사람들 사이에 있는 벽을 쳐부수고 복음을 깨닫지 못하도록 사탄이 막아놓은 장애물과 방어진지를 모두 무너뜨릴 것이다.

나의 경험 이외에도 영성 형성이 장기적인 과정인 것은 다음 두 가지 이유 때문이다. 첫째, 인생의 길이와 변화무쌍한 조건을 감안하면 자연스럽게 장기적인 영성 형성이 필요하다. 어떤 유한한 인간도 신이 될 수 없기 때문에 엄격히 말하면 그리스도와 같이 되는 것은 불가능하다. 그러나 우리가 부활할 때에는 불멸의 옷을 입을 터이므로 그분과 같이 될 것이다(고전 15:51-58). 여기에서 "그리스도와 같이 된다"는 말은 성령으로 충만한 유한한 인간이 성품과 행위 면에서 그리스도와 같이 될 수 있는 정도를 가리킨다. 우리가 성령의 열매에 관한 대목을 읽어보기만 해도 이런 성품의 추구가 평생토록 계속되는 과정임을 알 수 있다(갈 5:22-23). 한 제자가 변화되는 과정에서 주변에 일어나는 사건들과 환경들은 연료의 역할을 한다. 젊은 남자는 결혼을 한 뒤에야 성적 유혹이 성적 만족 이상의 문제임을 비로소 배우게 된다. 그것은 자아, 권력, 모험, 정복 등과 관련된 문제이기도 하다. 그는 자기에게 필요한 것을 소유하는 것만으로 충분하지 않고, 항상 더 나은 직업과 더 큰 집과 최신형 전자 장난감도 있다는 사실 또한 알게 된다. C. S. 루이스는 이런 인간의 상태를 아주 잘 묘사했다. "그러나 교만한 사람은 당신에게서 당신의 여자를 취할 것인데, 그것은 그녀를 원하기 때문이 아니라 그가 당신보다 더 나은 사람임을 스스로 입증하기 위해서다."[1] 인간 본성의 어두운 면은 결코 나아지지 않는다. 예의바른 행위와 사회적 억제장치 아래 숨어 있다가 적당한 자극만 받으면 느닷없이 튀어나오게 되어 있다.

그리고 어린이들이 있다. 이들은 가장 장려할 만한 감정을 불러일으킨다. 부모들이 자기 자식을 위해 무엇이든 해주고 싶은 그런 순간이다. 하지만 이 사랑스러운 아이들이 가장 어둡고 악한 생각을 불러오는 것도 사실이다. 어린이들은 매를 맞고 쓰레기통에 버려진다. 그들은 너무도 끔찍한 방법으로 무시당하고 학대 받는다. 감사하게도, 대다수의 사람은 자기 자녀를 학대 하거나 괴롭히지 않지만, 그들을 양육해보면 우리가 얼마만큼 그리스도를 닮아야 하는지 그 필요성을 절감하게 된다. 자녀들을 충분히 양육한 시점에 이르면 별안간 우리에게 전립선 비대증, 당뇨, 요통, 유방암 등이 찾아오는 게 인생이다. 결혼한 자녀들이 이혼한 뒤에 자녀를 데리고 본가로 돌아와 조부모의 보살핌을 기대한다. 분노와 실망 등 멀리 사라졌다고 생각한 많은 부정적인 감정들이 되돌아 온다. 노년기에 접어들면 기쁜 일도 있지만 슬픈 일도 많다. 아트 링크레터(Art Linkletter)의 말처럼, "늙는 것은 유약한 자에게 만만찮은 일이다." 그러나 아무도 부인할 수 없는 진리가 있다. 그것은 이 모든 사건들과 환경들이 우리를 그리스도 안에서 빚어준다는 사실이다. 그리고 그런 영성 형성은 인생의 마지막 순간까지 계속해서 일어난다. 또한 그런 일은 고립된 상태로 일어나지 않는다. 지혜로운 사람은 자신의 삶이 볼품없게 변하지 않고 그리스도의 형상을 닮아가기 위해 영적인 공동체가 얼마나 필요한지를 잘 알고 있다.[2]

영성 형성이 평생토록 지속되어야 하는 이유가 또 하나 있다. 우리 문화가 갖고 있는 '빨리 빨리'라는 질병이다. 소비자들이 가장 많이 묻는 질문은 "언제 그것을 손에 넣을 수 있지요?"이다. 오늘날처럼 인터넷 쇼핑을 통해 주문한 물건을 다음날 받아보는 세상에서는 사람들이 당장에 영성 형성을 기대하는 것이 자연스러운 것일 수도 있다. 교인들을 대상으로 영성 형성 프로그램을 진행해 보면 흔히들 "어떻게 하면 진도를 빨리 나갈 수 있을까요?"라고 묻는다. 우리가 몸담은 소비자 문화는 소비와 자기주장과 속력과 유명세가 판치는 세상이다. 조급함은 서구 문화에서 가장 많이 용인되는 죄이다. 우리는 실로 성급한 인간들이다.

　　이 성급함은 교회에서 용인될 뿐 아니라 교회 지도자들 사이에서도 긍정적인 자질로 간주되고 있다. 이는 다섯 번째 복음, 곧 '진보의 복음'이다. 모든 것이 더 빨라지고 더 커져야 한다. 성급함은 지도자들로 하여금 교회를 다음 수준으로 올려놓도록 재촉하는 거룩한 불만족의 표시로 여겨진다. 해마다 흥미로운 새 프로그램을 선보이되 금방 식상하기 쉬운 소비주의 신자들의 주목을 끌어 교회를 성장시켜야 한다. 문제는 성급함이 그리스도의 형상을 빚어내는 데 방해가 된다는 점이다. 소비주의 심성에는 순종과 겸손의 삶에 들어가게 해주는 기반이 없다. 소비주의 심성에 따르면, 교회를 포함한 모든 활동은 개인의 주변을 도는 궤도 안에 있을 뿐이다. 성공주의는 사람들이 프로그램 중심으로 생각하게 만들고 인격적 성장에 대해 단기적인 안목만 갖게 한다. 그래서 앞으로 두 달 안에 통제 불능의 분노라는 성품상의 결함을 다룰 수만 있다면 그 문제는 해결될 것이라고 믿기 시작한다. 이것이 효과가 없으면 더 나은 선생, 교회, 커리큘럼, 남편, 아내, 혹은 일터를 찾을 필요가 있다고 여긴다. 환경을 바꾸면 내가 변할 것이란 생각이다.

　　그리스도의 인격으로 성품을 빚어내는 일은 서두른다고 되는 것이 아니다. 그것은 서서히 진행되는 일이며 아주 번잡한 형태를 띨 수도 있다. 사람들은 실패하고, 지연하고, 실수하고, 저항하고, 두려워한다. 그 일은 서서히 진행되므로 서두를 문제가 아니다. 그러나 긴급한 일인 만큼 연기되어서는 안 된다. 미국에서는 '서서히'와 '긴급한'이 양립할 수 없다. 서로를 상쇄하기 때문이다. 반면에, 하나님 나라에서는 인내와 긴급함이 함께 묶여있다. 우리 문화는 인내에 경멸의 눈초리를 보낸다. 그래서 폭풍이 닥치면 맨 먼저 버림을 받는 것이 인내이다. 그 폭풍은 숫자에 대한 열광이다. 큰 기독교 사역, 대규모 법률 회사, 수지맞는 사업을 일으키고자 하는 정욕이다. 그리하면 우리가 계획한 시간대에 우리가 원하는 자원을 획득할 수 있다. 그런 일이 발생하면 인위적인 압력 밥솥이 나타난다. 기대치에 못 미치면 우린 실패한 셈이다. 그러면 더 열심히 일하거나 더 나은 계획을 찾아야 한다. 서두르는 인생과 조급한 삶은 자만과 실패에 대한 두려움에 바탕을 두고 있다. 자만은 남들이 알아주는 성공을 요구한다. 실패에 대한 두려움은 불만족스러운 영혼에서 볼 수 있는 인위적인 목표와 불안감에 뿌리를 박고 있다(시 23:1).

존 웨슬리는 일흔 살에 이르러 "나는 항상 급하게 움직이지만 서두르는 법이 없다"고 썼다.[3] 우리는 열심히 일하면서도 편안한 심정을 품을 수 있다. 우리는 주의를 집중하며 야망을 품되 문화에 휘둘리지 않을 수 있다. 즉, 세속문화와 종교문화의 독성에서 자유로울 수 있다. 영성 형성을 하나님께서 그분의 때에 우리 안에서 그리고 우리를 통해 일하시는 평생의 여정으로 이해하면 그런 압력에서 벗어날 수 있다(빌 2:13).

영성 형성의 목적은 그리스도의 형상을 덧입는 것이다

제자도와 영성 형성에는 여러 종류가 있다. 칼 마르크스는 물론이고 엘비스 프레슬리와 마더 테레사에게도 제자들이 있었다. 그 제자들은 스승을 닮고 싶었기 때문에 그의 신념과 태도, 그리고 때로는 매너리즘까지 습득했다. 그러나 각 경우에 제자들이 자기의 영웅을 닮는 능력에는 한계가 있었다. 그것은 마르크스의 가르침을 파악하지 못하는 것, 프레슬리의 묘한 엉덩이 돌리기를 흉내내지 못하는 것, 혹은 마더 테레사의 용기를 닮지 못하는 것일 수 있다. 기독교의 영성 형성의 특징은 재능이 많은 자로부터 평범한 자에 이르기까지 모든 제자가 그리스도를 본받고 그분과 같이 되라는 부름을 받았다는 점이다(고전 11:1; 고후 3:18; 4:16-18). 그리고 그분이 그 방향으로 상당한 진보를 이루도록 필요한 능력을 부여한다는 장점이 있다.

이 글을 읽는 사람은 누구나 그리스도의 형상이 무슨 뜻인지를 잘 알고 있을 것이다. 대다수는 예수님의 삶과 사역과 죽음을 묘사한 복음서의 이야기를 머릿속에 떠올린다. 사실 바로 그것이 우리의 출발점이다. 두 번째로 많이 떠오르는 생각은 성령의 열매일 것이다. "사랑과 희락과 화평과 오래 참음과 자비와 양선과 충성과 온유와 절제"(갈 5:22-23). 이 열매 역시 그리스도의 성품을 정확히 표현하고 있다. 그러나 이밖에도 또 다른 측면이 하나 있다. 성육신은 하나님이 육신을 입은 것이다. 예수님은 우리에게 하나님을 설명했지만, 그보다 더 중요한 것은 그분이 곧 우리와 함께하는 하나님이었다는 점이다(요 1:1-18). 언젠가 스탠리 존스(Stanley Jones)가 "설사 하나님이 예수님과 비슷하지 않더라도 마땅히 그래야 한다"는 묘한 말을 했던 것이 생각난다. 이는 그 나름대로 예수님이 곧 하나님이고 우리에게 아주 매력적인 존재임을 표현한 것이다. 하나님이 어떤 존재임을 우리가 이미 알고 있을 때에는 굳이 밤하늘의 별을 쳐다보며 그분을 막연히 상상할 필요가 없다. 한 가지 단서를 덧붙이자면, 우리가 신인(神人)이신 그리스도의 모습을 알고 있더라도 삼위 하나님은 더 광대한 묵상을 요구한다. 그러나 우리는 성부나 성령을 닮도록 부름 받은 게 아니라, 그리스도의 형상을 본받도록 부름을 받았다(롬 8:29-30). 우리가 예수님이 그의 창조세계 속에서 어떻게 살다가 죽었는지를 생각해보면, 그분을 닮는다는 것이 무슨 뜻인지를 알 수 있다. 아울러 예수님은 하나님의 정확한 형상이라는 사실도 말해야겠다. 그분은 하나님과 똑같은 성품을 갖고 있는 것이다(히 1:3). 이 모든 내용을 이런 식으로 요약할 수 있겠다. 그리스도의 형상을 본받는 것은 예수님이 믿은 대로 믿고, 그분이 살았던 대로 살고, 그분이 사랑한 대로 사랑하고, 그분이 섬긴 대로 섬기고, 그분이 인도한 대로 인도하는 것이라고. 이렇게 말하면 중요한 여러 측면을 모두 포괄하게 되는 것 같다.

영성 형성은 급진적이고 내적인 성격을 갖고 있으나 내적인 것만은 아니다

닭이 먼저인가, 아니면 계란이 먼저인가? 성품의 변화는 행위보다 인격과 더 관계가 있는가? 그것은 좀 더 내적인가, 아니면 외적인가? 배우들은 연습을 할 때 이 문제를 다룬다. 그들 대부분은 "안에서 밖으로" 혹은 "밖에서 안으로"라는 배역 개발의 철학을 갖고 있다. 일부는 각본이 등장인물을 묘사하는 대로 안에서 시작하여 텍스트에 나오는 그 인물의 언행을 바탕으로 내면의 정서구조를 세운다. 어떤 이들은 등장인물의 옷, 목소리, 표정, 특별 분장과 함께 밖에서 시작한다. 예를 들어, 영화 "레인맨"(Rain man)에서는 더스틴 호프만이 안에서 밖으로 접근한 반면, "투씨"(Tootsie)에서는 여성의 옷을 입고 등장하는 등 밖에서 안으로 접근했다. 배우들은 나름의 성향이 있겠지만 각 등장인물에 따라 안에서 밖으로 그리고 밖에서 안으로 모두 접근한다고 말하는 것이 적절하다.

그러면 예수님의 추종자들도 마찬가지인가? 하나님은 "안에서 밖으로" 일하기도 하고 "밖에서 안으로" 일하기도 한다. 그분은 기도와 성경 읽기, 그리고 대다수의 영적 훈련을 통해 안에서 밖으로 일하신다. 하지만 모든 행위에는 몸의 협조가 필요하다. 외적인 요소들이 중요하다는 말이다. 예수님은 남에게 보여주려고 기도하길 좋아한 사람들에게 골방을 찾으라고 말씀하셨다. 홀로 있는 장소에 몸을 두는 일은 내적인 결정인 동시에 외적인 행동이다. 행위보다 인격을 앞세우려는 충동-외적인 요소를 배제시킨 채 내적인 것만 고집하는 태도-은 억제할 필요가 있다. 그럴 경우에는 잘못된 선택을 내리기 때문이다. 그리스도인들도 배우처럼 나름의 성향이 있지만 그런 식으로 사는 것은 아니다. 우리가 교회의 예배와 같이 기존의 외적인 제도(성직자의 의복, 성가대 복장, 수사나 수녀의 옷, 종교적 의미를 지닌 종교적인 학교의 교복)에 맞춰 섬길 때에는 하나님이 밖에서 안으로 일하신다. 이런 외적 행위는 거기에 의미를 부여하는 내적인 의도에 뿌리를 박고 있다.

변화는 내면에서 시작된다

변화는 마음(mind)이라고 불리는 비물질적인 본성에서 시작된다. 다음과 같은 직접적인 진술로 보건대 이는 명확한 사실이다. "너희는 이 세대를 본받지 말고 **오직 마음(mind)을 새롭게 함으로 변화를 받아** 하나님의 선하시고 기뻐하시고 온전하신 뜻이 무엇인지 분별하도록 하라"(롬 12:2, 강조체는 추가한 것).

이 권면의 첫 부분은 '변화'를 우선시하고 그 출발점을 '마음'으로 잡는다. 두 번째 부분은 변화된 사람이 주변에 있는 자들에게 미치는 '영향'에 관해 이야기한다. 하나님은 각 신자 속에 하나님을 기쁘게 하고 싶은 열망과 함께 그분을 향한 내면의 갈증을 심어 놓는다. 거기에 출발점과 변화의 과정에 이르는 절차가 있는 것처럼 보인다. 어떤 이가 왜 자기의 마음을 바꾸고 그리스도의 마음을 입고 싶어 하는지(고전 2:16) 그 이유를 물어보는 것이 필요하다. 중생한 인격으로부터 오는 열망이 있다. 그에게는 모든 것이 새로워졌는데, 여기에는 하나님을 기쁘게 하고픈 마음과 그분의 온전한 뜻을 알고 싶은 심정도 포함된다(고후 5:17). 성령은 인간의 영이 하나님의 뜻에 순종하고픈 마음을 품게 한다. "그러므로 나의 사랑하는 자들아 너희가 나 있을 때뿐 아니라 더욱 지금 나 없을 때에도 항상 복종하여 두렵고 떨림으로 너희 구원을 이루라 **너희 안에 행하시는 이는 하나님이시니** 자기의 기쁘신 뜻을 위하여 너희에게 **소원을 두고 행하게 하시니라**"(빌 2:12-13, 강조체는 추가한 것).

그리스도인의 영성 형성은 그리스도와 함께 시작하여 그분과 함께 끝나기 때문에 다른 형태의 영성 형성과는 다르다. 한 사람이 "그리스도 안에" 있으면 변하고 싶은 열망과 능력을 갖게 된다. 하나님은 "당신 안에서" 일하시기 때문에 그리스도의 제자에게 성품의 변화를 낳는 삶의 패턴에 순종하려는 의지를 주신다. 하나님은 우리에게 그분을 기쁘게 하는 일, 그분의 선한 뜻과 일치하는 일을 하고 싶은 소원을 불러일으킨다. 이는 하나님의 지시를 따르는 삶의 아름다운 모습이다. 그분은 우리 안에 어떤 소원을 일으키고 우리는 그것을 행동으로 옮길 수 있다. 그러므로 우리는 마땅히 수행해야 할 모든 것을 완수하려고 억지로 애쓸 필요가 없다. 단지 하나님이 우리를 위해 계획하신 그 나라의 일부에 참여하면 되는 것이다.

달라스 윌라드는 제자도와 영성 형성의 중요한 차이점을 이야기했는데, 이는 여기에서 상당히 유용한 진술이다. 그는 제자도란 예수님의 수련생이 되겠다는, 즉 예수님을 따르겠다는 결정이라고 말했다. 이는 우리 자신을 쓸모 있게 내어놓는 일이다. 반면에 영성 형성은 성령께서 속사람에게 행하는 직접적인 행위이다.[4] 어떤 이가 일단 "그리스도 안에" 있으면, 하나님께서 그에게 모든 선한 일에 대한 소원을 품게 하시고 또한 그것을 행하게 하신다. 이것이 출발점이다. 다음은 마음이 어떻게 새롭게 되는지를 다룰 차례다.

하나님의 말씀이 필요하다

사도 바울은 이런 약속으로 디모데를 격려했다. "모든 성경은 하나님의 감동으로 된 것으로 교훈과 책망과 바르게 함과 의로 교육하기에 유익하니 이는 하나님의 사람으로 온전하게 하며, 모든 선한 일을 행할 능력을 갖추게 하려 함이라"(딤후 3:16-17). 성경은 언제나 하나님이 어떤 존재인지, 이 세상과 우리와 내세를 위한 그분의 계획이 무엇인지 등 하나님의 정체성을 알려 주는 일차적인 출처가 되어 왔다. 하나님은 우리 인간에게 그분의 생각을 전달하려고 글과 말을 주셨다. 한동안 그것은 구전의 형태로만 존재했다. 하지만 세월이 흘러 구약성경이라고 불리는 기록된 문서가 되었다. 바울은 디모데에게 위에서 말한 글을 썼고 그 젊은 목사는 그 편지를 읽었는데, 당시만 해도 양자 모두 그 글이 성경에 포함될 줄은 몰랐다. 신약성경은 예수님이 행하신 일을 설명하고 그분을 따르던 자들의 잘못과 실수를 교정할 목적으로 집필된 편지들과 역사적 기록의 포트폴리오였다. 그래서 바울이 언급한 "성경"은 당시 믿음의 공동체가 하나님에게서 온 것으로 인정했던 일단의 기록된 진리를 가리키는 것이었다. 믿음의 공동체는 주후 397년에 이르러 신약성경 27권을 권위 있는 하나님의 말씀으로 확정했다.

당시에 하나님의 말씀이 무엇이었든 간에, 지금은 우리가 그 말씀을 알고 있다. 하나님의 말씀은 제자를 온전하게 하는[5] 기반이 된다. 여기서 온전함은 기술 이상의 것이다. 가르치고, 책망하고, 교정하고, 훈련하는 일을 모두 포함하는 과정이 온전함을 이룬다.[6] 이런 변화의 과정은 성령으로부터 온다. 그것은 고통과 좌절을 수반할 수 있고, 우리 마음에 역사하는 하나님의 말씀과 함께 시작한다. 성경은 우리에게 올바른 것을 말해 준다. 우리가 길을 벗어날 때, 성경은 그것이 잘못임을 알려주고 우리를 바른 길로 되돌려 준다. 그리고 우리에게 우리의 마음과 우리의 습관, 곧 우리의 성품을 새롭게 해 주는 새로운 생각을 품는 훈련을 하라고 격려한다. 하나님의 말씀이 필요한 이유는 그것이 언어라는 도구를 사용해 하나님의 생각이 우리의 생각이 되게 하기 때문이다. 우리는 예수님이 믿었던 것을 믿을 수 있고, 그분이 세상을 보았던 방식으로 세상을 볼 수 있고, 심지어는 그분이 느꼈던 대로 느낄 수도 있다.

하나님의 말씀은 또한 우리의 영성 형성을 위해 가장 현명한 심리학자나 영적인 선생들조차 이룰 수 없는 일을 행한다. 하나님은 그 말씀을 이용하여 우리도 몰랐던 우리 자신에 관한 비밀을 밝히 드러내신다. 그 말씀은 우리의 이기적인 동기와 영적인 동기를 모두 드러낸다. 그래서 성경은 이렇게 말하는 것이다. "지으신 것이 하나도 그 앞에 나타나지 않음이 없고 우리의 결산을 받으실 이의 눈앞에 만물이 벌거벗은 것 같이 드러나느니라"(히 4:13).

우리가 성령을 향해 마음을 열고 성경을 읽으면 모든 것이 밝히 드러난다. 하나님은 우리를 활짝 열어 놓는다. 그분의 눈은 우리의 속사람까지 훤히 들여다보신다. 우리가 하나님의 말씀이 주는 메시지에 순종할 때 우리는 종교적인 의례에 참여하는 게 아니라 하나님과의 친밀한 대화에 들어가는 것이다. 그렇기 때문에 우리에게 친숙한 히브리서 4장 12절은 하나님의 말씀이 지닌 정확한 특성을 이렇게 설파한다. "하나님의 말씀은 살아 있고 예리하여 혼과 영과 및 관절과 골수를 찔러 쪼개기까지 하며 또 마음과 생각과 뜻을 판단하느니라."

그러므로 우리는 하나님의 말씀과 뜻 깊은 상호작용을 하지 않고는 영적인 변화에 이를 수 없다. 많은 그리스도인들이 성경의 통찰력 있는 분석과 지혜와 위로 없이 변화를 추구해 보았으나 모두 실패하고 말았다. 성경은 내면의 문제를 먼저 다루지만 생각을 행위로부터 떼어놓지 않는다. 성경은 추상적인 이론이 삶과 유리된 채 고고한 자리에 앉아 올바른 행위에 대해 생각만 하도록 허용하지 않는다. 아울러 마음으로는 행동의 변화를 생각하지만 실제로는 거짓말이나 도둑질을 계속하도록 허용하지도 않는다. 성경은 생각과 행동이 서로 직결되어 있다고 가정한다. 사실상 당장의 바른 행동은 한 사람의 마음속에 바른 동기를 불러일으키는 최선의 방책이다. 가인의 상담가로서 하나님은 그의 우울한 상태에 관해 이렇게 물었다. "어찌하여 네가 화를 내느냐? 얼굴색이 변하는 까닭이 무엇이냐? 네가 올바른 일을 하였다면, 어찌하여 얼굴을 펴지 못하느냐? 그러나 네가 올바르지 못한 일을 하였으니, 죄가 너의 문에 도사리고 앉아서, 너를 지배하려고 하니, 너는 그 죄를 잘 다스려야 한다"(창 4:6-7, 표준새번역).

가인을 기쁘게 한 것이나 불쾌하게 한 것, 그가 기꺼이 하려는 것과 하지 않으려 한 것은 결국 그가 지녔던 성품을 보여준다. 오늘날의 표현을 사용하자면, 하나님은 가인에게 프로그램을 다시 깔 필요가 있다고 말씀하신 셈이다. 즉, 그는 특정한 성품을 갖고 있었지만, 새로운 성품이 형성될 수 있었다는 말이다. 가인은 다시 빚어지고 변혁되고 변화될 수 있었다. 그는 올바른 일을 하고 싶은 마음이 있고, 그렇게 할 때 기쁨을 경험하는 사람이 될 수 있었다. 성경에 나온 말씀이 늘 그렇듯이, 가인의 사례에 나오는 하나님의 말씀은 우리를 위한 것이기도 하다. 오직 하나님의 말씀만이 우리에게 어떤 변화가 필요한지를 정확하게 간파할 수 있으므로 그 말씀은 우리의 상담가가 된다. 영성 형성은 내면에서 시작되는 것이고, 그것의 일차적인 방법은 (하나님이 주시는) 변하고자 하는 열망을 받아들이고 자기 마음을 하나님의 생각으로 개혁하려고 힘쓰는 것이다. 성령이 낳은 열망으로 새롭게 된 마음은 새로운 행동을 창조하고, 이 행동은 습관이 되고, 습관은 우리의 성품을 빚어낸다.

영성 형성은 영적인 마음의 개발을 포함한다

영적인 동기유발과 행위에 관한 많은 토론과 사상은 내면과 외면, 동기와 행위, 가슴과 머리 사이를 왔다 갔다 한다. 요약하자면, 대다수의 사람들이 가장 건강한 영성은 하나님을 기쁘게 하려는 마음을 품는 것이고 이 열정을 바탕으로 그분에게 순종하며 반응하는 것이라고 생각한다. 그러나 그 이면에는, 우리가 감정이나 열정에 의존할 경우, 종종 우리가 내면에 깊이 뿌리박힌 강력한 이기심에 굴복하여 죄를 범할 위험이 있다. 우리는 물론 죄를 심각하게 여겨야 한다. 라인홀드 니버가 앨턴 트루블러드에게 가르쳤듯이, "죄는 자기중심적인 의식이ㅇ고 권력투쟁이다."[7] 날마다 일어나는 이 투쟁이 모든 결정의 중심에 있다. 우리가 자신의 열정이나 욕망에 지나치게 의존할 때는 틀림없이 위험과 재난이 닥쳐온다. 그러나 열정이 적다고 죄를 적게 짓는 것은 아니다. 그리고 순종을 더 잘하게 되는 것도 아니다. 우리는 차라리 하나님과 함께 안전하게 놀고 싶은 인간의 성향을 다룬 C. S. 루이스와 운명을 같이하는 편이 낫겠다.

사실 우리가 사복음서에 나오는 노골적인 보상의 약속들과 그 보상의 어마어마한 성격을 고려해보면, 우리 주님은 우리의 열망을 너무 하찮게 여기시는 듯하다. 우리에게 한없는 기쁨이 제공되어 있는데도 우리가 여전히 술과 섹스와 야망을 만지작거리는 것을 보면 우리는 실로 미지근한 피조물이다. 우리는 마치 바닷가에서의 휴가가 얼마나 좋은지를 상상하지 못해서 계속해서 슬럼가에서 진흙 파이를 만들고 싶어 하는 무지한 어린이와 같다. 우리는 너무 쉽게 만족하는 피조물이다.[8]

영적인 마음은 더욱 강건해질 수 있고 그 열정도 더욱 커질 수 있다. 하나님께서 성경을 통해 권하는 대로 우리가 그분과 관계를 맺어 우리의 변화를 주도하는 뜨거운 영적인 마음을 품을 수 있을까? 내면과 외면의 균형을 유지하는 그런 마음을 품을 수 있을까? 삶의 모든 영역에 일관성을 부여해 주는 그런 마음을? 먼저 우리가 요망한다고 해서 그런 상태에 도달할 수 있는 것은 아니라는 점을 이해할 필요가 있다. 너무도 많은 사람이 차곡차곡 꿈을 쌓으면서 영적 성장에 대해 배우고 또 그것을 경험했다가 실망으로 끝나고 말았다. 이제까지 수련회나 특별 행사에 참가한 결과 변화의 열망을 품고 하나님의 충만함을 경험해보지 못한 사람이 어디에 있겠는가? 그런 집회가 끝날 때면 새로운 열정이 솟아올라 온통 흥분에 들뜨기 마련이다. 그러면 그런 좋은 기분과 강력한 감정이 계속되기를 바라는 자연스런 바람이 있고, 우리는 그런 기분이 수그러들도록 내버려 두면 안 된다. 그러나 그런 감정이 아주 강력했던 만큼 자연스럽게 일상생활의 구조 속으로 흩어져버리는 게 사실이다. 더 이상 남에게 폐를 끼치고 싶지 않은 마음은 그 과정의 시작일 뿐이다.

그러나 "새해의 결의"와 같은 영성에서 벗어나는 길이 있다. **아주 기본적이고 참신한 진리는 우리가 자연스럽게 예수님의 행위를 좇아 행하는 사람이 될 수 있다는 것이다.** 우리는 우리 속에 있는 감정의 힘을 취하여 예수님의 행습을 중심으로 우리의 삶을 재정돈하는 에너지가 되도록 그 방향을 돌려야 한다. 이렇게 하면 우리는 영적인 마음 내지는 성품을 빚어낼 수 있을 것이다.

영적인 마음이란 무엇인가?

지그문트 프로이트(Sigmund Freud)와 칼 융(Carl Jung)이 정신분석학을 창시하여 영혼을 탐구한 후 그것을 원초적인 혹은 신비로운 동인으로 환원하기 이전에 프란츠 델리치(Franz Delitzsch, 1813-1890)란 사람이 있었다. 델리치 박사는 유명한 히브리어 학자이자 주석가였다. 1855년에 출간된 그의 책 『성경적 심리학의 체계』(A System of Biblical Psychology)는 아직까지 인간의 비물질적인 본성에 관한 가장 철저한 연구서로 남아 있다. 성경이 '마음'(heart)이라 부르는 것에 관한 그의 논의는 모든 것을 망라하고 있다. 그는 "마음은 사람의 자연스런 상태의 중심 좌소로서 그 속에 사람의 삼중적인 생명이 다함께 섞여 있다"고 썼다.[9] 사람의 삼중적인 부분이란 정신과 영과 몸을 일컫는다. 이어서 그는 "마음은 다른 자연적인 사물들의 중심을 표시하기도 한다. 마음은 육체적인 삶의 센터이며, 온 생명력의 저장소이다"라고 말했다.[10] 델리치가 마음을 묘사한 몇 가지 방식을 인용하면 다음과 같다.

> 마음은 사랑과 미움의 좌소이다.…그것은 알거나 인지한다. 그것은 이해한다. 그것은 숙고한다. 그것은 성찰한다. 그리고 평가한다. 마음은 확정되거나 어느 쪽을 향한다.…그것은 등을 돌리거나 어느 방향으로 쏠린다.…(사물이) 마음판 위에 기록될 수 있다. 마음은 듣고 경험하는 모든 것의 저장고이다.…마음은 생각의 탄생지이기 때문에 또한 언어의 탄생지이기도 하다. 언어는 마음으로부터 생성된다.[11]

성경은 신체 기관으로서의 마음(heart)을 언급하는 경우가 무척 드물다. 마음은 한 사람의 비물질적인 본성을 가리키는 하나의 은유이다. 이와 관련하여 가장 잘 알려진 바울의 진술은 에베소서 1장 17-18절에 나온다.

> 우리 주 예수 그리스도의 하나님, 영광의 아버지께서 지혜와 계시의 영을 너희에게 주사 하나님을 알게 하시고 **너희 마음(hearts)의 눈을 밝히사** 그의 부르심의 소망이 무엇이며 성도 안에서 그 기업의 영광의 풍성함이 무엇인지를 알게 하시기를 구하노라(강조체는 추가한 것)

마음은 보고 느끼고 인식하고 성찰할 수 있고, 하나님을 향하거나 그분에게 등을 돌릴 수 있다. 우리가 영성 형성의 내면적 성격을 묘사하자면, "나는 온 마음으로 하나님을 기쁘게 하고 싶다"라고 말하면 된다. 영성 형성은 하나님을 향한 마음을 개발하는 일이다. 이런 영적인 마음은 예수 그리스도를 반영하는 전인격적인 변화를 주도한다. 그것은 현재 진행 중인 관계, 의사소통이 있는 관계에 대한 열정과 관계상의 온기를 표시한다. 이는 실망과 이견, 용서와 화해를 포함한 솔직한 상호 교환이 있는 관계를 말한다.

혹자는 이렇게 물을 것이다. "그러면 의지, 영, 정서, 양심, 지성 등 성경이 속사람을 묘사할 때 사용하는 다른 것들은 어떻게 되는가?" 물론 우리는 비물질적인 본성의 이런 측면 중의 어느 하나를 따라갈 수도 있다. 그러나 "영적인 마음"이야말로 그 모든 것을 포괄하고 마음의 핵심 개념을 더 잘 포착한다고 우리는 믿는다.

마음의 의향 훈련하기

성경은 우리 안에 그리스도의 형상이 빚어지는 일이 평생에 걸친 점진적 과정이라고 말한다. 중생한 마음은 하나님과 하나가 되고 그분을 기쁘게 하고 싶어 한다(빌 3:7-16; 마 22:37). 일부 사람은 영적인 마음의 상태를 **성품**(character)이라고 부른다. 그리스도인이 왜 자신의 믿음에 따라 살지 않는지에 관한 많은 토론은 성품을 중심으로 이루어진다. 그러나 나는 그보다 더 깊은 문제가 있다고 생각한다. 그것은 곧 마음의 **의향**(intention)이다.

윌리엄 로(William Law)의 책 『경건하고 거룩한 삶으로의 진지한 초대』(A Serious Call to a Devout and Holy Life)는 마음의 의향을 날카롭게 해부했기 때문에 많은 이들의 삶을 바꿔 놓았다. 1728년에 출판된 이 책은 사무엘 존슨과 존 웨슬리 같은 영적 거장들의 삶도 바꿔 놓을 정도다. 그리고 오늘날의 사상적 지도자인 달라스 윌라드와 리처드 포스트에게도 강력한 영향을 미쳤다. 의향에 관한 로의 전제는 놀랄 만큼 단순하다. 로는 왜 그토록 많은 그리스도인들이 자신이 믿는다고 하는 원리와 상반되는 삶을 살고 있는지 그 이유를 물었다. 그는 그리스도인 남성이 공적인 삶에서는 욕을 하되 종교적인 삶에서는 그렇게 하지 않는 문제와 관련해 이 질문을 제기했다. 그리고 그것에 대해 이렇게 썼다. "공공연한 욕설을 하는 이유는 다음과 같다. 남성들이 모든 행위에서 하나님을 기쁘게 하고자 하는 의향이 많지 않기 때문이다."[12]

그는 사람들이 계속 욕을 하는 이유는 그들이 그렇게 하지 않겠다는 의향을 충분히 품은 적이 없기 때문이라고 믿었다. 그들의 마음의 의향은 그들이 자신의 삶의 일부를 계속 통제할 수 있도록 마음을 확보하는 것이다. 우리는 늘 우리의 삶을 누가 주관하는지를 놓고 하나님과 계속 협상하며 사는 존재들이다. 그러나 거룩하고 경건한 삶은 우리에게 협상이 아닌 양도를 요구한다. 만약 우리가 우리 자신의 타락한 마음의 손아귀에서 벗어나 영적인 마음의 힘을 창조하고자 한다면, 우리는 반드시 훈련에 돌입해야 한다(고전 9:24-27). 성경은 우리의 마음을 완전히 신뢰할 수 없다고 분명히 밝히고 있다.

> 만물보다 더 거짓되고 아주 썩은 것은
> 사람의 마음이니,

누가 그 속을 알 수 있습니까?

각 사람의 마음을 살피고, 심장을 감찰하며,

각 사람의 행실과 행동에 따라 보상하는 이는

바로 나, 주다(렘 17:9-10, 표준새번역)

혹자는 이렇게 물을 것이즈다. "아니, 어떻게 우리는 하나님이 우리 안에 심는 그 새로운 마음을 가진 동시에 예레미야가 묘사하는 거짓된 마음을 가질 수 있는가?" 이제까지 성경을 제외하고 알렉산더 솔제니친(Alexavder Solzhenitsyn)보다 이에 대해 더 잘 말한 사람은 없을 것이다. "선과 악을 나누는 선(線)은 각 인간의 마음을 가로지르고 있다."[13]

사람의 의향이 바뀔 수 있는가? 혹은 바깥에서 오는 힘으로 바뀔 수 있는가? 물론 그렇다. 그렇지 않으면 이런 논의를 계속할 필요가 없을 것이다. 바울이 쓴 에베소서로 돌아가면 그는 "너희 마음의 눈을 밝히사"(1:18)라고 기도했는데, 이는 하나님이 보시듯이 좀 더 볼 수 있는 마음을 가리킨다. 우리가 마음으로 알아야 할 것이 많이 있으며, 우리에게 충분한 의향이 있을 때 우리의 마음은 변화될 수 있다. 그럴 경우 우리는 좋은 경험과 나쁜 경험을 통해 삶이 변화되는 것을 보게 될 것이다. 그리고 좀 더 하나님이 삶을 보시듯이 삶을 보기 시작할 것이다. 이런 변화가 일어나는 것을 보면 참으로 놀랍다. 우리는 이것을 일상생활이라고 부른다.

일상생활

우리는 종교적인 삶을 일상생활에서 분리시키는 경향이 있다. 종교적인 삶은 교회 예배에 참석하는 것, 종교적인 절기를 지키는 것, 사순절 기간에 디저트를 먹지 않는 것 등을 말한다. 아울러 매일 드리는 기도, 선교 여행, 성경공부에 참석하는 것, 가난한 자를 돕는 일, 이 밖의 많은 '기독교적인' 활동도 거기에 포함된다. 이 모든 활동은 고유한 가치를 갖고 있지만 일상생활에는 영향을 미치지 못할 수 있다. 일상생활은 우리가 배우자와 자녀를 대하는 방식, 자동차를 운전하는 방식, 매스미디어를 받아들이는 방식 등을 말한다. 이는 '평소에' 일어나는 일이다. 그리스도인 사업가는 직원들을 어떻게 대하는가? 그는 언행이 일치하는 사람인가? 신뢰할 만한 사람인가? 그리스도의 제자는 삶의 모든 영역에서 스승의 지도를 따르는 것이 필요하다. 어떤 사람은 종교적인 삶을 철저히 영위하면서도 일상에서는 염려와 분노와 자만과 정욕의 지배를 받으며 살아간다. 윌리엄 로는 18세기에 이 문제에 대한 견해를 이렇게 밝혔다.

> 속임수로 먹고 사는 사람이라도 물건을 살 때에는 값을 정확하게 지불하는 것이 얼마든지 가능하다. 그럴 경우 그가 진정한 정직의 원칙을 좇아 그렇게 하는 것이 아님을 누구나 알고 있다. 이와 마찬가지로, 자기 재산을 자랑하거나 자기 견해를 자신하거나 자기 학식을 우쭐대는 사람이 참으로 겸손한 사람이 행하듯이 자기 의복과 외모를 등한시하는 것이 얼마든지 가능하다. 그러나 그가 종교적인 겸손의 원칙을 좇아 그렇게 한다고 생각하는 것은 사기꾼이 물건을 살 때 종교적인 정직의 원칙을 좇아 값을 지불한다고 생각하는 것만큼 터무니없는 발상이다.[14]

다른 사람에게 영향을 주는 진정한 힘은 우리의 내면생활의 변화와 이것이 얼마나 우리의 일상생활에 영향을 미치느냐에 달려 있다. 우리는 우리의 삶이 살인과 도둑질과 간음으로부터 자유롭다는 이유로 스스로 변화되었다고 생각할 때가 얼마나 많은지 모른다. 이처럼 우리가 종교적 의무를 준수하고 부끄러운 공적인 죄를 짓지 않는 것을 변화의 증거로 삼는 것은 너무나 편협한 생각이다.

우리가 이런 생각을 품는 것은 종교적인 경험을 우리의 삶을 통제하고 육신을 제어하는 일에만 국한시키기 때문이다. 이런 견해는 하나님에 대한 추구, 양도의 기쁨, 하나님을 향한 뜨거운 마음이 우리의 태도와 결정을 좌우하는 풍성한 경험 등을 모두 간과한다. 태도와 관련하여, 윌리엄 로는 죽음이라는 주제에 대해 다음과 같이 설득력 있게 말한 바 있다.

> 우리가 죽음을 불행으로 간주한다면, 그것은 죽음을 이생의 즐거움에서 떠나는 비참한 분리로만 생각하기 때문이다. 부유한 상태에서 죽는 노인에 대해 우리가 슬퍼하는 경우는 드물지만, 재산을 한창 축적하던 젊은이가 죽으면 크게 슬퍼한다. 당신이 연민의 눈빛으로 그를 쳐다보는 것은 그가 미처 준비되지 못한 상태로 산 자와 죽은 자의 심판관을 만나러 가기 때문이 아니라, 인생의 전성기에 번창하는 사업을 두고 떠나기 때문이다. 이것은 순전히 우리 인간의 생각에서 나오는 지혜이다. 아무리 바보 같은 어린애라도 이만큼 어리석을 수가 있을까?[15]

19세기 잉글랜드의 위대한 설교자였던 찰스 스펄전은 어느 날 아주 값비싼 집을 구경하게 되었다. 주인이 이탈리아산 대리석 바닥과 케냐산 나무 벽을 한참 자랑하자, 스펄전은 이렇게 말했다. "바로 이런 것들이 바로 죽는 것을 어렵게 만드는 것이오." 내생에 대한 잘못된 관점 때문에 이생에 의지하고 싶어 하는 인간의 성향을 지적한 말이었다.

윌리암 로는 의도성을 하나님에게 양도한 마음에 대해 이렇게 훌륭하게 묘사했다.

> 지금도 그것이 불가능한 것은 아닌데, 만일 우리가 **그것을 이 세상에서 가장 좋고 행복한 것으로 여긴 나머지 자신들의 모든 행위로 하나님을 기쁘게 하고픈 성실한 의향을 품은** 그리스도인들-젊든지 늙었든지, 독신이든 기혼이든, 남자든 여자든-을 찾을 수만 있다면, 그리고 그들이 오로지 그런 의향만 품고 있다

면, **그들이 그와 다르게 행하는 것이 불가능할 터이다.** 이 한 가지 원칙이 틀림없이 그들을 이 높은 사랑의 경지로 이끌어줄 것이고, **그들은 자기들이 그 경지에 미치지 않을 수 없음을 발견하게 될 것이다.**[16] (강조체는 추가한 것)

이 진술과 관련해 네 가지 점을 주목할 필요가 있다. 첫째, 참된 그리스도의 제자들은 모든 행위로 하나님을 기쁘게 하고픈 성실한 의향을 품고 있다. 그들의 관심은 일상생활과 우리가 진정 누군가 하는 것이지, 자기들이 내보이고 싶은 공적인 종교적 가면이 아니다. 둘째, 그들은 하나님이 그들의 내면 깊숙한 곳에 내려와 그들이 하는 행위의 참된 이유를 아시도록 허락한다. 더 나아가, 그들은 이런 성실한 의향을 "이 세상에서 가장 좋고 행복한 것으로" 여긴다. 바로 그것이 영적인 마음의 개발의 핵심이다. 이런 의향이 우리 삶을 주도하게 하려면, 영적인 마음이 이 "가장 좋고 행복한 것"을 믿어야 한다. 우리의 의향이 성실하다는 말은 하나님을 기쁘게 하는 일이 인간적으로 가장 행복한 일임을 믿고, 우리가 죄를 멀리하고 하나님을 기쁘게 하면 잃는 것이 전혀 없다고 믿는 것을 뜻한다. 사람이 정욕을 품지 않으면 귀중한 것을 하나도 잃지 않는다고 믿을 때에야 비로소 정욕을 이긴 것이다. 우리가 거짓말이 주는 이익에 미련을 두지 않으면 거짓말을 그만두게 된다. 끝으로, 이 인용문을 읽을 때 우리가 기쁨으로 충만하게 되는 것은 "이 한 가지 원리가 틀림없이 그들을 이 높은 사랑의 경지로 이끌어줄" 것이라는 확신 때문이다. 이로 말미암아 우리는 하나님을 기쁘게 하지 못하는 다른 일을 행치 않게 된다. 우리는 우리 자신을 멈추게 할 수 없을 것이다. 왜냐하면 우리는 하나님을 기쁘게 하고픈 성실한 의향을 품은 마음에 의해 움직이고 있기 때문이다.

영성 형성은 단순한 순종을 그 목적으로 삼는다

달라스 윌라드는 "순종이 기독교 영성의 유일하게 건전한 목적이다"라고 썼다.[17] 단순한 순종으로 이끌지 않는 기독교 영성이 있다면, 그것은 우리의 적이다. 이와 다른 영성 이론에 대해서는 그 가슴에 말뚝을 박아야 한다고 디트리히 본회퍼는 말했다. 그런 이론이 교회를 죽이기 전에 그것을 죽여야 한다는 뜻이다. 믿음은 순종을 수반해야 진정한 믿음이다. 만일 믿음이 하나님의 말씀대로 행할 것을 생각만 하고 있으면 그것은 믿음이 아니다. 그것은 하나님 앞에 무릎을 꿇지 않을 이유를 찾는 마음을 움직이는 고도의 철학일 뿐이고, 역사의 쓰레기통에 버려야 할 쓸모없는 것일 뿐이다. 바로 그것이 그릇된 영성 형성 이론들의 최후다. 만일 순종으로 이끌지 않는 이론이 있다면, 그것은 그리스도를 배척하는 것보다 훨씬 더 나쁜 것이다. 그런 이론들은 순종을 추구하는 이들에게 순종은 복잡하고 선택적인 것이라고 가르치기에 기만적이다.

이제까지 우리는 정말로 중요한 것은 우리 내면의 상태라는 것을 배웠다. 바로 거기서 제자도가 뿌리를 내리고 단순한 순종의 유일한 토대가 놓이기 때문이다. 예수님은 그것을 이렇게 단순하게 말씀하셨다.

> 아버지께서 나를 사랑하신 것 같이 나도 너희를 사랑하였으니, 나의 사랑 안에 거하라 내가 아버지의 계명을 지켜 그의 사랑 안에 거하는 것 같이 너희도 내 계명을 지키면 내 사랑 안에 거하리라…나의 계명을 지키는 자라야 나를 사랑하는 자니 나를 사랑하는 자는 내 아버지께 사랑을 받을 것이요 나도 그를 사랑하여 그에게 나를 나타내리라 (요 15:9-10; 14:21)

우리는 영적인 마음이 우리의 삶을 주도한다는 것을 알았다. 영적인 마음은 사랑의 관계 속에서 개발되고 연마되기 마련이다. 바로 그 관계 안에서 우리는 하나님과 배우자, 친구와 가족에게 온 마음으로 그들을 사랑한다고 말한다. 예수님은 그의 아버지와 맺은 관계를 통해 우리에게 좋은 본보기를 보여주셨다. 예수님은 아버지를 기쁘게 하고 싶었다. 그분은 어려움과 스트레스가 있을 때 자신의 아버지에게 도움을 호소했다. 겟세마네 동산과 골고다 언덕에서 아버지께 그의 심정을 토로했다(요 5:19-23; 17:1-5; 마 26:38-44; 27:46; 눅 23:34, 46). 그분은 우리에게 관계의 열정, 곧 누군가를 사랑하는 것은 그를 기쁘게 하는 것이고, 상대방에게 유익한 일을 하는 것이며, 남을 돕기 위해 자기를 부인하는 것임을 가르쳤다. 당신을 위해 자기 목숨을 버린 누군가가 당신의 도움을 요청할 때에는 순종하기가 쉽다. 당신은 금방 "그럼요"라고 응답할 것이다. 요한복음 3장 16절은 이렇게 말한다. "하나님이 세상을 이처럼 사랑하사 독생자를 주셨으니 이는 그를 믿는 자마다 멸망하지 않고 영생을 얻게 하려 하심이니라."

그런즉 나의 삶은 곧 하나의 응답인 셈이다. 하나님은 말씀하셨고, 하나님은 행하셨다. 이제 나의 응답은 무엇인가? 나는 내 삶으로, 내 순종으로 응답한다. 그것은 복잡한 문제가 아니다. 나는 주저하지 않는다. 우리가 자녀들에게 가르치듯이, 처음부터 순종하라, 그리고 언제나 순종하라.

복잡한 마음

우리가 이 땅에 사는 동안 우리는 늘 영적인 갈등을 안고 살아간다(갈 5:17-26). 존 웨슬리와 윌리엄 로가 사용한 '완전한'이란 단어는 오늘날 우리가 생각하는 것과 다른 의미를 갖고 있었다. 우리가 '완전한'이란 말을 쓸 때는 도달 불가능한 어떤 것을 가리킨다. 그러나 웨슬리와 로는 그 단어를 '성숙하다'는 의미로 사용했고, 따라서 무지와 연약함을 고려했던 것이다. 그러나 그들은 그리스도를 점차 닮아가는 사람은 오로지 하나님을 기쁘게 하려는 마음을 품고 나아가는 사람이라고 생각했다. 물론 살아있는 믿음을 가진 사람에게도 영적인 싸움이 있는 게 분명하지만, 이는 '복잡한 마음'과는 다른 것이다. 사도 야고보가 한 말을 들어보라.

> 너희 중에 누구든지 지혜가 부족하거든 모든 사람에게 후히 주시고 꾸짖지 아니하시는 하나님께 구하라 그리하면 주시리라 오직 믿음으로 구하고 조금도 의심하지 말라 의심하는 자는 마치 바람에 밀려 요동하는 바다 물결 같으니 이런 사람은 무엇이든지 주께 얻기를 생각하지 말라 두 마음을 품어(그들의 충성심이 하나님과 세상으로 나뉘어서-역자 주) 모든 일에 정함이 없는 자로다(1:5-8)

'둘로 나뉜 충성심'이란 표현은 아주 적합한 묘사이다. '복잡한 마음'이란 온전한 의향이 없이 결정을 내리는 사람을 일컫는다. 우리는 이런 경우를 자주 볼 수 있다. 어떤 여성은 결혼할지 말지 결정을 내리지 못한다. 어떤 남성은 새로운 직장을 택해야 할지 결정을 못 내린다. 사람들은 이리저리 흔들린다. 누구든지 결단을 못 내리면, 그의 영적인 마음이 그를 불안정하게 만든다. 어느 날은 사랑했다가 그 이튿날은 미워하는 식이다. 이런 사람은 하나님과 함께 아무 데도 갈 수가 없다. 완전히 믿지 않으면서 믿음이 주는 유익만 원하기 때문이다. 이것은 자기 인생의 고삐를 자신이 쥐고 싶어 하는, 케케묵은 문제이다. 그러나 예수님은 자유에 이르는 길은 그 고삐를 놓는 것이라고 일러 주셨다. "누구든지 제 목숨을 구원하고자 하면 잃을 것이요 누구든지 나를 위하여 제 목숨을 잃으면 구원하리라"(눅 9:24).

이제 우리가 응답해야 할 질문은 이것이다. 그러면 우리가 복잡한 마음에서 단순한 순종으로 나아가려면 어떻게 해야 하는가? 달리 말하면, 우리는 어떻게 영적인 마음을 개발할 수 있을까?

영성 형성은 지속적인 노력을 요구한다

영적 생활을 위해 노력하는 것은 좋은 일이다. 성경은 곳곳에서 그 유익을 높이 평가하고 있다(고전 9:24-27; 갈 6:7-9; 골 1:28-29; 딤전 4:7; 히 5:14). 자주 인용되는 달라스 윌라드의 말처럼, "하나님은 노력에는 반대하지 않지만 은총의 획득에는 반대한다."[18] 하나님의 은총은 하나의 선물이지, 판매용이나 가장 열심 있는 일꾼에게 주어지는 것이 아니다. 그러나 은혜는 우리에게 능력과 자원을 부여하여 최대한 노력하게 한다(엡 2:8-10). 은혜와 노력의 신비로운 관계는 바울의 자전적 가르침이 인정하는 것이다.

> 우리가 그를 전파하여 각 사람을 권하고 모든 지혜로 각 사람을 가르침은 각 사람을 그리스도 안에서 완전한 자로 세우려 함이니 이를 위하여 나도 내 속에서 능력으로 역사하시는 이의 역사를 따라 힘을 다하여 수고하노라(골 1:28-29)

바울은 열심히 일하며 몸부림쳤다. 그러나 하나님의 능력과 함께 그렇게 했다. 이것이 우리가 날마다 추는 신적인 춤이다. 우리는 예수님의 손을 잡는다. 그분은 인도하고 우리는 좇는다. 순전한 영적인 마음을 창조하는 의향의 일부는, 하나님이 주신 도구들을 활용하는 것이다. 이 도구들은 흔히 영적인 훈련으로 알려져 있다. 이 훈련들은 우리 안에 그리스도의 형상을 빚어내는 데 반드시 필요하다. 많은 사람들이 '영적 훈련'이란 용어를 들은 적이 없었어도 그 도구를 사용해왔다. 하나님을 향한 마음을 지닌 사람은 그것을 훈련으로 생각하지 않고도 행할 수 있다. 영적 훈련은 공식적으로 보통 다음과 같은 것들로 알려져 있다. 성경 읽기, 성경 묵상, 성경 암송, 기도, 예배, 복음전도, 봉사, 청지기직, 금식, 고독, 일기 쓰기, 순종, 검소한 삶 등이다.[19] 달라스 윌라드는 이런 행습의 능력에 대해 이렇게 말했다. "영적 훈련은 인간이 실질적인 죄의 세력에서 벗어나는 데 반드시 필요하다."[20]

바로 여기에 우리가 제기한 질문-"그러면 한 사람이 복잡한 마음에서 단순한 순종으로 나아가려면 어떻게 해야 하는가?"-에 대한 답변이 있다. 우리는 하나님의 주신 이런 도구들을 사용함으로써 영적인 마음을 훈련할 수 있다. 이 시점에서 우리가 영적 훈련을 해야 하는 이유는 예수님이 그렇게 했기 때문임을 알아야 한다. 그 훈련의 목적은 우리 안에 그리스도의 형상을 이루는 것이다. 그렇기 때문에 우리는 우리의 행습을 그분의 행습을 중심으로 재정리해야 한다. 또한 우리는 예수님이 율법주의적으로 그런 훈련을 하지 않았다는 점도 주목해야 한다. 그분은 초조한 마음으로 훈련한 것이 아니다. 오히려 그것이 그분의 자연스런 삶에서 흘러나왔다. 그런 훈련은 그의 본성에 바탕을 두고 있었다. 이것을 설명할 수 있는 방법은 아주 많으나 우리는 그 중에서도 단순한 접근을 택했다.

의향의 연료로서의 욕망

변화는 중생한 마음(영적으로 다시 태어난 마음)과 함께 시작된다. 오직 중생한 마음만이 그리스도의 형상으로 변화될 수 있는 역량을 갖고 있기 때문이다. 사람 안에 새로운 생명이 거주할 때, 그 생명은 그에게 그리스도를 닮고 싶은 욕망과 의향을 제공한다. 우리가 그리스도인의 영성 형성이 독특하다고 주장하는 것은 바로 이 때문이다. 하나님과 더 가까운 관계를 맺고 싶어 하는 것은 우리 속에 있는 욕망이다. 이런 갈망의 근원을 바울은 다음과 같이 묘사한 바 있다.

> 그가 모든 사람을 대신하여 죽으심은 살아 있는 자들로 하여금 다시는 그들 자신을 위하여 살지 않고 오직 그들을 대신하여 죽었다가 다시 살아나신 이를 위하여 살게 하려 함이라 그러므로 우리가 이제부터는 어떤 사람도 육신을 따라 알지 아니하노라 비록 우리가 그리스도도 육신을 따라 알았으나 이제부터는

그같이 알지 아니하노라 그런즉 누구든지 그리스도 안에 있으면 새로운 피조물이라 이전 것은 지나갔으니 보라 새 것이 되었도다(고후 5:15-17)

행동으로서의 믿음

욕망과 의향은 행동으로 표출될 때 그 진정성이 입증된다. 디트리히 본회퍼는 "순종하는 자만이 믿고, 믿는 자들만이 순종적이다…순종을 수반하는 믿음이 진정한 믿음이다"라고 말하길 좋아했다.[21] 믿음은 행동하지 않는 한 믿음이 아니다. 이것은 사도 야고보의 명백한 가르침이다(약 2:14-16). 예수께서는 믿음이란 그분을 따르고 사역으로의 부르심에 응답하는 것이라고 말했다(눅 9:23-27). 만일 어떤 이가 자신에게 까다로운 사람에게 친절하고 싶은 욕망을 품고 있다면, 믿음은 실제로 그 사람에게 친절한 행동을 하도록 하는 것이다. 서구 교회가 말하는 믿음은 지적인 동의로 축소되고 행동에서 유리된 경우가 많았다. 이는 전혀 믿음이 아니기 때문에 변화를 초래하지 않는다. 한 사람의 비물질적인 본성 혹은 영적인 마음은 그 소원에 따라 믿음으로 행동함으로써 변화된다.

욕망은 출발점이고, 그 욕망으로 촉발된 올바른 행동은 본인의 삶과 그 영향을 받는 사람들에게 변화를 초래한다. 단 한 번의 용서가 삶을 회복시킬 수 있고, 관대한 선물이 인생을 바꿔놓을 수 있다. 하지만 이런 선행이 성품으로 바뀌려면 더 많은 일이 필요하다.

경건의 훈련

욕망이나 의향에 기초한 지속적인 믿음의 행위는 마침내 마음의 습관이 될 것이다. 그렇게 되려면 훈련이 필요한데, 이는 우리 대다수에게 친숙하지 않다. 하지만 다행히 하나님은 이 점을 알고 있고 해결책을 갖고 있다. 이런 훈련은 공동체 내에서, 즉 서로 마음이 맞는 사람들과의 관계 속에서 이루어져야 한다. 바울이 디모데에게 "경건에 이르도록 네 자신을 연단하라"(딤전 4:7)고 권면했을 때 그것은 홀로 노력하라는 말이 아니었다. 공동체와 함께 훈련하라는 뜻이었다. 그리스도 안에서 함께하는 삶의 기쁨은 하나님께 대한 헌신을 지키도록 서로를 돕는 일에서 나온다. 누구나 나쁜 습관을 끊고 좋은 습관을 기르는 일이 얼마나 어려운지 알고 있다. 그렇기 때문에 하나님은 우리에게 영적인 친구들을 선물로 주신 것이다. 그들은 나에게 사랑이자 든든한 버팀목과 같다.

그런데 오직 겸손한 사람만이 자신을 남에게 맡기고, 자기 성품이 공동체 안에서 개발되는 것을 경험할 수 있다. 하나님이 교만한 자를 대적하는 한 가지 이유는 교만이 성장과 변화를 방해하기 때문이다(벧전 5:5-6). 사람들이 서로 돕는 영적인 공동체 안에 살 때, 그들은 자신들의 마음이 변화되는 것을 알게 될 것이다. 하나님을 향한 그들의 마음은 갈수록 더 강해지고 더 뜨거워질 것이다. 이런 변화는 인생의 희로애락을 두루 거치는 가운데 일어날 것이다. 우리는 적극적으로 선교 활동을 하고 다른 이들과 함께 온갖 기쁨과 슬픔을 경험하는 중에 더욱 강해질 것이다. 이런 인생 여정을 뒷받침하는 것은 하나님이 주신 유익한 훈련을 하겠다는 우리의 의도적인 노력이다.

도구와 구조

영성 형성을 옹호하는 어떤 이들 사이에는, 우리가 기도와 성경 묵상에 더 많은 시간을 보내기만 하면 프로그램, 커리큘럼, 그리고 구조 같은 것은 불필요하다는 순진한 생각이 퍼져있다. 프로그램과 형식과 공부용 교재가 사라지길 바라는 마음은 진정성을 찾으려는 욕구에서 나온다. 우리는 프로그램화되지 않은 진정한 것, 종교적인 것이 아니라 삶을 변화시키는 그 무엇을 원한다.

갈수록 더 많은 사람이, 깊은 영혼의 문제는 다루지 않은 채 빈칸 채우기 식의 피상적인 접근에 실망을 감추지 못하고 있다. 사실 우리는 안내자가 필요하다. 이는 어떤 사람이나 그룹이 우리의 삶의 일부가 되어야 함을 뜻한다. 그런데 아이러니하게도 우리는 보통 이런 사람들을 교회 모임이나 어떤 조직화된 그룹에서 만난다. 우리는 종종 어떤 자료를 중심으로 모이는 소그룹에 가입하는데, 그 그룹은 분명한 목적을 지향하며 정기적으로 모인다. 그런 사람들이 우리의 친구가 되고, 그들은 우리가 하나님과 맺은 약속을 지키도록 사랑과 지지를 아끼지 않는다.

모든 그룹은 그들이 누구이고 무엇을 원하는지를 명시하는-그것이 글로 쓰였든 쓰이지 않았든-약관을 갖고 있다. 최상의 연구조사에 따르면, 사람들은 신뢰를 북돋우는 환경과 안전하게 느껴지는 곳에서 가장 잘 배우고 성장한다. 사람들이 신뢰를 얻고 방어태세를 늦추게 될 때, 그들은 그리스도를 닮도록 이끌어줄 계획이나 실행 과정을 열심히 따르게 된다. 이런 요소들이 신앙 공동체 안에 존재할 경우에는 좋은 도구들이 효과를 발휘한다. 대개 한 그룹의 커리큘럼은 여러가지 도구들로 구성되어 있는데, 여기서 커리큘럼이란 단어는 '경주 코스'를 뜻하는 라틴어에서 나온 말이다.

성품-영적인 마음

우리가 이제껏 논의해온 과정은 결국 성품의 변화를 낳게 될 것이다. 그리스도인다운 성품은 하나님을 섬기려는 열정적인 의향을 품고 그렇게 하도록 훈련을 받은 갈등이 없는 영적인 마음이다. 우리는 다음 두 단어의 차이점을 살펴봄으로써 이 열정적인 의향을 보다 잘 이해할 수 있다. 그것은 '힘쓰는 일'(trying)과 '훈련'(training)의 차이점이다. 성품이 변화되려면 많은 시간이 필요한데, 힘쓴다는 것은 마감시간을 정해놓고 서두르는 노력을 일컫는 말이다. 반면에 훈련은 어떤 과정을 가리키는 만큼 인내를 위한 여지를 남겨 놓는다. 따라서 뜻밖의 사건, 차질, 실수, 바보 같은 짓 등이 들어설 여지가 있다. 인생은 하나의 여정이므로, 당신은 마치 몇 년이나 몇 달 뒤에 있을 중요한 대회를 위해 준비하는 운동선수와 같이, 장기적인 안목을 가질 수 있다. 영적인 마음은 늘 열정과 훈련을 겸비한 이런 노력을 이끌어 준다.

우리는 항상 초보자다

며칠 전 나는 내가 크게 존경하고 그의 말을 귀담아 듣는 가까운 친구와 식사를 함께했다. 그는 친형제의 장례식에서 막 돌아온 참이어서 대화의 주제가 죽음으로 향했다. 그 친구는 "우리 그리스도인은 지독히도 죽을 준비가 안 된 사람들"이라고 말했다. 이어서 그는 우리는 마지막 순간에 이르면 잘 해내지만, 그 이전에는 이 땅의 보물을 손에서 놓는 일을 힘겨워한다고 설명했다. 영원한 축복 가운데 하나님과 함께하는 일에 큰 관심이 없는 듯 보인다는 것이었다.

나는 폐소 공포증이 있어서 내가 언젠가는 지하의 관 속에 있을 것을 생각하면 온 몸에 소름이 돋는다. 그 친구를 만나기 한 달 전에 MRI 촬영을 해야 했는데, 나는 그 튜브 속에 들어갈 수가 없었다. 그래서 이틀 뒤에 신경안정제를 복용하고 아내의 손을 잡고서 MRI 촬영을 해야 했다. 물론 나의 신학적 정신은 내가 그 관 속에 있지 않을 것임을 알지만 내 몸은 그 속에 있을 터인즉 나는 썩어가는 내 컨테이너에 집착하고 있는 셈이다. 내 친구가 우리는 지독히도 죽을 준비가 안 돼 있다고 말한 것은 바로 나를 두고 한 소리였던 것이다!

다음에 할 이야기는 한 가지 진리를 잘 보여 준다. 그것은 우리는 언제나 영성 형성에서 초보자일 뿐이라는 것이다. 먼저 내가 왜 MRI를 찍어야 했는지부터 말할까 한다. 몇 주 전에 나는 타지키스탄에 가서 제자도와 영성 형성에 관한 사역을 할 계획이었다. 그런데 로스앤젤레스를 떠나기 직전 담당 의사가 나에게 탈장이 있음을 발견했다. 그래서 여행을 하는 동안 나는 걱정이 컸다. '아니, 예순한 살이나 먹은 사람이 심각한 탈장의 문제를 안은 채 집에서 수만 마일이나 떨어진 곳에서 무얼 하고 있는 거지?' 만일 그 부위가 찢어졌을 때 열두 시간 내에 수술을 받지 않으면 죽을 수도 있는 상황이었다. 어느 날 밤, 항공기를 갈아타기 전에 나는 타지키스탄의 두산베 공항 근처 한 호텔의 차가운 침대에 누운 채 휴식을 취하려고 애썼다. 그때 나는 온 몸을 떨면서 동방 정교회의 "예수 기도문"을 갖고 간절히 기도했다. "주 예수 그리스도, 하나님의 아들이여, 나를 불쌍히 여기소서."

여전히 두려움이 가시지 않자 나는 빌립보서 4장 6-7절을 인용했다. "아무 것도 염려하지 말고 다만 모든 일에 기도와 간구로 너희 구할 것을 감사함으로 하나님께 아뢰라 그리하면 모든 지각에 뛰어난 하나님의 평강이 그리스도 예수 안에서 너희 마음과 생각을 지키시리라." 나는 이 기도가 효과를 발휘하길 바랐다. 어쨌거나 1987년에 이미 염려에 관한 책을 쓰지 않았던가! 나는 기도하면서 내가 제시한 "염려에서 해방되는 다섯 단계"를 기억하려고 애썼지만 두려움으로 몸을 가눌 수가 없었다. 그래서 이번 여행을 강행한 나 자신을 자책하게 되었다. 그리고 다음 항공편을 이용해 속히 그 버려진 땅에서 탈출하고 싶었다. 설사 그렇게 한들 누가 나를 비난하겠는가? 대다수의 사람은 애초에 그런 여행을 하지 않을 것이다. 그 순간 그 나라를 떠나는 제트 엔진 소리가 귓전을 때리더니 아침 하늘로 사라지는 모습이 보였다. 이제 삼일 간은 꼼짝없이 거기에 갇히게 된 것이다. 나는 신음소리를 내며 이를 갈았고, 얼굴을 베개에 파묻었다.

그 후 며칠 간 나는 하루 네 시간씩 열심히 가르쳤는데, 탈장과 공개강좌는 결코 함께할 수 없는 관계임을 절감했다. 날이 갈수록 통증이 심해졌고 염려도 그만큼 커졌다. 오로지 의지력에 힘입어 나는 강좌를 마치고 임무를 완수했다. 그러나 그 일을 즐기기는커녕 마지 못해 수행했고, 거기서 얼른 벗어나고 싶어 죽을 지경이었다. 예전에 소비에트의 위성 국가였던 그 나라의 황량한 지형에서 솟아올라 이스탄불로 향하여 비행할 때에는 정말로 기분이 좋았다. 멍청하게도, 나는 집을 향해 떠나는 것이 좀 더 안전하고 더욱 하나님의 보호를 받는 길이라고 생각했다.

내가 집에 돌아올 때까지 걸린 서른 시간 중에 스무 시간은 비행기에서 보냈다. 이스탄불에 도착했을 때는 기분이 좋아졌고, 뉴욕에 왔을 때는 더 좋아졌고, LA 공항에 착륙했을 때에는 공중에 붕붕 뜰 정도였다. **이제 다음 주에는 탈장의 문제를 완전히 해결하고 정상적으로 생활해야겠다고 생각했다.**

그러나 문제는 그리 간단하지 않았다. 수술 일정을 잡았으나 내 오른쪽 다리에 어떤 문제가 생겼다. 오랜 비행 탓에 피가 응고되어 금방 죽을지도 모르는 위기에 봉착했던 것이다! 의사들이 휴가를 떠난 바람에 미국 대통령이 아니면 검진을 받기조차 힘들었다. 나는 집 근처에 있는 응급실로 가서 응고 테스트를 받았다. 그 결과 음성으로 드러났다. 며칠 뒤에 나는 똑같은 불평을 하면서 똑같은 응급실로 돌아왔는데, 이번에는 오른쪽 무릎 뒤편이 붓는 문제가 생겼기 때문이었다. 그들은 첫 번째 검진 결과를 완전히 신뢰했기에 다시 테스트를 하려 하지 않았다. 하지만 여러 차례 X레이를 찍기는 했다. 그리고 내 골반 부위를 CT로 촬영했다. CT 촬영을 지시한 외과 의사가 응급실에 있던 나를 불렀다. 그는 나에게 혈액 응고에는 문제가 없다고 아주 확신 있게 말했다. 몇 가지 검사를 더 한 뒤에 응급실 담당 의사 역시 내 방에 들어오더니 "당신이 생각하는 문제가 있다는 증거는 전혀 없다"고 떠벌였다.

이렇게 되어 내가 안고 있는 문제를 나에게 이야기해줄 사람이 아무도 없었다. 담당 의사는 나름의 문제를 안고 있었다. 그는 그의 아내가 뇌수술을 받고 있는 중이어서 며칠 휴가를 받았다. 결국 나는 나의 건강 문제는 내가 챙겨야겠다고 결심하고 다른 응급 병원으로 갔다. 그 의사는 나에게 혈액 응고의 문제가 있을지 모르겠다며 복부에 주사를 놓고 혈액 희석제를 투입했다. 이틀 동안 그렇게 한 끝에 마침내 혈전의 문제가 없다는 결과가 나왔다.

나는 기뻐하며 집으로 돌아갔지만 여전히 의심이 들었다. 알약을 먹지 않고는 잠을 잘 수 없었고, 집중력이 떨어졌다. 의술은 결국 최종 진단이 내려지기까지 의문점들을 하나씩 제거해가는 과정이다. 나는 담당 의사를 찾아가 또 다른 검사들과 재검진을 받은 후 집으로 돌아왔다. 그날 밤 나는 다리에 통증을 느꼈는데 갈수록 심해지는 것 같았다. 그래서 또 다시 응급실에 갈 뻔했지만 그들에게 쫓겨날 것만 같았다.

이튿날 나는 담당 의사의 진료실로 들어갔다. 약속도 하지 않고 간 것이었다. 마침 점심시간이었다. 그는 나를 보더니 "아파 보이는군요. 중독 증상이 있는 것 같고"라고 말했다. 난처한 표정이 역력했다. 우리는 몇 가지 검사를 하느라 한 시간을 함께 보냈고, 그는 자신의 동료를 불러 나를 검사하게 했다. 그들은 나에게 위험한 상황이 아니라고 설득하려고 애쓰는 것 같았다. 담당 의사는 마침내 진료실 문을 닫고 의사들이 검사할 때 사용하는 바퀴 달린 걸상 위에 앉았다. 나는 내 안색이 얼마나 창백한지를 몰랐으나, 몸무게가 5.4킬로그램이나 줄었고 무척 괴로운 상태였다. 나로서는 내가 어떻게 해서 그런 문제를 갖게 되었는지 알 길이 없었다. 담당 의사는 내 컨디션이 나아질 때까지 탈장 수술을 연기하자고 했다.

나는 심호흡을 했다. 이번에는 내가 고백할 차례인 듯 보였다. 고백은 영혼에 좋은 것이고 특별히 그것이 진실인 경우에 그렇다. 나는 그것이 내 자신이 30일도 넘게 염려와 스트레스에 시달리고 무엇을 해야 할지 몰라 전전긍긍했기에 발생한 것 같다고 말했다. 나는 미진한 부분을 싫어하는데, 이것은 심각할 정도로 미진한 것이었다. 내가 아무리 발버둥을 쳐도 빠른 해결책을 찾을 수 없었다. 나로서는 어쩔 수 없는 상황이었다. 어쩌면 내 수입의 상당 부분을 차지하는 사역 일정을 취소해야 할지도 몰랐다. 그리고 설상가상으로, 내 등이 잘 움직이지 않아서 더욱 고통스러웠다.

내 담당 의사는 아주 웃기는 사람이자 매우 똑똑한 사람이었다. 그는 아주 경험이 많아서 웬만한 것은 다 꿰뚫고 있었다. 그가 자기 아내의 뇌수술과 그의 신앙 여정에 관해 말하기 시작했다. 자신의 몇 가지 경험에 대해서도 이야기했는데 아주 솔직하고도 감동적인 내용이었다. 우리는 기도와 방정식의 영적인 면에 대해 이야기를 나누었다. 우리는 과학과 신앙이 서로 친구라는 데 동의했다. 그러나 그 균형점은 어디에 있는가? 의사는 도구에 불과하다. 깨진 뼈를 맞추는 이는 의사이지만, 그 뼈를 치료하시는 이는 하나님이시다. 마침내, 담당 의사는 걸상을 굴려 내가 있는 쪽으로 오더니 내 무릎을 붙잡고는 이렇게 말했다. "헐 목사님, 지금은 믿을 때입니다."

나는 그의 진료실을 떠나 내 차로 들어갔다. 그리고 소리내어 울기 시작했다. 처음으로 긴장감에서 해방되는 순간이었다. 사람들은 나를 위해 기도해왔고, 하나님은 그의 택한 자, 나름대로 신앙의 여정을 걷고 있던 유대인 의사를 내게 보내 주셨던 것이다. 나는 자신이 이렇게도 믿음이 없었던 것이 너무도 당혹스럽고 부끄러운 마음이 들었다. 그래서 이렇게 자문할 수밖에 없었다. **아니, 그동안 그토록 많은 기도, 성경 읽기, 수련회, 세미나, 집필, 전 세계의 신자들을 돕는 일 등을 해왔건만 내가 이렇게도 약할 수 있는가?** 나는 이제껏 이렇게 가르쳤다. 만일 우리가 영적인 훈련을 쌓으면, 장차 우리는 자연스럽게 예수님이 행했던 일을 그대로 행하게 될 날이 올 것이다. 또한 우리는 그분의 성품을 덧입을 것이고, 그분의 뜻을 행할(순종할) 능력을 기르게 될 것이다.

그러나 이제 나는 예수님이 자신이 죽을 때가 다가온 것을 알았을 때 핏방울 같은 땀을 흘리셨음을 지적하고 싶다. 예수님의 아버지는 그를 버린 적이 없지만 우리가 겪는 일과 똑같은 것을 그도 경험하게 하셨다. 그 경험은 마지막에는 언제나 "내 원대로 마옵시고 아버지의 원대로 되기를 원한다"는 결론에 도달한다(눅 22:42). 나는 가정 성경공부 그룹에서 이 이야기를 한 후, 소리내어 울고 흐느꼈다가 나도 그렇게 할 수 있었다는 아내의 말을 듣고 겨우 안정을 되찾았다. 그 모임에 참여한 이들은 그 사실을 나보다 더 잘 이해하는 것 같았다. 나는 그들에게 내가 그리스도 안에서 빚어지는 과정은 내가 신학 학위를 가진 공인된 전문인이고 여러 권의 책을 쓴 것만 제외하고 다른 사람들과 마찬가지라고 그들에게 말했다. 그동안 나는 어려운 상황에서 하나님을 믿지 못했던 이들을 참지 못했는데, 이제 그 모든 이들에게 진솔한 사과를 하고 싶다고 말했다.

나는 내가 아직도 이 과정을 밟고 있는 중임을 고백한다. 나는 아직도 어떻게 돌아가고 있는지 알지 못한다. 탈장도 여전하다. 그러나 새로운 차원의 평안과 안식을 찾았다. 그것이 완전하진 않지만, 여전히 진단에 맞추어 치료를 해나갈 것이다. 나는 그 가정 성경공부 그룹에서 이렇게 말할 수 있었다. "좋습니다, 주님, 제 인생은 당신의 손 안에 있습니다. 제가 염려한다고 해서 제 인생에 단 하루도, 한 시간도, 1초도 더할 수 없습니다. 그럼에도 이 문제만큼은 해결해야 한다고 생각합니다. 저는 40년도 넘는 세월 동안 제자가 되는 일과 다른 이들을 제자 삼는 일에 몰두했습니다. 내 평생의 과업을 아는 사람들은 나를 '제자도의 인물'이라고 부를 것입니다. 그렇다면 왜 나같이 연약한 사람이 이런 과업을 맡아야 하는 것입니까? 도대체 왜 사람들이 내 말을 들어야 하는 것입니까?"

내가 받은 응답은 하나님이 나를 그 일로 부르셨다는 것밖에 없었다. 그리고 이 소명감은 사라지지 않을 것이다. 내 이야기가 당신의 고민, 곧 당신 자신이 아니라 하나님께 순종하려고 애쓰는 그 몸부림에 어떻게든 도움이 되기를 바란다. 장 칼뱅은 "사람의 몰락은 스스로에게 순종하는 것"이라고 잘 말했다. 내가 나 자신에게 순종했을 때 먹지 못해서 몸무게가 5.4킬로그램이나 빠졌고, 눈 주변에는 다크 서클이 생기고, 응급실에서 많은 시간을 보내며 온갖 검사를 받아야 했다. 나는 그 문제에 대해 아내에게 끝없이 이야기하고, 밤마다 잠을 청하려고 수면제를 먹어야 했다. 이런 것은 마치 사탄이 꾸며놓은 상황처럼 보인다. "도둑이 오는 것은 도둑질하고 죽이고 멸망시키려는 것"(요 10:10)인 것처럼 사탄은 내 믿음을 앗아가고, 내 몸을 죽이고, 내 기쁨을 파괴하려는 듯 보인다.

당신이 거울을 들여다 볼 때, 당신의 눈빛이 흐려지거나 웃음이나 음악 감상이나 밝은 미래에 대한 생각이 희미해진다면, 그때 당신은 몰락한 인간의 모습을 보고 있는 만큼 장 칼뱅의 말을 되새길 필요가 있다. 그리고 예수님의 말씀을 통해 소망을 회복팔 필요가 있다. "내가 온 것은 양으로 생명을 얻게 하고 더 풍성히 얻게 하려는 것이라"(요 10:10).

묵상 및 토론을 위한 질문

1. 영성 형성 사역을 할 때 우리는 안에서 밖으로 접근하기보다 밖에서 안으로 접근하는 경향이 있다. 왜 그렇다고 생각하는가? 당신은 사람들에게 '안에서 밖으로' 향하는 접근의 가치를 어떻게 설명하겠는가?

2. 대다수의 사람은 영성 형성을 평생에 걸친 과정으로 생각하지 않는다. 그렇다면 당신이 사람들을 영성 형성으로 초대할 때 어떻게 하면 그들이 무거운 짐을 지고 지치지 않도록 도울 수 있겠는가?

3. 외적인 활동과 그리스도의 형상으로 빚어지는 일 사이에는 어떤 관계가 있는가? 당신은 내적 작업의 역할을 놓치지 않으면서 외적 활동의 필요성을 어떻게 설명하겠는가? 이와 거꾸로, 당신의 공동체가 내적으로만 몰입하지 않게 하려면 어떤 단계를 밟는 것이 필요하겠는가?

4. 당신은 그리스도의 형상으로 빚어지는 것, 하나님의 마음을 품는 것의 의미를 어떻게 묘사하겠는가? 이 개념이 한갓 모호한 생각에 그치지 않고 실제적인 삶의 변화와 연결되게 하려면 어떻게 그것을 설명하겠는가?

5. 당신이 속한 공동체에서는 순종을 격려할 때 마치 그것이 순전히 노력의 문제인 것처럼 강조하지 않는가? 어떤 식으로 그렇게 강조하는가? 영적인 마음으로부터 순종하도록 격려하는 면은 없는가? 이 양자 사이에 동기와 결과상의 차이점을 사람들이 인식하고 있는가?

추천도서

William Law, *A Serious Call to a Devout and Holy Life*. London: Richard Clay and Sons, 1906.

Parker J. Palmer, *Let Your Life Speak: Listening for the Voice of Vocation*. San Francisco: Jossey-Bass, 2000.

유진 피터슨, 『그 길을 걸으라』(*The Jesus Way: A Conversation on the Ways That Jesus Is the Way*), 한국 IVP, 2007.

달라스 윌라드, 『잊혀진 제자도』(*The Great Omission: Reclaiming Jesus' Essential Teachings on Discipleship*), 복 있는 사람, 2007.

5장

삶의
모든 영역에
걸친 변화

키스 메이어(Keith Meyer)

제 5 요소 | 영성 형성은 단순한 테크닉이나 프로그램이 아니라 하나님의 능력으로 상처와 반역이 치유되는 등 전 인격이 지속적으로 변화하는 과정이다.

설명 | 사람들은 하나님의 형상과 모양으로 창조되었다. 그러나 인간의 타락이 그 형상과 모양의 모든 면을 손상시키고 우리를 싸움과 부패에 빠뜨려 우리는 반역적이 되고, 하나님과 서로에게서 소외되고, 고통과 상처를 받아 우리의 영혼이 망하게 되었다.

　인생의 여정은 인간관계, 신체적 성숙, 고난, 목표, 소원, 희망 등의 분야에서 평생토록 변화를 경험하는 과정이다. 따라서 영적인 발전에 관한 성경의 은유들을 보면 오랜 기간에 걸친 성장의 개념에 초점을 맞추고 있다. 가령, 경주를 위한 훈련, 광야에서의 방황, 상처와 반역의 치유와 같은 것들이다. 이와 대조적으로, 우리 문화가 즐겨 사용하는 것은 적절한 테크닉과 도구와 프로그램에 기초한 응급처치의 비유들이다. 이와 달리 성경은 평생에 걸쳐 그리스도의 형상으로 변화되는 것을 목표로 삼도록 가르치고, 테크닉과 프로그램과 환경은 그 과정에서 필요한 것이라고 말한다.

✟

아빠, 아직도 집에 안 왔어요?

이 사건은 내 목회사역에서 몇 생애 전에 일어난 일만 같다. 어느 날, 나는 교회 집무실의 책상 위에 쌓인 일 더미를 그냥 놓아둔 채 여섯 살짜리 아들 카일과 '양질의 시간'을 보내기로 한 약속을 지키기 위해 일찍 집으로 돌아왔다. 카일과의 양질의 시간은 때로 함께 만화영화를 보는 것을 의미했기에 그날 나는 가만히 앉아 텔레비전을 시청해야 했다. 나는 아들 곁에 풀썩 주저앉아 만화의 세계로 빠져들었다.

그 순간 나는 내가 정말로 지쳐 있음을 절감했다. 신체적으로만 그런 게 아니라 너무도 부담스러운 목회사역과 생활 패턴이 나를 지치게 만든 것이다. 나는 그리스도인다운 삶과 천국에 가는 길에 관해 설교하고 가르치고 프로그램을 만들었으나 정작 나 자신은 땅 위에서 지옥과 같은 삶을 살고 있던 것이다.

나의 시간 사용 방식을 놓고 아내와 나는 자주 언쟁을 벌이고 있었다. 매주 여러 차례의 야근, 장시간 근무, 사역에의 몰입 등은 그녀가 결혼서약을 할 때 기대했던 그런 부부관계와 가정생활이 아니었다. 나는 '목사의 아들'로 자랐는데, 당시 복음주의 문화는 목회사역을 위해 가정생활을 희생하는 것을 당연시하는 분위기였다. 그런 패턴이 교회와 하나님을 섬기는 바른 길이라고 배운 나는 지금 가족에게 그대로 행하고 있었던 것이다.

이제 와서 뒤돌아 보면 내가 왜곡된 '성공'의 개념을 추구하고 있었다는 것을 알 수 있다. 이는 내가 설교를 통해 자주 경계했던 세속적인 성공이 아니라, 종종 전문 사역이라 불리는 거룩한 활동주의와 일 중독증을 가리킨다. 부흥하는 교회—예배에 참석하는 교인의 증가, 갈수록 많아지는 프로그램, 예산의 증액과 건물의 증축-야말로 당시 내가 속한 성직자 동아리에서는 성공적인 사역의 특징으로 통했다. 나만이 이런 성공을 추구한 것이 아니었다. 교단 수양회에서조차 대화의 주제는 금방 교인들의 숫자나 교회 건축 프로그램을 비교하는 쪽으로 나가곤 했다. 이처럼 우리의 사역을 성장시키고 싶은 마음의 밑바닥에는 교묘한 형태의 야망이 도사리고 있었다.

나는 이런 관행을 불편하게 느끼면서도 나도 모르는 사이에 내 나이 무렵 아버지가 섬기던 교인의 규모와 현재 내가 섬기는 교인의 규모를 서로 비교하기 일쑤였다. 우리 아버지의 교회는 아버지의 나이 서른 살 때 예배 참석 교인이 1000명이었고, 내 경우는 500명이었다. 사역으로 보나 가정으로 보나 내가 패배한 셈이다. 카일이 내 곁에 앉아서 만화영화에 빠져 있었던 그날 나는, 아이가 느닷없이 던진 질문에 깜짝 놀랐다.

아들은 나를 쳐다보지도 않은 채, "아빠, 아직도 집에 안 왔어요?"라고 묻는 것이었다.

그의 질문은 내게 낯설고 충격적이었다. 아직도 집에 안 왔느냐고? 이게 무슨 뜻인가? 나는 벌써 20분 동안이나 아들 곁에 앉아서 그가 좋아하는 만화를 보지 않았는가? 난 그 질문에 어떻게 대답해야 할지 몰랐다. 그것은 나를 괴롭혔고, 내가 부재중인 혹은 멀리 있는 남편처럼 보인다는 아내의 불평을 떠올렸다. 나는 지금 내가 하나님, 나 자신, 내 가족, 내 교회, 주변 세상과 더불어 어떻게 살아가고 있는가에 대해 생각했다. 그 삶은 나를 중심에 둔 채 온갖 방향으로 치닫는, 도무지 통제가 불가능한 망가진 삶처럼 보였다. 이것 말고 달리 사는 방법은 없었을까? 성경에서 얼핏 보았지만 현실에선 불가능하다고 생각했던 그런 삶에 이르는 길은 없었을까?

불완전한 변화에서 온전한 변화에 이르는 여정

카일의 질문은 나의 삶에 빈 구석이 있음을 일깨워 주었다. 그것을 계기로 나는 현재의 내 모습과 장차 되고 싶은 모습, 그리고 더 나아가 현재의 사역 모습과 바람직한 모습 사이의 거리를 측정하는 일을 시작했다. 그즈음에 한 친구가 내가 겪고 있는 문제를 다룬 어떤 책을 읽어 보라고 제안했다. 나는 달라스 윌라드의 책 『영성훈련: 삶을 변화시키는 하나님의 방법에 대한 이해』를 통하여 그리스도 안에 산다는 것이 우리의 죄를 용서받는 것 이상이라는 것을 알게 되었다. 그것은 죄를 이기는 능력을 얻는 삶이다. 우리가 예수님처럼 살기 위해서는 그리스도의 명령, 곧 분노, 멸시, 염려, 혹은 정욕의 지배를 받지 않는 삶을 살라는 그 계명에 순종하는 일이 필요했다. 그리고 이런 죄스러운 태도에서 벗어난 자유는 내세에서의 삶을 잠깐씩 맛보는 것이 아니라 실제로 우리 삶의 분위기가 될 수 있었다. 또한 예수님을 닮아가는 과정은 "겉치레에 불과하거나 힘겨운 노력으로 되는 것이 아니라, 그분이 가진 능력으로 이루어지는 것"이며, 이를 "쉬운 멍에"라고 불렀던 것이라고 그는 주장했다.[1]

달라스 윌라드는 변화가 가능하다고 생각했을 뿐 아니라, 그것이 어쩌면 불순종보다 영과 몸에 더 쉬운 길일 수 있다고 말했다. 내가 아는 거의 모든 사람은 그런 변화를 슬쩍 가장하고, 너무나 힘겹게 이루려고 하고, 아예 당연시하고 있었다. 혹은 완전히 포기해버렸다. 나는 '성자'가 되겠다는 고상한 생각은 전혀 없이 그 길을 걷기 시작했다. 나는 그저 가정을 되찾고 싶은 마음뿐이었다. 카일의 질문은 내가 (달라스 윌라드가 말한) 그리스도께서 선사한 삶에서 얼마나 멀리 떨어져 있는지를 깨닫게 해주었다. 이제 나는 그런 삶을 동경하지만 거기에 이르려면 더 많은 질문을 다뤄야 한다. 그럼에도 나는 희망을 품고 진정한 변화에 이르는 길을 찾아가기 시작했다.

변화의 간격: 지금 여기에서의 삶 없이 천국에 가려는 것

현재 나의 삶이 천국 본향에서 그토록 멀리 떨어져 있는데, 어떻게 나는 "구원받고" 또 "거듭나서" 그 본향을 향해 가고 있다고 확신할 수 있을까? 온전한 변화를 향한 나의 첫 발걸음은 나에게 전반적인 삶의 변화에 대한 시각이 없다는 점을 인정하는 일이었다. 이것은 천국에 이르렀을 때의 삶이 아니라 이 땅에서의 삶에 대한 시각을 말한다. 오늘날 유행하는 복음의 축소판(1장을 보라)은 회심 때의 짧은 회개만 요구하고 다른 중요한 변화는 모두 먼 장래의 일로 남겨두었다. 그런데 이런 변화는 이생에서 우리의 손길이 미치지 않는 곳에 있다. 사람들에게 성경이 말하는 정상적인 혹은 성숙한 그리스도인의 삶을 살라고 요구하면, 그들은 그것을 "행위를 통한 구원"이나 "완벽주의"를 주장하는 소리로 간주한다. 그러나 나는 훗날 천국에서가 아니라 지금 여기에서 다른 삶을 살 수 있을까 하고 묻고 있었다. 물론 나는 예수님과 인격적 관계를 맺고 있었기에 죽으면 그분과 함께 있을 것임을 확신했지만, 이런 확신이 가정생활에는 아무런 도움도 주지 못했다. 우리 교회에 속한 다른 교인들의 경우도 마찬가지였다.

우리 교인 대다수가 그렇듯이, 나의 회심도 애초에는 변화를 촉발했지만, 이후에는 분노와 격정, 염려와 교만, 이기심 등에 휩싸여 비그리스도인과 다름없는 생활에 안주하고 말았다. 그렇다고 내가 허랑방탕하게 지냈다는 말은 아니다. 내가 아는 한, 그리스도인이 아닌 대다수의 사람들도 그런 식으로 살고 있었다. 그리고 나처럼 거듭난 사람들, 소위 삶을 변화시키는 기독교를 영접한 사람들도 다를 바가 없었다. 그러면 우리는 어떤 차별성을 보였어야 했는가? 단지 우리가 용서받았다는 점밖에 없는 것인가? 나는 사람들에게 그리스도를 영접하도록, 그리고 남을 위해 많은 선행을 베풀도록 가르치고 있었으나, 무언가 빠진 것이 있었다. 나는 원수를 사랑하는 법에 관해 설교하면서도, 내 사역의 목표를 이루는 데 방해가 되는 교인이면 누구나(우리 교회의 많은 리더들과 교인들이 그랬다) 멸시했고, 이제는 내 아내까지 그 부류에 포함시키고 있었다!

이로 말미암아 내가 경험한 "풍성한 삶"과 성경에서 말하는 그것을 재검토하지 않을 수 없었다. 그 결과 예수님이 성경을 통해 우리를 초대한 그런 삶-예수님과 바울이 본보기를 보여준-과 내가 기대했던 삶 사이에 분명한 차이가 있다는 결론에 도달했다. 나는 다르게 살려고 노력하고 다른 사람들에게도 그렇게 살라고 권하는 과정에서 대다수의 사람들이 오늘날에는 예수님과 바울이 본보기로 보여줬던 그런 삶이 불가능하다고 믿고 있다는 사실을 알게 되었다. 그런 삶은 기껏해야 소수의 스타 운동선수에게나 가능할 뿐이다. 그런 삶은 더 이상 존재하지 않는 성경에 나오는 영웅들을 위한 것일 따름이다. 그런데 놀랍게도 나는 교회사를 공부하면서 이런 심오한 삶의 변화가 가능할 뿐 아니라 1800년대 말까지만 해도 신자들에게 기대되었던 것을 알게 되었다.

리처드 러블레이스(Richard Lovelace)는 작금의 복음주의 신학과 경험에서 한 가지 간격을 찾아냈는데, 그것을 "성화의 간격"이라고 불렀다.[3] 그것은 다름 아니라 성경이 요구하는 **삶의 변화**라는 잃어버린 요소였다. 이는 우리의 회심과 우리의 죽음 사이의 기간에 일어나는 일로서, 대부흥 운동 이후 지난 100년간 잃어버렸던 조각이다. 러블레이스는 역사적으로 교회의 부흥운동 혹은 대각성 운동이 개인과 사회의 근본적인 변화를 초래했다는 사실을 입증했다. 우리가 "성화의 간격"이 생기기 전에 살았던 그리스도인들의 이야기들을 공부해보면 그 차이점을 명백히 알 수 있다.

"나 같은 죄인 살리신"(Amaging Grace)이란 찬송이 지금은 윌리엄 윌버포스(William Wilberforce)의 생애를 다룬 할리우드 영화의 사운드트랙의 주제곡이 되었는데, 그는 잉글랜드에서 노예제도를 폐지시키려고 20년 동안 의회를 이끌었던 잉글랜드 복음주의자였다. 이 싸움은 윌버포스의 건강과 부를 모두 앗아갔다. 자기의 간증이 담긴 이 찬송의 가사를 썼던 노예 상인 출신의 존 뉴턴(John Newton)은 이 영화에서, 삶이 변화된 사람들과 그들이 그들의 세계와 문화에 미친 강력한 영향을 자세히 이야기하는 인물로 등장한다.

존 뉴턴을 믿음과 새로운 삶으로 이끌어 준 책 중의 하나는 영성 형성에 관한 14세기 고전인 토마스 아 켐피스의 『그리스도를 본받아』였다. 이 책은 진정한 회심의 표시로 삶의 변화를 분명히 요구하고 있고, 그 메시지는 성경 다음으로 주목을 끌었다. 이를테면, 적을 용서하는 일부터 비방과 뒷공론을 금하는 일에 이르기까지 구체적인 행동의 변화를 다루고 있다.

그 책의 저자(혹은 저자들-많은 학자는 『그리스도를 본받아』가 두어 세대에 걸친 공동체적 지혜를 편집한 책이라고 믿는다)는 그리스도를 안다고 주장하는 사람들에게서 삶의 변화를 기대한다. 구체적으로 말하면, 삼위일체와 같은 신학적 개념은 잘 설명하면서도 삼위일체적인 삶과 사랑의 증거가 거의 없는 경우에는 하나님을 아는 진정한 지식이 있는지를 의문시한다. 이런 내용을 담고 있는 만큼 그 책이 뉴턴의 회심에 영향을 미치고 성품, 직업, 세계관의 변화를 초래한 것은 놀랄 일이 아니다.

제임스 로슨(James Lawson)의 『유명한 그리스도인들의 심오한 경험』(*Deeper Experiences of Famous Christians*)은 "성화의 간격"이란 현상이 나타나기 전에 살았던 인물들의 이야기를 담고 있다. 그 이야기들은 예수님의 수련생이 한동안 영적인 훈련을 쌓음으로써 그리스도의 삶을 닮아 영성 형성에 이르는 인생 여정을 들려주고 있다. 그러나 오늘날에는 신자에게 의미심장한 변화를 요구하고 또 기대하는 책이 무척 드물다. 일부 저자들은 이생에서는 파격적인 순종의 삶이 가능하지 않다고 시인하기까지 한다. "성화의 간격"(혹은 "변화의 간격"이라고 불러도 무방하다)을 우리의 실질적인 경험으로, 더 나아가 정상적인 것으로 받아들이는 분위기가 갈수록 더 짙어지고 있다. 은혜가 우리의 영원한 운명은 결정하지만, 우리를 위해 더 많은 일을 해주는 것을 보려면 천국에 갈 때까지 기다려야 한다. 이 땅에서의 삶은 하나님과 함께하는 모험이나 여정이기보다 오히려 대기실에 더 가까운 편이다.

오늘날 사역 현장에서 직면하는 가장 큰 난점의 하나는 교인들뿐만 아니라 목사와 리더들조차 회심할 때의 변화 이후에는 중대한 삶의 변화가 있으리라고 기대하지 않는다는 점이다. 예수님이 산상설교에서 묘사한 그런 삶은 아예 불가능하다고 생각한다. 다수는 염려, 정욕, 분노, 멸시, 뒷공론, 탐욕 등에서 벗어난 삶을 포기해 버렸다. 범퍼 스티커의 글귀처럼 "그리스도인은 완벽하지 않고 그저 용서받았을 뿐이다." 많은 성경구절이 이생이야말로 우리가 거룩해질 수 있는 유일한 곳이라고 주장하고 있음에도 불구하고, 사람들은 이생에서 더욱 거룩해지고 성숙하는 것을 기대하지 않는다.

달라스 윌라드가 나의 상상력을 사로잡는 바람에 나는 그리스도 안에서 이뤄질 삶에 대한 비전을 품기 시작했다. 동일한 여정을 걷는 다른 이들과 함께 나는 변화가 가능하다고 믿으며, 그리스도의 "쉬운 멍에"를 매기 시작한 것이다. 세월이 흐르면서 이 비전은 우리의 마음과 우리의 삶을 통해 영향을 받은 이들의 마음속에 뿌리를 내렸다. 그 가운데 다수는 우리가 한 마디도 하지 않았음에도 그렇게 되었다. 그들은 나에게 일어난 변화, 곧 내 아내와 자녀, 친구와 동료와의 관계가 바뀐 것을 목격했던 것이다.

비록 조금씩 성장하기 시작했고 아직도 기대에 한참 못 미치기는 하나, 그래도 나는 예전에는 차갑고 타산적인 격정으로 돌변했던 그런 분노를 버리는 법을 실제로 배웠다. 나는 원수를 사랑하고, 남을 경멸하지 않고, 염려와 두려움보다 평안 가운데 살고, 통제의 욕구를 버리고, 하나님과 타인을 더 신뢰하는 법을 배우는 중이다. 이 새로운 처소에서 아직도 온전하게 또 거리낌 없이 살고 있지는 못하나, 그리고 삶의 많은 영역에 걸쳐 여전히 해결할 과제가 많기는 하나, 지금 나는 변화되고 있는 중이고 결코 과거로 돌아갈 수는 없다. 나는 사실 원수를 사랑하고 삶을 하나님의 손에 맡기는 것이 경멸과 통제에 사로잡힌 삶보다 더 쉽다는 것을 발견했다. 그런 면에서 "쉬운 멍에"의 진실과 하나님의 계명이 무거운 것이 아니라는 말씀(요일 5:3)을 깨닫기 시작하고 있는 셈이다. 아니, 그것은 즐거운 삶이다!

복음주의자의 이중적인 삶: 일상적인 삶과 영적인 삶

나는 영적인 삶에서 하나님을 주목하고 있다고-정기적인 기도생활과 하나님 나라를 위한 섬김을 통해-믿으면서도 어떻게 일상생활에서는 아내와 아들에게 그토록 무관심하게 되었을까? 천국이 아니라 지금 여기에서 무언가가 되는 문제 외에도, 나는 내가 오직 삶의 한 부분에서만, 즉 영적인 삶에서만 변화를 거듭하고 있다는 것을 깨닫게 되었다. 그 결과 나의 일상생활이 영적 삶의 영향을 받지 않는 이중성을 드러내고 있었던 것이다. 나는 개인적인 기도생활을 하고 있었기에 스스로 훌륭한 영적인 삶을 살고 있다고 생각했다. 나는 내가 아는 어느 목사 못지않게 성경을 잘 알았고 또 열심히 공부했다. 심지어는 많은 구절을 암송하기까지 했다. 또한 기독교 사역을 하느라 무척 바빴기에 내가 하나님과 교회를 위해 얼마나 많은 일을 하고 있는지에 대해 나름의 자부심을 품고 있었다. 나는 그럼에도 사역자와 예배자로서 나의 삶이 어째서 아내와 아들을 대하는 방식과 별로 관계가 없는지를 이해하지 못했다. 나는 새로운 여정을 시작하고 나서야 그동안 나의 "일상생활"과 "영적인 삶"이 분리되어 있으며 내가 "이중생활"을 하고 있었다는 사실을 알게 되었다. 심지어 나는 나도 인식하지 못한 채 설교 시간에 이런 이분법적인 삶을 부추기고 있었다. 나는 교인들에게 영적인 삶에 주의를 기울이도록 촉구했는데, 그것은 개인적인 기도생활을 하는 것과 교회에 가는 것을 의미했다. 여기에는 설교를 듣는 일, 예배에 참석하는 일, 여러 프로그램에 참여하는 일, 교회에서 봉사하는 일 등이 포함되어 있다. 그러면 교인들의 경우도 나처럼 영적인 삶이 일상적인 삶에 전혀 영향을 주지 못했을까? 그들은 이 점을 알아차렸는가? 나는 누군가 "당신의 영적인 삶은 어떻습니까?"라고 물을 때는 보통 그것이 "당신은 영적 훈련을 쌓고 있고 교회에 열심히 참여하고 있습니까?"라는 뜻임을 알게 되었다. 즉 그는 가족관계와 인간관계, 혹은 당신의 성품에 대해 묻는 것이 아니라는 것이다.

나는 삶의 모든 면이 영적인 영역임을 깨닫기 시작했다. 종교적인 활동만 영적인 삶으로 떼어놓는 것은 삶의 나머지 부분은 변화될 필요가 없다고 생각하는 셈이다. 그러나 실은 삶의 모든 측면이 변화될 필요가 있고, 삶의 여러 부분은 변화되지 않은 상태로 그대로 둔 채 그것과 별도로 교회 활동이나 영적인 훈련만 쌓아서는 곤란하다. 온전한 변화는 지성(생각과 감정), 몸, 영(마음과 의지), 그리고 사회적 관계 등 삶의 모든 영역을 포괄하는 것이다. 『마음의 혁신』에서 달라스 윌라드는 이렇게 설명했다. "성공적인 영성 형성(혹은 재형성)은 한 개인의 분립된 마음과 삶을 하나로 통합한다. 그러면 이 사람은 자기가 속한 그룹에 놀라운 조화를 초래할 수 있다."[3]

내가 품은 분노, 통제 욕구, 격정, 정욕, 사람을 기쁘게 하려는 마음, 염려, 두려움, 그리고 쫓기는 생활 등은 하나님의 손길에서 단절된 것들이었다. 그리고 그것들로 인해 나는 다른 사람들과 조화로운 관계를 맺지 못했다. 때로 나는 그것들을 고백하고 나의 죄책에 대해 용서를 구했지만, 거듭 똑같은 죄에 빠질 뿐이었다. 이를 가리켜 달라스 윌라드는 "죄 관리의 복음"이라고 불렀다.[4] 그러나 나는 진정한 변화나 그런 죄들을 죽이는 것이 가능하다고 생각하지 않았다.

복음주의 진영에서 거론되는 영적 성장과 신앙생활에 관한 많은 조언은 부지중에 이런 이중적인 삶을 가르치고 있다. 즉, 영적 훈련과 교회 활동을 열심히 하면 영적인 삶을 사는 것이고, 예배에 잘 참석하면 일상생활이 바뀌게 될 것이라고 가정하는 것이다. 우리는 주일 아침에 한두 시간의 예배를 드리면 삶에 큰 변화가 있을 것으로 믿는데, 과연 있을 법한 일인가? 죄를 짓는 문제는 보통 교회 출석의 부족과 예배 생활의 실패 탓으로 돌려진다. 우리는 교회의 프로그램, 소그룹과 성경공부, 선교 여행, 교회 봉사 등이 일상적인 삶을 변화시킬 것으로 믿는다. 그러나 실은 그렇지 않은 경우가 많다.

일리노이 주에 있는 윌로우크릭 교회는 '발견'(Reveal)이라 불리는 용기 있는 자기관찰 프로젝트를 실시했는데, 이는 그 교회를 포함한 일곱 교회의 프로그램이 과연 삶의 변화를 낳고 있는지 여부를 분석하는 것이었다. 교인들의 보고에 따라, 교회 프로그램에 참여하는 일이 회심 이후에 큰 변화를 초래하지 않는다는 결론이 내려졌다. 또한 영적 훈련에 관한 가르침만으로는 충분하지 않다는 결론에 도달했다. 무엇보다 신앙생활의 경험이 많은 그리스도인들과 멘토링 관계를 맺어주고 그런 공동체를 통해 영적 훈련이 삶의 변화를 초래하도록 훈련시킬 필요가 있었다. 이 초대형 교회의 담임목사인 빌 하이벨스는 『발견』의 서문에서 자신이 그 교회의 지도자들로부터 지난 30년간의 교회 활동에 관한 연구조사를 통해 윌로우크릭이 기대한 만큼 헌신된 예수님의 제자들을 양육하지 못했다는 사실을 밝혀냈다는 소식을 듣고 마음이 아팠다고 썼다. "나는 이런 결과를 들었을 때 감당하기 어려운 고통을 느꼈다. 하지만 곰곰이 생각해보니 그것을 몰랐더라면 그 고통이 실로 엄청났을 것임을 알았다."[5] 우리의 영적인 삶과 일상생활이 서로 조화를 이루려면 복음주의 진영 전체가 이와 같은 용기 있는 평가를 실시하고 그 결과를 정직하게 받아들일 필요가 있다.

베스트셀러의 반열에 오르는 신앙생활 관련 서적들은 대부분 이런 변화의 간격을 메우려는 좋은 의도를 갖고 있지만 실제로는 삶의 변화를 낳지 못하는 지식만 더해줌으로써 오히려 이분법적인 삶을 조장하고 있다. 그 책들은 많은 사람을 회심하게 하고 교회에 나오도록 도와주지만, 성품 개발과 하나님 나라의 삶에 대한 비전과 수단을 제공하기에는 역부족이다. 물론 우리는 영적인 훈련을 시작하게 해주는 프로그램에 뛰어들 수 있다. 그러나 그런 훈련이 삶의 변화를 초래하지 않는다면-만일 분노와 격정, 정욕과 경멸, 통제 욕구와 같은 습관을 실제로 바꾸는 법에 관한 탄탄한 가르침이 없다면-우리는 종교적인 활동만 배가하고 있는 것일지도 모른다. 새로운 삶에 대한 비전과 그런 삶에 이르는 도구가 없다면, 아무리 좋은 의도가 있어도 기존의 생활을 되풀이할 수밖에 없을 것이다.

어떤 이들은 변화의 간격을 소위 "건강과 부의 복음"으로 메우려고 했다. 이런 가르침은 "믿음"이 성공을 가져온다는 약속에 초점을 맞춘다. 그러나 그것은 하나님 나라의 꿈 혹은 현존하는 영원한 생명이 아니라 오히려 아메리칸 드림과 비슷한 소리로 들린다. 하나님 나라의 복음에는 지름길도 없고, 세속적인 성공의 약속도 없으며, 고난을 피할 수 있다는 보장도 없다. 바울에 따르면, 이생에서 우리는 먹을 것과 입을 것이 있으면 자족해야 하고, 그리스도를 위해 고난을 받을 것을 예상해야 한다. 그는 이런 고난들은 사실상 하나님께서 우리의 성품을 성숙시키기 위해 정해 놓은 것이라고 말했다. 고난은 진정한 삶에 이르는 길이다.

성공적인 사역, 즉 출석 교인과 프로그램의 증가로 측정되는 내 자신의 왕국을 건설하려는 추구는 미움과 쫓김과 공허함의 문화를 드러내기 시작했다. 나는 왜 그토록 많은 성공적인 사역자들이 고꾸라지는지 그 이유를 깨닫기 시작했다. 처음에 나는 이따금씩 아주 어렵게 성공한 지도자가 이런저런 스캔들로 무너졌다는 소식을 들었을 때에는 그것을 종합적으로 이해하기가 어려웠다. 그러나 이제는 그 사람이 그 사역에서 큰 보람을 느끼지 못했다는 사실을 알게 되었다. 그리고 다수는 그 사역으로 인해 너무나 고갈되어 있었기 때문에 오히려 그런 탈출구를 찾는 것을 정당화했다는 사실을 알게 되었다. 교회의 당회는 그들 자신을 포함한 전반적인 시스템에 무슨 문제가 있을지 모른다는 생각은 제쳐놓고, 값싼 용서로 그 죄인을 관용하거나 그와 똑같은 길을 걸어갔을 뿐이다. 혹은 넘어진 자를 희생양으로 삼아 그 집을 메워줄 또 다른 슈퍼스타를 찾아 나섰을 뿐이다. 어쨌든 쇼는 계속되어야 하니까! 그러나 나의 경우에는 쇼가 멈추기 시작했다. 내 아들로부터 "아직도 집에 안 왔어요?"라는 정지 신호를 보고 깜짝 놀랐던 것이다.

나는 성적 스캔들로 무너진 것은 아니지만 내 아들의 질문을 통해 내가 "사역의 성공"에 매달려 있었음을 깨달았다. 그런데 내가 이 모든 모순들을 가슴으로 절감하게 된 것은 아내가 나에게 역기능 가정에 관한 책을 읽어보라고 권했을 때였다. 그 책은 나의 복음주의 배경이 성과 위주, 통제 욕구, 사람을 기쁘게 하려는 마음, 야망 등에 전염되어 있다는 사실을 보여주었다.

내 속에 그런 모습이 있음을 깨달은 후, 나는 그런 모습이 또한 우리 교회의 어디에 있는지를 살피기 시작했다. 뒷공론과 권력욕, 힘 있는 사람들을 기쁘게 하려는 성향, 내 마음대로 하려는 욕구, 내가 아버지의 교회만큼 큰 교회를 평생 갖지 못할 것이란 두려움 등은 우리 교회를 갤럽과 바나 여론조사의 유명한 통계수치에 따른 "깨어지고 건강치 못한 교회"로 분류시킬 것만 같았다. 그런 모습은 새로운 삶으로 거듭났다고 주장하는 이들이 그 특유의 성품을 잃어버린 경우였다. 이는 교회에서 죄로 간주되지 않고 오히려 정상적인 삶으로 여겨졌다. 나는 더 이상 숫자상의 성공이란 가면 뒤에 숨어 있을 수 없었다. 그리고 그로 말미암아 삶의 표면 아래 있는 더 깊은 문제들, 즉 나에게 감춰져 있었던 이슈들로 향하게 되었다.

사역의 가면들: 야망과 통제, 성과와 사람을 기쁘게 하는 시스템

어떻게 해서 나는 교회성장 방법과 교회 운영에는 그토록 밝으면서도 관계 면에는 그토록 부진했던 것일까? 내 가족과 내가 이런 상태에 있다면, 나의 사역 계획을 실행하느라 분주한 사람들의 삶은 실제로 어떤 모습이었을까? 나의 여정의 일부는 나의 가정과 교회에서 여실히 드러나는 나의 깨어진 모습과 반역을 있는 그대로 직면하는 일이었다. 내 아내의 여정에는 원가족(family of origin, 개인이 태어나서 부모의 영향을 받으며 성장하는 가족-편집자 주)의 문제를 직면하는 일이 포함되어 있었다. 그녀는 열두 단계 그룹의 도움을 받아 가족의 비밀과 역기능의 문제를 풀어가기 시작했다. 우리는 존 프릴과 린다 프릴이 쓴 책 『성인 아이: 역기능 가정의 비밀』(*Adult Children: The Secrets of Dysfunctional Families*)을 읽었고, 우리 둘 다 제1장에 실려 있는 역기능 가정의 경험을 측정하는 시험을 치렀다. 그런데 놀랍게도 올곧은 복음주의 사역자들로 구성된 나의 원가족이 우리가 "망가진" 가정으로 여겼던 아내의 원가족보다 더 역기능적인 것으로 드러났다!

그 책은 역기능이 가정생활에서 "명백한" 형태와 "미묘한" 형태를 모두 띨 수 있다고 설명하고 있다. 나는 나의 가정이 전형적인 열두 단계 그룹이 다루는 그런 명백한 역기능은 없었지만, 성과 위주, 사람을 기쁘게 하려는 태도, 통제 욕구, 야망 등이 중시되는 문화 같은 미묘한 문제들을 안고 있었다는 사실을 깨달았다. 또한 전문 사역자와 평신도 사역자 가운데 나와 같은 사람이 많이 있다는 것도 알게 되었다. 우리는 "소비자들"을 기쁘게 해주는 "공연자들"이었지만, 조직의 성공을 꿈꾸며 제공한 우리의 종교적 재화와 서비스 이상의 것을 필요로 하는 대다수의 양들을 놓치고 있었다.

일단 나의 일상생활이 지금 여기서 변화될 필요가 있고, 나의 영적 생활이 나의 종교 활동과 동일하지 않다는 점을 알게 된 후 나는 내 삶의 표면 아래 있는 상처받은 영역들을 인식하기에 이르렀다. 나의 일상생활이 변화되려면 이런 이슈들을 또 다른 형태의 이중생활 속에 감추기보다 정면으로 다룰 필요가 있었다. 만일 상처받은 영역들을 다루지 않으면, 공연자는 아무런 마음과 삶의 변화가 없이 변화로의 초대를 또 다른 행위를 연기하는 기회로 바꿔 버릴 것이다.

나는 나의 삶, 나의 결혼관계, 나의 가정, 그리고 우리의 확대 가정이 안고 있는 문제들을 직면하면서 우리 교회의 시스템에도 똑같은 문제가 있다는 사실을 알게 되었다. 이는 나와 함께 일하는 리더들은 물론이고 많은 교인들에게도 해당되었다. 그들 모두는 겉으로는 훌륭하게 보였으나 나처럼 미묘한 문제를 안고 있었다. 대다수는 교회의 리더십을 이루고 있는 공연자들이었다. 우리는 우리의 공연을 우리의 진정한 자아를 숨기는 거짓된 정체성의 가면으로 삼았고, 이런 가면을 벗겨내고 성공이 아닌 그리스도 안에서 참된 가치와 정체성을 찾게 해주는 그런 은혜가 있다는 것을 미처 몰랐다. 나는 사역의 성공을 교인들의 출석 숫자로 측정하며 서로를 비교하는 것이 얼마나 불경건한 야망인가 하는 것을 깨닫기 시작했다. 그리고 이런 야망이 교회의 많은 계획에 얼마나 많은 영향을 미치며 우리의 분주함의 원인이 되는지를 알게 되었다.

우리 교회에는 섹스나 알코올이나 약물 중독과 같은 명백한 문제를 안고 있는 사람도 상당히 많았지만, 그들은 고약한 성질에다 만사를 자기 뜻대로 하려는 사람이나 상습적으로 뒷공론을 일삼는 자들만큼 나쁘게 보이진 않았다. 목사의 눈에 일중독 같은 것은 아예 문제로 보이지도 않았다. 내가 내 인생의 방향에 의문을 제기하기까지 나를 정신없이 쫓아다니게 만든 그 야망은 나에게 숨어 있던 문제였던 것이다.

캘리포니아 주에 있는 오크 힐 교회의 목사인 켄트 칼슨(Kent Carlson)은 이런 말을 했다. 당신이 "평균적인 소비자 신자의 마른 나무와 목회적인 야망의 고성능 옥탄 제트 연료를 합치면, 교회 리더십 진영의 권력 및 통제 시스템을 가리는 불경건한 불길을 얻게" 된다고.[6] 또한 샌드라 윌슨(Sandra Wilson)은 『알코올 중독에 빠진 성인 아이들의 상담』(Counseling Adult Children of Alcoholics)이란 책에서 교회 리더십이 지닌 불건전한 패턴들을 찾아냈고 이들을 가리켜 "도움을 받지 못하는 도우미들"이라고 불렀다.

> 이런 목사들과 상담가들은 역기능 가정에서의 어린 시절의 경험에서 나오는 그들 자신의 몸부림과 상처를 제대로 직면한 적이 전혀 없었다. 그들은 자신의 그릇된 신앙, 부정확한 정체성, 무례한 대인관계 패턴, 왜곡된 하나님의 개념 때문에 도우미의 역할을 제대로 수행하지 못한다.[7]

또한 그녀는 "그리스도인 도우미들은 일단 자신의 깨어진 상태를 인식하게 되면 현명한 상담 내지는 전문적인 치료를 받을 필요가 있음을 솔직히 인정해야 한다"고 말했다.[8] 만일 이런 깨어진 영역들을 찾아내어 다루지 않으면, 그 문제는 표면 아래 있다가 자기도 모르는 사이에 남을 통제하려 하고 그들의 기대에 부응하려는 방향으로 치닫는다.

나의 정체성은 미처 치유되지 못하고 인식되지 못한 나의 상처를 반영했다. 나는 이런 상처 때문에 아버지의 교회나 다른 목사들의 교회와 우리 교회의 규모를 비교하는 강박관념을 갖게 되었다는 사실을 모른 채 그 상처를 부끄러워하기만 했다. 내 사역은 하나님께서 그리스도 안에서 나를 위해 하신 일로 인한 정체성에 그 바탕을 두지 않았고, 내 정체성은 내가 하나님을 위해 한 일과 내 사역을 원하는 사람의 수와 결부되어 있었다. 나는 무언가 잘못되었다는 것을 알고 있었지만, 나 자신이 문제라고 생각했고, 더욱 성공적인 사역으로 (이제야 알게 된) 수치심에서 벗어나려고 노력했다. 그러나 나보다 더 잘하는 사람이나 교회는 언제나 있기 마련이었다. 나의 정체성은 또한 영적인 삶을 얼마나 잘 영위하는지 여부와도 결부되어 있었다. 나의 일상생활은 어떻든 상관없이, 나의 기도생활과 교회 사역이 내 영성을 평가해 주는 율법주의적인 척도였다.

상담과 영적 지도를 받고 난 후 나는 나의 진정한 정체성은 교회 사역을 할 때 쓰는 가면 속에 있지 않고 그리스도와 그분의 은혜 안에 있다는 것을 깨닫게 되었다. 마침내 하나님의 도움을 받아 내 가면을 벗어버리고, 나의 눈과 다른 사람의 눈 대신 하나님의 눈으로 나 자신을 보게 되는 순간이 왔다. 이제 영적 훈련은 나의 영성을 증명하는 길이 아니라 나를 향한 하나님의 은혜와 그분의 사랑에 푹 잠기는 길이 되었다. 정체성의 문제가 해결되자 나의 사역은 내가 인정받고 싶은 욕구보다 다른 이들의 필요를 중심으로 조정되었다. 영적 훈련은 다른 사람들과 하나님의 기쁘게 하려는 길이 아니라, 나를 위해 그리스도가 계획한 새로운 삶 속으로 들어가는 길이 되었다.

표면 아래 있는 이슈들을 치유하고 안전한 은혜의 공동체를 개발하지 않으면, 영적 훈련 및 변화에 대한 추구는 오히려 해로울 뿐이고 성과 중심의 위선적인 공동체를 낳기 쉽다. 우리 부부는 치유의 과정을 시작하면서 알코올 중독자를 위한 열두 단계 그룹과 같은 모임에 참석했다. 그 과정에서 우리는 이런 그룹에서 경험하는 용납과 지지가 바로 모든 교회 공동체의 분위기가 되어야 한다고 말하곤 했다. 현재 우리가 출석하고 섬기는 교회는 바로 이런 은혜롭고 안전한 공동체로 알려져 있다. 서로서로 진실하고 참되고 투명해지는 것이 우리 공동체가 표방하는 명시적인 가치이다.

성과를 중시하는 환경에서는 표면 아래 있는 이슈들이 파묻히기 마련이다. 사람들이 위험을 무릅쓰고 표면 아래 있는 자신의 욕구를 드러내게 하려면, 안전하고 신뢰할 만한 은혜의 공동체를 개발할 필요가 있다(2장을 보라). 은혜에 바탕을 둔 공동체가 없이 변화를 강조하고 영적 훈련을 강요할 경우, 표면 아래 있는 삶의 이슈들을 안고 있는 교인들은 좌절감을 느낄 터이고, 그 공동체는 더욱 위선적이고 역기능적인 방향으로 나아갈 것이다. 그리고 결국은 개인의 삶과 공동체의 미해결된 문제들을 가리는 피상적인 영성 형성의 모양만 갖추게 될 것이다. 우리는 물론 모두가 부끄럽게 여기는 약물 중독과 섹스 중독 같은 명백한 문제들을 신중하게 다루어야 한다. 뿐만 아니라, 영성의 증거인 양 가장하고 종종 보상을 받는 일중독, 성과, 야망, 사람을 기쁘게 하려는 태도 등과 같은 미묘한 문제들 역시 다룰 필요가 있다.

사역의 은유들을 검토하는 일: 큰 사업을 벌이는 것과 예수님의 수련생들을 기르는 것

나는 어쩌다가 정도에서 벗어나서 예수님의 성숙한 제자가 되는 일이나 또 그런 제자들을 양육하는 일보다 출석 숫자, 건물, 예산과 같은 사업적 견지에서 성공을 측정하고 교회의 "조직적 확장과 생존"에 더 많은 관심을 품게 되었는가? 나는 이전 교회를 떠나 1년간 안식을 취하면서 내 삶을 정리하고 치유를 받은 후 그보다 훨씬 큰 3,000명 규모의 교회에 행정담당 목사로 들어가 사역을 재개했다. 내가 이 교회에 끌린 것은 그 교회가 갖고 있는 독특한 "회복의" 영성과 사업체처럼 운영되지 않는 교회에 대한 나의 갈망 때문이었다.

담임 목사를 포함한 교역자들과 평신도 리더들은 다함께 영성 형성의 여정을 시작했다. 그런데 우리는 우리가 성공적으로 운영하던 프로그램들이 사람들을 변화시키기에 역부족이고 우리 자신의 영성 형성에도 도움이 되지 못한다는 것을 간파했다. 우리 교회는 더 많은 교인을 수용할 수 없는 지경에 이르러 이제는 예배를 늘리든지 여러 장소로 분할해야 할 상황이었다. 우리의 제한된 시간과 에너지와 관련해 어떤 선택을 내려야 했다. 우리는 제자들의 공동체로서 개인적 및 공동체적인 변화를 추구할 것인가, 아니면 더 큰 규모를 만들어 운영하는 일에 우리의 삶을 소모할 것인가?

나는 더 큰 규모의 교인을 수용하려고 이 예배에서 저 예배로, 한 장소에서 다른 장소로 뛰어다니는 목사들을 알고 있었다. 그러나 우리는 그러고 싶지 않았다. 우리는 최대한 많은 예배를 드리면서 예수님의 평안을 전하려고 정신없이 뛰어다니다 녹초가 되고 싶지 않았다. 대다수의 교회를 지배하는 사업의 은유는 교인들의 변화보다 조직을 더 중요시했다. 우리는 다함께 변화의 공동체로 향하는 여정을 시작했지만, 우리가 하고 있는 일을 가리키는 새로운 은유가 필요했다.

나는 표면 아래 있는 나의 문제들을 알고 치유를 얻기 시작하면서 내 사역 철학과 그 배후에 있는 통제 은유들을 좀 더 신중하게 살펴볼 수 있었다. 다렐 구더(Darrell Guder)는 『선교적 교회』(Missional Church)에서 우리는 본을 보이고 제자 삼는 공동체를 세우는 리더의 은유보다 관리인과 프로그램 기술자의 은유를 우선시함에 따라 후자가 교회의 사명을 흡수해버렸다는 결론을 내렸다. 이런 은유들은 교회가 종교적 재화와 서비스를 생산하는 사업체처럼 움직인다고 가정한다. 그리고 좋은 의도를 품은 서양의 많은 목사들과 기독교 단체 지도자들은 교회성장 운동이 현대주의적 관점의 영향을 받아 "조직적인 확장과 생존"을 우선순위로 삼게 되었다고 말했다.[9] 그래서 교인들의 영적 성장보다 조직의 성장이 교회의 사명으로 자리 잡는다. 그리고 교회의 규모와 상관없이, 이 사업의 은유로 교인들은 교회가 아닌 기업체의 관리인과 CEO인 것처럼 행동하는 목사를 선호하게 되었다. 구더는 삶의 전 영역에 걸친 변화를 도모하는 데 필요한 새로운 리더십과 사역의 은유를 찾으라고 도전하고 있다.

교회 지도자를 위한 한 저널에서, 많은 이들에게 존경받는 어느 저명한 복음주의 초대형교회의 목사가 사역에 대한 예리한 감각을 유지하기 위해 무슨 글을 읽느냐는 질문을 받았다고 답한 적이 있다. 그가 내놓은 답변과 그 이유는 영성 형성의 은유가 어떻게 변화되어 왔는지를 이해하는 데 많은 시사점을 준다. 그는 자신이 사역을 준비할 때 거의 세속적인 비즈니스 책만 읽는다고 말한 뒤에 자신이 지도자의 은유를 양떼를 치는 목자에서 조직의 CEO의 은유로 교체했다고 설명했다. 그는 "목자"의 비유는 교회가 소규모일 때, 즉 목사가 교인들의 인생 문제의 상담자 역할을 할 때에 더 잘 어울린다고 생각했다. 하지만 교회가 점차 커져서 교인들의 필요를 채워주기 위해 다양한 프로그램과 서비스를 제공할 때가 되면, 여느 큰 사업체와 마찬가지로 조직 설계를 맡은 리더십 전문가가 필요한 것은 물론이고 유급 교역자와 평신도 리더를 관리하는 일이 더욱 많아진다는 것이다.

그는 목회사역을 제자 훈련이 아니라 치유 상담으로 이해하기 때문에 목자의 은유보다 CEO의 은유를 선택했던 것이다. 그리고 주로 비즈니스 책들에 의존하기 때문에 조직적인 발전을 곧 교회의 사명을 이루는 일로 생각했던 것이다. 이 목사를 통해 우리는 그동안 우리가 성경적인 은유, 곧 그리스도의 성품에까지 자라도록 "영혼을 보살피는" 목양의 은유에서 얼마나 멀어졌는지를 새삼 절감하게 된다. 그러나 성경에 나오는 목양은 치유 상담이나 조직적인 성공의 문제가 아니다. 그것은 작은 목자들로서 큰 목자(예수님)와 협력하여 예수님의 수련생을 훈련하되, 조직적인 성공을 위해서가 아니라 그들을 "그분의 이름을 위하여 의의 길로 인도하"기 위해서다(시 23:3).

성장가도를 달리는 큰 교회 기업은 상당히 많다. 그들은 성공적인 테크닉과 경영기법을, 사업 계획처럼 다른 교회들에 전수할 수 있는 것처럼 여기며 많은 교회를 위해 집회를 열고 자신들의 성공 패키지를 전달하고 있다. 내가 참석한 어느 집회에서는 교회들에게 최신 비즈니스 전략을 도입하도록 권하고 있었다. 그리고 교회 활동을 "맥도날드화"시켜 표준형 프로그램을 만들고 모든 교인에게 그것을 이수하게 한 후에 그들을 교회의 여러 활동에 투입하고 교회 성장에 기여하게 만들자는 논의가 있었다. 내가 그런 방법으로 성숙한 제자를 만들 수 있을지 모르겠다고 의문을 제기하자-일부는 내 주제를 놓고 토론하는 데 흥미를 보였지만-사회자는 자신 있게 주제를 다시 맥처치(McChurch)로 돌려놓더니 당연히 제자를 만들 수 있다는 식으로 주장했다. 하지만 윌로우크릭의 '발견' 프로젝트와 같은 연구 결과가 보여주었듯이, 지금은 아무리 좋은 비즈니스 관행을 도입할지라도 기존의 전략으로는 우리의 사명을 실현하기가 어렵다고 생각하는 지도자가 점차 늘어나는 추세다.

요즈음에는 교회가 새로운 프로그램을 도입해도 수적인 성장을 가져오지 않으면 그 수명이 1-2년을 넘기가 어렵다. 흔히들 예배가 끝날 때 즈음이면 중대한 삶의 변화가 있기를 기대한다. 혹은 적어도 40일에 걸친 집중 프로그램을 마친 뒤에는 그렇게 되길 바란다. 교회는 최소한의 참석자를 창출하는 대대적인 광고 캠페인이 담긴 마케팅 자료에 힘입어 성장하는데, 장차 200명, 500명, 800명, 1,000명, 그리고 마침내 3,000명의 벽을 돌파하여 대규모 교회로 발전할 것을 기대한다. 교역자들은 담임목사의 재능이 더 많은 사람을 끌어들여 더 큰 사역을 펼칠 수 있도록 뒷받침해 주는 디딤돌의 역할을 한다. 물론 CEO 내지 비즈니스 모델 자체에 문제가 있는 것은 아니지만 그것이 목회사역의 일차적인 은유가 될 수는 없는 법이다. 이런 모델에 너무 몰두할 때 생기는 위험성은 반드시 짚고 넘어가야 한다.

성경은 우리가 고려할 만한 여러 은유를 제공하고 있다. 영적인 삶에 대한 바울의 운동경기의 은유들은 집중적이고 폭넓은 훈련과 세 가지 스포츠에서의 경쟁을 내포하고 있다. 그것은 장거리 달리기, 레슬링, 그리고 상(償)이 걸린 시합 등이다. 이 셋은 대기업의 일관작업대에서 일어나는 제조과정 및 소비적인 측면과는 다른 접근방식을 가정하고 있다. 바울은 우리에게 경건에 이르는 훈련을 하라고 권면했고(딤전 4:7-8), 디모데에게 훈련된 영적인 운동선수의 본을 보이라고 촉구했다. 이런 은유들은 조직적이기보다 유기적인 성격을 갖고 있고, 코칭과 일대일 관계와 개인별 집중 훈련을 통하여 삶의 기술을 배우도록 격려하고 있다. 당장 머리에 떠오르는 것은 코치가 선수들에게 삶의 습관을 기르도록 가르치고 연습을 실행하는 훌륭한 축구팀이나 고등학교 레슬링 팀이나 육상 팀의 프로그램이다.

그밖의 은유들은 농업, 군사, 여행의 분야에서 끌어온 것이다. 디모데에게 보낸 편지에서 바울은 각 개인이 오래도록 신실한 좋은 농부나 군인, 즉 본향을 향한 여정에서 난파하지 않는 그런 인물이 되도록 권면했다. 이런 은유는 인생이 끝날 때까지 적용되는 것이고, 거기에는 개인적으로나 공동체적으로 겪는 고통과 버림받는 경험과 어두운 밤도 포함되어 있다. 이는 교회 프로그램, 자립을 강조하는 설교, 동기유발성 예배에서 제공되는 응급처치와는 정면으로 배치된다. 이 은유들은 조직적이기보다 유기적 성격을 갖고 있는 만큼 우리 공동체와 리더십 훈련에 다른 종류의 질서를 요구한다. "성직"을 갖고 있는 목사에게 적합한 은유는 경기를 위해 부지런하게 준비시키는 훈련가나 코치의 은유, 혹은 긴 시간 동안 밭을 갈고 씨를 뿌리고 물을 주고 마침내 수확하는 농부의 은유이다. 혹은 신병들과 함께 전투를 벌이고, 부상병을 돌보고, 땅을 점령하는 군대 지휘관에 가깝다. 그들은 온 공동체와 함께 오랜 이주 여행을 떠나 산악과 골짜기와 광야를 뚫고 나가는 개척자들이다.

제자 양성을 가리키는 또 다른 성경적 은유들로는 본받기, 견습생의 직분, 모방하기 등이 있으며, 이는 바울과 디모데의 경우와 같이 삶을 함께하는 친밀한 관계를 요구한다. 바울이 디모데에게 "나의 교훈과 행실과…어떠한 박해를 받은 것을 네가 과연 보고 알았다"(딤후 3:10-11)라고 말할 수 있었던 것은 디모데가 오랜 기간 바울과 함께하며 그의 삶의 모든 면을 볼 수 있었고, 또한 제자도에 대한 가르침보다 오히려 바울의 본을 통해 더 많은 것을 배울 수 있었기 때문이다.

데이비드 피치(David Fitch)는 『위대한 베풂: 대기업, 선교단체, 심리치료, 소비자 자본주의, 그밖의 현대적 질병으로부터 교회의 사명을 되찾기』(*The Great Giveaway: Reclaiming the Mission of Church from Big Business, Parachurch Organizations, Psychotherapy, Consumer Capitalism, and Other Modern Maladies*)의 저자로서, 우리의 비즈니스 은유와 교회성장 방법론은 제자 양성이라는 교회의 사명을 상실한 징표가 아닌가 하는 의문을 제기했다. 심지어는 교회가 1년에 100명에서 1,000명으로 성장하는 전형적인 성공 이야기는 바람직하지 않을 뿐 더러 오히려 잘못된 사례일지 모른다고 했다. 대개 이런 교회를 시작하는 이들은 갈수록 조직을 키우기 위해 뜻 깊은 관계와 변혁적인 상호교류를 팔아넘기기 일쑤라는 것이 그의 논점이다. 비록 그는 작은 교회를 선호하는 편견을 갖고 있지만, 교회의 규모가 커질수록 그만큼 더 제자 양성의 사명을 충실히 수행하고 세상을 변혁시키는 공동체를 세우기가 어렵다는 그의 논점은 귀담아 들을 만하다.

이런 비즈니스 모델과 나란히 등장한 현상은 소비자 기독교의 성장이다. 이는 교회의 사명을 하나님 나라를 섬기는 종들을 양성하는 일로부터 종교적 재화와 서비스-이를 "프로그램"이라 부른다-를 소비하는 소비자들의 욕구를 채워주는 조직을 운영하고 설계하는 일로 뒤집어버린다. 오늘의 교회가 발하는 많은 메시지는 또한 좋은 부모가 되거나 멋진 결혼생활을 영위하기 위한 공식과 같은 응급처치의 성격을 갖고 있다. 나는 이미 수많은 집회가 입증된 프로그램을 패키지로 팔고 있는 현상을 언급한 바 있다. 그런데 이런 교회들을 대상으로 한 연구결과에 따르면, "높이 평가받는 대규모 교회들이 개발한 제자도 커리큘럼"의 사용이 제자 양성에 효과가 없는 것으로 드러났다.[10] 다수의 성경공부 교재와 소그룹 프로그램은 삶의 변화가 수반되지 않는 성경 지식만 쌓게 할 뿐이다. 사실 제자란 것은 대량생산할 수 있는 물건이 아니다. 제자 양성은 유기적인 관계의 모델이 존재하는 공동체에서만 가능하다. 현실 세계에 몸담은 사람들이 일상생활의 현장에서 작은 자와 잃어버린 자와의 관계를 통해 선교할 때 성령께서 일하는 것이고, 이를 대치할 만한 대안은 존재하지 않는다.

나는 현재 초대형 교회에서 일하는 목사인데, 단 이 교회는 모든 활동과 프로그램을 예수님의 성숙한 제자를 양성하는 쪽으로 이미 방향 전환을 한 바 있다. 내가 맡은 일의 일부는 사업적 측면을 갖고 있기 때문에 아직도 『성공하는 기업들의 8가지 습관』(Built to Last)과 『팀 경영의 지혜』(The Wisdom of Teams)와 같은 책들을 읽고 있으며, 대부분은 무척 유익한 내용을 담고 있다. 그 가운데 최고라 할 수 있는 짐 콜린스와 패트릭 렌치오니 같은 저자들은 건전한 영적 훈련과 잘 어울리는 내용을 많이 말하고 있다. 그러나 그들의 근본 동기와 나의 그것은 서로 다르기 때문에 궁극적으로는 도움이 되지 않는다. 우리 교회도 크고 복잡한 조직이며 중요한 사업적 노력을 기울이고 있으나 비즈니스 은유가 우리의 리더십을 좌우할 지배적인 은유는 아니다.

비즈니스 은유와 대조적으로, 다렐 구더는 수도회에서 볼 수 있는 리더십의 은유를 제안했다. 그는 공동체 내에 제자 양성 문화를 설계하는 이들이 필요하다고 했다. 구더는 현재의 모델들은 핵심 멤버들과 리더들을 훈련하고 활용하여 더 많은 숫자를 끌어올 소비자 프로그램을 실행하고, 이 새 멤버들을 활용하여 더 큰 대중을 모으고, 그 과정에서 어떻게든 제자들이 양성될 것으로 추정하고 있다고 지적하며, 이 모델들에 도전을 가했다. 반면에, 그는 교회는 핵심 리더십을 위해 그와 다른 전략을 갖고 있다고 주장했다. 내용인즉, 그들의 영성 형성을 도와주고 영성 형성을 중심으로 하는 선교적 공동체를 개발하도록 하는 전략이다. 그 리더들은 교인들의 모델이 된다. 그런즉 초점은 핵심 멤버들을 활용하여 더 많은 사람을 모으는 것이 아니라, 제자로 양성되고 싶어하는 이들에게 맞춰진다. 그후 이들은 회중 가운데 제자의 길을 걷고 싶은 다른 이들을 초대한다.

이 전략은 '발견'연구에서 그 효과가 확증되었다. '발견'연구에 따르면, 윌로우크릭의 많은 고위 지도자들이 교회가 취한 프로그램 중심적 접근 및 더 많은 숫자를 프로그램에 참여시키려는 정책에 불만을 품고 교회를 떠날 것을 고려하고 있었다. 그들은 그저 따로 영적 훈련을 공부하는 상황이 아니라 멘토링 관계를 통해 삶의 변화를 낳는 코칭 중심의 접근을 선호했던 것이다.

달라스 윌라드는 리더들이 예수님과 수련생 관계에 들어갈 때 그들의 사역이 예전의 방식과 크게 달라 보이지 않을 수 있다고 자주 말했다. 우리도 이와 비슷한 프로그래밍이 필요할 것이다. 차이는 우리가 어떻게 그리고 왜 프로그래밍을 하는가에 있다. 사역자들이 정신없이 쫓아다니다가 결국 고갈되는 그런 조직을 만들기 위한 것인가? 아니면 생명과 안식을 주는 그런 환경을 조성하기 위한 것인가?

온전한 삶의 변화에 이르는 길: 출발점

아빠, 나와 함께 갈래요?

나는 아들인 카일(지금 그 아이는 스물다섯 살이다)이 프로골프 협회 선수 능력 시험을 치러 갈 때 그를 동반하는 특권을 누렸다. 프로골퍼가 되려면 하루 동안 일정한 타수 내로 18홀을 두 라운드 돌아야 했다. 대다수는 여러 차례 시도해야 겨우 통과하는데, 카일은 경기를 잘해서 단번에 합격하는 쾌거를 이뤘다. 카일과 함께 골프장에 가보니 동반자와 함께 온 프로는 아무도 없었다. 자기 아버지를 동반한 사람은 더욱이 없었다! 나는 아들에게 왜 나에게 함께 가자고 했는지 물었다. 그리고 나는 그가 한 말을 결코 잊을 수 없다. 오래 전에 그가 내게 던진 질문에 비추어보면, 그것은 나만큼이나 그에게도 큰 의미를 지니진 않았을 것이다. 그 특별한 날에 내가 함께하는 것이 그에게 무슨 의미가 있는지를 설명하며 그 아이는 "아빠는 나를 안정시켜주거든요"라고 말했다. 그 순간 내 생각은 수년 전의 그날, 카일의 질문이 내가 가던 길을 멈추게 하고 사역의 성공에 몰두하느라 자기 삶에서 멀어지는 나를 되돌려 세웠던 그날로 돌아갔다. 그 질문은 나를 하나님과 내 가족과 타인들과 함께 다른 종류의 삶을 살도록 해준 계기였다. 그것은 우리를 본향으로, 하나님께로, 그리고 서로에게로 이끌어주기 때문에 누구나 원하고 따를 만한 삶이었다. 또한 그것은 카일에게도 좋은 모범이 되어 그의 마음을 감동시켜 나의 영향을 받고 싶어 하게 만든 그런 삶이었다.

바울의 질문: 당신은 본받을 만한 사람인가?
카일의 질문과 같이 나의 주목을 끈 또 다른 것이 있었다. 이 바울의 편지에는 그가 자기가 그리스도를 따르는 것처럼 자기를 따르라고 사람들에게 권면하는 대목이 자주 나온다. 카일의 질문은 내가 바울이나 그리스도의 모범에서 얼마나 멀리 떨어져 있는지를 깨닫게 했다. 예전에는 바울의 요구가 나를 위한 것이 아니라고 생각했었다. 나뿐만 아니라 대다수의 사람에게 불가능한 듯이 보였기 때문이다. 그러나 지금은 하나님 나라의 복음이 우리 모두에게 바울의 요구를 제기한다는 것을 알았다.

　　내가 새로운 삶을 살기 시작하자 아내가 그 변화를 알아채기 시작했다. 그녀는 나의 영적 지도자에 관해 물었고, 스스로 그런 지도자를 찾았다. 나는 내가 발견한 바를 우리 교역자 팀에게 강요하지 않았다. 하지만 그들 역시 내 삶의 변화를 목격하고 질문을 던지기 시작했고, 무슨 일이 일어나고 있는지 알고 싶어했다. 나는 내 영혼을 돌보고 하나님의 음성을 듣고 그분의 사역에 순종할 목적으로 침묵과 고독의 시간을 갖기 위해 피정을 하기 시작했다. 이 때문에 우리 팀은 나에게 그처럼 홀로 보내는 조용한 피정에 합류하게 해달라고 부탁했다. "하나님과 서로와 함께하는 시간"이라 불리는 이 피정은 연중 중요한 일정이 되었고, 우리 지도자들의 삶을 크게 변모시켰다. 우리가 베풀 만한 최고의 가르침은 예수님과 함께 걷는 우리 자신의 삶에서 나온다는 것을 나는 배웠다.

　　달라스 윌라드는 우리가 리더로서 영위하는 삶이 과연 다른 이들이 원할 만한 그런 삶인지 여부를 물었다. 빌 스롤과 브루스 맥니콜도 아주 비슷한 질문을 던졌다. "우리는 다른 이들이 좇아야 할 리더가 아니라 좇고 싶어 할 만한 리더인가?" 나도 할 말이 있다. "당신의 사역은 곧 당신의 삶이고 당신의 삶은 곧 당신의 사역이다." 성품은 단지 사역의 자격요건이 아니라 그 자체가 우리의 사역이다. 우리의 사역 계획은 주로 우리 신자들의 삶과 관련되어 있는데, 그것은 교역자 팀과 함께 시작하며, 그리고 그 팀은 나와 함께 시작한다.

오랜 세월에 걸쳐 나는 고린도전서 11장 1절에 나오는 바울의 글-"내가 그리스도를 본받는 자가 된 것 같이 너희는 나를 본받는 자가 되라"-을 읽었으나, 그것은 나처럼 평범한 사람이나 리더가 아닌 지극히 영적인 인물을 위한 것이라고 여겼다. 누구든지 그런 말을 하려면 거의 완벽해야 한다고 생각한 것이다. 그러나 이제 나는 의도적으로 예수님을 따르며 그분에게 자기의 스승이 되어달라고 부탁하는 사람이면 누구나 이런 말을 할 수 있고, 또 남에게 의도적인 본보기로서 자기를 모방하라고 말할 수 있다고 여긴다. 우리가 세운 사역 계획의 첫 번째 사항은 예수님의 수련생으로서 의도적인 모델이 되는 일이었다. 바울은 그의 독자들에게 자기가 그리스도를 따르는 것같이 자기의 본을 따르라고 권했다.

만일 당신이 대다수의 신자들에게 혹시 그들이 바울과 같이 이런 말을 할 수 있는지 물어본다면, 아마도 그들은 주저하면서 그러려면 완벽해져야 할 것이라고 말할 것이다. 어디선가 우리는 구원을 우리가 실제로 본받을 수 있는 삶으로 보는 관점을 잃어버렸다. 바울의 편지들은 우리에게 그리스도의 삶을 본받는 살아 있는 본보기가 되라고 도전하고 있다. 그는 그렇게 되는 일이 가능하다고 생각했을 뿐 아니라 그것을 우리가 구원을 전하는 유일한 길이라고 보았다. 또한 그는 자기가 인생의 결승선을 넘어갈 때, 자신의 스승이 건재하고 있고 계속해서 자신의 제자들에게 가르침을 베풀 것임을 알고 있었다.

우리의 삶-그리고 우리가 남에게 전수하는 본보기-은 우리가 작업할 수 있는 가장 강력한 "프로그램"이다. 바울은 디모데에게 이렇게 말했다. "네가 이것으로 형제를 깨우치면 그리스도의 좋은 일꾼이 되어 믿음의 말씀과 네가 따르는 좋은 교훈으로 양육을 받으리라"(딤전 4:16). 물론 우리는 우리의 성품 형성 과정에서 여러 사람들-가족, 부모, 또래, 학교 선생, 교회 사역자 등-로부터 받은 나쁜 것들을 "벗어버리려고" 노력한다. 그러나 동시에 선한 성품의 형성을 위해 배운 것들에 대해서는 감사하는 마음을 품고 있다. 예수님과 바울, 신약의 다른 저자들과 초대 교부들의 가르침에서 가장 중요한 것은 아마도 그들의 모범적인 삶의 능력일 것이다. 본받기와 모방은 그들의 글과 증언에 많이 등장한다. 이런 면에서 우리는 대대로 전수되어온 살아있는 삶의 전통을 많이 놓치고 있는 것이다.

그러나 히브리서 13장에 나와 있듯이 우리는 하나님의 말씀을 우리에게 전한 이들을 기억하고 그들의 삶의 열매를 고려해야 한다. 하지만 현재 이렇게 하지 못하고 있더라도 실망할 필요는 없다. "예수 그리스도는 어제나 오늘이나 영원토록 동일하시기" 때문이다(8절). 그분은 오늘도 살아계셔서 인생에 대한 가르침을 원하는 자들에게 순간순간 가르침을 주시는, 단 하나뿐인 위대한 종교적 스승이시다. 그리고 두 명 이상이 간구하면 예수님은 거기에 나타나셔서 그들의 성품을 빚어내고 그들을 선교를 수행하는 강력한 공동체로 만드신다!

디모데에게 보낸 첫 번째 편지에서 바울은 변화된 삶이 어떤 모습인지를 묘사한 바 있다. 이 대목은 주로 설교와 가르침에 관한 구절로 간주된 나머지 그 속에 담긴 메시지가 자주 무시된다. 바울의 주된 관심사는 디모데가 자기의 가르침에 따라 모범적인 삶을 사는 것이었다. 이런 삶이 없이는 그의 가르침이 한갓 말에 불과할 것이기 때문이다.

> 너는 이것들을 명하고 가르치라…오직 말과 행실과 사랑과 믿음과 정절에 있어서 믿는 자에게 **본**(*tupos*)이 되어…이 모든 일에 전심전력하여 너의 성숙함을 모든 사람에게 나타나게 하라 네가 네 자신과 가르침을 살펴 이 일을 계속하라. 이것을 행함으로 네 자신과 네게 듣는 자를 구원하리라(딤전 4:11-12, 15-16, 강조체는 추가한 것)

'투포스'(*tupos*)라는 그리스어 단어는 네 가지 의미를 갖고 있다. 첫째,

"압력으로 흔적을 남기거나 쳐서 만드는 것" 혹은 "흔적을 남기는 것"을 뜻할 수 있다. 우리가 자주 사용하는 어구인 "그것은 흔적을 남길 것이다"란 말을 연상하면 된다. 둘째, "사본"이나 "아이콘"을 만드는 것을 뜻할 수 있고, 이는 자녀의 얼굴이 부모를 닮았을 때 사용되곤 한다. 셋째, "삶의 패턴이나 형태" 내지는 "공동의 삶의 방식"을 뜻하기도 한다. 넷째, 비슷한 "유형"이나 종류를 가리키는 단어로도 사용된다.

바울이 이 단어를 사용한 것을 보면, 삶이 삶에 영향을 미쳐 상대방에게 흔적을 남기거나 상대방을 다르게 만들 수 있음을 알 수 있다. 그래서 (위의 구절에서 보듯이) 우리는 예수님과 비슷하게 보이기 시작하는 것이다. 바울의 관심사는 그 자신이 예수님의 삶의 흔적을 갖고 있는 것처럼 신자들이 그의 삶의 흔적을 갖게 하는 일이었다.

'투포스'란 단어는 공동체적 본보기를 가리키는 데도 사용된다. 바울은 여러 공동체에게도 예수의 흔적을 지닌 본보기가 되라고 요구했다. 데살로니가 교회는 바울과 그 동료들의 모범을 보고 따른 뒤에 공동체적 차원에서 하나의 본보기가 되었다. 바울은 그들의 본보기가 전국에 울려퍼지는 메시지가 되었다고 말했다. 오늘날에도 사람들이 그리스도에 의해 변화될 수 있다는 비전과 수단과 의향을 지닌 소수의 지도자들이 온 국가에 혹은 여러 나라에 영향을 미치는 것을 우리가 볼 수 있을까? 오늘날에도 우리가 잉글랜드와 뉴잉글랜드에 대부흥 운동을 일으킨 존 웨슬리의 홀리 클럽과 그로 인해 나타난 속회 안에 있던 이들과 같은 리더 그룹들을 볼 수 있을까? 병원과 교육기관 안에서 문화의 변혁을 추적하는 이들을.

카일의 질문-"아빠, 아직도 집에 안 왔어요?"-은 여전히 내 뇌리에 남아있지만, 지금 나 자신과 내 가정과 내 교회와 관련하여 내 가슴에 점차 많이 와닿는 것은 진정한 삶으로 돌아가게 해주는 영적 훈련이다. 당신은 그리고 우리는 예수님 안에 있는 풍성한 생명과 순종의 쉬운 멍에를 향해 여전히 돌아가고 있는 중인가?

묵상 및 토론을 위한 질문

1. 당신이 몸담은 사역 현장 어디에서 '변화의 간격'을 볼 수 있는가? 그런 간격은 사역의 핵심적인 문제인가, 우발적인 문제인가?

2. 이생에 이뤄질 것으로 기대되는 영성 형성은 무엇인가? 그리고 내생에까지 연기될 것은 무엇인가? 어떻게 하면 전자의 축복을 약화시키지 않으면서 후자에 대해 가르칠 수 있겠는가? 그리고 어떻게 하면 이생에서 가능한 영성 형성의 축복에 들어가도록 촉구할 수 있겠는가?

3. 사역의 확장과 사역의 깊이는 본래 양자택일의 문제라고 당신은 믿는가? 당신이 몸담은 사역 현장, 특히 당신과 함께 리더십을 형성하는 사람들을 생각해보라. 그들은 이 둘 사이에 긴장을 느끼고 있는가?

4. 당신의 사역에서 영적인 삶과 일상생활 간의 이분법을 없애려면 어떤 단계들을 밟을 필요가 있겠는가? 당신이 섬기는 교인들은 삶 전체의 변화를 도모하는 운동에 대해 어떤 저항을 할 것 같은가?

5. 당신은 현재 어떤 사역의 가면들을 쓰고 있는가? 그런 가면들을 얼마나 중요시하는가? 이런 가면들은 당신의 진정한 정체성의 어떤 부분을 사람들이 보지 못하게 가려주는가? 만일 당신이 그런 가면을 벗어버린다면, 주변 사람들에게 어떤 본보기가 될 수 있을까?

추천도서

Ruth Haley Barton, *Strengthening the Soul of Your Leadership: Seeking God in the Crucible of Ministry*. Downers Grove, IL: InterVarsity Press, 2008.

Darrell L. Guder, *The Continuing Conversion of the Church*. Grand Rapids, MI: Eerdmans, 2000.

Richard Lovelace, *Dynamics of Spiritual Life: An Evangelical Theology of Renewal*. Downers Grove, IL: InterVarsity Press, 1979.

달라스 윌라드, 『마음의 혁신』(*Renovation of the Heart: Putting on the Character of Christ*), 복 있는 사람, 2003.

6장

고난을 통한
영성 형성

페기 레이노소(Peggy Reynoso)

제6요소 | 영성 형성은 하나님께서 그분의 은혜로, 인간의 타락으로 인한 파괴적인 고난 속으로 들어와 자기 백성의 구속을 위해 그 고난의 고통을 사용할 때 일어난다. 그리고 신자들은 잃어버린 세상을 사랑하라는 부름을 받고 그 사랑을 베풀 때 어쩔 수 없이 고난을 당하게 되는데, 이런 고난은 신자의 영성 형성을 도모하는 독특한 성격을 갖고 있다.

설명 | 예수님을 따르는 자들에게 닥치는 고난은 하나도 예외 없이 그리스도 안에서의 영성 형성에 기여한다. 모든 인간은 타락으로 인해 고통을 당하지만, 예수님을 따르는 신자에게 고난은, 하나님이 고통의 영역으로 들어와서 우리를 위로하고 그리스도의 형상으로 빚어낼 때 영성 형성의 의미를 갖게 된다. 예수 그리스도의 추종자들은 모든 인간이 공통적으로 겪는 고난 외에 특별한 고난으로 부름 받은 자들이다. 이 고난은 하나님의 사랑을 영접하고 이 세상에서 그 사랑을 실천하려고 할 때 어쩔 수 없이 겪는 고난이다(요 15:18-20). 이 독특한 고난은 그리스도의 고난 속으로 들어가는 문을 열어주고, 우리는 그리스도의 남은 고난을 채우게 된다(골 1:24).

✢

　　영성 형성은 종종 우리를 정련시키는 고난의 도가니 속에서 일어난다. 우리가 고난을 받을 때 우리의 속사람이 드러나는 법이고, 우리가 하나님의 구속의 목적에 더 깊이 헌신할수록 환난과 시련의 한복판에서 믿음과 소망과 사랑을 연습하는 역량이 커지게 된다. 하나님은 역경을 이용하여 우리의 영혼을 빚어내시고, 이를 통해 그리스도의 향기를 퍼뜨리신다.

　　하나님은 우리를 자신과 함께 우리의 영성 형성 과정에 참여하도록 초대하시지만, 우리가 인생 여정에서 경험하는 가장 획기적인 변화는 우리가 주도하는 것이 아니다. 그런 경험은 실패와 상실, 상처와 질병, 고통과 착취, 채워지지 않은 욕망 등의 형태로 뜻밖에 주어진다. 이런 고통스러운 경험은 우리의 기반을 흔들어놓고 마음속 깊은 곳에 있는 갈망과 연약함을 노출시킨다. 고난은 깊은 차원에서 우리에게 영향을 주기 때문에 우리의 속사람을 알 수 있는 기회를 제공하고, 하나님과의 친밀한 경험을 도모하며, 그리스도를 더욱 닮아가게 하는 등 우리에게 심오한 변화를 가져올 수 있다.

　　당신이 영적인 변화에 관한 책을 읽다가 고난을 다루는 장(章)에 이르면, 고난과 상실이 얼마나 선한 것일 수 있는지를 알고 싶어할지도 모르겠다. 그러나 비록 하나님이 우리를 고통스럽게 하는 불행과 질병, 빈곤과 잔인함을 선을 이루는 데 사용할 수 있다 할지라도, 이런 것들은 본질적으로 나쁜 것이다. 우리에게는 로마서 8장 28절의 위대한 약속, 즉 하나님은 자기를 사랑하는 자들을 위해서는 고난에서 선을 끌어냄으로써 고난을 구속할 수 있다는 약속이 있지만, 우리는 고난을 원치 않고 원해서도 안 된다. 무엇보다도 그것은 하나님이 원하는 것도 아니고 본래 의도한 것도 아니다.

　　우리가 겪는 고난의 경험은 고난의 신학으로 이어져야 한다. 그래야만 우리가 고통의 문제에 손쉬운 답을 제공하지 않을 수 있기 때문이다. 우리가 이 땅에서 하나님 나라의 삶을 살다보면, 우리는 미처 실현되지 못한 갈망을 품게 되고, 하나님의 사랑과 진리와 은혜와 죄의 세력으로 뒤섞인 혼란한 현실과 마주하게 된다. 이로 말미암아 우리는 기껏해야 인간에 불과한 존재이고, 우리가 절실히 이해하고 싶은 것을 모두 알 수 없으며, 우리에게는 하나님이 절실히 필요하다는 것을 깨닫게 된다. 고통을 겪을 때 생기는 의심과 의문을 붙들고 씨름할 때 우리는 그 과정에서 변화를 경험하고 또 우리 세대를 위해 복음을 구현할 기회를 얻게 된다. 다른 이들은 역경 중에 일어나는 우리의 씨름과 믿음을 보거나 하나님의 은혜가 우리의 어둡고 고통스러운 삶에 빛을 비추는 모습을 목격할 때, 자신들의 깨어진 삶 가운데서도 하나님을 신뢰할 수 있다는 믿음을 품게 된다.

고난을 받을 때 우리는 왜 선하고 전능하신 하나님이 자기가 사랑하는 자들에게 나쁜 일이 일어나도록 허락하는가 하는 고통스런 질문을 던지게 된다. 야곱과 같은 하나님의 위대한 남녀들은 고난에서 생기는 의문들을 놓고 하나님과 씨름했으며, 결국에는 거의 아무런 답변도 얻지 못했지만, 하나님의 선하심과 약속을 더욱 확신하기에 이르렀다. 우리가 비록 그 이유에 대한 답변을 충분히 얻지 못했다 할지라도, 하나님이 친히 베일을 충분히 들어 올린 결과, 우리가 고난에 관해 몇 가지 확실한 진리를 알고 또 경험하게 되었다는 사실은 변함이 없다. 그리고 이런 진리 가운데 일부는 전혀 뜻밖의 장소에서 발견된다.

죄의 실재

오늘과 같은 테크놀로지 시대에는 중국에서 일어난 열차 사고가 불과 몇 분 안에 우리 컴퓨터와 텔레비전의 화면에 그 모습을 드러낸다. 저녁 뉴스에는 에콰도르의 지진 참사, 시카고에서 발생한 차량 총격 사건, 한 10대의 치명적인 자동차 사고 등이 이미지와 함께 전달된다. 우리는 날마다 접하는 온갖 재난과 고통과 상실에 이미 익숙해졌지만 이런 혼란들이 자연스럽게 다가오는 것은 아니다. 막상 우리가 비극을 직면할 차례가 되어 한밤중에 무서운 노크가 우리를 깨울 때는, 테스트 결과가 초기단계를 넘은 암으로 밝혀질 때는, 만성적인 고통이 우리의 안식을 방해할 때는, 우리의 정신은 고통의 무게에 짓눌리고 반항의 목소리를 높인다. 이건 옳지 않고 공정하지 않은 것처럼 보이기 때문이다.

우리의 고난이 자연스럽게 다가오지 않는 것은 그것이 직간접적으로 죄의 결과이기 때문이다. 창세기 2장에서 하나님은 아담에게 그가 선악을 알게 하는 나무의 열매를 먹으면 죽을 것이라고 경고했다. NIV는 그것을 "반드시 죽으리라"(17절)고 번역했지만, 히브리어에는 죽음을 가리키는 단어가 반복되고 있기 때문에 일부 학자는 "네가 죽음을 죽을 것"이라고 번역하기를 더 좋아한다. 죄는 단 한 번의 죽음과 불행을 초래하는 게 아니라 본래 선하게 창조된 세계에 반복되는 죽음과 고통을 가져오는 것이다.

죄는 개별적인 행위 내지 성향일 뿐 아니라, 세상에 존재하는 하나의 세력이기도 하다. 로마서에서 바울은 죄를 능동적인 행위자로 묘사했다. 그는 죄가 아담을 통해 세상에 들어와서 사망이 이 땅에서 왕 노릇하게 되었다고 말하고(5:12-14), 죄를 가리켜 그것에 순종하는 자들을 좌지우지하는 노예 주인이라고 불렀다(6:12-18). 아울러 죄가 율법을 통해 우리를 정죄할 기회를 포착했다고 말하고(7:8), 우리 자신이 원치 않는 것을 행하게 하려고 우리 속에 살고 있다고 했다(7:14-20). 이 세상에 있는 죄의 결과는 항상 개인적인 죄스러운 선택으로만 나타나는 것은 아니다. 죄가 아담을 통해 세상에 들어왔을 때, 죄는 그 자체로 생명을 갖게 되었다.

온갖 형태를 지닌 죄의 삯은 온갖 모습을 지닌 죽음이고, 예수께서 우리를 위해 죽음의 값을 지불했지만, 죄의 모든 결과가 용서에 의해 지워진 것은 아니다.[1] 신자와 불신자를 막론하고 우리는 이 세상에 있는 강력한 죄의 열매와 함께 살고 있는데, 그 가운데 대다수는 우리의 개인적인 선택으로 초래된 것이 아니다. 이 세상의 상처는 예수께서 다시 오실 때까지 완전히 치유되지 않을 것이다. 우리가 고난을 바라보면서 그것이 하나님이 공평하신지 혹은 불공평하신지를 드러낼 것이라고 생각하면 그건 잘못이다. 고난은 기껏해야 죄의 파괴적인 속성을 보여 줄 뿐이기 때문이다. 죄의 부산물로 생기는 고통은 모든 인류에게 닥치는 고난이고, 그것은 세 가지 근원에서 유래한다. ① 인간의 선택, ② 노예 상태에 빠진 피조물, ③ 정사와 권세.

인간의 선택: 죄스러운 결정이 고난을 야기할 때

"인간은 잘못을 저지르기 마련이다"라는 알렉산더 포프(Alexander Pope)의 말은 우리가 어떤 존재인지를 상기시켜 준다. 그리고 대부분의 잘못은 죄로 비뚤어진 관점에서 나온다. 이것이 바로 아우구스티누스가 "우리 자신에게로 향하는 것"이라 부른 속마음의 병이다. 우리는 하나님과 동료 인간에게 등을 돌린 채 우리 자신에게 초점을 맞춘다. 우리가 아담과 하와의 죄를 완전한 상태에서의 타락으로 보든지 창조될 때 지향했던 수준에 도달하지 못한 것으로 보든지 간에, 그들이 금지된 열매를 먹은 이후 어쨌든 모든 인간은 죄로 얼룩져 있다. 그 가운데 가장 눈에 띄는 것은 태어날 때부터 우리의 현실관이 불신과 자기중심성으로 뒤틀려 있다는 사실이다. 모든 사람은 길을 잃은 양과 같이 각기 제 길로 갔고(사 53:6), 그에 따른 결과에 대해서는 아담과 하와는 물론 우리도 전혀 상상하지 못했다.

우리가 제 길로 가겠다고 선택할 때 우리는 하나님이 아닌 우리 자신과 욕망의 대상을 신뢰하는 우상숭배자들이 된다. 우리는 스스로를 믿고 우리 자신과 남들에게 해로운 선택을 내린다. 무능함과 반역은 어리석은 결정과 위험한 일의 감행과 지나친 방임을 낳고, 이는 사고와 상처, 질병과 죽음, 그리고 고난을 초래한다. 인간들이 서로에게 입히는 고의적인 상해는 슬픔과 고통과 불의의 세상을 초래한다. 무지와 부주의와 무관심에서 비롯되는 선택들은 수동적이지만 실질적으로 개개인과 여러 집단에 고통을 주고, 때로는 영구적으로 불의한 시스템을 온 국민에게 뒤집어씌운다. 고의적으로 가하는 고통은 개인을 겨냥하기에 더더욱 뼈아프다. 우리의 성품이나 인격 혹은 우리가 사랑하는 이들이 경멸이나 공격을 받을 때, 그로 인한 우리의 상처에는 신체적이고 영적이고 정서적인 치유뿐 아니라 오직 용서만이 줄 수 있는 치유도 필요하다.

모든 해로운 선택이 고의적이거나 죄스러운 것은 아니다. 인간이 잘못을 저지르는 것은 우리가 죄를 지을 뿐 아니라 인간적인 한계도 갖고 있기 때문이다. 익사 사고로 어린 자녀를 잃은 부모에게 물어보라. 잠시 한눈을 팔았다가 평생토록 후회하게 되는 경우이다. 때때로 우리가 비극을 예방할 수 없는 것은 우리의 힘과 지식이 충분치 않기 때문이거나 제때에 제자리에 있지 않기 때문이다. 이런 인간적인 한계는 우리가 하나님이 아니라는 것과 우리가 재난을 예방할 수 없다는 것과 이생에서는 고통을 주고받게 될 것임을 상기시켜 준다. 우리의 한계는 죄스러운 선택과 상관이 있는 게 아니라 단지 우리가 유한한 존재라는 점과 관계가 있으며, 우리에게 절대적인 힘을 구할 수 있는 유일한 곳을 가리켜 줄 뿐이다.

노예 상태에 빠진 피조물: 죄의 수확물 거두기

모든 피조물은 상처와 손상, 침해와 죽음, 그리고 부패에 시달리고 있다(롬 8:20-22). 이는 하나님이 오직 우리 인간만을 이 땅에서 죽음과 부패를 맛보는 유일한 피조물로 남겨 놓지 않고 자연까지도 아담과 하와가 지은 죄의 결과와 연계시켰기 때문이다. 하나님은 우리를 자신에게 되돌리기 위하여 죄가 모든 피조물을 뒤틀고 고통을 가져오도록 허용하셨다. 우리가 자연의 순리로 알고 있는 부패와 난폭한 죽음의 먹이사슬이라는 비영구적인 생명의 순환은 사실상 부자연스런 일시적인 상태의 특징일 뿐이다. 하나님께서 온 지구를 죽음의 권세 아래 둔 것은 "피조물도 썩어짐의 종노릇한 데서 해방되어 하나님의 자녀들의 영광의 자유에 이르게" 하기 위함이다(롬 8:21). 자연세계는 해방의 날이 이르기까지 고통을 겪고, 인간들은 그 세계와 함께 천재지변-번개, 지진, 쓰나미, 홍수, 가뭄, 사냥꾼의 폭력, 노화와 죽음을 가져오는 점차적인 퇴화 등-에 시달리게 된다.

자연을 통해 나타나는 죄의 결과는 우리의 통제 밖에 있음이 너무도 분명하기에 우리는 그것을 "하나님의 행위"라고 부른다. 자연의 세력이 고통을 초래할 때 우리는 오직 초자연적인 존재만이 자연의 힘을 통제할 수 있다는 것을 알게 된다. 하나님은 자연을 이용하여 자기의 계획을 수행할 수 있으나, 그분이 이 세상에 닥치는 재난과 죽음의 원천은 아니다. 성경은 하나님이 누군가를 보호하기 위해 자연을 이용한 경우들(예컨대, 이스라엘 백성이 이집트 군대를 피할 수 있도록 홍해를 가르는 일)과 벌하기 위해 그렇게 한 경우들(예컨대, 이스라엘에게 하나님의 능력을 상기시키기 위해 엘리야의 시대에 가뭄을 허락한 일)에 관해 이야기하고 있지만, 우리는 무조건 자연 재해를 하나님의 벌로 보는 입장을 견지해서는 안 된다. 우리가 확신할 수 있는 것은 그런 재해는 죄로 인해 피조물이 뒤틀린 결과라는 사실이다.

정사와 권세: 세상, 육신, 우리를 대적하는 사탄

그리스도께서 다시 오실 때까지 우리는 죄와 악의 어둠이 인간의 시스템을 오염시키는 세상에 살고 있다. 하나님의 자녀로서 우리는 C. S. 루이스가 "어두운 행성"[2]이라 불렀던 이 세계를 최대한으로 구속하는 새 시대의 시민으로 최선을 다해 살도록 부름 받은 자들이다. 여기에는 다른 사람을 하나님 나라로 인도하고 하나님의 영향력이 인간의 구조와 제도적인 세력과 사회적 영역에 미치게 하는 일을 포함한다. 보통 우리는 권세와 정사를 악한 영적 세력으로만 생각하는 경향이 있지만, 사도 바울은 일단의 용어들-권세

(들), 왕권들, 통치자들, 주권들, 천사, 이름들 등(롬 8:38; 고전 15:24; 엡 1:21; 3:10; 6:12; 골 1:16; 2:10, 15)-을 사용하여 이 세상에 사는 어려움을 묘사했다. 권세들과 통치자들은 넓은 의미에서 "우리의 세계-삶의 외적 구조와 내적 구조, 지상의 세계와 천상의 세계-를 구성하는 인간의 공동 노력에 틀을 제공하는 문화적, 사회정치적, 경제적, 영적 세력들"이다.[3] 조엘 슈만(Joel Shuman)과 브라이언 볼크(Brian Volck)는 『몸의 회복』(Reclaiming the Body)이란 책에서 권세를, "인간의 공동생활을 가능케 해주는 데 필요한 질서 혹은 '구조'를 제공하는 보이는 세력들과 보이지 않는 세력들, 인격적인 세력들과 비인격적인 제도적 세력들"로 정의했다.[4]

이 세상에 사는 일이 힘든 것은 피조물에 미친 죄의 영향(이 가운데는 우리의 타락한 육신의 욕망도 포함된다) 때문이고, 또한 불완전한 인간 시스템들(세상)과 악한 영적 존재들(사탄)이 하나님의 가치관에 따라 살려고 하는 자들을 대항하고 있기 때문이다. 인간의 구조들과 영적 구조들은 타락한 세계 시스템들, 만족할 줄 모르는 육신의 욕망들(예컨대, 탐욕), 남자와 여자의 마음과 영혼을 사로잡으려는 사탄의 영향력 아래에 있다. 그 결과 우리는 이루 헤아릴 수 없는 고통을 받는다. 전쟁, 인종 청소, 노예제도, 조직적 편견, 학교 운동장의 불량배에서부터 이디 아민(Idi Amin)에 이르기까지 볼 수 있는 약자 위에 군림하는 불의한 강자, 등 온갖 형태를 지닌 권세들은 그 고통의 무게로 수많은 영과 몸을 쳐부순다.

예수께서는 그의 죽음과 부활을 통해 권세들을 무찔렀고(골 2:15), 그분을 통해 "하나님께서 그리스도 안에 계시사 세상(코스모스)을 자기와 화목하게 하시며, 그들의 죄를 그들에게 돌리지 아니하셨다"(고후 5:19). 코스모스는 인간의 세계와 그 질서 내지는 구조를 모두 포함하므로, 하나님은 그리스도 안에서 개인들뿐 아니라 나름의 구조를 가진 민족 집단들도 자기와 화목하게 하신 셈이다. 비록 예수님이 권세들을 이기고 승리하셨지만, 그들이 하나님과 화목하게 되는 일은 시간의 흐름에 따라 계속 실현되어 가는 과정이다.

이는 하나님과 개개인의 화목이 계속 펼쳐지는 그리스도의 십자가 사역의 실현인 것과 마찬가지다. 그리스도인들은 인간의 시스템들을 창조주의 뜻에 따라 운영하는 방향으로 나갈 때 하나님과의 화목을 도모하게 된다.

나의 이야기

지난 15년간 우리 가족은 비통한 상실의 경험을 통해 예전과는 다른 안목으로 고통을 보게 되었다. 1993년, 우리가 (멕시코에서 선교사로 20년간 일한 뒤) 미국으로 되돌아온 직후, 남편은 말기 전립선암 진단을 받았다. 담당 의사는 처음에는 그를 치료하기를 주저하면서 그냥 남은 생애를 최대한 보람 있게 보내라고 제안했다. 임박한 그의 죽음과 여러 차례의 수술, 방사선 치료, 호르몬 요법 등으로 슬픈 한 해를 보낸 후에 우리는 하나님께서 그를 치료하기로 결정했다는 희망을 품기 시작했다. 그로부터 12년이 흐른 지금도 담당 의사는 그 살아 있는 기적(남편인 폴)을 도무지 믿을 수가 없어서 1년에 두 차례씩 남편을 만나고 있다.

남편의 건강이 호전되기 시작할 즈음 결혼해서 가까운 도시에 살고 있던 우리의 장남이 심한 우울증과 정신분열증 초기 증세를 보이기 시작했다. 그는 아내와 결별하고 우리 집으로 이사했다. 지난 9년 동안 우리는 상상도 할 수 없었던 경험을 했고, 그의 정신질환이 그의 삶과 우리의 삶을 얼마나 피폐하게 만드는지를 보며 슬픔에 젖어 있었다.

장남의 어두운 여정이 시작된 지 1년이 지난 시점에 열다섯 살이 된 딸(파울라)이 밤중에 메스꺼움과 현기증과 구토 증세를 일으키기 시작했다. 처음에는 일시적인 현상에 불과했으나 달이 바뀔수록 더 잦아지는 것이었다. 셋째 해와 넷째 해에 그녀는 매일 밤과 매일 아침 심하게 앓았고, 때로는 메스꺼움과 현기증으로 온종일 침대에 누워 있어야 했다. 우리는 무력감에 젖은 채 그녀의 고통을 바라보며 이 의사 저 의사에게 도움을 청했다. 우리의 상황은 만성적인 혈루증을 앓다가 예수님의 옷에 손을 댔던 그 여인의 경우와 비슷했다. "그 여인은 많은 의사에게 많은 괴로움을 받았고 가진 것도 다 허비하였으되 아무 효험이 없고 도리어 더 중하여졌던" 차였다(막 5:26).

이처럼 갈수록 심해지는 신체적, 정신적 질병을 앓는 두 자녀와 함께 사는 동안 또 다른 아들이 재발성 폐 허탈 증세를 보였다. 폴은 나무에서 떨어져 어깨가 부서졌고 다시는 온전한 상태로 회복되지 않았다. 나는 선천성 심장 질환 판정을 받아 도관 삽입과 절제 수술을 받아야 했다. 그로부터 근육 긴장 이상이 생겨서 운전을 제대로 할 수 없게 되었고, 특히 손글씨에 큰 제약을 받았다. 5년 동안 쌓인 스트레스와 고뇌로 말미암아 우리는 신체적으로 또 정서적으로 탈진 상태에 이르렀다. 그런 절박한 상황에서 우리는 도무지 거기에 계시지 않는 듯한 하나님께 간절히 매달렸다. 우리는 우리의 믿음과 소망뿐 아니라 우리의 몸부림과 의심에 대해서도 솔직히 말하고 또 글로 표현했다. 우리의 편지들은 마치 시편과 같이 감당키 어려운 진실로 서두를 열고, 우리의 의문 뒤에 있는 문제들에 대한 분석으로 이어지다가, 하나님의 선하심과 사랑을 고백하는 대목으로 끝났다.

우리 딸의 경우에는 사태가 악화일로로 치달았다. 오랜 질병으로 삶이 너무나 위축되었음에도 3년 동안은 친구들과 가족에게 재미삼아 자신의 불행에 관한 이야기를 들려주는 등 은혜와 유머로 그 고통을 잘 견뎌 냈다. 그러나 네 번째 해에 접어들자 그만 낙심하고 우울증에 걸리고 말았다. 담당 의사가 약물처방을 내렸지만 십대에게 항우울증 약을 복용하면 때로 병이 심화되기도 하는데, 바로 파울라가 그런 경우였다. 그녀는 자살에 대해 언급하기 시작했고, 나는 여러 날 밤을 새벽 한두 시까지 딸과 함께 있곤 했다. 딸이 잠이 든 뒤에 나는 더 남아서 하나님께 그녀의 생명과 회복을 위해 간절히 기도했다. 약물을 바꾼 뒤에 그녀의 현기증 증세는 계속되었지만 우울증에서는 벗어나기 시작했다. 그런 질병에도 불구하고 그녀는 커뮤니티 칼리지에 등록하여 다시 공부하는 즐거움을 맛보았다.

한 달 후 열아홉의 나이에 우리 딸은 자동차를 타고 가다가 운전사가 조는 바람에 교통사고를 당해 죽고 말았다. 그녀의 갑작스러운 죽음은 우리 평생에 가장 충격적이고 가장 힘든 경험이었다. 과거에 나는 고난에 관한 글을 쓴 적이 있었지만, 이번 경우는 다른 시련이나 환난과 동일한 부류에 넣을 수 없었다. 그렇게 하는 것은 마치 최고 등급의 허리케인을 여름에 닥치는 일시적인 폭풍우와 비교하는 셈이기 때문이다. 지난 3년 동안 내가 겪은 이런 개인적인 고난의 경험은 어두운 새 차원을 덧입게 되었다.

우리가 고통을 당할 때 하나님은 어디에 계시는가?: 그의 고난에 참여하는 일

> 내가 그리스도와 그 부활의 권능과 그 고난에 참여함을 알고자 하여 그의 죽으심을 본받아 어떻게 해서든지 죽은 자 가운데서 부활에 이르려 하노라(빌 3:10-11).

우리 딸의 죽음 이후 남편과 나는 다른 사별한 부모들과의 놀라운 교제의 길로 들어섰다. 애도에 관한 세미나에서나 일상적인 우연한 만남에서 우리는 자석에 끌리듯 자녀를 잃은 부모들에게 다가갔다. 아울러 다른 비극을 당한 사람들과도 순식간에 동병상련을 느꼈다. 열 살 된 아들이 있는 한 동료 간사는 자신이 남편의 폭행을 못 견디고 집을 나와 직업도 없이 곤궁에 빠졌던 이야기를 들려준 후 공연히 연민의 정을 불러일으켜서 미안하다고 말했다. "나는 당신이 겪은 경험이 어떤 것인지 알지 못해요. 자녀를 잃은 슬픔을 과연 무엇과 비교할 수 있겠어요?"라고 그녀가 말했다. "아마 그럴 거예요. 하지만 당신은 절박한 상태가 어떤 것인지는 알고 있잖아요"라고 내가 응답했다. 고통은 어디까지나 고통인지라, 그것을 다른 이들의 고통과 견준다고 줄어들지는 않는 법이다.

고난의 경험은 다른 공통분모가 거의 없는 사람들을 서로 묶어 준다. 우리 자신의 고통을 잘 알게 되면 다른 사람의 고난 속으로 들어가고, 하나님의 고통과 그리스도의 고난을 깨달을 수 있다. 이것이 바로 그리스도의 고난에 참여하는 길이다. 그때 우리는 우리 자신의 고통을 알기 때문에 그리스도의 몸부림과 희생을 더욱 공감할 수 있다. 우리가 그분의 고난을 더욱 공감할수록 그분의 희생에 대한 감사의 마음도 그만큼 깊어진다. 예수님의 죽음이 그분이 부활 이전에 거쳐야 했던 단계였던 것과 같이, 우리 역시 고난을 통해 자신에 대해 죽을 때에만 그분의 부활의 능력을 더욱 깊이 경험할 수 있는 것이다(빌 3:10). 고난은 부활의 경험에 앞선 전주곡과 같다.

우리의 고난은 또한 우리로 그리스도와 동반자 관계를 맺게 해준다. "나는 이제 너희를 위하여 받는 괴로움을 기뻐하고 그리스도의 남은 고난을 그의 몸 된 교회를 위하여 내 육체에 채우노라"(골 1:24). 그리스도의 고난은 속죄를 가져오는 면에서는 부족함이 없다. 하지만 그 고난을 모든 사람이 경험하지 않는다는 면에서는 부족하다.[5] 예수께서는 고난과 자기 부인을 통하여 가장 강력한 사역을 수행하셨고, 지금은 우리에게 똑같이 하라고 말씀하신다. 심히 고통스러웠던 십자가의 죽음은 우리에게 하나님께 가까이 나아갈 수 있는 길을 열어 주었고, 지금은 하나님께서 고난 중에 드러나는 우리의 믿음을 통해 그분의 능력과 신실함을 밝히 나타내심으로 다른 이들을 자신에게 인도하신다.

앤 제르비스(Ann Jervis)는 데살로니가전서, 빌립보서, 로마서에 나오는 고난을 분석한 뛰어난 책에서 이렇게 말했다.

신자들이 고난을 알게 되는 것은…그것이 하나님의 뜻이 이뤄지는 새 시대의 탄생을 알리는 데 필요한 전주곡이기 때문이다. 그리고 지금도 진행 중인 하나님이 피조물을 악에서 구출하는 프로젝트에 필요한 신자들은 반드시 고난에 참여하게 될 터인데, 그리스도께서 친히 보여 주셨듯이 구출은 고난을 요건으로 삼기 때문이다.[6]

이어서 그는 이렇게 말했다.

바울은 그리스도의 고난이 새 시대의 탄생과 긍정적 관계를 가진 것으로 이해 했고…그리스도의 고난과 신자의 고난을 묘사하기 위해 (여자의 출산의 고통을 가리키는) 단어를 선택했다.…그러므로 그 좋은 소식은 영생과 다가올 진노의 모면을 약속하는 한편, 지금은 신자들에게 기다릴 것을 요구한다. 그리고 우리는 새 시대의 완전한 출현을 기다리고 있기 때문에 기다리는 동안 고난을 겪게 된다. 지금 우리는 산고를 겪고 있는 중이다. 예수님의 고난이 새 시대의 탄생에 기여했듯이, 신자들의 고난도 마찬가지다.[7]

그리스도 안에 소망을 두는 사람들에게는 고난은 곧 생명을 주는 것이다. 칼 바르트(Karl Barth)가 말했듯이, "우리의 고난은 더 이상 수동적이고 위험하고 유해하고 파괴적인 환난이 아니라…창조적이고 풍성하고 강력하고 유망한 환난으로 변모된다."[8] 때때로 우리는 우리의 역경과 고통이 우리 자신과 다른 사람을 하나님에게로 인도하는 것을 목격하는데, 이는 우리가 광범위한 신적 계획의 일부가 되는 경험이다. 우리는 우리에게 닥친 불행에서 어떻게 선이 나오는지 알지 못할 때라도, 장차 우리의 고난이 하나님의 경륜 안에서 풍성한 열매를 낳을 것이고, 우리의 괴로움이 하나님의 영원한 계획과 구원 사역의 일부로 사용될 것이란 소망을 품게 된다. 고난은 값비싼 대가를 의미하지만 장차 보상을 받을 것이다. 우리의 고난은 그 원인이 불분명하고 그 목적이 불확실할지라도, 우리 안에 또 우리를 통해 일하시는 하나님이 그 고난에 의미를 부여하시기에 그것은 결코 임의적이거나 무의미하지 않다.

그리스도를 위한 고난

하나님은 그리스도인들을 특별한 고난, 즉 질병이나 사고나 자연 재해의 결과가 아니라 성품 형성을 돕는 고난으로 초대하신다. 이런 고통은 우리가 그리스도를 영화롭게 하고 그 나라의 가치관에 따라 살기로 헌신했기 때문에 겪는 것이다. 우리는 우리를 해롭게 한 사람을 용서하거나, 우리를 학대한 누군가를 계속 섬기거나, 양심에 따라 일하기로 결심하거나, 불의한 권세에 반대하거나, 까다로운 이웃을 사랑하기로 한 결과로 인해 고통을 당할 수 있다. 그때 우리는 말 그대로 복음을 위해 값을 치르는 것이다.

그리스도께서는 신자 특유의 고난과 관련하여 본을 보이셨다. 히브리서 12장 2절은 예수님이 우리를 위해, 그리고 부활 후에 있을 기쁨을 위해 "십자가를 참으사 부끄러움을 개의치 아니하셨다"고 말한다. 히브리서의 저자는 우리 역시 복음을 위해 고난을 받을 때 낙심하지 말고 예수님의 희생을 기억하도록 권면한 것이다. 베드로는 교회를 향해 하나님이 우리를 바로 이와 같은 자발적인 고난으로 초대했다고 말했다. "이를 위하여 너희가 부르심을 받았으니 그리스도도 너희를 위하여 고난을 받으사 너희에게 본을 끼쳐 그 자취를 따라오게 하려 하셨느니라"(벧전 2:21). 이는 마조히스트처럼 고통을 찾는 것이 아니라 순종의 대가로 예수님이 참아 냈던 그 고통을 의도적으로 받아들이는 것이다. 우리가 고난을 선택하는 게 아니다. 그러나 우리는 하나님께 순종하지 않는 세상에서 그 나라의 가치관에 따라 살다 보면 갈등과 고난을 피할 수 없다. 이런 종류의 고난은 그리스도를 좇는 자들만 겪는 독특한 고난이다. 가령, 친구관계를 희생하면서까지 부도덕한 파티에 참여하지 않기로 하는 젊은이는 예수님의 흔적을 지닌 채 그 나라를 위해 값을 지불하게 된다. 훈련과 경험에 오랜 세월을 투자한 여성 사업가가 자기 경력을 희생하면서까지 올바른 일을 하기로 결정하는 것은 바로 예수님의 발자취를 좇는 일이다.

심지어는 기독교 공동체 내에서도 이기심, 야망, 질투, 분쟁, 더러움 등이 드러나서 개인적인 스트레스와 손실을 초래할 수 있다. 우리는 실제로 기독교 공동체 바깥에서보다 안에서 복음을 위해 더 많은 고난을 겪을 수 있다. 우리가 사기를 당하거나 학대를 받을 때, 우리는 우리가 그리스도인이기에 "주께서 너희를 용서하신 것 같이 용서하고", 이 모든 것 위에 "사랑을 더하고", "할 수 있거든 너희로서는 모든 사람과 더불어 화목해야" 할 의무가 있다(골 3:13-14, 롬 12:18). 사랑의 행위를 하려면 그리스도를 닮은 희생이 필요하다.

베드로는 그리스도인들이 옳은 일을 하다가 고난을 받을 때 성숙한다는 사실을 깨달았다. "모든 은혜의 하나님이…잠깐 고난을 당한 너희를 친히 온전하게 하시며 굳건하게 하시며 강하게 하시며 터를 견고하게 하시리라"(벧전 5:10, 그리고 2:19-21, 3:14도 보라). 우리가 이런 고난 중에도 기뻐해야 할 이유는 그것을 통하여 우리가 "우리를 위하여 고난을 받으신" 그리스도 예수를 닮아 성숙할 것이기 때문이다(벧전 2:21, 그리고 4:13, 5:10도 보라).

우리는 하나님에게 순종하고 그 나라의 가치관에 따라 살다 보면 분명히 값을 치르게 된다는 것을 알기 때문에 때로는 고난을 피하고 하나님의 뜻에 못 미치는 차선책에 만족하려고 한다. 그럴 때 우리는 "내가 그리스도와…그 고난에 참여함을 알고자 한다"(빌 3:10)는 바울의 말의 진정한 의미를 경험하지 못하게 된다. 하나님은 이런 고난이 우리에게 닥치길 바라지는 않지만, 복음으로 인해 생기는 값을 치르도록 촉구하신다.

고난은 우리가 받는 하나의 훈련일 뿐, 우리가 구하는 것은 아니다. 그러나 어떤 의미에서 성경은 우리에게 고난을 선택하라고 명하기도 하는데, 예컨대 서로의 짐을 지라는 명령이 그런 경우다(갈 6:2). 우리가 그리스도의 일을 하다 보면 여러 모로 다른 사람을 위해 무거운 짐을 들게 되기 마련인데, 이 구절은 특히 시험과 영적 실패라는 무거운 짐에 대해 언급하고 있다. 정서적이고 신체적인 고통을 겪는 자들에 대해서는 우리가 그들과 함께 그 자리에 들어가고, 그들과 함께 울고, 그들의 고통을 위대한 위로자인 하나님께 아룀으로써 그들의 짐을 덜어 준다. 우리가 다른 이들의 고난에 동참하기로 작정하고, 그들의 고통을 함께 나누고, 하나님에게 받은 위로로 그들을 위로할 때(고후 1:3-5) 우리는 그들의 어깨에서 고난의 짐을 어느 정도 덜어 주게 된다. 이는 우리가 그리스도를 섬기기 위해 자발적으로 받는 고난이다.

우리와 함께 아파하는 삼위일체 하나님

> 그들의 모든 환난에
> 그분도 동참하셨다.
> 그분은 그들을 돕도록 다른 누군가를 보내지 않으셨고,
> 그분이 친히 그 일을 하셨다.
> 그분의 사랑과 긍휼로
> 그들을 구원하셨다.
> 그분은 그들을 구출하셔서 오랜 세월 동안
> 그들을 치켜들고 안아 주셨다. (사 63:9, 메시지)

딸이 교통사고를 당한 지 두 주 후에 나는 처참하게 부서진 파울라의 몸을 떠올리며 탄원의 기도를 드리고 있었다. 그녀는 아름다움이 절정에 이른 매력적인 젊은 여성이었지만, 사고로 인해 차에서 튕겨나가 콘크리트 장벽에 충돌했다. 내가 관 속에 놓인 그녀의 몸을 처음 보았을 때 나는 우리가 엉뚱한 채플에 들어왔다고 생각했다. 내가 하나님께 부서진 그녀의 몸이 너무 끔찍하다고 말씀드리자 그분이 조용한 음성으로 "나도 그렇게 느꼈단다" 하고 말씀하셨다. 나는 그분 역시 아들과 사별한 부모였음을 기억하고는 깜짝 놀라 입을 다물었다. 그러나 나로서는 하나님이 그 아들의 부서진 몸을 보고 가슴이 아팠다는 것을 이해하기가 어려웠다. 나는 늘 하나님은 그런 것

을 초월한 분이라고 생각해 왔기 때문이다. 어쨌든, 이 세상의 유익을 위해 자기 아들을 희생시키기로 결정한 분은 바로 하나님이 아니었던가!

그러나 점차 나는 성부 하나님이 성자 하나님을 십자가의 고통과 치욕에 기꺼이 넘겨 준 것은 그분도 아들과 함께 고난을 받았음을 뜻한다는 것을 알게 되었다. 쥐르겐 몰트만(Jurgen Moltmann)은 『십자가에 달린 하나님』(*The Crucified God*)이란 책의 서두에 "십자가는 사랑받지 못하고 사랑받을 수도 없다"고 썼지만, 또한 죽음과 고통을 이긴 삼위일체 하나님의 승리야말로 인류의 시작(창조)과 끝(종말)에 필수적인 요소였다고 말했다.

자기 아들의 십자가로 하나님이 스스로 죽음을 짊어진 것은 사람이 죽음조차 자기를 하나님에게서 떼어 놓을 수 없다는 확신과 함께 위로를 받으며 죽을 수 있게 하기 위함이었다. 더 나아가, 십자가에 달린 그리스도를 새로운 창조의 근거, 즉 죽음 자체가 생명의 승리에 삼켜져서 "더 이상 슬픔도 울음도 눈물도 없는" 세계의 토대로 삼기 위함이었다.[9]

도날드 블로쉬(Donald Bloesch)는 『옛 영성과 새 영성』(*Spirituality Old and New*)에서 하나님은 우리의 삶에서 언제나 능동적인 역할을 하신다고 말했다.

그분은 인간의 무대를 냉정하게 관찰하는 분이 아니라 선으로 악을 이기는 등 인간 드라마에 깊이 개입하는 분이다. 그분은 고전적 유신론이 말하는 무감각한 절대자가 아니라 언제나 행동하는 분이다. 그분은 우주의 창조자일 뿐 아니라 그것을 지탱하고 새롭게 하는 분이기도 하다. 그분은 자기의 목적을 바꾸지 않지만, 타락한 인간의 고난에서 멀리 떨어져 있지 않다…성경이 계시하는 하나님은 인간에게서 슬픔과 환난을 없애지는 않지만 환난 중에 인간을 인도하신다.[10]

삼위일체 하나님은 우리에게 비극을 허락하실 때에라도 우리의 고난과 고통에 동참하신다. 이사야서는 하나님이 한 민족의 괴로움을 야기하면서도 그들과 함께 슬퍼하는 모습을 그리고 있다.

> 야스엘이 울듯이, 내가 통곡한다.
> 말라 비틀어진 십마의 포도나무를 두고 통곡한다.
> 헤스본아, 엘르알레야,
> 나의 눈물이 너를 적신다!
> 여름 과일과 농작물을 거두는
> 너의 흥겨운 소리가 너에게서 그쳤구나.
> 이제 기름진 밭에서
> 기쁨도 사라지고 즐거움도 사라졌다.
> 포도원에서 노랫소리가 나지 않고,
> 기뻐 떠드는 소리도 나지 않고,
> 포도주틀에는 포도를 밟는 사람도 없다.
> 내가 그 흥겨운 소리를 그치게 하였다.
> 모압을 생각하니,
> 나의 심장이 수금 줄이 튀듯 떨리고,
> 길하레셋을 생각하니,
> 나의 창자가 뒤틀린다. (사 16:9-11, 표준새번역)

주전 715년에 앗시리아 군대는 모압으로 진격하여 그들을 살해하고 약탈했다. 하나님은 자신이 그 압제자들을 보냈고 우상을 숭배하며 즐거워하는 모압의 생활방식을 끝장냈다고 말씀하셨다. 그분은 비록 모압 사람의 대량학살과 포로생활을 허락했지만, 그분 자신도 그들의 고통과 슬픔에 동참하셨다. 하나님은 그의 자녀들에게 환난을 허락하실 때라도 우리과 함께 고통을 받는 분이다. 디트리히 본회퍼는 이렇게 썼다.

고통과 하나님은 모순적인 관계가 아니라 오히려 조화로운 관계임을 일찍이 배우는 것이 좋다. 나의 경우, 하나님이 아파하고 있다는 개념은 언제나 가장 확실한 기독교의 가르침 중의 하나였다. 나는 하나님이 행복보다 고통에 더 가까운 분이라고 생각하는데, 이런 하나님을 알게 되면 평안과 안식, 그리고 강하고 담대한 마음을 얻을 수 있다.[11]

우리의 머리이신 성자 하나님은 그의 몸에 붙은 각 지체의 고통에 함께 하신다. 예수님은 다마스쿠스로 가는 길목에서 사울에게 나타났을 때 그에게 왜 자신의 교회를 파괴하느냐고 묻지 않고 "나는 네가 박해하는 예수라"(행 9:5)고 말했다. 예수님의 몸이 고난을 받을 때는 고난을 통해 온전케 되신 그분이 우리와 함께 고난을 받으신다(히 2:10). 인간의 몸을 입고 사는 동안 그분은 내면이 덜 고통스런 길을 달라고 아우성칠 때에도 순종하는 것이 무엇인지를 경험하셨고, 또한 순종의 대안을 놓고 몸부림치는 것이 결코 죄스러운 일이 아니라고 우리에게 가르쳤다. 죄가 없었던 그분은 크게 울부짖고 눈물을 흘리기까지 저항하셨다. 십자가의 죽음을 앞둔 시점에서 고뇌에 찬 기도를 드릴 때 그분의 이마에서는 땀이 비오듯이 흘러내렸다. 예수님은 온갖 종류의 고난을 경험하신 결과 우리의 고통에 공감하고 우리의 대제사장으로 우리를 위해 간구하신다(히 5:7-10).

성경은 또한 성령 하나님이 말할 수 없는 탄식으로 우리를 위해 간구하실 때 우리의 고난 속으로 들어오신다고 말한다(롬 8:26-27). 바울은 단순히 성령께서 우리의 참 소원을 해석하신다고 말할 수 있었는데도 그렇게 하지 않고, 일부러 강한 감정을 표현하는 그리스어-다른 곳에서는 "신음하다", "슬픔과 함께", 혹은 "탄식하다"로 해석되는[12]-를 사용했다. 기도로 표출되는 우리의 좌절된 욕망과 무거운 마음은 성령의 공감을 불러일으킨다. 하나님은 신성을 지녔지만 우리의 고뇌와 불안에 동참할 수 없는 분이 아니다. 비록 그분은 시간을 초월해 계실지라도, 우리가 고통을 받을 때 그 속으로 들어와 우리와 함께 슬퍼하신다.

    내가 이 글을 쓰는 오늘 지구상의 인구는 67억 7,174만 951명으로 추산된다.[13] 이 세계는 이루 헤아릴 수 없는 필요를 안고 있으며, 나는 이 광대한 우주 속에서 내가 얼마나 보잘것없는 존재인지를 아주 잘 인식하고 있다. 하나님께서 지구상의 수많은 사람의 필요에 마음을 쓰시는 것을 생각하면 과연 그분이 나에게도 관심을 집중하고 계시다고 믿기 어려운 때도 있다. 이와 관련하여 필립 얀시는 하나님의 역량을 다른 각도에서 볼 수 있게 해주었다.

> 하나님은 별도의 시간 및 공간 규칙에 따라 움직이신다. 그리고 하나님의 무한한 위대함은 상대적으로 우리를 작은 존재로 만들 것 같지만 사실상 우리가 소원하는 친밀성을 가능케 해준다. 우리의 시간 규칙에 구애받지 않는 하나님은 지구상의 각 사람에게 시간을 투자할 능력을 갖고 계신다. 하나님은 우리 각 사람을 위해, 문자 그대로, 세상의 모든 시간을 갖고 계신 셈이다.[14]

    하나님은 무한한 능력을 갖고 계시기 때문에 자녀들을 일일이 보살피는 부모가 될 수 있고, 모든 슬픔과 모든 기쁨에 빠짐없이 동참할 수 있다(습 3:17). 그분은 우리의 고난에서 동떨어져 있지 않고 우리가 괴로워할 때 우리 가까이 오시고, 우리의 영혼의 어두운 밤에 우리와 함께 우는 분이다.

고난 받는 신자

그리고 우리의 잠마저 한 방울씩 가슴에 떨어지는, 잊을 수 없는 고통이며, 우리의 절망 가운데서도 우리의 의지에 반하여 놀라운 하나님의 은혜로 지혜가 우리에게 임한다.
―아이스킬로스, 『아가멤논』

십자가의 능력

그리스도를 믿은 이후에 겪는 인생의 괴로움을 포함한 우리의 모든 경험은 그리스도 안에서 겪는 것이다. 우리에게 그 어떤 고통스럽고 힘들고 부끄러운 일이 닥칠지라도 우리는 하나님의 능력 및 임재와 함께 거기에 대처한다. 사람에게 공통된 이 고난을 신자는 "그리스도 안에서의" 고난으로 경험한다. 우리는 또한 그리스도의 제자가 된 결과로 신자 특유의 고난을 경험한다. 우리가 이것을 "그리스도와 함께하는 고난"이라 부를 수 있는 것은 우리가 그분을 위해 십자가의 고통과 수치의 짐을 짊어지도록 부름 받았기 때문이다.[15]

"그리스도 안에서" 그리고 "그리스도와 함께" 겪는 고난은 십자가가 계속 현존하는 가운데 오는 것이다. 예수님은 하나님의 가장 강력한 사역이 종종 고통과 희생을 수반하는 인간의 순종을 통해 이뤄진다는 것을 보여 주었다. 변화를 가져오는 십자가의 능력은 우리의 고난을 통해 되풀이되기 때문에 우리는 우리의 불명예스러운 고통이 비록 지금은 볼 수 없지만 장차 놀라운 선으로 변모될 것이란 희망을 품을 수 있다. 하나님은 우리의 역경을 구속하셔서 그것이 우리와 타인에게 유익을 가져오게 하신다. 바울의 수감이 복음전파에 진전이 된 것과 같이(빌 1:12), 우리도 우리의 고난이 하나님의 일을 증진시키는 데 사용되기를 바란다. 우리의 괴로움은 전능하시고 사랑이 많으신 아버지의 허락 아래 우리에게 임하는 것이고, 그분은 그것을 그분 자신을 나타내고 또 다른 이들을 그분과의 영광스런 관계 속으로 인도하기 위해 사용하신다.

제르비스는 이렇게 덧붙였다.

바울의 좋은 소식의 중심에 십자가가 있다는 것은 그가 고난의 실재나 경험을 부끄러워하지 않는다는 것을 뜻한다.…(복음은)…회심자들을 인생의 괴로움을 초월하거나 피할 수 있는 슈퍼맨으로 변신시키겠다고 약속하지 않으며, (오히려 우리에게 하나님의 구속사역에 동참하도록 권한다). 이 좋은 소식은 어렵다.…이 어려운 소식은 또한 좋다.[16]

하나님의 강함은 우리의 약함 속에서 온전해진다

C. S. 루이스는 "하나님은 교만한 분이 아니다.…우리가 비록 그분보다 다른 어떤 것을 선호한다는 사실을 보였을지라도, 그분은 우리를 택할 것이다"라고 썼다.[17] 우리를 향한 하나님의 끈질기고 한결같은 사랑은 그분이 자기의 계획을 달성하기 위해 우리를 희생시키지 않을 것임을 확신시켜 준다. 그러나 이것은 그분이 그분의 목적을 위해, 즉 죽음에서 생명을 가져오기 위해 우리의 고난을 이용하지 않는다는 뜻이 아니다. 고통은 타락한 세상에서 하나님의 영광을 나타내기 위한 그분의 무대이고, 그분은 그것을 통해 우리가 고난 중에서 그분의 능력과 선하심을 경험하게 하신다.

예수님은 제자들에게 치료를 받으러 그에게 온 맹인이 자신의 죄나 그 부모의 죄 때문이 아니라 하나님의 능력을 나타내기 위해 맹인으로 태어난 것이라고 말했다(요 9:3). 하나님의 능력은 우리가 엄청난 상실과 고통에 직면했을 때 믿음을 통해 가장 잘 나타난다. 하나님은 우리가 고난을 겪을 때 우리의 연약함과 절박한 필요 앞에 나타나신다. 따라서 고난은 우리 삶에서 역사하는 하나님의 사역을 뚜렷하게 보여 주는 통로다. 그리스도는 육신을 입어 연약한 역할을 떠맡았고-여물통에 누인 아기, 멸시받은 갈릴리 사람, 미천한 목수, 발을 씻어주는 종-그의 연약함을 통해 하나님의 능력과 성품을 효과적으로 나타내셨다. 인간의 능력이나 교만은 언제나 우리의 삶에서 역사하는 하나님의 사역을 방해하게 된다. 우리가 가장 연약하여 우리의 노력을 결코 내세울 수 없을 때, 하나님의 영광스러운 모습이 우리의 깨어짐을 통해 나타나게 하는 기회를 얻는다. 에베소서 3장 10절은 이처럼 하나님의 교회의 지체들을 통해 그분의 은혜와 능력이 나타나는 것은 인간들뿐 아니라 영적인 존재들을 위한 것이기도 함을 밝히고 있다.

훈련으로서의 고난

성경에 나오는 시험과 시련과 입증이라는 개념은 어떤 테스트의 합격이나 불합격과 같은 것도 아니고 징벌도 아니다. 그것은 우리의 진정한 실체를 드러낸다는 면에서 일종의 테스트라고 할 수 있고, 역경을 통해 우리의 순수한 믿음을 가리는 모든 것을 태움으로써 우리를 깨끗하게 정련시킨다.

> 그러므로 너희가 이제 여러 가지 시험으로 말미암아 잠깐 근심하게 되지 않을 수 없으나 오히려 크게 기뻐하는도다 너희 믿음의 확실함은 불로 연단하여도 없어질 금보다 더 귀하여 예수 그리스도께서 나타나실 때에 칭찬과 영광과 존귀를 얻게 할 것이니라 (벧전 1:6-7)

하나님은 세상적인 소망을 붙들고 있는 우리의 손을 펴고 우리의 "소망이 하나님께 있게"(벧전 1:21) 하기 위해 고난을 사용하신다. 불 같은 시련은 이 땅의 버팀목들을 모두 불살라 버리고 순금과 같은 참 믿음만 남겨 놓는다 (벧전 1:7). 우리가 "그리스도의 고난에 참여하는 것을 즐거워"(벧전 4:13) 할 수 있는 것은 그 어떤 안전장치보다 뛰어난 하나님의 신실하심 때문이다. 그러므로 그리스도를 위해 고난 받는 것을 기뻐하는 태도는 부(富)에 대해 감사하는 태도보다 위대하신 하나님을 더욱 빛나게 해준다.[18]

고난은 우리를 정화시키는 효과가 있다. 그것은 우리를 가면이나 거품이 없는 알몸 상태로 해체시켜서 우리 자신도 미처 몰랐던 (혹은 거기에 없었으면 하고 바랐던) 속사람의 실체를 드러낸다. 이처럼 안목이 명료해지면 우리의 세계관도 바뀌기 때문에 베드로는 육체적으로 고난을 받은 사람은 "이미 죄와 인연을 끊은 것"(벧전 4:1, 표준새번역)이라고 말했다. 이런 의미에서 신자에게 닥치는 고난은 징계가 아니라 연단의 훈련이라고 할 수 있다. 하나님은 우리에게 고통을 주며 징계하는 분이 아니다. 오히려 우리가 "역경을 훈련으로 여겨 견디도록"(히 12:7) 부름을 받은 것은 하나님이 그것을 허락하시되 우리를 강건케 하는 수단으로 이용하시기 때문이다. 역도 선수의 경우 더 큰 무게를 견디기 위해 자기 몸의 근육이 찢어지고 그것이 재건될 때 그의 역량이 커지는 것처럼, 비록 그 과정은 고통스럽지만(히 12:11) 결국은 성품이 강해지고 많은 저항과 스트레스를 견딜 수 있는 능력이 생긴다.

고난은 우리의 거짓된 모습을 태워 버리고 우리가 하나님이 절실히 필요한 존재임을 드러내는 한편, 하나님과 우리의 속사람 사이에 새로운 차원의 소통의 길을 열어 주고, 토머스 머튼(Thomas Merton)이 말한 "그림자 자아"(the shadow self)로부터 우리를 해방시켜 준다. 브레넌 매닝은 『아바의 자녀』(*Abba's Child*, 복 있는 사람)에서 머튼이 묘사한 거짓된 자아에 대해 이렇게 말했다.

> '이 거짓된 자아는 나 자신이 그렇게 되기를 원하나, 하나님이 그에 관해 아무 것도 모르시기에 존재할 수 없는 사람이다. 그리고 하나님에게 알려지지 않은 사람은 지나치게 은밀한 존재이다. 나의 거짓되고 은밀한 자아는 하나님의 뜻과 하나님의 사랑의 손길이 미치지 않는 곳에 있고자 하는 존재이다. 즉, 현실 바깥에, 그리고 삶의 바깥에 있는 존재인 것이다.…이 세상 대부분의 사람의 경우, 이처럼 존재할 수 없는 그들의 거짓된 자아보다 더 주관적인 실재는 없다. 이 그림자를 숭배하기로 헌신한 삶을 일컬어 죄의 삶이라고 한다.'

머튼이 말하는 죄의 개념은 주로 개별적인 죄의 행위가 아니라 거짓된 삶을 선택하는 문제에 초점을 맞추고 있다. 아우구스티누스는 이렇게 말했다. "기본적으로 두 가지 사랑밖에 있을 수 없는데, 하나는 자아를 잊는 방향으로 나가는 하나님에 대한 사랑이고, 다른 하나는 하나님을 잊고 부인하는 방향으로 나가는 자기에 대한 사랑이다." 이 근본적인 선택은 우리 존재의 중심으로부터 올라와 일상의 특별한 결정들로 구체화되기 마련이다. 이는 자기중심적인 욕망의 지배를 받는 그림자 자아를 위할 것인가, 혹은 하나님 안에서 그리스도와 함께 감춰진 진정한 자아를 위할 것인가 하는 양자택일의 문제다.[19]

고통은 우리가 스스로 쌓아 올린 삶을 해체시킨다. 우리가 고난을 최소화하거나 그로부터 도망하지 않고 오히려 그것을 수용하고 그 속에 들어갈 때는, 우리의 가장 강한 갈망이 드러나고 하나님께서 우리의 고통에서 생기는 벌거벗은 마음을 위로하고 바꾸고 그 마음과 교통하도록 허용한다. 이 진리는 그리스도인들 사이에 퍼져 있는 신념, 곧 우리가 고난의 한복판에서 하나님께 영광을 돌리려면 우리의 고통을 최소화하면서 "하나님께 영광을 돌려야" 한다는 신념에 도전한다. 그동안 그리스도인들은 고난을 다루는 법에 관한 존 웨인(John Wayne)의 핸드북의 일부를 차용해 왔다. 내용인즉, 고난을 삼키고, 참고 견디고, 하나님을 찬양하고, 그것이 쏘아 대는 총탄을 헤치고 나아가라는 것이다. 그러나 우리가 마치 고통이 거기에 없는 듯이 버티면 우리는 고통이 지닌 변혁의 힘을 방해할 수 있다. 우리는 크게 슬퍼하며 하나님과 함께 고통을 겪을 때에야 역경의 한가운데서도 치유와 소망을 경험할 수 있다. 고난 중에 승리하는 것이 항상 승리로 보이지는 않을 것이다. 거기에는 계속해서 상처를 처리하고 때로는 하나님께 의문을 던지는 일까지 포함될 것이다. 고난을 이기고 승리하는 것은 최종 목적지가 아니라 하나의 여정이다. 그러므로 우리가 너무 빨리 목적지에 도달하려고 하면, 우리는 우리를 변화시키는 하나님의 사역을 방해하게 될 수도 있다.

고난은 우리의 믿음을 성숙시킨다

고난은 상처를 주기도 하나, 자기의존, 그릇된 안심, 두려움, 안주와 같은 우리의 잘못된 마음을 치유하기도 한다. 고난의 여정은 우리의 믿음을 심화시키고 우리의 인내심을 길러 준다. 절박한 시기에 우리는 우리가 몸담은 이 불편한 세상의 의미를 이해하기 위해 우리 내면 깊숙한 곳까지 내려간다. 고통을 겪으며 괴로워하고 의문을 던지고 눈물을 흘리고 슬퍼하는 가운데 우리의 마음은 믿음을 확증하는 과정을 거치게 된다. 믿음은 마음이 그것을 신뢰할 때까지 완전하지 못한 법이고, 마음은 오직 자기가 경험하는 것만 믿는다. 고난은 우리가 역경에 직면할 때 우리가 믿는 것을 따라 살 수 있는 기회를 준다.

쥬디스 휴겐(Judith Hougen)은 『불로 변화됨』(*Transformed into Fire*)에서 이렇게 썼다.

> 지성이 어떤 사실을 접할 때, 그 사실은 진실로 저장되고, 그로부터 믿음이 생긴다. 이와 반대로, 마음(heart)은 자기가 경험하는 것만 믿는다.…우리는 두 가지 길을 통해 믿음을 갖도록 창조되었다. 그것은 인지적인 길과 경험적인 길이며…이 양자가 모두 관계할 때에만 믿음이 온전케 된다.[20]

성경은 믿음을 우리가 보지 못하는 것을 믿는 것으로 정의하지만(히 11:1), 언제나 우리가 경험하지 않은 것을 믿는 것만은 아니다. 우리는 하나님의 사랑을 볼 수는 없지만 경험할 수는 있다. 인생이 우리가 원하는 대로 흘러가지 않고 우리를 향한 하나님의 계획을 믿기가 어려울 때, 그런 혼란의 와중에도 우리에게 하나님을 신뢰하는 믿음을 주는 것은 무엇인가?

신뢰는 우리 자신과 진실 사이의 상호작용에 달려 있다. 실제 경험(살아 있는 증거)과 정서적 개입(삶에 대한 영향)을 통해 배운 어떤 진실은 우리의 마음

판에 새겨진다. 지성은 비인격적인 진리를 기억할지 몰라도, 마음은 그것을 부분적으로만 신뢰할 뿐이다. 우리는 때로 의지의 작용으로 비인격적인 진리에 순종해야 하고, 이는 적절한 믿음의 행위일 수 있다. 그러나 결국에는 믿음이 우리를 자기훈련과 자기절제를 뛰어넘어 신뢰의 영역으로 데려가야 한다. 하나님은 우리의 지성과 행동뿐 아니라 우리의 마음도 바꾸기를 원하신다. 그분은 우리가 그를 순종하길 바라고, 마음으로부터 그를 신뢰하기를 원하신다. 고난은 우리가 우리의 믿음을 경험하게 하되 하나님의 은혜를 체험함으로 그분을 신뢰하는 면에서 성숙하도록 해준다.

고난은 영원한 관점을 제공한다

고난이 실제로 우리의 믿음을 증진시킬 수 있다는 사실이 나에겐 아이러니로 보인다. 언젠가 나는 한 친구에게 "아니, 우리에게 일어난 그토록 끔찍한 사건이 어떻게 하나님에 대한 신뢰를 키울 수 있단 말인가?"라고 물었다. 우리의 토대를 뒤흔드는 경험, 기초를 갈아엎는 경험은 계속해서 우리에게 하나님을 신뢰할 것인지 여부를 선택하게 만든다. 제르비스는 이렇게 말했다. "신자와 불신자 모두 하나님이 신뢰할 만한 분인지를 몰라서 믿음의 빛 가운데 살기보다 하나님과 우리 자신에 대한 나름의 정의의 그늘 아래 살기로 선택할 수 있다. 로마서 9-11장에서 바울은 이런 비참한 상태를 묘사하고 있다."[21] 고난을 받는 중에도 우리가 우리의 의심을 하나씩 버리고 인내하며 하나님을 신뢰할 때 우리는 내공을 쌓게 된다. 우리는 더 어려운 상황을 겪었기 때문에 장래에 어려움이 닥치더라도 두려움과 의심 때문에 쉽게 흔들리지 않는다. 우리는 영원한 관점을 얻었기 때문에 사소한 일에 식은땀을 흘리지 않는다.

바울과 야고보와 베드로는 우리가 고난 중에도 기뻐할 수 있다고 말했다(롬 5:3; 약 1:2; 벧전 4:1). 이것은 초연하게 고난을 견디는 것 이상이다. 이는 우리의 곤경 너머에 있는 장래의 일, 곧 고난을 참고 견딘 결과 하나님에 대한 한결같은 소망, 곧 우리를 실망시키지 않는 그 소망(롬 5:3-5)을 품게 될 것임을 내다보는 것이다. 고통을 경험한 신자만이 한결같은 태도를 기를 수 있고, 이는 성품을 개발해 준다. 이미 정련된 성품은 우리에게 아무리 끔찍한 일이 일어나더라도 하나님이 그것을 통찰하신다는 믿음을 낳는다. 한창 고난을 받는 중에 우리는 예수님이 십자가의 고통과 치욕에 자신을 넘겨 줄 수 있게 해준 그 동기, 곧 자기를 기다리고 있는 장래의 기쁨을 바라볼 수 있었던 그 동기(히 12:2)를 생각하며 힘을 얻을 수 있다. 우리는 고난을 거치는 동안 고난이 없으면 경험하지 못했을 하나님의 위로와 기쁨과 능력을 얻는 등 하나님의 능력을 체험하게 된다.

때때로 우리는 개인적으로뿐 아니라 민족의 차원에서 고난을 겪기도 한다. 아프리카계 미국인 공동체는 노예제와 제도화된 인종차별을 통하여, 약 200년에 걸친 억압과 고난을 경험했는데, 이는 오랜 고난의 파괴력과 검증된 믿음의 놀라운 강인함을 모두 보여 주었다. 믿음을 고백하는 흑인 영가는 절망적인 상황 가운데서도 끝까지 소망을 잃지 않는 모습과 고난이 우리에게 참된 본향을 가리켜 준다는 사실을 확증해 준다. 디트로이트의 도심지에 사는 아프리카계 미국인 신자들에게 제자훈련을 하는 한 친구는, 때때로 위대한 신앙을 가진 여성들에게 영적 훈련을 시키는 것이 자기로서는 주제넘게 느껴진다고 나에게 털어놓았다. 이 여성들의 믿음이 그토록 성숙한 것은 그것이 그저 영적 훈련을 통해서가 아니라 혹독한 고난의 훈련을 통해 정련된 것이기 때문이다.

고난을 받을 때 전인격으로 하나님께 반응하기

우리가 딸을 잃고 여러 달 동안 온통 슬픔에 잠겨 있을 때 우리를 가장 많이 위로해 준 친구는 우리의 슬픔과 고통을 공감한 사람들이었다. 그때 나는 하나님과의 관계도 마찬가지라는 것을 발견했다. 첫 해 동안 나는 매일 밤 밖으로 나가 광대한 밤하늘을 쳐다보며 온갖 의문이 내 가슴에서 터져 나올 때 내 고통을 하나님께 토로했다. 그 넓디넓은 하늘은 나의 창조주가 나의 엄청난 불행을 다룰 수 있으리라는 것을 상기시켜 주었다. 나는 내 고통을 하나님과 나누는 가운데 그분에 대한 신뢰가 설명할 수 없을 만큼 깊어지는 것을 느꼈다.

우리가 고난을 받을 때 어떻게 반응해야 할지를 논할 경우, 우리가 유념해야 할 가장 중요한 것은 우리의 진정한 자아를 하나님께 내어놓는 일이다. 이는 고통스러운 시기에 우리의 상처와 분노와 의문을 끌어내는 것을 뜻한다. 필립 얀시는 『기도: 하나님께 가는 가장 쉽고도 가장 어려운 길』(*Prayer: Does It Make Any Difference*, 청림출판사)에서 큰 곤경에 빠진 말기 암 환자를 만난 호스피스 목사에 관한 이야기를 들려주었다.

그 환자는 자기가 전날 밤 하나님을 향해 고함치고 미쳐 날뛰고 욕설을 퍼부은 것 때문에 심한 죄책감을 느끼고 있었다. 이튿날 아침 그는 두려움에 떨었다. 그는 이제는 영생을 얻을 기회가 영영 사라져 버렸고 하나님은 자신을 저주하고 욕한 자를 결코 용서하지 않을 것이라고 생각했다.

목사는 환자에게 "당신은 사랑의 반대가 무엇이라고 생각합니까?"라고 물었다. 그 남자는 "미움"이라고 응답했다. 목사는 아주 지혜롭게 이와 같이 반응했다. "아닙니다, 사랑의 반대는 무관심입니다. 당신은 하나님께 무관심하지 않았지요. 그렇지 않았다면 밤새도록 그분께 당신의 마음과 생각을 솔직히 털어놓지 않았겠지요. 당신이 그동안 했던 일을 묘사하는 기독교 용어가 무엇인지 아십니까? 그것은 '기도'랍니다. 당신은 밤새도록 기도

했던 셈이지요."[22]

　　하나님은 우리의 "바른" 반응을 찾고 있지 않다. 오히려 관계를 찾고 있는 중이다. 우리가 고난의 한복판에서 하나님께 반응을 보이는 것이 바로 그분이 원하는 응답이다.

그리스도의 몸의 공동체적 반응

우리 딸이 죽은 후 우리는 우리를 사랑하고 함께 슬퍼함으로 우리를 위로했던 믿음의 친구들의 지지에 크게 기댔다. 그런데 때로 그리스도의 몸에 속한 지체들은 다른 사람의 고난에 대해 불편해하고 상대방의 고통과 의문과 성가신 필요에 어떻게 반응해야 할지 몰라 불안을 느낀다.

　　한 친구의 장모가 생애 마지막 3주를 병원에서 보냈는데, 내 친구 부부는 간이침대가 없을 때에도 그녀의 침대 옆 바닥에서 자면서 하루 스물네 시간을 그녀와 함께 지냈다. 장모가 죽은 지 두 주 후에 내 친구는 상당한 진료비의 지불 계획을 의논하고자 병원 행정담당 직원을 만났다. 그 직원은 그 문제를 생각할 시간을 조금 달라고 하면서 며칠 후에 연락을 주겠다고 말했다. 그런데 병원 행정과에서 내 친구의 계산서를 모두 지불하기로 결정했다고 전하면서, 그 이유가 병원 직원들이 그 가족처럼-더군다나 기독교 가정으로서-환자를 극진하고 신실하게 보살피는 모습을 본 적이 없기 때문이라고 했다. 그리고는 이런 설명을 덧붙였다. 보통 그리스도인들은 사랑하는 사람이 아플 때 초기 단계에는 신경을 쓰고 그의 치유를 위해 큰 믿음으로 기도하곤 하지만, 시간이 흘러도 치료되지 않으면 기적이 일어나지 않는 것을 달갑잖게 여기기 때문에 환자 곁에서 모두 사라진다는 것이다. 환자의 상태가 악화되는 것이 그들에게는 영적인 패배로 보인다는 말이다.

　　우리의 고난의 신학이 반드시 고려해야 할 실재가 있다. 그것은 고난은 이 세상에 있는 죄의 결과라는 것과, 죄가 십자가에서 패배했음에도 불구하고 모든 형태의 죽음은 계속해서 그리스도인들에게 영향을 미칠 것이라는 점이다. 우리는 하나님 나라의 "이미 그러나 아직"의 시기에 살고 있기 때문에, 죄를 이긴 우리의 승리는 불행을 피하는 것이 아니라 죄의 희생자를 돌보는 것으로 가장 잘 표현된다. 우리는 위기에 처할 때면 하나님이 과연 우리를 사랑하는지 의심하곤 한다. 다른 신자들이 우리에게서 멀어지면 그들의 행위가 우리의 의심을 심화시킨다. 그래서 우리는 "당신에게 무슨 문제가 있기에 하나님이 이 모든 것을 당신에게 보낸 거지?"라는 메시지를 입수한다. 그리스도의 몸은 우리의 기도에도 불구하고 계속 고통을 받는 이들을 섬기고 지지하는 그리스도의 손과 발이 됨으로써 고난의 한복판에서 하나님의 은혜와 사랑을 구현하는 능력을 지닌다.

신비와 더불어 인내하며 사는 삶

고난은 우리의 연약함을 밝히 드러내고 하나님에 대한 의문을 증폭시킨다. 시절이 좋을 때 대개 우리는 미처 응답되지 않은 의문에 대해 "글쎄요, 내가 천국에 들어가서 그 문제를 예수님에게 물어보지요"라는 식으로 그럴듯하게 대답한다. 우리의 삶이 그 문제에 달려 있지 않을 때는 믿기가 쉽다. 하지만 기반이 무너져서 우리의 가장 소중한 것들이 모두 빠져나가고 있을 때는 우리는 하나님이 과연 우리를 위해 거기에 계시는지 알아야만 한다. 고통은 우리를 하나님께 끌고 가고, 우리를 겸손하게 만들고, 우리에게는 가장 소중한 것을 보호할 만한 능력이 없으며 또한 우리가 절실히 알고 싶은 것을 모두 알 수 없다는 점을 인정하지 않을 수 없게 한다. 우리가 미처 응답되지 않은 의문과 충족되지 않은 욕망을 안고 하나님을 신뢰할 때, 우리는 신비와 더불어 사는 법을 배우게 된다.

고난은 우리의 가장 속 깊은 감정과 욕망을 끌어내는 강력한 힘이 있다. 고뇌의 한복판에서 우리는 결코 중립적일 수 없다. 고통은 우리를 하나님을 향해 달려가게 하든지 그분에게서 도망치게 만든다. 우리는 고난을 받을 때 하나님께 대한 반응에 따라 시련을 통해 성숙하게 될 수도 있고, 하나님에게서 멀어진 채 자기 속으로 파고들어 원한을 품고 자기보호망을 칠 수도 있다. 우리 딸이 죽은 후에야 남편과 나는 왜 그토록 많은 이들이 약물과 알코올에 의존하는지를 이해할 수 있었다. 우리가 직면한 최대의 문제는 이 부단한 고통에 대처하는 법을 아는 것이었다. 날마다 우리는 우리의 고뇌를 하나님 앞에 들고 감으로써, 한편으로는 어느 정도 몸부림을 치면서도 다른 한편으로 소망의 끈을 놓지 않을 수 있는 힘을 구한다. 우리가 고통 가운데 엎드릴 때, 하나님은 고난의 파괴력을 구속의 힘으로 변모시키고, 죽음에서 생명을, 그리고 고통에서 축복을 끌어내신다. 그럴 때 우리는 고난 속에서도 기뻐할 수 있고, 고난에 대한 자포자기의 태도에서 벗어날 수 있다. 우리는 비록 상실감과 고통에 시달릴지라도 또한 위장된 은혜도 받는다. 우리는 고통받는 일에 대해서는 선택권이 없지만 고통에 어떻게 대처할지는 선택할 수 있다. 우리는 값비싼 대가를 치르면서 고난으로부터 지혜와 위로, 폭넓은 관점과 내면의 힘, 그리고 인내심 등을 얻을 수 있다.

풍성한 삶

도둑이 오는 것은 도둑질하고 죽이고 멸망시키려는 것뿐이요 내가 온 것은 양으로 생명을 얻게 하고 더 풍성히 얻게 하려는 것이라(요 10:10)

사람들이 우리 가족에게 닥친 많은 어려움에 관해 들으면 대개 완전히 압도되거나, 자기들이 그런 불행을 비켜간 것으로 인해 약간의 죄책감을 느낀다. 반면에 나는 성적 노예로 몇 년을 산 사람들, 갱에게 무참히 살해된 가정의 아이들, 어린 시절 내내 아버지와 삼촌에게 학대받고 강간당한 육체적 및 심리적 상처를 안고 있는 여성에 관한 이야기를 들을 때, 과연 하나님의 은혜가 그들을 보듬을 만큼 큰지, 내가 그들의 입장이라면 과연 그 은혜가 내게 충분할 것인지 의아해진다.

나는 인생의 좋은 면뿐 아니라 모든 면에 대해 하나님께 감사하기에 이르렀다. 비록 하나님이 내게 주신 삶의 모든 것이 내가 선택한 것이 아니라 할지라도. 나는 내 아들이 정신병의 나락에 떨어지는 모습을 보면서 굉장한 슬픔을 맛보았다. 그리고 그와 함께 살다 보니 내가 알고 싶지 않았던 나의 단면이 노출되고 말았다. 내 딸이 해마다 고생하는 것을 보면서 나는 지쳐 버렸고, 나의 일부도 자동차 사고 때에 그녀와 함께 죽었다. 나는 당시에 그처럼 고통스러운 경험을 하고 싶지 않았고 지금도 마찬가지다.

살아가는 것이 힘겨울 때는 이것이 과연 예수님이 우리에게 주려고 했던 풍성한 삶인지 묻지 않을 수 없다. 물론 우리는 새 하늘과 새 땅에서 우리를 기다리는 그 영광스런 자유를 누릴 때에야 풍성한 삶을 맛볼 테지만, 우리는 심히 어려운 상황에서도 하나님이 주기 원하는 그 풍요로운 삶을 맛볼 수 있다. 내 본능은 가능하면 언제든지 고난을 피하려 하고, 피할 수 없을 때는 그것이 사라질 때까지 숨을 죽이려고 한다. 그러나 당신은 한동안밖에 숨을 죽일 수 없고, 나는 이미 오래 전에 공기를 마시러 올라와야 했다. 우리가 고통을 피하지 않고 고난 중에도 풍성한 삶을 살기로 선택하면, 그것이 설사 더 많은 고통을 의미한다 할지라도 우리는 하나님을 향해 열린 상태가 되고, 고통 가운데서도 그분의 능력을 체험할 수 있다. 고난은 우리가 이 타락한 세상에서 풍성한 삶을 사는 데 필요한 핵심 요소이다.

그리스도인들은 흔히 이렇게 말한다. "하나님은 선하시다. 왜냐하면 그분이 나를 …로부터 구해 주었고, 그분이 …을 공급했기 때문이고, 그분이 이런저런 기도를 응답해 주었고, 그분이 …을 치유해 주었고, 그분이 주차

공간을 마련해 주었기 때문이다!" 만일 나도 이런 식으로 추론해야 한다면, 나로서는 하나님을 선한 분이라고 도무지 말할 수 없다. 나의 가장 절실한 기도를 들어주지 않았고, 내 아들에게 자비를 베풀지 않았으며, 내 딸의 목숨을 구해 주지 않았기 때문이다. 내가 하나님께 감사하는 것이 하나님의 선물 때문이 아님을 알게 되었을 때, 나는 하나님이 선한 분임을 다시 발견할 수 있었다.

고난을 당할 때 하나님에 대한 우리의 신뢰가 더 깊어지는 것은, 고통이 그분의 선하심과 신실하심에 대한 우리의 믿음을 시험하고 확증해 주기 때문이다. 좋은 시절에는 우리가 하나님에게 받은 좋은 것을 통해 그분의 선하심을 경험한다. 반면에 어려운 시절에 우리는 고난의 한복판에서 하나님이 우리에게 베풀어 준 친절과 자비와 연민을 통해 그분의 선하심을 경험한다. 하나님은 때때로 자비롭고 때때로 공의로운 분이 아니다. 하나님은 그분의 인격과 행위를 통틀어 영원히 그리고 무한히 공의롭고 자비롭고 선한 분이다. 우리는 바로 이 진리로부터 고난 중에도 소망과 위로를 얻는다.

묵 상 및 토 론 을 위 한 질 문

1. 당신의 삶을 뒤돌아보라. 고난과 실망의 경험은 당신의 영적 성숙에 어떻게 기여했는가? 솔직히 말해서, 당신이 얻은 영적 유익을 고려하면 그런 고통을 감수할 만했다고 생각하는가? 고통 그 자체가 좋은 것은 아니지만 당신의 성품 형성에 꼭 필요하지 않았는가?

2. 우리를 해롭게 한 사람을 용서하는 경험은 우리의 영성 형성에 어떤 역할을 하는가? 당신의 주변이나 사역 현장에서 자기를 해롭게 한 사람을 용서하지 않은 경우가 있는가? 그런 경우는 당신의 영성 형성에 어떤 부정적인 영향을 미쳤는가?

3. 당신은 사역 현장에서 고난에 관해 가르칠 때 어떻게 하면 그것의 실재를 과소평가하거나 그것이 우리의 성숙과 영성 형성에 수행하는 중요한 역할에 대해 말할 수 있겠는가? 이런 균형 잡힌 가르침을 받아본 적이 있는가?

4. 우리는 우리의 고난을 공동체에서 나누기 위해 어떻게 격려하는가? 어떤 식으로 격려하면 치유와 영성 형성의 분위기를 조성할 수 있을까? 또 어떻게 하면 성장을 방해하고 하나님을 향한 신뢰를 감소시키게 되는가?

5. 많은 이들이 고난을 당할 때 하나님에 대한 믿음이 흔들리곤 한다. 그러나 하나님은 우리와 함께 고난을 당하시고, 삼위일체 하나님은 심지어 예수님의 고난을 통해 고통의 경험을 끌어안으시기까지 했다. 이런 사실이 당신의 믿음을 고무하고 그리스도의 형상을 닮아 가도록 부추기는가?

추천도서

L. Ann, Jervis, *At the Heart of the Gospel: Suffering in the Earliest Christian Message*. Grand Rapids, MI: Eerdmans, 2007.

C. S. 루이스, 『고통의 문제』(*The Problem of Pain*), 홍성사, 2002.

John Piper and Justin Taylor, eds, *Suffering and the Sovereignty of God*. Wheaton, IL: Crossway, 2006.

Jerry Sittser, *A Grace Disguised: How the Soul Grows Through Loss*. Grand Rapids, MI: Zondervan, 1995, 2004.

필립 얀시, 『내가 고통당할 때 하나님은 어디 계십니까?』(*Where is God When It Hurts?*), 생명의말씀사, 2010.

7장

하나님의
선교에 참여

파울라 풀러(Paula Fuller)

제 7 요소 | 그리스도 안에서의 영성 형성은 하나님 나라에서 영위하는 삶이 성장하고 하나님의 선교에 참여하는 과정이다. 이는 하나님과 화해함으로써 시작되고 하나님의 좋은 소식을 밝히 드러내는 삶을 낳는다. 하나님 나라의 제자들은 공동체 내에서 우선적인 선교 활동으로 하나님과의 화해 및 상호 간의 화해를 위해 노력한다. 그들은 또한 모든 사람을 위한 공의와 연민을 추구하며, 인간 세상의 구조에 내재된 제도적인 악을 바로잡기 위해 일한다.

설명 | 하나님 나라는 변화를 가져오는 하나님의 임재와 능력과 선함이 예수의 제자들로 이루어진 공동체에 실재하는 것이다(마 5:13-16). 이 공동체는 이 세대가 다 가도록 하나님 나라의 현존을 증언한다(엡 2:1-21). 영성 형성은 그 자체가 목적이 아니라 언제나 하나님 나라의 확장에 초점을 맞춘다. 우리는 이 세상을 위해 선택된 하나님의 전략이다. 영적으로 충전된 제자 공동체는 세상의 모든 사람이 하나님과 화해하고 또 계급과 성, 인종과 종족, 국가의 장벽을 뛰어넘어 서로 화해하도록 촉구하는 화해의 도구이다(마 5:24; 9:35-38; 고후 5:18-21). 하나님 나라에 대한 증언은 복음 메시지의 선포를 통해

서도 이루어지고, 신앙 공동체가 복음 메시지에 따라 겸손과 순결, 책임성과 징계, 화해와 회복, 용서 등을 실천하는 모범을 보임으로 이루어지기도 한다(마 18:1-22). 이런 과업은 우리의 능력을 뛰어넘는 것이지만, 하나님은 우리에게 그분이 주시는 것을 받고 순종함으로 그것을 그분께 되돌리라고 권하신다. 우리가 큰 대가를 치러야 하는 위험한 소명에 순종하여 그분을 따를 때, 우리는 이 깨어지고 궁핍한 세상에서 하나님의 향기가 되고, 하나님은 그런 우리를 통해 기적을 일으키신다.

✣

복음주의 그리스도인들은 오래 전부터 영적 성장을 위한 제자도의 역할을 이해하고 또 중요시해 왔다. 우리는 제자도를 리더십 개발과 건강한 회중 만들기에 꼭 필요한 요소라고 생각한다. 그런데 또한 우리는 종종 선교 사역을 기독교 활동의 중심요소로 여기며 그것과 씨름해 왔다. 20세기 초에 우리의 영적인 선배들은 "사회 복음"을 주창한 신학적 자유주의와 싸웠다.[1] 자유주의 신학은 예수 그리스도가 별로 필요 없었던 반면에, 보수주의파에 속한 우리는 복음을 "저 위에" 있는 더 나은 세계에 관한 선포로 축소해 버렸다. 그리하여 하나님 나라의 복음은 지금 여기에 있는 사람들의 삶을 변화시켜야 함에도 전혀 그렇게 하지 못하고 말았다. 평생토록 도시의 신학을 개발하고 삶으로 실천한 기독교 지도자인 레이 베키(Ray Bakke)는 복음전도와 사회정의의 이분법을 다음과 같이 요약했다.

> 복음을 전해 사람들을 그들의 죄로부터 해방시키되 그들을 우리 원수(사탄)의 악한 손아귀에 묶여 있도록 내버려 두는 것은 복음이 아니다. 마찬가지로, 복음을 전해 사람들을 세상의 속박으로부터 해방시키되 그들의 죄에 묶여 있도록 내버려 두는 것도 복음이 아니다. 예수님의 복음은 전인(全人)에게 해방을 가져다준다.[2]

대다수의 복음주의 그리스도인은 하나님이 선교사역이나 사회봉사 프로그램을 중요하게 여긴다고 인정한다. 하지만 많은 이들이 바쁘거나 무관심하거나 두려움 때문에 선교에 참여하기를 주저하고 있다. 대부분의 기독교 공동체에서 선교는 교회 위원회에 위임된 활동으로 치부되며, 특별한 영적 은사를 가진 사람들이나 하는 선택적인 활동으로, 혹은 젊은 학생들이 자신들을 가난과 불의에 노출시키고 세상의 가난한 자들과 그들의 특권과 억압받는 자를 향한 하나님의 마음을 인식하도록 돕는 일종의 경험으로 간주되고 있다. 이 책의 앞 장들에서 우리는 그리스도인의 삶의 여러 측면과 우리의 영성 형성에 대한 함의를 탐구했다. 이제는 하나님의 선교와 그 나라의 일꾼인 우리의 역할이 이 세상에서의 하나님의 구속 사역뿐 아니라 우리의 삶을 변화시키는 그분의 사역에도 얼마나 중요한지를 살펴보고자 한다.

"당신의 나라가 임하시고"라는 기도는 복음이 필요한 사람들에게 무엇을 뜻하는가?

2005년 9월, 허리케인 카트리나가 걸프 해안을 파괴하고 뉴올리언스의 시스템을 마비시킨 지 한 달이 지났건만, 미국은 여전히 충격에 휩싸여 있었다. 우리는 한동안 우리 눈을 저녁 뉴스에 고정시킨 채 뉴올리언스의 모습을 담은 비디오 장면을 보며 놀랐는데, 특히 그곳에 많이 사는 아프리카계 미국인들이 지붕 위에 매달려 있거나 홍수가 덮친 지역에서 빠져나가거나 휴스턴 아스트로돔 축구장에서 피난처를 찾는 모습을 보며 가슴을 졸였다. 미국은 엉성한 도시계획, 부적절한 연방위기관리 시스템, 인종적으로 분리된 동네들, 가난 등의 문제가 동시에 발생할 때 어떻게 대처해야 할지를 모르는 듯 보였다. 우리는 이런 끔찍한 결과를 목격하며 눈앞에 펼쳐지는 장면이 무엇을 의미하는지 이해하려고 애썼다.

그해 9월말 나는 콜로라도 스프링스에서 개최되는 모임에 가는 중이었다. TACT 그룹과 함께 영성 형성과 변화의 원리들에 관해 논의하는 집회였다. 그 모임에 참석하기 전날 나는 한 동창을 방문하게 되었다. 목사인 그는 콜로라도 덴버로 이송된 허리케인 카트리나의 희생자들을 위한 구제활동을 벌이고 있었다. 우리는 1,000명에 가까운 피난민이 임시숙소로 사용하고 있는 전(前) 군사기지를 통과하면서 어른과 아이들이 원조를 받으려고 중앙 건물의 복도에 줄 서 있는 모습을 보았다. 다수가 몸은 거기에 있지만 정신과 영은 어디론가 사라진 상태였다. 흐린 눈동자로 멍하니 허공을 쳐다보는 모습, 그것은 분명 외상 후 스트레스 장애(PTSD)였다. 어린이와 십대를 위한 활동을 맡은 자원봉사자 두 명이 재미있는 놀이와 피자를 약속하며 그들을 버스에 태우려고 설득했으나 대부분의 아이들은 부모를 떠나고 싶어 하지 않았다. 짧게나마 재난의 여파를 목격한 나는 온몸을 떨면서 그곳을 떠났다.

그날 저녁, 모임에 참석하려고 내 자리에 앉는 순간, 나는 나의 감정과 정신을 군사기지로부터 영성 형성 모임으로 전환하려고 무척이나 애썼다. 나는 고도의 인지부조화(dissonance)를 경험하는 중이었다. 나는 그 회의실에서 내가 유일한 아프리카계 미국인이라는 사실-실은 유일한 유색인인데다 서른 명의 백인 남성 사이에 있는 두 여성 중 하나라는 사실-을 뚜렷이 의식하고 있었다. 우리가 며칠간의 회의를 위해 기도로 모임을 시작했을 때 내 눈앞에 허리케인 카트리나의 희생자들의 모습이 어른거리기 시작했다. 나는 나도 모르는 사이에 흐느끼기 시작했다. 그런데 그 흐느낌은 시간이 갈수록 거세졌다. 마침내 나는 눈물을 흘리며 하나님께 우리가 함께하는 시간 동안 우리를 만나 주시고 또 내가 그날 낮에 보았던 이들의 얼굴을 기억해 달라고 소리 내어 기도하기 시작했다. 바로 그 순간 나는 우리가 모임을 통해 어떤 결론을 도출하든지 간에, 내가 만난 피난민들의 고통과 상처와 절망을 다루지 않으면 안 된다는 것을 깨달았다. 만일 우리가 그처럼 심한 고통과 어려움을 겪는 사람들에게 적절한 모델을 만들지 못한다면, 우리의 메시지는 예수님이 전했던 복음의 핵심을 놓치고 말 것이다. 그런데 뉴올리언스 주민들과 피난민들은 하나님 나라의 선포 이상의 것이 필요했다. 그들에게 필요한 것은 하나님 나라의 실증(實證)이었다.

그날 저녁 따뜻하고 안전한 호텔 방으로 돌아온 나는 하나님 나라의 능력을 경험해야 할 사람은 허리케인 카트리나의 희생자들만이 아니라는 사실을 알았다. 그것은 나 자신과 **복음에 대한 나의 이해**에 아주 중대한 순간이었다. 내가 그런 가정들이 겪는 고통과 어려움에 개입했을 때-비록 최소한의 개입에 불과했으나-그것은 나에게 현존하는 하나님 나라가 영적 구원뿐 아니라 신체적 구원이 필요한 사람들에게 무엇을 뜻하는지를 이해하게 된 획기적인 순간이었다. 그들에게는 하나님이 그들을 사랑하고 그들의 영원한 구원을 위해 놀라운 계획을 갖고 있다는 메시지를 전하는 것으로 충분치 않았다. 허리케인 카트리나에 의해 삶이 풍비박산된 대다수의 사람들은 하나님이 존재하는지 여부를 묻지 않았다. 오히려 그들은 왜 하나님이 그런 끔찍한 재난이 일어나도록 허용하셨는지 의아해했다. 그들은 하나님이 과연 그들의 현 상태에 관심이 있는지, 그분이 그 문제에 대해 어떻게 하실 작정인지를 묻고 있었다.

자연 재해나 인위적인 재난만이 이 세상의 고통을 맛보게 하는 것은 아니다. 우리는 가까운 식구나 친구나 이웃과의 관계에서는 물론, 이 나라의 저편이나 지구의 반대편에 사는 사람들과의 관계에서도 그런 경험을 할 수 있다. 교회에서는 영적 성장이란 것을 **세상과 관계하는** 것보다 세상에서 멀어지는 것으로 정의하는 경향이 있다. 우리는 영적 성장과 형성을 하나님에 관한 지식의 증가나 종교적인 활동(즉, 성경에 대한 지식, 규칙적인 기도생활, 정규적인 예배 참석 등)으로 측정하는 경우가 많다. 오늘날에는 제자도를 매주 스타벅스에서 멘토와 만나 하나님에 대한 지식을 얻고 영성과 인격 발달의 관계에 관해 배우는 것으로 재정의하는 것을 종종 보게 된다. 새신자를 양육하는 많은 목사와 기독교 지도자들은 복음전도나 봉사활동을 영적 성장 과정에 포함시키지 않는다. 그 결과 우리가 그리는 제자도는 예수님이 제자들에게 소개했던 경험과 아주 다른 모양을 갖게 되었다. 현대판 예수님의 제자들은 바른 교리를 고백할 수는 있지만 그들의 삶은 예수님의 가치관이나 행실과 일치하지 않는다. 더 나아가, 그들은 그런 가치관과 진리를 선교사역으로 실천하는 일이 하나님의 약속을 경험하는 데 왜 필요한지를 모르고 있다.

하나님이 품은 선교의 열정

누가복음에 따르면, 예수님이 성령을 힘입어 40일간 광야에서 지내다가 돌아온 후 행한 최초의 공적 사역은 그의 사명을 선포하는 것이었다. 그 사명은 자신이 회당의 두루마리에서 뽑아 읽은 이사야 61장의 한 구절을 성취하는 것이라고 말했다.

> 주의 성령이 내게 임하셨으니
> 이는 가난한 자에게 복음을 전하게 하시려고
> 내게 기름을 부으시고
> 나를 보내사 포로된 자에게 자유를
> 눈 먼 자에게 다시 보게 함을 전파하며
> 눌린 자를 자유롭게 하고
> 주의 은혜의 해를 전파하게 하려 하심이라(눅 4:18-19)

이 선언과 예수님이 인용한 특정한 성경 대목은 오직 누가의 복음서에만 나온다. 이 복음의 메시지는 권리를 빼앗긴 사람들-이방인과 여성과 가난한 자-에게 초점을 둔다.[3] 그는 성경의 내러티브 가운데 종종 소망 없는 자들에게 소망을 주는 독특한 이야기들을 제공한다. 예수님이 회당에서 선포한 메시지는 일부 사람에게는 정말로 좋은 소식이지만, 다른 이들에게는 우리의 구원의 개념과 관련된 낯익은 메시지가 아니다. 오늘날 서양의 많은 그리스도인들이 생각하는 "복음"은 일련의 인지적 고백에 기초한 일종의 개인적인 거래로 축소되어 버렸다. 말하자면, 그것은 한 개인이 "죄인의 기도"[4]를 드리고 하나님에게서 개인적인 죄에 대한 용서와 더불어 죽음 이후의 영생의 선물을 받는 것으로 간주되고 있다. 그리스도인으로서 우리는 복음의 선포를 만인을 위한-특별히 가난한 자를 위한 것이 아니라-좋은 소식으로 받아들이기는 하지만, 보통 불의의 문제를 다루는 활동을 예수님의 사명을 수행하는 일에 포함시키지 않는다.

많은 복음주의자들은 기독교의 선교를 제자 삼는 일과 세례에만 국한시켜왔다(마 28:19). 그런데 안타깝게도, 우리는 그 제자들에게 "예수님이 분부한 모든 것을 가르쳐 지키게"(마 28:20) 하는 일을 제대로 수행하지 못했다. 아버지와 아들과 성령의 이름으로 세례를 받은 사람들은 개인적인 죄를 고백한 때로부터 지상의 삶이 끝나고 진주 문에 들어갈 때까지의 중간기에 마땅히 수행해야 할 사명이 별로 없다. 이 잃어버린 선교의 조각은 믿음과 감정과 행동 사이에 간극을 조성했다. 달라스 윌라드는 우리가 전하는 복음이 장래에 천국에 들어가는 것만 보장하고 오늘의 인격과 환경에 영향을 주지 못하는 것이 얼마나 위험한지를 이미 다룬 바 있다(1장). 우리가 선포하는 복음은 영원을 위한 좋은 소식일 뿐 아니라 오늘을 위한 좋은 소식이기도 하다. 만일 복음에 대한 우리의 헌신이, 어려운 사람들을 향한 좋은 소식과 함께 그들에게 실질적인 도움을 주는 일과 상관이 없다면, 우리는 예수님이 말씀하신 사명에서 동떨어져 있는 셈이다.

누가복음에 나오는 예수님의 선포는 분명히 죄 용서의 필요성을 다루고 있다. 누가복음 5장에서 예수께서는 한 중풍병자를 치료하며 "이 사람아 네 죄 사함을 받았느니라"고 말씀하셨다(눅 5:20). 그러나 가까이 앉아 있던 서기관들과 바리새인들은 오직 하나님만이 죄를 용서할 수 있기 때문에 예수님이 신성 모독을 하고 있다고 **자기네끼리 생각하기** 시작했다. 그런데 예수님은 그들의 생각을 알고 이렇게 물었다.

> 너희 마음에 무슨 생각을 하느냐 네 죄 사함을 받았느니라 하는 말과 일어나 걸어가라 하는 말이 어느 것이 쉽겠느냐 그러나 인자가 땅에서 죄를 사하는 권세가 있는 줄을 너희로 알게 하리라 하시고 중풍병자에게 말씀하시되 내가 네게 이르노니 일어나 네 침상을 가지고 집으로 가라 하시매(눅 5:22-24)

예수님은 개인적인 죄 용서의 문제를 결코 간과하지 않았다. 사실 이 경우에 그분은 자기에게 땅에서 죄를 용서하는 권세가 있다는 것을 **증명하기 위해** 그 사람을 치료했던 것이다.

영생과 이웃 사랑의 중요성

우리 서구인이 가진 개인 구원의 패러다임은 무엇을 해야 영생을 얻겠느냐는 어떤 율법교사의 물음에 대한 예수님의 답변과 뚜렷한 대조를 이룬다. 예수님은 그에게 율법이 요구하는 것이 무엇이냐고 물은 뒤에 다음과 같은 그의 대답을 옳다고 인정하셨다. "네 마음을 다하며 목숨을 다하며 힘을 다하며 뜻을 다하여 주 너의 하나님을 사랑하고 또한 네 이웃을 네 자신 같이 사랑하라"(눅 10:27-28). 이어서 율법교사가 자기를 정당화시키려고 "그러면 내 이웃이 누구입니까?"라고 묻자 그분은 선한 사마리아인의 비유로 응답하셨다.

> 어떤 사람이 예루살렘에서 여리고로 내려가다가 강도를 만나매 강도들이 그 옷을 벗기고 때려 거의 죽은 것을 버리고 갔더라 마침 한 제사장이 그 길로 내려가다가 그를 보고 피하여 지나가고 또 이와 같이 한 레위인도 그 곳에 이르러

그를 보고 피하여 지나가되 어떤 사마리아 사람은 여행하는 중 거기 이르러 그를 보고 불쌍히 여겨 가까이 가서 기름과 포도주를 그 상처에 붓고 싸매고 자기 짐승에 태워 주막으로 데리고 가서 돌보아 주니라 이튿날 그가 주막 주인에게 데나리온 둘을 내어주며 이르되 이 사람을 돌보아 주라 비용이 더 들면 내가 돌아올 때에 갚으리라 하였다 (눅 10:30-35)

21세기의 복음주의자들은 "영생"을 "내가 죽을 때 천국에 가는 것"과 동일시하는 경향이 있다. 하지만 예수님 당시의 사람들은 영생을 현재의 삶의 체제를 초월하는 하나님 나라 안에 사는 것과 동일시했다. 이런 맥락에서 보면, 하나님 나라 안에 사는 삶을 경험하고 싶은 사람은 하나님에 대한 사랑과 타인에 대한 사랑을 묶어 주는 삶의 방식을 수용해야 한다. 그리고 이 이야기에서 이웃에 대한 사랑은 희생적인 행위로 표현되어 있다.

먼저 이 이야기의 역사적 배경을 이해할 필요가 있다. 본래 사마리아 사람은 아시리아(앗수르) 왕 에살핫돈(주전 677년)이 바벨론을 비롯한 여러 장소에서 사마리아로 이주시킨 사람들이었다. 그 이주민들은 그곳에 정착하여 이스라엘 백성이 포로로 잡혀갔을 때 거기에 그냥 남아 있던 가장 가난하고 무식한 유대인들과 혼인관계를 맺었다. 그들은 자기네 종교들을 가져오고 또 유대인의 종교적 관행도 일부 도입하였다 (왕하 17:24-33). 유대인들이 포로 생활에서 돌아와서 성전을 재건하려고 했을 때 사마리아인들도 그들과 합력하려고 했으나 거부당하고 말았다.[5] 이때부터 유대인과 사마리아인은 서로 원수가 되었다. 사마리아인은 유대인이 기피했던 족속이었고, 아무도 하나님 나라의 좋은 소식이 그들과 관련이 있을 것으로 생각하지 않았다. 신약성경의 시대는 유대인과 사마리아인 사이의 적대감이 최고조에 달했던 때였다. 그들은 아예 서로 상종하지 않을 정도였다 (요 4:9). 게다가 사마리아인들은 성전이 아닌 곳에서 하나님을 예배하는, 즉 신학적 결함을 지닌 족속으로 간주되었다 (요 4:20). 그들은 정통파가 아니었다는 말이다. 만일 그 유대인 남자가 상처를 입지 않고 의식이 있었더라면, 아마도 그는 사마리아인으로부터 냉수 한 잔조차 받으려 하지 않았을 것이다. 이와 같은 유대인과 사마리아인 간의 긴장관계를 감안하면, 당시에 예수님은 사람들에게 아주 심한 논란을 불러일으킬 만한 이야기를 들려주고 있었던 것이다.

예수께서는 이웃 사랑과 그것이 하나님이 약속하는 영생에 참여하고 싶은 이들에게 갖는 함의를 아주 파격적으로 가르쳤다. 이 이야기에서 "안에" 있는 듯한 사람들은 "밖에" 있고, "밖에" 있는 인물은 "안에" 있다. 제사장과 레위인은 하나님의 율법을 가장 잘 따르고 어쩌면 영생을 이해하고 받기에 가장 근접한 자들인 만큼 내부인들이다. 그러나 그들은 동료 인간에게 친절을 베풀어 하나님에 대한 사랑을 표출하는 일의 중요성을 인식하지 못했기 때문에 사실은 "밖에" 있는 자들이다. 올바른 믿음만으로는 불충분했다. 제사장과 레위인은 그 상처받은 남자를 보고는 길을 건너가서 하나님을 섬기는 일을 하려고 바쁜 걸음을 재촉했다. 그들은 이처럼 연민이 없는 삶이 자기네가 섬기는 하나님의 눈에 어떻게 비칠지를 미처 인식하지 못했다. 반면에 사마리아인은 외부인이지만-하나님과 영생으로부터 가장 멀리 떨어진 사람-예수님의 눈에는 영생을 얻는 내부인이었다. 이 사마리아인은 그 상처받은 이스라엘 사람이 자기 종족을 헐뜯어 왔던 민족의 일원이었던 만큼 얼마든지 그를 배척할 만했음에도, 하나님의 형상으로 창조된 다른 사람에 대한 사랑과 보살핌을 적절하게 보여 주었다. 그는 상처 입은 남자를 돌보고, 그의 유익을 구했으며, 시간과 돈과 에너지를 투자했다. 심지어는 신변의 위험을 감수하면서까지 그렇게 했다. 이 그림은 실로 비범하기 짝이 없다. 이는 마음의 상태를 보여 주는 그림이다. 유대인의 문화적 혹은 신학적 표준에 따르면 그 사마리아 남자는 하나님의 율법에서 멀리 떨어진 인물이다. 하지만 실제로는 사랑과 자비를 베푸는 모습으로 미루어 볼 때 하나님의 마음에 아주 가까운 사람이었던 것이다.

예수님은 이 선한 사마리아인을 영웅으로 선택했다. 율법에 따르면 정통파가 아닌 사람이 하나님이 중시하는 가치를 실천하는 삶을 살고 있는 것이다. 예수께서는 우리에게 그 제사장이나 레위인처럼 살라고 하지 않았다. 그분은 자비로운 행위를 간과하기보다 종교적 의무를 버리는 편이 낫다고 선언하셨다. 그래서 선한 사마리아인의 행위를 가리키며 "가서 너도 이와 같이 하라"고 말씀하신 것이다(눅 10:37). 여기서 그가 우리에게 "가서 믿으라"고 하지 않고 "가서 행하라"고 명하신 것에 주목하라.

압박이 심한 사회에서의 선교

이 비유에서 선한 사마리아인은 예루살렘에서 여리고로 내려가는 길목에서 상처받은 유대인을 만나게 된다. 예루살렘에서 여리고로 가는 길은 27킬로미터가량 되는 가파른 내리막길이었다. 그 길은 "동굴이 즐비하고 바위가 많은 통행로"였기 때문에 강도들이 숨기에 안성맞춤이었다.[6] 이 이야기로 보건대, 그 길은 상인들, 강도들, 제사장들, 하나님의 성전에서 일하면서 집으로 왕래하던 사람들이 주로 이용했던 것 같다. 그래서 사람들이 자주 강도를 만나고 때로는 죽임까지 당하던 곳이었다.

이 비유에 나오는 제사장과 레위인은 모두 직업적인 사역자들이다. 이들은 하나님의 백성을 종교적으로 섬김으로써 생활을 영위하고 있다. 그 누구보다도 하나님의 율법을 잘 아는 사람들이었다. 그런데도 이 이야기에서 그들은 멈춰 서서 상처받아 죽어 가는 사람을 돌보는 일이 얼마나 중요한지를 인식하지 못하고 있다. 하지만 약간의 딜레마는 느낀다. 율법에는 의식적인 정결을 다루는 규율들이 가득하다(레위기에 나오는 정결에 관한 수많은 구절들을 보라. 그리고 민수기 19장도 보라). 멀리서는 그 남자가 죽은 듯이 보였을 수도 있다. 그들이 만일 죽은 몸을 만지게 되면 불결하게 될 터이고, 따라서 일정한 기간 동안 특정한 일련의 의식들을 거쳐야 정결하다는 판정을 받고 성전에서 섬길 수 있을 것이다. 의식적인 정결함은 하나님 앞에서 백성을 대변하고 제사 제도를 통해 백성을 하나님과 화해시키는 일에 필수적인 요건이었다. 그러나 그들은 종교적으로 규정된 율법의 조문을 순종하다가 그 율법에 심긴 하나님의 마음을 무시하고 말았다. 그들은 의식적으로는 정결했으나 내면은 불결했다. 그로 인해 그들은 길목에 누워 있는 하나님의 자녀의 가치를 인식하지 못했다. 이와 대조적으로, 겉으로는 불결한 사마리아인은 연민을 베풀며 진정한 이웃처럼 행동하고 있다.

그 제사장과 레위인과 마찬가지로 오늘날 우리 그리스도인들 역시 하나님을 기쁘게 하겠다고 다짐하지만 어려운 사람을 보고 건너편 길로 지나가기 쉬운 세상에 살고 있다. 우리는 바쁜 사람들이다. 미국의 근로자들은 산업화된 세계에서 어느 누구보다 더 많은 시간을 일하고 있다.[7] 하버드 대학의 경제학자인 줄리엣 스코어(Juliet Schor)는 "지난 20년간 미국인이 일하는 데 보내는 시간의 양이 서서히 증가했다"는 사실을 보여 주었다.[8] 그런데 우리는 심지어 여가 시간을 보낼 때조차 바쁜 사람들이다. 칼 오노어(Carl Honore)는 『느림의 찬가』(In Praise of Slowness)란 책에서 "속력을 좋아하는 마음, 갈수록 적은 시간에 더 많은 일을 하고픈 강박관념은 도를 지나쳤다. 그것은 하나의 중독으로, 일종의 우상숭배로 변질되었다"고 말했다.[9]

우리는 이처럼 정신없이 살다 보니 거리에서 팔을 벌린 채 도움을 요청하는 노숙자들에게서 시선을 돌리고 재빨리 지나치는 능력이 더할 나위 없이 발달했다. 뿐만 아니라, 우리가 살고 있는 지역은 목적지에 편리하게 갈 수 있게 해주는 간선도로가 매우 발달했기 때문에 어려운 사람들이 살고 있는 구역을 얼마든지 우회할 수 있게 되었다.

만일 내가 일상에서 나와 다른 부류로부터 상당한 거리를 유지할 수 있다면, 나는 안전한 셈이다. 나는 교회 다니는 사람들이나 동일한 사회경제적 배경을 가진 이들에게 늘 둘러싸여 있도록 내 생활을 조정할 수 있다. 그러나 내가 다른 부류에 속한 사람과 관계를 맺게 되면, 인생을 새로운 관점에서 보고 상대방의 삶에 영향을 주는 이슈들을 접할 기회를 얻을 수 있다. 그의 이슈는 장차 나의 이슈가 될 가능성이 있다. 그녀의 이슈가 나에게도 중요한 것이 될지도 모른다. 선한 사마리아인의 비유에서 사마리아인은 자신과 상처 받은 유대인 여행객 사이의 거리를 좁히고 있다. 그는 상처 받은 남자에 가까이 감으로써 그를 형제나 친구를 보듯이 진정한 인격체로 보게 된다. 그는 그 상황에 기꺼이 개입함으로써 변화를 일으키는 하나님의 능력이 그 상처 받은 남자의 삶에 작동할 수 있는 가능성을 열어 주었다. 그 과정에서 인종적으로 분열된 사회의 한복판에서 화해의 기적이 일어났던 것이다.

인종차별에 따른 이웃의 정의

예수님은 유대인 종교 공동체에서 존경받던 제사장이나 레위인 대신 사마리아인을 바른 행동의 모범을 보인 사람으로 선정함으로써 이 비유에 인종적 긴장의 요소를 도입했다. 예수께서 율법교사에게 "네 생각에는 이 세 사람 중에 누가 강도 만난 자의 이웃이 되겠느냐?"(눅 10:36)고 물었을 때, 그 선생은 답변할 때 사마리아인이란 단어조차 사용하지 않았다. 단지 "자비를 베푼 자니이다"(눅 10:37)라고 말했을 뿐이다. 예수께서 상처 받은 남자가 아니라 사마리아인의 인종적 신분을 강조한 것을 보면 그 남자는 동료 유대인이었을 것으로 추정된다. 사실 제사장이나 레위인이 동료 유대인을 돕는 것은 이해할 만한 일이다. 이 경우에 그들이 멈춰 서서 상처 받은 남자를 돌보지 않은 것은 인종과는 아무 관련이 없다. 이 성경 이야기를 통해 인종적 장벽을 넘어야 할 사람들이 있다. 그것은 바로 사마리아 사람을 상처 받은 유대인 남자의 "이웃"으로 인식해야 하는 율법교사와 다른 청중이다. 만일 예수님이 청중에게 이웃에 대한 사랑을 보여 주기 위해 인종적 및 문화적 장벽을 기꺼이 넘어야 한다는 것만 가르치려 했다면, 상처 받은 사람을 사마리아인으로 설정했을 수도 있었을 것이다. 그리고 자비를 베푸는 한 유대인을 영웅으로 삼을 수도 있다. 하지만 예수님은 사마리아인, 곧 그들이 결코 존경할 만한 대상으로 여기지 않았던 인물을 이 비유의 주인공으로 삼았다. 이 과정에서 그 율법교사는 이웃 됨이란 어려움에 처한 사람을 적극적으로 돌보는 문제임을 인식하지 않을 수 없게 되었고, 이 비유는 이웃이란 결코 바른 교리를 지키는 유대 민족에게만 국한되지 않는다는 관념을 소개하고 있다.

선한 사마리아인의 비유를 통하여 예수께서는 이웃을 정의하는 방식과 이웃으로 포용할 대상의 테두리를 훨씬 넓혔다. 그분은 당시의 특정한 청중과 더불어 우리에게, 이웃의 정의는 우리 집에 인접한 사람들이나 가족들을 뛰어넘는 것이라는 도전을 가했다. 이웃이란 우리가 마주치는 사람들 가운데 누구든 자비가 필요한 자를 말한다. 다음으로 예수님은 우리가 보통은 이웃에서 제외시키는 자들을 포용하라고 도전하셨다. 우리가 레위인이나 제사장이나 선한 사마리아인의 입장이 되어 만일 우리가 그 가운데 하나였다면 어떻게 했을지를 물어보는 것은 비교적 쉬운 일이다. 그런데 만일 우리 자신을 길가에 누운 상처 받은 남자로 본다면 이 이야기가 주는 교훈이 어떻게 달라지겠는가? 이 경우에는 우리의 필요를 기꺼이 돌보려는 사람이라면 누구로부터도 기꺼이 도움을 받으려고 할 것이다. 그 상처 받은 남자가 사마리아인을 몹시 미워하는 사람이었다고 상상해 보라. 그러면 자기를 돌봐준 그 선한 사마리아인의 놀랄 만큼 관대한 손길로 인해 그의 견해가 어떻게 바뀔 것 같은가? 단 한 번의 희생적인 친절함이 어떻게 사마리아인들에 대한 그의 태도와 관점을 변화시키고, 또 장래에 자기와 다른 누군가를 기꺼이 도우려는 자세를 갖게 하겠는가? 이 비유를 보면, 선한 사마리아인은 자신의 안전지대를 벗어나서 자기와 다른 누군가와 기꺼이 교류하며 상대방에게 파격적인 사랑의 행위를 베풀었는데, 하나님과 영생을 바라보는 유대 민족의 시각을 교정하는 것을 의미했다.

네비게이토 선교회의 고참 간사인 에디 브루사드(Eddie Broussard)는 여러 인종 공동체에 속한 교회들을 경험하도록 파송을 받았던 그 단체의 지도자들이 어느 주일 아침에 한 체험을 이야기한 적이 있다. 일부는 아프리카계 미국인 초대형 교회들을, 또 어떤 이들은 히스패닉계 이민 교회들을, 또 다른 사람들은 인도계 교회들을 각각 방문했다. 이 지도자들은 그것을 경험한 뒤에 온통 흥분과 놀라움에 휩싸인 채 돌아왔다. 이후에 일어난 일은 시사하는 바가 크다. 그 그룹이 서로의 경험을 나누기 위해 다함께 모였다. 그들은 자기네가 본 것만 나누지 않고 자신들의 느낌도 이야기했다. 소수파 인종에 속한 지도자들은 그 공동체가 그들의 이야기를 통해 서로 가르침과 영감과 도전을 주고받는 모습을 지켜보았다. 이 집회가 계속되는 동안 에디는 여기저기를 다니며 지도자들이 두세 명씩 모여 새롭게 깨달은 것을 이야기하고 기도하며 성찰하는 광경을 목격했다. 그들은 예전에는 너무도 멀리 있었던 사람들의 고통과 현실을 접했던 것이고, 이제는 한 지도자의 말처럼 "결코 예전과 같을 수 없게" 된 것이다. 한 지도자는 거기서 곧장 나가 미국 네비게이토 본부 건물에서 미국 원주민 남녀를 위한 새로운 사역을 시작했다.

　이 지도자 그룹은 결국 네비게이토 선교회가 카이로스 펀드(Kairos Fund)란 새로운 프로젝트를 출범시키게 하는 데 주도적인 역할을 담당했다. 그것은 모든 네비게이토 수입의 1퍼센트를 모아 소수파 인종에 속한 미국인들을 위한 사역에 사용하는 프로젝트였다. 다양한 공동체에 들어가라는 초대에 응한 이 지도자들은 이미 관련된 책들을 모두 읽은 상태였다. 아울러 우리가 여기서 살펴보는 구절들을 포함하여 성경도 샅샅이 공부한 사람들이었다. 그런데도 정작 그처럼 큰 변화를 일으킨 것은 몸소 나가서 길을 잃고 깨어지고 권리를 박탈당한 사람들과 직접 부대끼는 경험이었다. 머릿속의 지식이 타인의 삶과 연결되고, 그것이 또한 그들의 가슴에까지 이어지는 일이 필요했던 것이다. 그리고 이 선교적 만남에 성령께서 역사하셔서 이 지도자들에게 하나님과 그들 자신에 관한 진리를 밝히 보여 주셨는데, 이는 그들이 선교활동에 기꺼이 참여하지 않았다면 결코 일어날 수 없는 일이었다. 이 지도자들은 이미 성숙한 그리스도인이었지만, 이 선교 활동을 하는 동안에 영성 형성의 경험을 했던 것이다.

불의한 시스템과 구조의 문제

세월이 흐르면서 유대인과 사마리아인 간의 인종적 증오심은 제도화되어 양자의 사회 시스템과 문화 규범과 관행 속에 깊이 뿌리를 내렸다. 유대인 공동체와 사마리아인 공동체 사이의 인종적 불협화음과 비슷하게 미국 역시 인종차별과 인종적 분립의 유산을 갖고 있으며, 지금도 여전히 이런 유산이 사라지지 않고 있다. 미국은 본래 훌륭한 이념 위에 세워진 위대한 국가다. 즉, 모든 사람이 창조주로부터 생명과 자유와 행복의 추구를 포함하는 양도 불가능한 권리들을 부여받고 평등하게 창조되었다는 자명한 진리 위에 세워진 나라란 뜻이다.[10] 많은 이민자들이 그 꿈을 좇아 미국에 왔으나 그들은 행복에 이르는 길이 어려움으로 점철되어 있다는 것을 발견했다. 초기 정착민들의 이야기는 가난과 질병, 전쟁과 때 이른 죽음 등과 싸우는 내용으로 가득하다. 미국은 처음부터 그 이념에 걸맞게 살지 못했다. 초기부터 어떤 이들의 이념은 다른 이들의 희생 위에서 실현되었다. 이 나라의 집합적 번영은 원주민의 대량학살, 불법적인 토지 강탈(이런 사례는 이루 헤아릴 수 없을 만큼 많았다), 아프리카인의 노예화, 19세기 초 중국인 이민자들의 열악한 노동 조건 등을 기반으로 삼았다. 이 나라가 성장함에 따라 정치 지도자들은 조직적으로 유색인종이 시민권이나 투표권 혹은 생산수단을 얻지 못하게 하는 법률과 배제 정책을 실행했다. 즉 유럽인 이민자들은 다른 인종 집단들을 희생시키면서 계속 발전을 거듭했던 것이다.

지금의 유럽계 미국인들은 비록 예전의 인종차별과 노예제와 후대의 노예제에 직접 참여하진 않았다 할지라도 이런 과거의 악행에서 혜택을 받은 자들이다. 반면에, 소수파 인종 집단들은 그와 정반대의 영향을 받아 현재 경제적인 불이익을 당하고 있다. 오랜 세월에 걸친 불공평한 게임의 결과는 실업률, 순자산, 보건 등의 통계수치를 비교해 보면 금방 알 수 있다. 이 모든 고통은 과거의 이야기만은 아니다. 오늘날의 현실을 조금만 들여다보라. 종족 근절의 문제와 씨름하는 원주민 세대, 현대판 노예제의 희생자들, 이민자들이 접하는 비인간적이고 억압적인 조건 등. 마이클 에머슨(Michael Emerson)과 크리스천 스미스(Christian Smith)가 쓴 『복음주의와 인종차별』(Divided by Faith)에 따르면 "건강과 삶, 그리고 죽음조차 인종차별을 받고 있다."[11]

문화적, 사회적, 그리고 정치적 시스템들이 형성되는 과정에서 복음주의 교회는 미국 문화와 그 인종적 하부문화들의 발달에 관여했다. 초기 주정부 시대(1700-1730)만 해도 성직자들이 노예제를 합법화하는 데 중요한 역할을 했고, 복음을 "사회통제를 위한 힘"으로 이용했다[12]. 신학자인 에른스트 트뢸치(Ernst Troeltsch)는 "교회의 가르침과 관행이 (노예제의) 영속화를 재가해 주는 하나의 요인이었다"고 결론 내렸다.[13] 그때부터 지금까지 교회는 지배문화 내에 존재하는 인종차별과 긴장에서 결코 면제된 적이 없다. 일요일 오전 11시는 그리스도인들이 인종별로 예배하러 모이는 시간인 만큼 아직도 가장 서로 격리되는 시간대로 언급되고 있다. 이처럼 우리가 따로따로 예배하는 데는 물론 여러 역사적 요인과 사회적 요인들이 있다. 그러나 이런 현상이 무척 고통스러운 특별한 이유가 있다. 그것은 우리 그리스도인들이 복음에 우리를 하나님과 화해시키는 능력이 있다고 믿음에도 불구하고 이처럼 분립되어 있기 때문이다. 성경은 하나님께서 "화목하게 하는 말씀을 우리에게 부탁하셨다"(고후 5:19)고 하지 않았는가?

2007년 11월, 나는 기독학생회(IVCF)의 다인종 사역부 소속 전국 지도자들과 함께 미국 원주민 신학 대회에 참석했다. 당시에 우리 부서에는 헌신적인 미국 원주민 사역 담당 부대표가 없었다. 그러자 우리 고참 간사 한 사람은, 우리 부서 전체와 몇 명의 미국 원주민 간사가 미국 원주민 행사에 참석하여 원주민들의 문화와 현실을 깊이 경험하는 것이 좋겠다고 제안했다. 우리는 여러 발표시간에 참석하고 증언을 듣고 역사적으로 또 오늘날에 여러 부족에게 범한 잔학 행위에 관한 글을 읽었는데, 그 과정에서 나는 도무지 말로 표현할 수 없는 고뇌와 비탄과 고통을 느꼈다. 그 상황에서 나는 내가 불이익을 당한 동료 소수파 인종의 일원이라고 느끼지 못했다. 나는 어디까지나 원주민 대학생들을 대상으로 사역하는 방법을 찾기 위해 유명한 선교단체의 부회장 자격으로 거기에 참석하고 있었기 때문이다.

대회가 끝난 뒤에 우리는 그 집회를 소집한 원주민 지도자들과 함께 협의회를 열고 원주민 대학생들을 위한 캠퍼스 전략에 관하여 그들의 통찰력과 자문을 구하게 되었다. 우리는 여러 시간에 걸쳐 그들의 부족 역사와 개인적인 이야기를 들었다. 우리가 우리 사역의 목표에 관해 이야기하기 시작했을 때, 그 가운데 한 사람이 이렇게 물었다. "왜 당신네는 원주민 학생들을 대상으로 한 사역에 관심이 있습니까? 그들에게 그들의 종족과 문화에 파멸을 몰고 온 시스템을 주입시킬 생각입니까, 아니면 회복에 이르는 길을 모색하고 있는 것입니까?" 나는 그날 내가 들은 역사를 곰곰이 생각해 본 결과, 원주민 공동체에게 불의한 짓을 행했던 많은 인물들이 바로 주님의 이름으로 왔다고 선언한 자들이었다는 사실을 깨닫게 되었다. 어떻게 하면 내가 미국 원주민에게 정말로 "좋은 소식"인 복음을 가져왔다는 사실을 전달할 수 있을까?

선한 사마리아인의 이야기는 조직적인 불의에 관한 이야기가 아니다. 선한 사마리아인은 로마인이나 유대인 관리에게 더 나은 군사적 감시체계를 갖추도록 주장한 것도 아니고, 여리고 길목의 범죄율을 줄이기 위한 공공정책을 제안한 것도 아니다. 다만 그냥 두었으면 죽을 확률이 높은 상처 받은 사람을 구해 주었을 뿐이다. 이는 불편을 감수하고 시간과 노력과 에너지를 투자해 불의한 짓을 당해 죽도록 내버려진 누군가를 보살핀 한 개인의 이야기이다. 하지만 여기에는 교회에 적용되는 더 넓은 메시지가 있다. 우리 사회에는 불의한 짓을 당해 사회의 주변부에 상처 입은 채로 누워 있는 많은 사람들이 있다. 우리는 바쁘다는 핑계로 제사장과 레위인처럼 길을 건너서 그들을 지나칠 때가 너무도 많다. 그리고 멈춰 서서 곤경에 처한 자들을 회복시킬 수 있는 파격적인 사랑을 베풀지 않고 그냥 지나치는 우리의 모습을 지켜보는 사람들이 있다. 우리는 교회로서 이웃답게 행동하지 않는 것이다. 더 나아가, 이처럼 하나님을 향한 우리의 사랑을 동료 인간에 대한 사랑으로 실천하지 않는 우리의 삶을 보고 우리가 선포하는 복음을 영접하지 않으려는 사람들이 있다. 그들은 우리가 말하는 것을 듣고 이렇게 묻는다. "당신이 전하는 그 복음은 정말로 좋은 소식입니까?"

선교는 번잡하지만 변화도 마찬가지다

하나님의 선교에 대해 우리의 삶을 열어 놓으면 우리는 예전과 똑같이 살지 않을 것이다. 때로 하나님은 우리가 가족 안에서 일어나는 고통스런 사건을 통하여 타인의 번민과 불의에 깊이 관여하도록 만들기도 한다. 캐나다 네비게이토 간사인 에릭 스톨트(Eric Stolte)와 메리온 스톨트(Marion Stolte)는 캐나다 혈우병 협회(CHS)와 세계 혈우병 연맹(WFH)에서 열심히 섬기는 자원봉사자들이다.

1977년 2월 그들의 아들 리프가 혈우병을 보유한 채 태어났다.[14] 1980년대만 해도 C형 간염과 HIV에 감염된 피가 제 8 응고인자 항체를 만드는 데 필요한 혈장의 출처로 사용되었다. 그 결과 혈우병을 보유한 많은 사람이 전염되었다. 리프는 HIV 전염은 피했지만 C형 간염에 걸리고 말았다. 그 책임이 캐나다 정부에 있었음에도 불구하고 정부는 책임을 회피했다.

에릭은 그들의 경험을 다음과 같이 묘사했다.

아내와 나는 캐나다 혈우병 협회에서 열심히 섬기는 자원봉사자들이다. 이 협회의 사명은 출혈성 질환을 가진 모든 사람의 건강과 삶의 질을 향상시키고 치료책을 찾는 것이다. 그들의 비전은 출혈성 질환의 고통에서 자유로운 세계를 만드는 데 있다. 우리는 우리의 삶에 현존하는 그리스도로 인해 봉사하는 것인즉, 우리는 그분 역시 출혈성 질환이 주는 고통에서 자유로운 세계를 원한다고 믿기 때문이다.

캐나다에서 오염된 혈액 스캔들로 얼룩진 그 끔찍한 시기, 곧 1980년대와 90년대 초에 혈액이나 혈액 제재를 받은 많은 사람들과 더불어 출혈성 질환을 보유한 수천 명이 HIV/AIDS에 감염된 것은 실로 고통스러운 경험이었다. 우리는 소중한 친구들의 장례식에 너무나 많이 참석했다. 그러나 이 협회는 주로 자원봉사자의 노력으로 운영되기 때문에 캐나다의 혈액 시스템은 적십자사 바깥에서 재창조되어 조직적으로 훨씬 안전하게 확립되었다. 우리는 혈액과 혈액 제재가 늘 안전성을 유지할 수 있도록 계속해서 부지런히 감시하고 있다.

아울러 우리는 CHS의 서스캐처원 지부에서도 열심히 활동하는 가운데 WFH를 통해 "쌍둥이" 프로그램에 진입했다. 몽고의 혈우병 환자들은 스스로 자원봉사 협회를 설립하려고 애쓰고 있었고 도움이 필요한 상황이었다. 많은 개발도상국이 그렇듯이 보건시설이 무척 열악했다. 1997년 나는 그 협회의 회원들을 방문하고 직접 보건상황을 관찰할 목적으로 다른 두 명의 자원봉사자들과 함께 몽고로 갔다. 심한 혈우병을 앓는 여섯 살 된 엔지그-어쩌면 그 아이는 스무 번째 생일을 맞이하지 못할지도 모른다-를 만난 것은 실로 가슴 아픈 경험이었다. 우리의 노력으로 몽고의 자원봉사자들은 힘을 얻어 정부에 협조를 요청하게 되었다. 이 노력은 오늘까지 계속 이어지고 있다.

우리는 이 공동체의 고통을 통해 예수님이 타인의 탐욕으로 불의에 시달리는 사람들과 함께 살면서 느꼈을 마음의 통증을 더욱 절실히 공감할 수 있었다. 우리는 그 어떤 상황에서보다 이 경우에 고통 중에 있는 다른 사람을 사랑하는 법을 더 많이 배웠고, 이는 분명히 영성 형성의 일부였다. 우리가 그런 상황에 계속 관여하는 한, 우리는 좀 더 예수님의 형상을 닮아 가는 경험을 계속하게 된다. 우리는 준 것보다 받은 것이 훨씬 많았다.[15]

우리는 또한 정상적인 상황에서도 우리를 적으로 보는 사람들을 접할 수 있다. 토론토의 노숙자를 대상으로 사역하는 '생추어리'(Sanctuary)의 대표인 그레그 폴(Greg Paul)은 에이즈로 죽어 가는 동성애자를 돌보며 경험했던 바를 글로 표현했다. 닐은 몸이 쇠약해져서 아무런 힘도 없고 움직이지도 못한 채 뼈만 앙상하게 남았다. 어느 날 그레그가 닐을 방문해 보니 온통 오물을 뒤집어쓴 채 침대 시트를 붙들고 공황 상태에 빠져 있었다. 그레그는 그를 들어내어 목욕을 시키고 침대를 정돈하고 옷을 입힌 뒤에 다시 침대에 눕혔다.

그는 베개를 베고 조용히 누워 내가 그의 발을 하나씩 이불 아래에 밀어 넣도록 내버려 두었다. 그렇게 하다가 나는 한 발이 완전히 씻기지 않은 것을 발견했다. 그래서 세면용 수건을 가져다가 그 발을 닦아 주었다. 그렇게 하면서 나는 두 가지 생각의 흐름이 만나는 것을 경험했는데, 이는 강력한 계시로밖에 묘사할 수 없는 것이고, 둘 다 나에겐 하나님의 음성과 같았다.

내 손으로 그의 발을 부드럽게 잡는 순간 문득 내 마음은 예수님이 최후의 만찬에서 종의 역할을 취하기로 결심하고 허리에 수건을 두른 채 제자들의 발을 씻던 장면으로 가득 찼다. 사실은 전날부터 요한복음에 나오는 그 이야기를 묵상하던 중이었는데, 지금은 내가 예수님의 모습, 곧 베드로의 발을 향해 허리를 구부리는 바람에 머리카락이 앞으로 늘어져 얼굴을 가린 채, 베드로의 항의에 조용히 반발하며 발, 오직 발만 씻길 필요가 있다고 주장하는 모습을 보는 것만 같았다. 내가 그토록 오랜 시간을 닐과 함께한 것은 바로 이 순간을 위해서였다! 그리스도의 분신이 된다는 것은 바로 이런 것을 두고 하는 말이었다. 나는 그때까지 분명하고 드라마틱한 그의 회심을 기대하며 전도할 기회를 찾고 있었다. 그러나 그 순간 그와 같은 내 갈망은 닐의 영혼에 대한 나의 열정에 못지않게 성공에 대한 나의 욕망을 암시하는 것임을 깨달았다. 닐에게 예수가 된다는 것은, 물론 그를 위해 기도하는 일과 그에게 복음을 이야기하는 일도 포함하지만, 무엇보다도 그의 발에서 배설물을 부드럽게 닦아 주는 일상적인, 심지어 불쾌한 일로 가장 잘 요약된다는 것이 분명해졌다.

동시에 나는 너무도 취약한 그의 상태를 보고 마음이 크게 움직였다. 그는 발을 덩그러니 내놓았고, 그의 몸은 망가져 발을 이불 속으로 다시 넣을 만한 힘조차 없었다. 그때 예수님의 말씀이 내 귓가에 들려왔다. "내가 헐벗었을 때에 네가 옷을 입혔고, 내가 병들었을 때에 네가 돌보았고…너희가 여기 내 형제 중에 지극히 작은 자 하나에게 한 것이 곧 내게 한 것이니라." 이것 역시 내가 닐과 함께한 목적이었다. 우리는 한동안 관계를 맺어 왔지만 나는 그 날 처음으로 닐 속에 있는 예수님을 보았다. 그때까지 나는 그를 통해 그리스도를 닮아가는 연습을 하려고 했을 뿐 내 코앞에 계신 그리스도의 현존을 놓치고 있었던 것이다. 그 순간 닐이 나에게는 취약한 상태로 죽어 가는 그리스도의 구체적인 초상임을 알아차렸다. 예수께서는 내가 그분의 "형제"를 보살핌으로써 그분에게 옷을 입혀 주고, 그분을 돌보도록 허락하고 있었던 것이다.

잠시 이 강력한 인상들을 소화하려고 애쓴 뒤에 나는 닐에게 기도하고 싶은지 물었다. "네, 그러고 싶어요"라고 그가 나지막하게 말했다. 내가 먼저 기도했다. 무슨 말을 했는지 전혀 기억이 나지 않는다. 내 기도가 끝날 때 닐이 잠들었을 것으로 생각했다. 그러나 그는 고요한 방의 빈 공간을 향해 입을 열고 속삭이듯 말했다. 그는 어느 누구를 대상으로 기도한 게 아니라 그냥 말문을 열었을 뿐이다. 그가 한 말은 나를 축복하는 소리였다. 그는 자기가 죽어 가고 있다는 사실을 알았으나 자기를 위해선 아무 것도 구하지 않았다. 그 대신 나를 축복한 것이다! 이후 그는 너무나 조용하게 있어서 나는 그가 잠든 줄 알았다. 그런데 눈도 뜨지 않은 채 다시 한 번 말했는데, 이번에는 그 목소리가 또렷하고 놀랄 만큼 강했다. "예수님의 이름으로."

마지막 작별 인사를 제외하면 그것이 내가 들은 최후의 말이었다. 며칠 후 다시 그를 방문했을 때 그는 무의식 상태로 공 모양으로 웅크리고 있었다. 그로부터 한 주 후에 그는 세상을 떠났다.[16]

우리가 예수님의 선교를 수행하다 보면 전혀 뜻밖의 장소에서 그분을 만날 수 있다. 많은 경우 우리는 우리가 섬기는 대상에게 예수님을 모셔온다고 생각한다. 그런데 우리가 섬기는 그 대상 속에서 예수님을 보는 것은 실로 충격적인 일이 아닐 수 없다. 마태복음에는 예수님이 장차 자기 앞에 서 있는 자들을 두 그룹으로 나눌 날에 관해 말씀하는 장면이 나온다. 한편에는 굶주린 자를 먹이고, 목마른 자에게 물을 주고, 나그네를 영접하고, 헐벗은 자에게 옷을 입혀 주고, 병든 자를 돌보고, 죄수를 방문한 사람들이 있고, 다른 편에는 이와 같이 어려운 처지에 있는 자들을 마주치고도 아무 일도 하지 않은 사람들이 있을 것이라고 했다. 그때, 그들은 자기들 중 다른 이들을 섬긴 자들은 사실상 예수님을 돌본 것이고, 다른 이들을 섬기지 않은 자들도 예수님을 돌보지 않은 것임을 발견하게 될 것이다. 한 그룹은 상급을 받을 것이고, 다른 그룹은 쫓겨나서 영원한 벌을 받게 될 것이다(마 25:31-46). 이 성경 구절은 수동적인 사람들에게 두려움이나 죄책감을 불러일으킬 소지가 있으나, 예수님에 대한 우리의 사랑은 사실상 가장 작은 자와 잃어버린 자와 잊혀진 자를 돌보는 일로 입증된다는 점을 상기시켜 주기에 무척 유익하다. 우리의 도움이 필요하지 않은 하나님을 사랑한다고 입으로 고백하기는 쉽다. 그러나 눈에 보이지 않는 하나님을 사랑하는지 그 진위는 눈에 보이는 형제와 자매를 대하는 방식으로 테스트할 수 있다. 성경에 따르면, 보이는 형제를 사랑하지 않는 자는 결코 보이지 않는 하나님을 사랑할 수 없다(요일 4:20). 만일 우리가 타인의 눈 속에 있는 예수님의 얼굴을 쉽게 볼 수 있고 상대방의 필요를 채우는 일이 바로 그분을 돌보는 기회임을 알아차릴 수만 있다면, 선교 사역과 구제 활동에 대한 우리의 접근이 얼마나 달라지겠는가?

버려야 할 두 가지 환상

선교가 영성 형성의 중요한 요소임을 받아들이려면 두 가지 환상을 버릴 필요가 있다. 하나는 선교가 불필요하다는 생각이고, 다른 하나는 내가 하나님의 선교에 참여할 때 하나님 나라가 속히 올 것이라는 환상이다. 이 양자는 나의 안목을 왜곡시키는 그릇된 현실관이다. 우리가 선교에 참여할 때 맨 먼저 경험하는 것은 일종의 환멸감이다. 그때 우리는 우리가 이 세계의 의미를 이해하고 안전한 개인적 공간을 마련하기 위해 사용하는 여과기들과 렌즈들이 모든 사람에게 삶을 정확하게 보여 주지 않는다는 사실을 발견하게 된다. 실은 그 여과기들이 우리가 세상의 고통과 슬픔을 보지 못하게 우리를 차단시킬 수 있다. 그러므로 이런 여과기들과 렌즈들을 제거할 때에만 우리는 타인의 고통을 느끼고 하나님만이 채울 수 있는 거대한 필요를 해결하는데 참여할 기회를 얻을 수 있다.

환멸은 영성 형성의 여정에 꼭 필요한 교정수단이다. 우리가 고립되거나 현실에서 물러나면 사각지대가 더 많아지는데, 그것들은 우리가 선교에 참여할 때에야 비로소 드러난다. 하지만 현실참여는 우리에게 환멸을 안겨준다. 그럼에도 변화의 일부가 곧 환멸인 만큼 이것은 좋은 것이다. 여기서 환멸(disillusionment)은 그릇된 현실관인 환상(illusion)을 벗어 버린다(dis)는 뜻이다. 우리는 끊임없이 진짜로 존재한다고 믿는 현실에 대한 환상들을 만들어 낸다. 우리의 신념체계 속에 있는 환상은 우리의 삶을 약화하고 왜곡하는데, 현실세계에서 하나님의 선교에 참여할 때 이 환상은 거짓임이 폭로된다. 이것이 변화에 이르는 열쇠이며, 우리가 안전지대에서 벗어날 때, 이런 변화가 가능하다.

우리가 영적 성장을 위해 굳이 하나님의 선교에 참여할 필요가 없다는 환상을 품는 것은 우리에게 필요한 모든 것을 하나님 및 다른 그리스도인과의 관계에서 얻을 수 있다고 믿는 것이다. 이는 하나님 나라에 속하지 않은 사람들에게 하나님과 함께 그분의 사랑과 은혜와 진리를 베풀지 않고도 그리스도의 장성한 분량까지 성장할 수 있다고 믿는 것이다. 그러나 예수님은 우리에게 그분과 동행하되 그분과 함께 선교에 참여하지 않아도 된다는 생각을 심어 준 적이 한 번도 없다. 오히려 그분은 제자들에게 "나를 따라오라 내가 너희를 사람을 낚는 어부가 되게 하리라"고 말씀하셨다(마 4:19). 또한 "내가 의인을 부르러 온 것이 아니요, 죄인을 불러 회개시키러 왔노라"(눅 5:32)고 말했으며, 또한 "(나는) 잃어버린 자를 찾아 구원하려고" 왔다고 선언하셨다(눅 19:10). 우리가 영적으로 성장하려면 그리스도와 함께 있고 그분과 교제를 나눠야 한다. 우리가 예수님과 동행하며 교제를 나누기 원한다면 그분과 함께 가야 하는데, 그분은 하나님 나라의 좋은 소식을 바깥에 있는 사람들에게 전하고 계신다. 아울러 예수님과 교제하고 싶으면 그분의 말씀을 좇아야 한다. 그분이 주신 말씀은 "모든 민족을 제자로 삼아 아버지와 아들과 성령의 이름으로 세례를 베풀고 내가 너희에게 분부한 모든 것을 가르쳐 지키게 하라"는 것이다(마 28:19-20). 이 사역에 참여하는 것은 하나님의 명령을 순종하는 일일 뿐 아니라, 하나님의 선교를 수행하는 가운데 영성 형성이 이뤄지는 길이기도 하다.

영적 변화에 이르는 길목에서 만나는 또 다른 그릇된 현실관은 하나님이 함께하시면 빠른 변화가 있을 것으로 기대하는 것이다. 이런 "응급처치"식의 접근은 피상적인 현실관에서 나온다. 개인과 공동체와 사회조직의 변혁적인 변화는 복합적인 차원에서 일어나야 한다. 그것은 죄가 인간존재의 복합적인 차원에 영향을 주기 때문이다. 죄는 우리의 심리적, 사회적, 정서적, 지적 세계들에 영향을 미친다. 죄는 또한 교육, 비즈니스, 정부, 법, 보건 등의 시스템 속에 자리를 잡고 있다. 복합적인 차원에서 문제들을 해결하지 않는 해결책이 변혁적인 변화를 이룩할 수 없는 것은 그 문제를 깊이 있게 다루지 못하기 때문이다. 그리고 변혁적이고 영구적인 변화는 보통 시간이 걸리기 마련이다. 이런 변혁적인 변화에 헌신하고 자기 인생을 정치개혁에 바친 저명한 본보기는 바로 윌리엄 윌버포스(William Wilberforce)이다. 영국의 정치인이며 개혁가였던 윌버포스는 영국에서 범대서양 노예무역을 철폐시키기로 다짐했다. 1787년에 그는 "노예무역 철폐를 위한 협회"의 대변인이 되었다. 1807년에는 의회가 노예무역을 금지하는 법안을 통과시켰다. 이어서 그는 노예제의 완전한 폐지를 재촉했고, 노예제를 폐지하는 법안은 1833년에 그가 죽은 지 한 달이 지난 후에야 시행되었다.[17] 윌버포스는 정치 시스템에 변화를 일으키기 위한 싸움에 그의 정치 인생을 걸었고, 그 결과 수백만에 달하는 사람들에게 자유를 선사할 수 있었다.

선교는 어떻게 우리를 변화시키는가?

우리가 그리스도의 형상으로 빚어지려면 우리의 이웃, 곧 동네에 실제로 살고 있는 사람들, 그리고 일상에서 하나님이 우리와 만나게 하는 사람들과 기꺼이 관계를 맺어야 한다. 이런 관계 속에서 우리는 그리스도를 닮아가게 되기 때문이다. 올바른 신학적 사실들을 믿는 것으로는 충분치 않다. 바른 믿음이 있다고 변화되는 것은 아니다. 궁극적으로, 영적인 변화는 우리의 순종에 달려 있다. 이는 하나님과 우리의 이웃을 기꺼이 사랑하는 일이다. 우리는 길 건너편에 있는 사람들을 그냥 지나치기로 선택하든지, 지구 반대편에서 가난과 억압에 시달리는 사람들을 못 본 체하기로 선택하든지, 어쨌든 어려운 형편에 처한 자들을 쉽게 간과할 수 있는 세상에 살고 있다. 엄청난 필요가 존재하는 세상인 것을 감안하면, 수십 억에 달하는 세계 인구 전체를 내 이웃으로 생각하는 것은 도무지 감당할 수 없는 발상일 수 있다. 다행스럽게도, 예수님은 우리가 만나는 모든 사람의 필요를 채워 줄 것을 기대하지 않는다. 성경에 따르면, 예수님은 자기에게 오는 모든 사람을 고친 적도 있고(막 1:32-34), 베데스다 연못에 갔을 때처럼 단 한 사람만 치료한 적도 있다(요 5:1-9). 예수님은 아버지의 일을 하러 왔으므로 하나님이 그에게 지시한 일만 수행했던 것이다.

시카고의 이벤젤리컬 커버넌트 교회(Evangelical Covenant Church)가 주관하는 여행이 있는데, 이는 참가자들이 나흘 동안 버스 여행을 하며 오클랜드,

중부 캘리포니아, 로스앤젤레스 등에 정거하는 일정으로 짜여 있다. 그들은 다른 인종에 속한 팀원들과 짝을 이루어 아프리카계 미국인, 히스패닉계 미국인, 아시아계 미국인의 역사적 경험을 더듬는다. 버스 안에서는 비디오를 시청하고 이 세 집단의 고통스런 역사와 경험에 대해 토론한다. 참가자들은 또한 공동체 조직과 정의의 문제에 관여하고 있는 지역사회 지도자들과 서로 교류하는 시간도 갖는다. 마지막 날에는 로스앤젤레스의 빈민가를 방문해 노숙자들에게 점심을 나눠 주며 그들을 위해 기도하는 일로 시간을 보낸다. 이 여행은 당신이 여러 인종 집단들의 역사적 및 현실과 오늘의 현실을 마주칠 때 인지부조화와 고통을 느끼도록 고안되어 있다. 나는 역사적인 인종차별과 조직적인 억압을 다루는 비디오를 보면서 분노를 경험하기 시작했다. 거기에는 모종의 음모가 작동하고 있는 것 같았다. 즉 시장의 보이지 않는 손과 더불어 조직화하고 힘을 축적하려는 그 집단들의 노력을 은밀하게 분쇄시키는 제도화된 인종차별이 작동하고 있었다. 개인적 차원과 집단적 차원에서 공정한 주택융자나 시민권이나 사법적인 공평성에 접근하지 못하게 조직적으로 막는 장면을 보면서 나의 분노는 거듭해서 절망감으로 바뀌었다. 셋째 날 밤에 나는 무거운 정신적인 짐과 영적인 짐에 눌려 성경에서 위안을 찾고자 애썼다.

    나는 에베소서 6장으로 눈을 돌리면서 내가 목격하고 있는 싸움은 혈과 육의 전쟁이 아니라는 사실을 새삼 인식했다. 인종차별은 하나의 정사이고, 내가 알게 된 사회적 사건들은 높은 곳에 있는 영적인 악의 본보기들이었다. 감사하게도, 성경은 하나님이 우리에게 견고한 요새도 무너뜨릴 만한 강한 무기를 주셨다고 말하고 있다(고후 10:3-4). 마지막 날 저녁, 우리는 빈민가에서 노숙자들에게 양식을 나눠 주며 복음을 전하기 위해 밖으로 나갔다. 나는 눈에 보이는 광경과 냄새, 정신적으로 아픈 사람들, 연약하기 짝이 없는 여자들과 아이들로 인해 큰 충격을 받았다. 아주 짧은 시간에 우리의 양식은 동이 나 버렸고 사방에 어려운 사람들이 진을 치고 있었다. 우리는 개개인과 이야기를 나누기 시작했고, 기도하는 모습을 본 사람들이 다가와서 대화와 기도를 요청했다. 나는 거기에 서서 외면당하는 데 익숙했던 사람들과 손을 잡고 기도하는 가운데 절망이 가득한 환경에서 복음의 능력과 소망을 새삼 절감하게 되었다. 그 순간, 바로 그날 밤에 하나님 나라가 나를 통해 확장되었다는 것을 깨달았다. 물론 나는 하나님 나라가 임하고 그의 뜻이 이루어지기를 자주 기도했었지만, 그날 밤에는 내가 그 나라의 복음의 손과 발이 되었던 것이다. 그 순간, 하나님이 나를 위해 무언가를 하셨다. 나는 다른 사람이 되었다. 우리는 성찬과 예배로 그 밤을 마무리했다. 밤이 늦도록 내 귓전에 도시의 소리가 들렸다. 버스를 타고 집을 향해 가는 동안에 나의 절망은 예배로 바뀌었다. 장차 더 이상 고난이 없고 고통이 없는 날이 올 것임을 알았다. 하지만 지금은 하나님 나라를 소망하고 우리의 왕의 귀환을 바라보며 살 수밖에 없다.

이 책에서 우리는 당신에게 영성 형성에 대한 처방을 주지 않으려고 무척 조심했다. 우리는 이 책에 나오는 모든 요소가 반드시 필요한 것이라고 믿지만 하나님이 그것들을 어떻게 사용하실지는 각 사람에 대한 그분의 계획에 따라 달라질 것이다. 내가 TACT 프로젝트에 참여하기 시작한 6년 전만 해도 내가 품었던 영성 형성의 이미지는 한 개인이 세상에서 물러나서 나 홀로 영적 훈련을 쌓는 모습이었다. 물론 예수님도 아버지께 기도하려고 한적한 곳을 찾았던 분이었던 만큼(막 1:35) 홀로 기도하는 훈련을 쌓을 때와 장소가 있는 것은 분명하다. 이와 비슷하게 선교 사역을 통해 세상에 관여할 때도 있다. 이처럼 선교가 영성 형성의 필수요건임에도 불구하고 우리는 그런 사역에서 물러설 때가 너무도 많다. 하지만 하나님은 바로 그런 활동을 통해 우리의 마음과 생각과 속사람을 다시 빚어 내신다. 우리가 사람들의 삶 속에서 일하시는 하나님을 경험하고 그분의 사랑과 능력을 전하는 통로가 될 때, 예수님의 복음은 우리의 마음과 우리가 예상치 않은 곳으로 침투하게 된다. 복음의 좋은 소식이 세상 속으로 흘러들어 갈 때, 그것은 또한 우리를 통해 흐르며, 우리는 안에서 밖으로의 변화를 경험하게 된다.

묵상 및 토론을 위한 질문

1. 당신이 현재 몸담고 있는 사역은 어떤 열정을 품고 있는지 생각해 보라. 이 장의 앞부분에 인용한 베키의 글에 비추어 볼 때, 그 사역은 죄로부터의 자유를 지향하는가, 아니면 이 세상의 속박에서의 자유를 지향하고 있는가? 당신의 사역이 복음이 말하는 온전한 자유를 지향하는 변화를 포괄할 수 있다고 생각하는가? 그렇게 생각하는 이유는 무엇인가?

2. 우리의 영성 형성은 선교를 위한 것일 뿐 아니라 선교를 통해서도 이뤄진다. 이로 보건대, 영성 형성과 선교의 관계에 대해 사람들이 전자보다 후자의 중요성을 이해하는 일이 필요하다. 어떻게 하면 그들이 이 중요성을 인식하여 선교에 더욱 관여할 수 있도록 도모할 수 있을까?

3. 많은 사람들이 자신과 다른 부류의 이웃을 영접하는 일을 매우 어려워한다. 우리가 그런 사람들을 영접할 때 영성 형성의 측면에서 어떤 유익을 얻게 되는가? 그런 사람들을 배제시키는 일을 통해서는 무슨 유익을 얻게 되는가?

4. 만일 우리가 선교에 참여한다 할지라도 하나님 나라가 완성되는 것을 앞당길 수 없다면, 무슨 동기로 선교사역에 참여하는 것인가? 당신은 이미 바쁘게 살고 있는 사람들에게 선교에 참여하도록 어떻게 격려하겠는가?

5. 지금 우리는 인종적으로, 경제적으로, 그리고 다른 여러 면에서 더욱 다양한 나라가 되고 있다. 당신의 사역은 이런 변화에 어떻게 대처하고 있는가?

추천도서

Ray Bakke with Jim Hart, *The Urban Christian: Effective Ministry in Today's Urban World*. Downers Grove, IL: InterVarsity, 1987.

데이비드 보쉬, 『변화하고 있는 선교』(*Transforming Mission: Paradigm Shifts in Theology*), 기독교문서선교회, 2000.

Carl F. H. Henry, *The Uneasy Conscience of Modern Fundamentalism*. Grand Rapids, MI: Eerdmans, 2005.

레슬리 뉴비긴, 『오픈 시크릿』(*The Open Secret: An Introduction to the Theology of Mission*), 복 있는 사람, 2012

Greg Paul, *God in the Alley: Being and Seeing Jesus in a Broken World*. Colorado Springs, CO: Shaw Books, 2004.

2부

THEOLOGICAL ELEMENTS OF **영성 형성의**
SPIRITUAL FORMATION **신학적 요소들**

8장

영성 형성의 토대로서의 삼위일체

브루스 디마레스트(Bruce Demarest)

제8요소 | 영적 변화의 신학은 하나님의 삼위일체적인 본성에서 나온다. 그 특징은 상호관계성, 사랑, 은혜, 상호복종, 의기투합이다.

설명 | 이것은 모퉁이돌에 해당하는 진술이다. 이후에 따라오는 모든 것은 '하나님이 누구인가'로부터 흘러나온다. 성경에 계시된 하나님, 예수 그리스도 안에서 우리 가운데 살았던 하나님은 세 위격으로 이뤄진 은혜의 공동체로 존재한다. 영원 전부터 영원 후까지 아버지와 아들과 성령은 은혜와 사랑, 상호복종과 한마음으로, 그리고 제각기 맡은 역할을 존중하며 서로를 대한다. 그리고 그 기능상 성령은 아들과 아버지에게, 그리고 아들은 아버지에게 순종하는 관계이다. 놀랍게도, 이 삼위일체 하나님이 우리를 그분과 관계를 맺도록 초대하여 이 은혜의 문화에 참여하게 하신다.

✠

무엇이 문제인가?

흔히 사람들은 신학을 대학교에 몸담은 이들이 독일어로 공부하는 학문으로 간주해왔다. 신학교에서 조직신학을 배우는 학생들은 종종 "내가 도대체 이 내용을 언제나 활용할 수 있을까?"하고 불평하곤 한다. 실제로 사람들은 교회의 위대한 교리들을 논할 때 그것들을 아무도 그런 것들에 대해 알려고 하지 않을 정도로 메마르고 모호한 방식으로 다룬다. 그런 교리들 가운데 으뜸가는 것은 아마 삼위일체 교리일 것이다. 사실 그것은 아주 모호하고, 이해하기 힘들고, 꼭 필요하지 않은 교리로 간주된다. 이는 참으로 유감스러운 현상이다. 성경의 진리는 우리의 믿음과 변화를 받쳐주는 토대이기 때문에 그렇다. 삼위일체의 진리를 배척하는 것은 기독교 신앙의 정수를 잘라내는 일이다.

신학생 시절에 크리스토퍼 모튼(Christopher Morton)은 우리의 삶에서 삼위일체의 중요성을 다음과 같은 이야기를 통해 역설했다.

나는 하나님을 제대로 알지 못한 채 그저 경외의 대상으로만 여기는 가정에서 자랐는데, 그때 나에게 "한 하나님 안에 세 위격"이 있다는 개념은 부조리하게 보였다. 스무 살에 예수님을 만난 뒤에도 나의 그런 생각은 변하지 않았고, 솔직히 나는 그에 관해 생각하지도 않았다. 그런데 4년 후에, 그의 삶과 하나님에 대한 사랑이 특별해서 내가 매우 존경하던 한 사람이 내게 도전했을 때, 나는 비로소 내가 하나님을 얼마나 모르고 있는지를 깨닫게 되었다. 그 사람은 내가 오직 예수님에 관해서만 이야기하고 오직 그분에게만 기도한다는 사실을 알아챘다. 물론 예수님께 기도하는 것은 전혀 문제가 없지만, 그는 나에게 성부 하나님과 성령 하나님에 대해 어떻게 생각하는지를 물었다. 나의 묵묵부답이 모든 걸 말해주었다. 그리스도 안에서 새로운 삶을 시작한지 4년이 되었건만, 나는 예수 그리스도의 아버지와 예수께서 보내겠다고 약속했던 성령이 왜 중요한지를 한 번도 생각한 적이 없었다. 바로 그 순간 나는 내 신앙과 관련된 많은 문제들-그 귀한 사람은 그것들로 인해 아주 흥분했었다-을 이해할 수 있게 되었다. 나의 멘토는 나에게 하나님과 동행하면서 내가 그때까지 하나님에 관해 상상하고 경험했던 것보다 더 큰 무엇이 있는지 살펴보라고 도전했다.[1]

우리는 정말로 삼위일체론자인가?

오늘날처럼 자기중심적이고 쾌락을 추구하는 세상에서는 영적 변화를 경험하고 선교를 지향하는 사람들과 공동체들의 모델을 찾기란 보통 어려운 게 아니다. 하나님의 놀라운 섭리로 나는 20년 전에 그런 사도적인 모델을 경험하는 특권을 누린 적이 있다. 그때 나는 어느 예수회 소속 영성 지도자의 권유를 받아 뉴멕시코 주의 산타페 밖에 있는 페코스 베네딕트회 수도원에서 상당 기간을 보냈다. 1995년에 40명의 그리스도인들(복음주의자, 루터교도, 성공회교인, 로마가톨릭 등)과 함께 나는 6주 과정의 영성지도 학교에 등록했다.

페코스 공동체의 남자들과 여자들은 정통적인 방식으로 삼위일체 하나님의 삶을 찬양했다. 우리는 함께 살고, 예배하고, 배우고, 섬기는 일을 통하여 성부 하나님의 놀라운 장엄함과 예수 그리스도의 은혜와 성령의 역동성과 기쁨을 경험했다. 기도와 공부와 일의 일상적인 리듬을 통해 성령께서는 서서히 우리의 육신을 깨끗케 하고, 오랜 상처를 치유하고, 그리스도를 향한 사랑을 깊게 하고, 성부 하나님을 영화롭게 했다. 그 은혜로운 기간 동안 나는 성령에 의해 그리스도를 향한 열정과 생명력이 충만했던 그 옛날의 초대교회로 옮겨진 것만 같았다. 그 결과 나는 그동안 신앙생활을 해온 수십 년보다 그 6주 동안에 영적으로 또 정서적으로 더 성숙했다.

이처럼 하나님을 참신하게 경험한 결과 나는 삼위일체 하나님에 대해 더 많은 것을 발견하게 되었다. 삼위일체의 하나됨 안에서 아버지와 아들과 성령과 관계를 맺음으로써 예전의 신앙생활에서는 맛보지 못했던 하나님의 완전함-아버지의 사랑, 아들의 아름다움, 성령의 능력-을 경험적으로 알기에 이르렀다. 성령의 능력으로 급격히 변화된 예수님의 제자들이 피정의 집을 설립하고, 영성 지도를 베풀고, 국내외에서 극빈자를 돌보는 등 다양한 사역을 시작하는 모습을 목격했다. 나는 내가 받은 삼위일체 하나님 중심의 영성 형성을 나의 영향권, 곧 내가 지난 30년 동안 가르쳐온 지역 교회 공동체와 신학교로 가져왔다.

많은 그리스도인은 이론적으론 삼위일체론자이나 실질적으로는 유니테리언(Unitarian)이다. 바쁘게 사는 우리는 삼위일체에 관해 별로 생각하지 않고, 변혁을 일으키는 삼위 하나님의 삶을 경험하지 못할 때가 많다. 어쩌면 우리가 속한 교회에서 삼위일체와 우리 삶의 연관성에 대한 설교를 들은 적이 없을지도 모르겠다. 그래서 성자 그리스도는 우리가 본받을 모델일 뿐이고, 성령은 하나님의 도우미에 불과한 존재로 생각하기 쉽다. 이런 실용적인 접근은 삼위일체를 우리의 일상생활과 아무런 상관이 없는 것으로 여긴다. 스스로 정통으로 자부하는 성도들도 삼위일체에 속한 세 위격을 평가 절하하는 면에서는 자유주의 그리스도인들과 다를 바가 없다. 그러므로 이런 질문을 던질 필요가 있다. 우리는 신조로 고백하는 삼위일체 하나님을 정말로 믿고 있는가? 삼위일체 하나님은 우리의 영적 생활에서 중요한 역할을 하고 있는가? 우리는 삼위일체 하나님의 진리-은혜와 사랑과 능력-를 실제로 경험하고 있는가? 먼저 우리는 그리스도인들이 말하는 하나님의 삼위일체가 무엇을 뜻하는 지를 살펴볼 필요가 있다.

하나이면서 여럿이신 하나님

삼위일체 하나님은 모든 실재의 처음이자 끝이다. 신적인 세 위격-아버지와 아들과 성령-의 역동적인 교통은 그리스도인의 믿음과 삶의 핵심을 이룬다. 더 나아가, 삼위일체 하나님은 교회의 믿음과 삶, 그리고 세상에서의 선교의 총합과 실체의 기반이기도 하다. 물론 삼위일체라는 단어가 성경에 나오지는 않으나 그것은 당회, 안수, 선교 위원회와 같은 용어들도 마찬가지다. 삼위일체의 진리는 성경에 명시적으로 나오진 않지만, 마태복음 28장 19절, 요한복음 14장 26절, 디도서 3장 4-6절, 요한일서 4장 13-15절 등 여러 본문이 가르치고 있는 진리다. 성경의 하나님은 외로운 단일체가 아니라 세 위격으로 구성된 복합적인 통일체이다. 여기서 "위격"(person)이란 의식적인 삶과 활동의 중심을 일컫는다. 하나님은 자신의 삼중적인 실재를 아버지와 아들과 성령 등 세 가지의 이름으로 계시하셨다. 이 이름들은 하나님 안에서 맺는 역동적인 관계를 가리킨다. 그런즉 유일한 참 하나님은 한 무한한 영적 존재 안에 공존하는 신적인 세 위격의 공동체인 셈이다. 초기의 한 교부가 말했듯이 "삼위일체 자체가 하나의 향기로운 공동체이다." 그들의 사역으로 말하자면, 성부는 우리를 위한 하나님이고, 성자는 우리와 함께하는 하나님이며, 성령은 우리 안에 계신 하나님이라고 할 수 있다. 신명기 6장 4절("이스라엘아 들으라 우리 하나님 여호와는 오직 유일한 여호와이시다")은 하나님의 통일성을 강조하지만 그것은 복합적인 통일성이다. 이는 마치 한 가족이나 한 나라가 하나이면서 여럿인 것과 비슷하다.

　　기독교의 삼위일체 교리는 늘 있어왔던 통일성과 다양성의 문제, 즉 어떻게 우주에서 다수가 하나됨 혹은 통일성과 조화를 이룰 수 있을까 하는 문제에 빛을 비춰준다. 한 때 과학자들은 최소 입자가 양성자와 중성자와 전자라고 생각했다. 하지만 최근의 분자 물리학은 "쿼크"(quark)로 알려진 더 작은 입자들이 물질의 두 가지 기본 성분 중 하나를 형성한다는 것을 입증했다. 그런데 쿼크는 단독으로 존재하지 않고 둘로 이루어진 세 개의 쌍으로 존재하고 있다. 즉 과학자들이 이제까지 발견한 가장 작은 입자는 관계 속에서만 존재하고 있는 셈이다.

　　기독교 사상가들은 삼위일체를 묘사할 목적으로 우리의 경험세계에서 여러 예들을 끌어왔다. 하지만 하나님은 무한하기 때문에 삼위일체에 관한 예들은 전부 완전하지 못하다. 그럼에도 삼위일체의 역동적인 관계를 이해하도록 돕는 몇 가지 예가 있기는 하다. 아우구스티누스는 그의 고전 『삼위일체에 관하여』(On the Trinity)에서 자신이 "하나님은 사랑이라"(요일 4:16)는 말씀을 읽고, 사랑은 사랑하는 자, 사랑받는 자, 그리고 그들 사이에 흐르는 사랑의 영을 그 요건으로 삼는다고 생각했다. 그 세 요소가 하나가 될 때에만 사랑이 실제로 존재한다는 것이다. 이어서 성부 하나님은 사랑하는 자이고, 성자 하나님은 사랑받는 자이며, 성령은 그들을 연결시키는 인격적 사랑이라고 결론짓고 있다. 그러므로 삼위일체는 오늘날의 세계에서는 찾기 어려운 사랑, 곧 자기를 잊어버리고 자기를 내어주는 사랑을 보여주는, 계시된 사랑이라고 할 수 있다. 또 다른 예는 말과 의사소통에 초점을 두고 있다. 그리스도는 선포된 하나님의 말씀이지만, 이 말씀은 숨(성령)에 의해서만 효력을 발생한다. 또 다른 모델은 아버지와 아들과 성령을 "주는 자, 주어지는 자, 선물(을 주는 것)"로 묘사한다.[2] 삼위일체를 가시적으로 표현하자면 아래와 같은 삼각형을 그릴 수 있다. 즉, 여기에서 삼각형 자체는 하나님이고, 세 각은 신적인 세 위격을 표현한다. 기독교의 삼위일체 교리는 건전한 이성과 전혀 모순되지 않으나, 인간 이성의 한계를 뛰어넘는 것인 만큼, 그런 면에서 계시된 신비라고 할 수 있겠다.

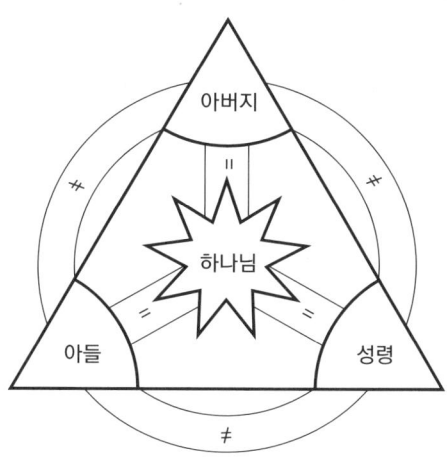

로키 산맥의 포플러 숲은 한들거리는 잎과 황금빛 가을 빛깔로 유명하다. 하지만 포플러 나무 숲은 실제로는 단 하나의 살아 있는 유기체이다. 나무숲은 공생관계 속에서 외견상 제각기 독립된 것 처럼 보이는 나무들에 영양을 공급하고 그것을 지지해주는 공동의 뿌리 구조를 갖고 있다. 『기네스북』(Ginness Book of Record)에 따르면 로키 산맥의 한 초원에 있는 어떤 포플러 숲은 지구에서 가장 큰 단일 유기체를 대표한다. 그렇다면 교부 테르툴리아누스(Tertullianus, 170-220)가 삼위일체를 나무에 비유한 것-아버지는 깊은 뿌리이고, 아들은 세상을 향해 뻗는 가지이고, 성령은 그로부터 나오는 향기요 아름다움이라고-은 얼마나 적절한 발상인가![3]

삼위일체는 세계의 많은 신조와 종교 가운데 유일무이한 진리이다. 교회의 신조로 고백되는 성경의 삼위일체 교리는 그동안 몰몬교, 여호와의 증인, 크리스천 사이언스 같은 컬트들의 반대를 받아왔다. 뿐만 아니라, 힌두교와 불교, 유대교와 이슬람교 같은 종교들의 공격 대상이 되기도 했다. 그리고 심지어는 기독교 세계 내에서도 자유주의 신학 전통을 비롯한 많은 흐름이 잘못 해석해온 교리이기도 하다.

삼위일체의 관계중심적인 삶

삼위일체 하나님을 각기 구별된 부분들을 가진 단일한 실체로 이해하는 것만으로는 불충분하다. "하나 안에 셋"인 하나님은 영원 전부터 영원 후까지 서로 사랑하는 세 위격으로 구성된 역동적인 공동체, 곧 **관계중심적인** 하나님이다. 고대의 기독교 저자들은 삼위일체 내의 인격적 관계를 묘사할 때 **페리코레시스**(perichorêsis)라는 그리스어를 사용했다. 이 단어는 문자적으로 "원을 그리며 춤추다"라는 뜻이다. 이는 삼위일체의 세 위격이 서로서로 내주하되 각 위격의 초자연적 생명이 다른 두 위격 사이로 흘러드는 것을 의미한다. 대표적인 동방 신학자인 다마스커스의 요한(John of Damascus, 655-749)은 삼위일체 내 세 위격 사이의 역동적인 주고받음의 관계에 대해 말한 바 있다. 그는 아버지와 아들과 성령 사이에 오가는 인격과 아이디어, 미덕과 생명의 흐름, 곧 각 위격이 다른 두 위격과 주고받는 역동적인 관계를 역설했다. 이처럼 한 위격에서 다른 위격으로 생명이 "흘러넘치는 것" 혹은 "넘치도록 오가는 것"이 제4복음서에서는 한 위격이 다른 두 위격 "안에" 있다는 가르침으로 표현되어 있다. 예수께서는 그의 아버지와의 관계를 "아버지께서 내 안에 내가 아버지 안에 있는 것 같이"라는 말로 표현했다(요 17:21, 참고. 23절). 그리고 "아버지께서 내 안에 계시고 내가 아버지 안에 있다"고 덧붙였다(요 10:38, 참고. 14:10-11). 이와 같은 진술들은 "말씀이 하나님과 함께 계셨다"는 이전의 가르침(요 1:1)과 "아버지 품속에 있는 독생하신 하나님"(요 1:18)이란 말을 부연해서 설명해준다. 아버지와 아들과 성령은 독자적이고 자기충족적인 실체들이 아니라, 그들의 위격을 다른 두 위격을 통해 받는 상호 의존적인 존재들이다.

유진 피터슨은 종종 **페리코레시스**를 무도회장에서 파트너를 바꾸는 것으로 묘사하곤 한다. 한 순간 우리는 아버지와 함께 춤추고, 다음 순간은 아들과 함께 춤추고, 다시 쳐다보면 우리를 빙빙 돌리고 있는 분은 성령이시다. 피터슨은 어느 책에서 "아버지와 아들과 성령의 위격들과 함께 추는 거대한 춤, 서로를 자유로이 바꿔가며 처음도 없고 끝도 없고 멈춤도 없는 춤, 아름다움과 자유와 사랑으로 채색된 그 거대한 춤"이라고 강조한 적이 있다.[4] 삼위일체의 세 위격 간의 사랑의 흐름은 남편과 아내가 서로 영적으로, 감정적으로, 신체적으로 생명을 주고받는 관계로 묘사될 수도 있다(결혼 파트너는 셋이 아니라 둘이긴 하지만). 결혼관계 내에서 남편과 아내는 비록 서로 다른 두 인격일지라도 어디까지나 "한 몸"이다(엡 5:31). 결혼식에서 신랑과 신부는 둘이 한 몸이 되는 것을 상징하기 위해 두 개의 초를 더 큰 한 개의 초로 합치기도 한다. 삼위일체의 경우와 같이 동반자 사이의 관계는 자기를 내어

줌, 무조건적인 사랑, 상호 긍정, 상대방의 행복 증진, 함께 있는 것을 즐거워함 등을 그 특징으로 삼는다. 행복한 결혼생활을 하는 부부가 증언하듯이 이런 풍성한 하나됨은 경험적으로 느끼는 것이다. 이 동반자들은 서로에게 살아있는 예수님의 아이콘과 같은 역할을 수행한다.

하나님의 하나됨 안에서 세 위격은 제각기 그 관계에 독특한 정체성을 부여한다. 예수님은 자신이 아버지와 성령과 구별되는 훌륭한 위격이라는 사실을 알았다. 그분은 "나와 아버지는 하나"(요 10:30)라고 말했으며, 그것은 열등감이라곤 조금도 찾아볼 수 없는 말투였다. 그분은 또한 "아버지께서 나보다 크시다"(요 14:28)고 말하기도 했다. (이 말씀은 삼위일체의 경륜 내의 기능적인 역할을 가리키는 것이다.) 더 나아가, 신적인 각 위격은 다른 두 위격에 대한 정통한 지식을 갖고 있다. 예수께서는 "아버지 외에는 아들을 아는 자가 없고 아들과 또 아들의 소원대로 계시를 받은 자 외에는 아버지를 아는 자가 없다"(마 11:27)고 말씀하셨다. "알다"(*epiginōskō*)라는 복합 동사는 친밀하고 완전한 지식을 가리키는 말이다.

게다가 삼위일체의 삶은 상호 복종과 완전한 공유로 특징지어진다. 아들은 아버지에게 "내 것은 다 아버지의 것이요 아버지의 것은 내 것"(요 17:10)이라고 말했다. 또 다른 경우에 예수님은 제자들에게 "그가(성령이) 내 것을 가지고 너희에게 알리시리라"(요 16:15)고 말했다. 적어도 한 번은 아들이 아버지에게 명령조로 말하기도 했다(눅 23:34). 여기에서 세 위격이 사랑의 복종 관계를 통하여 하나님의 경륜 내에서 각자의 주된 역할을 존중하는 모습을 볼 수 있다. 더 나아가, 삼위일체의 상호관계를 보면 철저히 타자 중심적이기 때문에 각 위격이 다른 두 위격을 높이 들어 올리는 것을 보게 된다. 삼위일체의 관계에는 질투도 없고 불평도 없고 엇갈린 의향도 없다. 아버지는 아들을 영화롭게 하고(요 17:15), 아들은 아버지를 영화롭게 한다. 그래서 예수님은 아버지에게 "아버지께서 내가 하라고 주신 일을 내가 이루어 아버지를 이 세상에서 영화롭게 하였사오니"(요 17:4)라고 말했던 것이다. 그리고 성령도 아들의 영광을 나타낸다(요 16:14).

아버지와 아들은 구속사역을 성취하는 과정에서 서로를 완전히 신뢰한다. 예수께서는 "아버지께서 아들을 사랑하사 만물을 다 그의 손에 주셨으니"(요 3:35)라고 말했다. 훗날 아들은 아버지에게 "아버지께서 아들에게 주신 모든 사람에게 영생을 주게 하시려고 만민을 다스리는 권세를 아들에게 주셨음이로소이다"(요 17:2, 참고. 9절)라고 기도했다. 끝으로, 삼위일체의 상호관계는 상호복종과 타자의 유익을 구하는 일의 정수라고 할 수 있는 무조건적인 사랑으로 채색되어 있다. 사복음서에 따르면 아버지는 아들을 사랑하고(마 3:17; 요 5:20; 17:24) 아들은 아버지를 사랑한다. 예수께서는 죽음을 앞두고 아버지에게 "지금 내가 아버지께로 가오니"(요 17:13)라고 기도했는데, 여기에는 아버지를 갈망하는 마음과 그분을 향한 뜨거운 사랑이 묻어 있다.

아울러 삼위일체의 세 위격 사이에는 언제나 솔직하고 열린 의사소통이 존재한다. 예수님이 아버지와 얼마나 편한 대화를 나누었는지는 종종 한적한 곳에서 "아빠"(Abba)와 나눈 교제와 요한복음 17장에 기록된 대로 다락방을 떠날 때 드렸던 긴 기도에서 잘 드러난다. 이와 더불어, 하나님의 아들은 성령에게 감사하는 한편 아버지께 의존하는 삶을 영위함으로써 겸손한 모습을 보였다. 그리고 "아버지께서 내게 주신 것이 다 아버지로부터 온 것"(요 17:7)이라고 말함으로써 아버지의 선물이 충분하다는 점을 거리낌 없이 인정했다. 철학자 가브리엘 마르셀(Gabriel Marcel, 1889-1973)은 삼위일체 공동체의 원리를 가용성과 상호성과 자기를 내어줌이라고 했는데, 참으로 적절한 묘사가 아닐 수 없다.

삼위일체 공동체를 본받는 것

이제까지 우리는 삼위일체의 본성과 상호관계를 검토했다. 많은 이들이 지적인 차원에서는 삼위일체의 교리를 믿고 있지만, 이 위대한 진리가 우리와 어떤 관련이 있는지는 잘 모른다. 이 교리와 우리와의 관계는 다음 두 가지 방식으로 설명할 수 있다. 하나는 삼위일체를 본받는 것이고, 다른 하나는 삼위일체의 역동적인 관계 속으로 휩쓸려 들어가는 것이다.

삼위 간의 조화로운 관계는 우리가 본받을 만한 강력한 모델이고, 이는 우리의 영성 형성을 더욱더 촉진시켜줄 것이다. 아들은 인간적 견지에서 성부 하나님의 완전한 성품과 사역을 우리에게 구현하고 또 보여준다. 삼위의 각 위격은 사람과 하나님의 관계에서 제각기 일차적인 역할을 수행한다. 아버지(창조주)는 구원 계획을 창안하고, 아들(구속주)은 인간의 죄에 대한 해결책을 제공하며, 성령(성화시키는 분)은 이 구원을 적용하고 새로운 영적 생활을 가능케 한다. 하지만 하나님은 분열되지 않고 하나로 존재하기 때문에 각 위격은 하나님의 구원사역을 완성하기 위해 조화롭게 일하신다. 예수님은 의도적으로 하늘에 계신 아버지의 행위를 모방하였다. "내가 진실로 진실로 너희에게 이르노니 아들이 아버지께서 하시는 일을 보지 않고는 아무 것도 스스로 할 수 없나니 아버지께서 행하시는 그것을 아들도 그와 같이 행하느니라"(요 5:19). 이어서 그분은 제자들에게 "내게 배우라"(마 11:29)고 했고 "나를 따르라"(요 21:22)고 지시했다. 사도 바울 역시 그리스도를 열심히 본받았다. "내가 그리스도를 본받는 자가 된 것 같이 너희는 나를 본받는 자가 되라"(고전 11:1). 여기서 바울이 사용한 "본받는 자"란 단어는 문자적으로 "흉내내는 자"를 뜻한다. 베드로 역시 성도들에게 그리스도의 삶을 "따라가라"고 명했다(벧전 2:21). 그리스도를 따른다는 것은 그분의 담화, 관계, 행위 등 모든 면에서 그 본을 흉내낸다는 뜻이다.

역사적으로 기독교 지도자들은 영적 변화를 경험하고 하나님을 영화롭게 하려면 성육신 하신 그리스도를 모방하는 것이 중요하다고 역설했다. 초기 주교이자 신학자였던 알렉산드리아의 클레멘트(Clement of Alexandria, 150-215)는 "우리는 구세주를 닮기 위해 모든 것을 정리함으로써 참으로 그분을 따르게 된다"고 썼다[5]. 토마스 아 캠피스(Thomas à Kempis, 1380-1471)는 이 주제로 책 한 권을 썼는데, 결국 그 책은 기독교 영성의 고전이 되었다. 그는 "삶과 행위 면에서 그리스도를 모방하라.…그분의 삶을 100퍼센트 본받으라"[6]라고 권면했다. 프랑스의 영성 관련 저자인 프랑스와 페넬롱(François Fénelon, 1651-1715)도 이렇게 썼다. "우리는 예수님을 본받아야 한다. 이는 그분이 살았던 대로 살고, 그분이 생각했던 대로 생각하고, 그분의 형상을 본받는 것이며, 이것이 곧 우리의 성화를 보증하는 도장이다."[7]

예수님의 수련생으로서 우리는 그분이 삼위일체의 일원으로서 아버지와 성령과의 관계에서 보여주었던 특질-타자 중심성, 친밀성, 신뢰, 정직한 의사소통, 무조건적인 사랑-을 의도적으로 또 기도하는 자세로 본받을 필요가 있다. 사실 우리는 온전하고 거룩한 상태로 변화되기 위해 성부와 성자와 성령 사이에 존재하는 관계를 개발하고 유지하도록 초대받은 것이다. 이는 삼위일체 내의 삶에서 흘러나온 예수님의 지상에서의 삶을 본받는 것을 의미한다. 예수님은 자기나 자기의 나라에 관심이 없었던 사람들에게 큰 관심을 보이셨다. 예를 들면, 예수님은 진리로 인도하려는 그의 노력에 저항했던 한 사마리아 여인에게 인내와 연민을 베푸셨다(요 4:4-30). 그리고 참으로 형편없는 제자들-영적으로 둔하고, 고집이 세고, 자만심이 강하고, 때때로 서로 싸우고 예수님과도 다투었던 자들-을 인내하면서 양육하셨다. 그분은 또한 제자들의 발을 씻음으로써 아주 특별한 겸손과 사랑을 보여주셨다(요 13:3-14). 그분은 간음 중에 붙잡힌 여성은 판단치 않고 사랑으로 대하신 반면에, 자기를 함정에 빠트리려고 그녀를 미끼로 이용한 서기관들과 바리새인들은 단호하게 다루셨다(요 8:1-11). 또한 그분은 인생의 목적과 만족을 엉뚱한 곳에서 찾고 있던 부유한 젊은 관원에게 연민의 정을 보여주셨다(막 10:17-22).

뿐만 아니라, 예수님은 주머니는 두둑했으나 영적으로 굶주린 멸시받는 세관원에게 구원에 이르는 은혜를 베푸셨고(눅 19:1-10), 다락방에서 혼란스런 상태에 빠진 제자들을 위로하고 안심시켰고(요 14-16장), 엠마오로 가던 낙담한 두 제자를 격려하고 그들에게 희망을 불어넣었다(눅 24:13-35). 우리 주님은 겁 많은 베드로가 자기를 부인한 후에 그를 찾아가서 온전한 상태로 회복시키셨다(요 21:15-23). 예수께서는 위험한 길을 가는 연약하고 깨지기 쉬운 제자들을 위해 정성스럽게 기도하셨다(요 17:6-26; 눅 22:32). 그러므로 예수님을 본받는다는 것은 곧 다른 사람을 인정하고 격려하고 축복하고 그의 장점을 끌어내는 삶이란 것을 알 수 있다.

끝으로, 하나님은 사랑이고(요일 4:8, 16) 사랑은 최고의 미덕이므로, 하나님의 백성은 삼위일체 공동체의 사랑을 본받아야 한다. 성경은 아버지(요 14:23; 요일 3:1)와 아들(롬 8:35; 엡 3:18)과 성령(롬 15:30)이 놀랄 만큼 무조건적인 사랑을 뿜어낸다고 증언하고 있다. 예수님은 인간의 몸으로 나타난 하나님이신 만큼 우리는 그분의 사랑의 관계를 본받는다. 예수께서는 사회에서 낮은 자, 못난 자, 쫓겨난 자, 소외된 자를 사랑하셨다. 우리가 예수님처럼 남을 사랑할 때 하나님은 우리 안에 거하시고 우리는 변화를 경험한다. 아우구스티누스의 말처럼, "사람들은 사랑으로 새롭게 된다. 죄스러운 욕망이 그들을 늙게 만들 듯이 사랑은 그들을 젊게 만든다." 그는 이렇게 덧붙였다. "'내가 너희에게 새 계명을 주노니 서로 사랑하라'는 주님의 말씀으로부터 알 수 있듯이 사랑이야말로…우리가 새롭게 되었다는 표시이다."[8] 오늘날 예수님은 자신을 따르는 자들에게 "나와 함께 길을 걸으라. 네 삶을 내 삶에 맞추어라. 내 말과 행위를 본받으라"라고 말씀하신다. 우리가 예수님의 삶을 본받을 때 우리는 그분과 같이 될 것이고, 그것이 바로 경건한 변화의 모든 것이다.

삼위일체의 사랑을 본받는 일은 신학적인 이상에 불과하지 않고 일상적인 함의도 갖고 있다. 크리스토퍼 모튼은 삼위일체의 삶을 향한 그의 여정을 다음과 같이 이야기한다.

내 아내와 나는 정서적인 면에서 상처를 받았다. 우리는 젊은 부부들을 위한 모임을 시작했고, 그 중의 다수는 초신자들이었는데, 우리의 친구들이 우리를 그 모임에서 몰아냈다. 그래서 우리 입에서 쉽게 불평이 나왔다. 그 모임의 회원들은 우리를 사랑하지 않았을 뿐 아니라 우리를 저버렸기 때문이다. 그 경험은 오랫동안 우리 마음에 깊은 상처로 남아있었고 새로운 공동체에 마음 문을 열지 못하게 했다. 그러나 우리가 삼위일체의 중요성에 관한 글을 읽고 아버지와 아들과 성령을 서로 묶어주는 깊은 사랑-베드로가 말하는 "거짓 없는 사랑"(벧전 1:22)-을 이해하게 되자, 우리가 그 모임에 일종의 조작적인 사랑을 주입했었다는 사실을 깨닫게 되었다. 말하자면, 타인의 유익보다 자신의 유익을 구하는 사랑을 조장했던 것이다. 이런 깨달음에 힘입어 우리는 마침내 그 고통에서 해방되고, 초창기에 모였던 사람들과 다시 연결되고, 그들의 용서를 구하고, 전혀 새로운 방식으로 그들을 사랑하기 시작할 수 있었다.9)

삼위일체 하나님을 본받아야 할 사명을 생각하다보니, 형식과 색채의 대가인 스승의 예술 작품만큼 우아한 작품을 만들겠다고 소원했던 어느 젊은 화가의 이야기가 떠오른다. 그녀는 여러가지 풍경을 그렸으나 도무지 스승의 수준에 도달할 수 없었다. 그때 만일 스승의 붓을 사용하면 위대한 작품을 그릴 수 있을 것이란 생각이 문득 떠올랐다. 그런데도 그녀의 그림은 결코 스승의 작품을 따라잡을 수 없었다. 그녀의 고민을 관찰하던 스승은 그녀에게 이렇게 말해주었다. "너에게 필요한 것은 내 붓이 아니라 내 정신이다."

삼위일체의 삶 속으로 휩쓸려 들어가는 것

제자들은 삼위일체의 위격들을 본받는 것과 함께 그런 하나님의 공동체 생활 속으로 휩쓸려 들어간다. 그리스도를 믿고 따르는 사람들은 하나님의 집안의 일원이 되어 그 가정생활에 참여한다. 태양계에서 두 번째로 큰 토성의 둘레를 일곱 개의 주요 고리들이 돌고 있다. 오래 전에 토성이 우주를 가로질러 여행할 때, 그 중력장이 모래알만큼 작은 분자로부터 자동차만큼 큰 분자까지 무수한 분자들-우리 눈에 고리로 비치는-을 다함께 모았던 장면을 상상해 보라. 과학자들은 얼음으로 덮인 이 분자 떼가 장차 그 행성에 충돌하여 토성과 합쳐질 것으로 예측한다. 이런 토성의 고리들처럼 예수의 제자들도 은혜로 삼위일체에 휩쓸려 들어가서 기꺼이 그 삶에 합류하게 되는 것이다.

그리스도의 죽음과 부활 덕분에 예수의 제자들은 삼위일체 하나님과 합류하여 생명과 사랑의 하나됨에 참여한다. 아버지와 아들과 성령은 그리스도인들 안에 살고, 그리스도인들은 바로 그 아버지와 아들과 성령 안에 살고 있다(요일 4:13-15). 달리 말하면, 예수님의 제자들은 개인적으로, 경험적으로, 그리고 집단적으로 삼위 하나님의 관계중심적인 삶 속에 휩쓸려 들어가는 것이다. 우리는 나름의 독특한 정체성을 그대로 유지하면서도 삼위일체의 역동적인 삶에 참여하고, 그 안에서 우리의 온전함과 성취와 기쁨을 찾게 된다. 그래서 사도 요한은 "우리가 하나님 안에 살 때 우리의 사랑이 더욱 온전해진다"(요일 4:17, NLT)고 썼던 것이다. 에베소서에서 바울은 믿음으로 성도들이 삼위일체의 교제(*koinonia*) 안에서 하늘에 앉혀졌다고 말했다(엡 2:6-7). 그렇다면 영적 변화는 삼위 공동체의 내면생활인 신적 드라마에 참여하는 것을 포함한다고 할 수 있다.

종교개혁 교회는 이 진리를 "그리스도와의 연합"이라는 교리로 표현했는데, 그 교리는 회개하는 사람은 새로 태어날 때 그리스도와 연합하고(요 15:5; 고전 15:22; 고후 5:17) 그리스도가 그와 연합한다(요 15:5; 갈 2:20; 엡 3:17)고 주장한다. 이 생명의 합일은 신약성경에 자주 나오는 "그리스도 안에"란 어구로 표현되어 있고(바울과 요한의 글에서만 242번 나온다), 이 어구는 사실상 그리스도인과 동의어이다. 같은 맥락에서 고린도전서 6장 17절은 "주와 합하는 자는 한 영이라"고 말한다. 이런 연합으로 인해 우리는 그리스도의 형제와 자매가 되는 것이다(히 2:11-12). 바울은 교회, 곧 그 몸은 "만물 안에서 만물을 충만하게 하시는 이(그리스도)의 충만함"으로 가득 차 있다고 덧붙였다(엡 1:23). 베드로후서 1장 4절은 그리스도의 구속사역을 통하여 그리스도를 믿는 자들은 "신성한 성품에 참여하게" 되었다는 심오한 진리를 가르치는데, 이는 그들이 아버지와 아들과 성령의 삶 속으로 영입되었다는 뜻이다. 그리고 이것은 영적 변화를 일으키는 강력한 원동력이 된다. 위에 나온 성경구절들은 예수님의 제자들이 성령을 통하여(롬 8:9; 갈 4:6) 삼위일체 하나님의 춤, 곧 변혁을 일으키는 생명과 사랑의 춤에 참여한다고 가르친다.

동방교회는 삼위일체와 하나님의 백성 간의 연합을 "신성화" (divinization)라는 용어로 표현했다. 이 **테오시스**(*theōsis*)라는 그리스어 단어는 문자적으로 "신격화"(in-godded)란 뜻을 갖고 있다. 이 "신성화"란 파격적인 단어는 물론 새로운 그리스도인이 하나님(삼위일체의 네 번째 지체?)이 된다는 뜻은 아니다. 알렉산드리아의 아타나시우스(Athanasius)와 다른 동방 신학자들이 말한 "신성화"는 은혜로 제자들이 성령의 에너지를 통해 하나님의 공동체 생활에 참여한다는 뜻이다. 혹은 그리스도 안에서 "새로운 피조물"이 된다는 뜻이다(고후 5:17). 로버트 웨버(Robert Wevbber)는 이렇게 설명했다. "동방 사상이 말하는 그리스도인의 삶의 목표는 하나님과 교통하되 갈수록 더 그리스도의 형상을 닮아가서 하나님의 창조세계에서 인류를 향한 하나님의 목적을 성취하는 것이다."[10] 동방교회의 관점에 따르면, 신성화는 우리를 삼위일체의 삶 속으로 인도하여 온통 하나님의 사랑에 휩싸인 채 새로운 피조물과 그의 사랑하는 자녀로서 그 기쁨에 동참하게 하는 하나님의 은혜의 사역이다(갈 4:4-7). 찰스 웨슬리(Charles Wesley)는 이를 다음과 같은 찬송가로 표현했다.

> 그는 낮은 곳에 육신으로 나타나셨네,
> 극과 극의 만남을 위해.
> 우리의 비천한 몸에 가까이 오사

우리 모두 신 같은 존재로 만들기 위함일세.
우리로 하나님의 삶을 알게 하심은
그분이 이 낮은 곳에 나타났음이라.[11]

삼위일체의 변혁 사역

영적인 변화는, 우주의 창조와 마찬가지로, 우리가 어디에 있든지 삼위 하나님이 우리의 삶에 베푸신 은혜의 사역임을 분명히 알아야 한다. 앞서 나는 삼위일체의 각 위격이 제각기 일차적인 사역을 수행한다고 말했다. (하나님의 통일성을 감안하면, 다른 두 위격은 그 각각의 일차적인 사역들에 부차적으로 참여한다.) 이런 사역들은 우리의 평생에 걸친 영적 변화의 과정을 통해서, 혹은 신학자들이 "성화"라고 부르는 과정을 통하여 우리를 그분의 사랑하는 아들의 형상으로 변화시키는 역할을 수행한다(롬 8:29; 엡 4:13). 말하자면, 아버지는 만물을 창조하시고, 아들은 만물을 지탱하고 잃어버린 자를 구속하시며, 성령은 그리스도를 믿는 자들에게 구원의 은혜를 베푸시는 것이다. 이를 찰스 스펄전(Charles Spurgeon)은 이렇게 표현했다.

> 성부 하나님은 은혜의 원천이고, 성자 하나님은 은혜의 통로이며, 성령 하나님은 우리가 흐르는 물을 마실 때 쓰는 컵이다.…아버지는 거대한 복음의 잔치를 베푸시고, 아들은 바로 그 잔치이며, 성령은 초대장을 나눠줄 뿐 아니라 식탁 둘레로 손님들을 모으기도 하신다.[12]

이제 평생에 걸친 영적 변화 과정에서 삼위일체의 각 위격이 담당하는 역할을 자세히 살펴보도록 하자.

삼위일체의 첫 번째 위격인 성부 하나님은 모든 은혜의 원천이시다(살

후 2:16). 그분은 우리의 죄를 용서하고(마 6:14; 요일 2:1), 우리에게 아낌없이 사랑을 퍼붓고(요일 3:1), 우리의 영적, 정서적, 그리고 신체적 필요를 채워주신다(마 6:26; 32). 변화를 가져온다는 면에서 성부는 역설적이게도 사랑하는 자녀를 감싸주고 위로하고 양육하는 어머니에 비유되곤 한다(사 49:15; 66:13). 더 나아가, 성부는 자기 양떼를 온유하게 인도하고 보호하고 그들에게 양식을 공급하는 우리의 목자로 계시되기도 한다(시 23:1; 사 40:11). 그분은 "생수의 근원"이고(렘 2:13; 17:13), 영적인 양식과 영양분의 원천이시다. 또한 우리의 반석이고(신 32:18; 삼하 22:2-3), 우리의 안정과 힘과 안전의 근원이시다. 더 나아가, 성부는 인생 여정에 필요한 능력을 공급해주는 우리의 힘이시다(시 46:1; 합 3:19). 그분은 우리가 위험에 처했을 때는 우리의 피난처이자(신 33:27; 삼하 22:3; 시 9:9) 요새가 되신다(삼하 22:2; 시 46:11; 144:2). 이런 이미지들은 은신처와 안전과 보호를 상징한다. 성부는 또한 진흙과 같은 자기 백성을 존귀한 그릇으로 솜씨 있게 빚으시는 토기장이이기도 하다(사 64:8; 렘 18:1-6). 아울러 나뭇가지와 같은 우리를 노련하게 손질하여 우리의 변화를 도모하는 정원사이다(요 15:1).

삼위일체의 두 번째 위격인 성자는 지상에서 예수라는 이름으로 불렸는데, 이는 "여호와는 구원이시다"란 뜻을 가진 히브리 이름 여호수아를 그리스어로 음역한 것이다. "하나님이 우리와 함께 계시다"라는 뜻을 가진 "임마누엘"(사 7:14; 마 1:23)인 예수님은 "영적 생활에서 중심적인 인물이다."[13] 사랑으로 인해 그분은 우리를 구속하고 변화시키고 하늘의 본향으로 인도하기 위해 하늘로부터 내려오셨다. 이 아들은 자기를 믿는 사람들에게 충만한 생명을 나눠주는 "생명의 말씀"이다(요일 1:1). 또한 그분은 썩지 않을 양식으로 영혼을 먹이고 만족시키고 지탱해주는 "생명의 떡"이다(요 6:35, 48). 아울러, 우리가 그분에게 계속 붙어있으면, 우리에게 생명과 성장과 열매를 선사하는 근원, 곧 "참 포도나무"이다(요 15:1). 이 아들은 죄의 어두움을 흩어버리고, 우리의 마음을 조명하고, 우리 앞에 놓인 길을 비추는 "참 빛"이다(요 1:9).

예수님은 구원 사역으로 우리의 변화를 불러일으키는 "하나님의 능력"이다 (고전 1:24).

하나님의 아들은 "자기를 힘입어 하나님께 나아가는 자들을 온전히 구원하실 수 있는"(히 7:25) 우리의 대제사장이다(히 2:17; 3:1; 6:20). 그는 하늘에 계신 아버지 앞에서 우리를 위해 끊임없이 기도하신다(요 17:9, 15-19, 20-26; 롬 8:34). 또한 우리의 상처를 싸매주고 우리를 온전케 하는 의사이다(눅 4:23). 그는 자기 양들을 잘 알고, 우리가 울타리 밖에서 방황할 때 우리를 위험에서 보호하고 안전한 곳으로 데려가는 "선한 목자"이다(요 10:11, 14). 또한 가르침을 통해 그의 수련생들이 하나님 나라 안에서 잘 살도록 해주는 우리의 선생이다(마 23:10). 이 아들은 불결한 것을 태워버리고 거룩함을 도모하는 "연단하는 자이자 깨끗케 하는 자"로 앉아계신다(말 3:3). 끝으로, 예수님은 다락방에서 당황하는 제자들에게 거듭해서 상기시켰듯이 끝까지 우리를 사랑하신다(요 14:21, 23; 15:9; 16:27; 17:23). 이분의 변함없는 신실함과 사랑에 힘입어 우리는 인생의 고난과 시련을 극복할 수 있다. 그래서 찰스 스펄전은 이렇게 말한 것이다. "예수 그리스도와 우리의 관계는 태양과 낮의 관계, 달과 밤의 관계, 이슬과 꽃의 관계와 같다. 예수 그리스도와 우리의 관계는 빵과 굶주린 자의 관계, 옷과 헐벗은 자의 관계, 황무지에서 큰 바위의 그늘과 여행객의 관계와 같다."[14]

성령이라 불리는 삼위일체의 세 번째 위격은 아버지와 아들이 세상에게, 특히 믿음의 집안에 속한 사람들에게 주신 사랑의 선물이다. "영("*spirit, pneuma*)이란 단어는 문자적으로 "숨"을 뜻하는 만큼, 성령이란 우리 속에 새 생명을 불어넣는 신적 위격임을 의미한다. 마이클 다우니(Michael Downey)의 말처럼, 성령은 "사랑이 우리 가운데서 말하고 숨쉬고 살고 사랑하는 것"이다.[15] 예수께서는 제자들에게 보혜사를 통해 새로운 방식으로 올 것이라고 거듭해서 약속했다(요 14:16-19, 23, 26; 15:26; 16:7). 성령은 주님을 믿고 따르는 사람들에게 예수님을 생생하게 경험하게 해준다. 성령의 기름부음은 우리의 마음을 밝게 비추어(고전 2:12) 영적인 것을 모두 가르쳐준다(요일 2:27). "진리의 영"(요 16:13-15)은 아버지께 다가가서 그분과 교제하는 길을 열어줄 뿐 아니라(엡 2:18) 아들을 통해 우리의 삶을 변화시키는 일도 하신다.

성령은 마치 목마른 자들의 목을 적시는 신선한 물과 같다(사 44:3-41). 성령은 하나님의 바람으로서(요 3:8; 행 2:1-4) 살리고(요 6:63), 격려하고(행 9:31), 능력을 주는 일(행 1:8)을 한다. 성령이 우리 마음속에서 일하지 않는다면, 우리는 수액이 없는 나뭇가지요, 불이 없는 석탄이요, 돛이 없는 배와 같을 뿐이다. 바로 이 성령이 그리스도의 몸을 세우기 위해(롬 12:6-8; 고전 14:1-5) 우리에게 여러 선물-지혜와 지식의 말씀, 믿음, 영을 분별하는 능력 등-을 주신다(고전 12:7-11). 성령은 불결한 육신의 행위들-"음행과 더러운 것과 호색과 우상 숭배와 주술과 원수 맺는 것과 분쟁과 시기와 분냄과 당 짓는 것과 분열함과 이단과 투기와 술 취함과 방탕함과 또 그와 같은 것들"(갈 5:19-21)-을 죽이고, "사랑과 희락과 화평과 오래 참음과 자비와 양선과 충성과 온유와 절제"(갈 5:22-23)와 같은 미덕을 열매로 맺게 한다. 성령은 기도하고 싶은 마음을 일으킬 뿐 아니라 실제로 기도하게 하고 또 힘을 실어준다(엡 6:18; 유 20). 이 성령이 또한 아버지 앞에서 우리를 위해 기도하신다(롬 8:26-27). 그러므로 기도는 참으로 삼위일체 모두가 개입하는 행위인 셈이다. 제자들은 성령의 능력으로(유 20), 아들을 통하여(요 16:24), 아버지께 기도하는 것이다(마 6:6). 하나님의 영은 순례하는 하나님의 백성을 위해 성화(롬 15:16)와 변화(고후 3:18)를 도모하는 일꾼이시다. 그래서 아우구스티누스는 "그리스도의 몸은 다름 아닌 오직 그리스도의 영으로만 살 수 있다"고 말한 것이다.[16]

그러므로 평생에 걸친 영적 변화는 삼위일체 하나님의 사역이라고 할 수 있다. 우리 속에 내주하는 삼위일체는 성령의 능력으로(롬 8:2-6) 의롭게 된 아버지의 자녀들을(롬 8:15-16) 아들의 형상으로 재창조한다(고후 3:18). 삼위일체 하나님이 이처럼 변화의 사역을 주도하긴 하지만, 예수님의 수련생들은 하나님의 섭리로 몸담게 된 곳에서 그들의 몫을 담당해야 한다. 그래서 바울은 빌립보 교인들에게 다음과 같이 신과 인간의 시너지적 관계를 언급한 것이다. "그러므로…항상 복종하여 두렵고 떨림으로 너희 구원을 이루라 너희 안에서 행하시는 이는 하나님이시니 자기의 기쁘신 뜻을 위하여 너희에게 소원을 두고 행하게 하시느니라"(빌 2:12-13). 그리고 우리가 "성령으로 살면" 영성 형성이 이뤄지는 법이다(갈 5:25). 베드로는 "그(하나님)의 신기한 능력으로 생명과 경건에 속한 모든 것을 우리에게 주셨으니 이는 자기의 영광과 덕으로써 우리를 부르신 이를 앎으로 말미암음이라"(벧후 1:3)라고 썼다. 하지만 그는 곧바로 사람들에게 이런 권면을 했다.

> 그러므로 너희가 더욱 힘써 너희 믿음에 덕을, 덕에 지식을, 지식에 절제를, 절제에 인내를, 인내에 경건을, 경건에 형제 우애를, 형제 우애에 사랑을 더하라 이런 것이 너희에게 있어 흡족한즉 너희로 우리 주 예수 그리스도를 알기에 게으르지 않고 열매 없는 자가 되지 않게 할 것이라(벧후 1:5-8)

변화, 공동체, 그리고 선교

하나님이 삼위일체-아버지와 아들과 성령-로 존재한다는 사실은 기독교 공동체와 선교에 심오한 함의를 갖고 있으며, 그 둘은 영적 변화와도 불가분의 관계가 있다. 여기에서 변혁의 공동체와 선교가 하나님의 삼위일체적인 본성에 근거를 두고 있음을 보여주기 위해 다른 장들에서 더 자세히 논의하고 있는 내용을 간단하게 요약하는 것이 좋겠다.

서구 세계는 "변화"를 순전히 개인적인 일로 보는 경향이 있다. 우리는 우리가 제자로 살아가는 현장이 어디든지 상관없이 하나님이 우리를 영적으로 빚어낼 수 있고 또 실제로 빚어주신다고 믿는다. 즉 그리스도의 제자들은 없고 불신자들에게 둘러싸여 있는 곳이라도 그런 일이 일어난다는 뜻이다. 그럼에도 하나님이 우리가 그리스도를 본받아 변화되도록 지정한 특별한 장소가 있는데, 그것은 바로 교회 공동체이다. 구약성경에서는 하나님 나라의 제도적인 형태가 이스라엘이란 국가였던 것과 같이, 오순절과 그리스도의 재림 사이의 중간기에 그 나라의 제도적 형태는 예수님을 중심에 모시는 교회이다. 사도행전 2장 42-47절과 4장 32-35절은 1세기 교회에 존재했던 생명력 있고 능력이 충만한 공동체의 삶을 묘사하고 있다.

바울이 그리스도의 몸을 세우는 일을 얼마나 자주 언급하는지 주목해 보라(엡 4:4, 12-13, 15-16; 골 1:18, 24). 에베소서 5장 25-27절에서는 이렇게 썼다. "그리스도께서 교회를 사랑하시고 그 교회를 위하여 자신을 주심과 같이 하라 이는 곧 물로 씻어 말씀으로 깨끗하게 하사 거룩하게 하시고 자기 앞에 영광스러운 교회로 세우사 티나 주름 잡힌 것이나 이런 것들이 없이 거룩하고 흠이 없게 하려 하심이라." 그리고 교회를 건물에 비유하며 이렇게 덧붙였다. "그의 안에서 건물마다 서로 연결하여 주안에서 성전이 되어 가고 너희도 성령 안에서 하나님이 거하실 처소가 되기 위하여 그리스도 예수 안에서 함께 지어져 가느니라"(엡 2:21-22). 아버지와 아들과 성령의 상호 내주(內住)-그리고 제자들이 삼위일체의 삶 속으로 휩쓸려 들어간다는 사실-는 두 가지 결과를 낳는다. 즉 그들은 변화를 일으키는 삼위일체의 삶에 참여하며 공동체 생활 안에서 상호의존적으로 서로 묶여있다. 인종과 문화와 경제수준의 차이에도 불구하고, 모든 참제자들은 진리와 은혜의 공동체 안에서 성령으로 삼위일체 하나님과 서로에게 묶여 있다. 이처럼 다함께 묶인 공동체는 현대의 서구문화에 팽배한 개인주의와 자기중심주의와 자기신뢰에 비하면 얼마나 파격적이고 또한 풍성한가!

하나님은 자기 형상에 따라 사람들을 창조하셨기에(창 1:26-27), 하나님의 통일성 안에서 세 위격이 나누는 사랑의 교통은 사랑의 공동체 안에서 하나님의 백성이 나누는 교제의 기반이자 모델이 된다. 하나님의 통일성(한 하나님)은 사랑의 공동체에 가까이 하고, 거기에 속하고, 그것과 연결되고자 하는 충동에 상응한다. 그것은 경쟁심을 극복하고 외로움을 정복하려는 열망과 연계되어 있다. 하나님의 다양성(세 위격)은 독특한 개체로 인정받고 자기만의 공간을 가질 필요성에 상응한다. 우리는 서로에게서 떨어져서 홀로 이동할 수 있는 조용하고 안전한 공간이 필요하다고 헨리 나우웬(Henri Nouwen)은 말했다.[17] 너무 붙어있으면 숨이 막힐 것 같고, 너무 공간이 많으면 외로움을 느끼기 때문이다.

황제 펭귄들의 처신은 살아있는 기독교 공동체에 관한 중요한 진리를 가르쳐준다. 「펭귄의 행진」(The March of the Penguins)이란 다큐멘터리 필름은 남극의 황제 펭귄들이 얼음과 눈을 가로질러 110킬로미터나 떨어진 내륙에 위치한 교배지로 가는 여정을 추적하고 있다. 일단 암놈이 알을 낳으면 수놈들은 경쟁적인 본성을 버리고 새 생명의 생존을 위해 팀을 구성한다. 「펭귄의 행진」의 해설자는 이렇게 말했다.

> 아비들이 부화지에서 오랜 시간 기다리는 동안 기온은 영하 62도까지 내려간다. 이는 시속 160킬로미터로 몰아칠 수 있는 바람을 고려하지 않은 온도다. 연중 나머지 기간에는 공격적인 모습을 드러내는 숫놈들이 이 기간에는 온순하게 그리고 협조적으로 팀을 이룬다. 그들은 천 개의 몸을 한 덩어리로 만들어 폭풍에 대항하는 자세를 취한다. 그들은 교대로 좀 더 따뜻한 중심부에 들어가 몸을 녹이곤 한다.[18]

영적인 변화는 또한 교회의 성례에 참여함으로 더욱 증진될 수 있다. 우리 주님은 우리를 은혜 안에서 자라게 하려고 두 가지 성례를 지키도록 명하셨다. 주님이 정해놓은 평범한 물질-물과 떡과 포도주-은 예수님의 제자들의 영성 형성을 도모하는 비가시적인 실재를 상징한다. 세례와 성만찬은 그리스도를 따르는 사람들을 삼위일체의 삶으로 인도한다. 이런 의미가 "아버지와 아들과 성령의 이름으로" 세례를 주라는 예수님의 명령(마 28:19)에 담겨있다. 여기서 "이름"이란 바로 삼위일체 하나님의 실재(생명, 사랑, 은혜, 진리, 능력)를 상징하기 때문이다. 물세례는 중생을 뜻하진 않지만 죄 사함(행 2:38)과 더러움의 정화(행 22:16)와 마귀와 그의 길을 포기하는 일 등을 표시한다. 신비롭게도 세례는 그리스도의 죽음과 부활에 합류하는 것과(롬 6:4; 골 2:2) 우리를 새롭게 하시는 성령을 영접하는 것(마 3:11; 행 19:6)을 상징한다. 성경에서 세례는 회심 직후에 따라오기 때문에 새로운 회심자는 성령을 통하여 그리스도를 섭취하고 그분과 연합한 상태로 변화된 삶을 사는 데 필요한 능력을 부여받는다(롬 6:8). 로버트 웨버가 말했듯이 "세례는… 삶의 모든 영역에서 죽음과 부활의 패턴을 따라 살라는 부르심이다."[19] 마이클 다우니는 이렇게 말했다.

> 삼위일체적인 영성은…세례중심적인 영성이다. 세례를 통해 우리는 그리스도를 본받고, 성령으로 기름부음을 받고, 아버지의 선물을 받아 하나님의 아들과 딸로, 그리스도 안에서 형제와 자매로 살게 된다. 세례를 통해 우리는 말씀과 성령의 선교에 참여하라는 초대를 받는다.[20]

나 자신의 "다메섹 도상"의 회심은 대학교 2학년 때 극적으로 일어났다. 어느 날 저녁 나는 홀로 기숙사 방에 있었는데 갑자기 성령께서 내게 임하여 죄를 깨닫게 하는 놀라운 능력을 발휘했다. 어머니가 내 가방에 넣어놓은 성경을 끄집어내어 이튿날 아침 해 뜰 때까지 읽었다. 그날 밤 나는 내 마음을 예수 그리스도에게 드렸다. 몇 달 후 나의 고향 교회에서 하나님의 백성이 지켜보는 가운데 세례를 받았다. 내가 세례용 물에서 나올 때 성령이 내 마음에 내려왔다. 그것은 너무도 생생하고 강력하게 내 삶에 차고 넘친 나머지 결코 잊을 수 없는 경험이 되었다. 물세례를 통하여 나는 삼위일체 하나님과 그의 백성이 영위하는 공동체 생활에 깊이 잠기게 된 것이다.

교회의 두 번째 성례인 성찬은 우리를 위한 그리스도의 속죄 사역을 기쁘게 기념하는 일이다(고전 11:23-26). 더 나아가, 성만찬은 부활한 그리스도께서 그 몸의 공동체에 영적으로 현존하는 일에 동참하는 귀중한 교제(Koinonia)의 경험이다(고전 10:16-17). 우리가 다른 제자들과 함께 믿음으로 하나님과 올바른 관계를 맺을 때, 성령은 우리를 빵과 포도주의 형태로 계신 그리스도와 하나가 되게 한다. 그래서 아우구스티누스는 "그 양식을 먹고 그 음료를 마시는 것은 우리가 그리스도 안에 머물고 그분이 우리 안에 머물게 하는 것을 뜻한다"[21]고 썼던 것이다. 잘 차려진 맛있는 음식은 영혼을 즐겁게 하고 몸에 영양분을 공급한다. 이와 비슷하게, 성찬을 통해 그리스도를 기억하고 그분과 교통하는 일은 영적인 양식에 해당하므로 우리에게 영적 영양분을 공급한다. 웨스트민스터 신앙고백이 진술하듯이, 믿음으로 식탁에 나오는 하나님의 백성은 "십자가에 달린 그리스도와 그의 죽음으로 인한 모든 유익을 영적으로 받고 또 먹어야 한다."[22] 찰스 스펄전에 따르면, "우리가 천국에 가장 가까운 순간은 바로 주님의 식탁에서 보내는 시간이다."[23] 요컨대, 세례와 성찬은 우리를 영적으로 새롭게 해 주는, 삼위일체 하나님에게서 오는 강력한 은혜의 선물이다.

우리가 그리스도의 형상으로 변화하는 일은 하나님 나라의 선교를 수행할 때에도 일어난다. 신학자들은 보통 "내재적 삼위일체"(immanent Trinity, 자기 안에 계신 하나님)와 "경륜적 삼위일체"(economic Trinity, 타자를 향해 나가는 하나님)를 구별한다. 후자의 견지에서 보면, 아버지는 그 아들을 잃어버린 세계를 구속하는 웅대한 사명과 함께 보내셨다(요 3:17). 아버지께서 성령의 능력으로 아들을 보내신 것 같이, 아들은 복음전도와 하나님 나라의 건설과 사회정의의 사명과 함께 그의 친구들을 세상으로 보낸다. 예수님 안에 나타난 아버지의 폭발적인 사랑의 능력에 이끌려 제자들은 연민의 사역을 위해 세상 속으로 들어간다(요일 4:9-12). 아우구스티누스가 말했듯이, "사랑의 규칙은 이런 것이다. 우리 스스로 갖기 원하는 유익을 우리 이웃을 위해서도 소원하는 것이다.…하나님을 사랑하는 사람은 누구나 모든 사람을 향해 그런 소원을 품게 될 것이다."[24] 예수께서는 삼위일체 하나님을 언급하는 문맥에서 "아버지께서 나를 보내신 것 같이 나도 너희를 보내노라"고 말씀하신 후 "그들을 향하사 숨을 내쉬며 가라사대 성령을 받으라"고 하셨다(요 20:21-22).

예수님은 다락방을 떠나기 전에 아버지께 올린 긴 기도에서 삼위일체적인 삶과 믿음의 공동체와 하나님 나라의 선교 모두를 매끈하게 아울렀다.

> 내가 비옵는 것은…아버지여 아버지께서 내 안에 내가 아버지 안에 있는 것 같이 그들도 다 하나가 되어 우리 안에 있게 하사 세상으로 아버지께서 나를 보내신 것을 믿게 하옵소서 내게 주신 영광을 내가 그들에게 주었사오니 이는 우리가 하나가 된 것 같이 그들도 하나가 되게 하려 함이니이다 곧 내가 그들 안에 있고 아버지께서 내 안에 계시어 그들로 온전함을 이루어 하나가 되게 하려 함은 아버지께서 나를 보내신 것과 또 나를 사랑하심 같이 그들도 사랑하신 것을 세상으로 알게 하려 함이로소이다(요 17:20-23)

영적인 변화, 공동체, 선교는 본래 완전한 원을 형성하도록 되어 있다. 제자들은 공동체에서 다함께 하나님 나라의 선교를 수행할 때 영광스러운 모습으로 변화하는 자신을 발견하게 된다. 우리의 영성 형성의 촉매제 역할을 하는 것은 다른 제자들과 함께 단기 선교나 장기 선교에 참여하는 경우일 때가 많다. 공동체 안에서 하나가 되고 하나님 나라의 선교에 참여하는 수련생들은 성령에 의해 아들의 형상으로 빚어지는 것을 경험한다. 다른 한편, 예수님의 제자들은 그렇게 변화되는 과정에서 공동체를 더욱 풍성하게 경험하고 그 나라의 사역이 많은 열매를 맺는 것을 발견하게 된다. 바울은 그리스도에게 꼭 붙어있는 제자들, 즉 활발하게 변화되고 있는 제자들만이 "아버지를 위해 열매를 맺는다"고 썼다(롬 7:4). 그리스도인들이 삼위일체 하나님과 그리고 서로와 친밀한 관계를 맺지 못한다면 믿지 않는 세상에 긍정적인 영향을 미칠 수 없다. 그러므로 변화와 선교와 공동체는 서로 뗄 수 없는 은혜의 삼위일체를 이루어야 한다.

요 약

삼위일체의 세 위격은 서로 사랑하고 연합하며 복종하는 타자 중심적인 공동체로 영원히 존재한다. 예수의 제자들은 중생의 은혜를 통하여 삼위의 관계중심적인 삶 속으로 휩쓸려 들어가서 급진적인 변혁을 일으키는 은혜의 문화에 참여하게 된다. 그 어린 양을 좇는 자들은 그분이 친히 보여주신 삼위 하나님의 사랑의 관계를 본받아 평생에 걸친 영성 형성의 길을 걷는다. 영적 변화와 공동체와 하나님 나라의 선교는 서로 공생적인 관계를 맺고 있다. 예수님의 수련생들은 동료 제자들과 사랑의 공동체를 이루고 그 나라의 선교에 참여함으로써 영성 형성의 은혜를 경험하거나, 거꾸로 후자를 통해 전자에 이르기도 한다. 예수님의 보냄을 받은 우리가 급진적인 변화를 경험할 때 교회가 세워지고, 인간의 운명이 성취되며, 삼위 하나님께 영광이 돌려진다.

그러므로 진정한 영성은 변혁을 도모하는 삼위일체 하나님의 삶을 사는 것에 다름 아니다. 토머스 머튼은 이렇게 말했다. "하나님의 영으로 깨달음을 얻은 사람은 아들 안에서 아버지와 하나가 되고, 그리스도 안에서 모든 사람과 연합하며, 동시에 최대한으로 자기 자신과 통일을 이루고 그리스도와 합일된 모든 사람과 완전한 연합을 이룬다."[25] 삼위일체는 역사적으로 예수님의 수련생들에게 동기와 능력과 용기를 부여해왔다. 그리스도인들은 아버지와 아들과 성령으로 존재하는 유일한 참 하나님을 위해 살기도 하고 죽기도 했다. 영원히 송축할 이 삼위일체 하나님은 사도 교부였던 폴리캅(Polycarp)이 순교하는 최후의 순간에(주후 156년) 그 입술로 고백했던 분이었다.

아, 전능하신 주 하나님, 당신이 사랑하고 축복하는 아들 예수 그리스도의 아버지여, 우리는 그리스도를 통하여 당신에 관한 지식을 받았나이다.…이날 이 시간에 당신이 나를 그대의 순교자의 대열에 참여하고, 당신의 그리스도의 잔에 동참하고, 성령으로 인해 썩지 않을 영혼과 몸이 영생의 부활에 이르기에 합당한 자로 간주하시니 감사를 드리나이다.…나는 이 모든 것으로 인해 당신을 찬양하고 송축하며 영광을 돌리나이다. 그리고 당신의 사랑하는 아들로서 영원히 하늘에 계신 예수 그리스도와 당신과 성령께 지금으로부터 영원토록 영광을 돌리나이다. 아멘.[26]

묵상 및 토론을 위한 질문

1. 당신의 경험에 입각하여 오늘날 기독교 세계에서 삼위일체의 교리가 어떻게 무시되거나 소홀히 여겨지고 있는지를 글로 써 보라.

2. 당신 나름대로 삼위일체의 본성을 곰곰이 생각해 보라. 당신은 한 영 안에 세 위격으로 존재하는 하나님을 묘사하기 위해 어떤 예를 들겠는가?

3. 이 장의 내용을 다시 돌아보면서, 서로 사랑하는 세 위격으로 존재하는 하나님의 관계중심적인 삶을 어떻게 본받을 수 있을지 당신 나름대로 몇 가지를 제안해 보라.

4. 당신은 공동체 내에서의 연합을 통해서나 하나님 나라의 선교 활동을 통해 그리스도 안에서 영적으로 빚어지는 것을 경험한 적이 있는가?

추천도서

Michael Downey, *Altogether Gift: A Trinitarian Spirituality*. Maryknoll, NY: Orbis, 2000.

Edmund J. Fortman, *The Triune God: A Historical Study of the Doctrine of the Trinity*. Philadelphia: Westminster Press, 1972.

Stanley Grenz, *Rediscovering the Triune God: The Trinity in Contemporary Theology*. Minneapolis: Augsburg Fortress, 2004.

Darrell W. Johnson, *Experiencing the Trinity*. Vancouver: Regent College Publishing, 2002.

G. A. F. Knight, *A Biblical Approach to the Doctrine of the Trinity*. Edinburgh: Oliver and Boyd, 1953.

Arthur W. Wainwright, *The Trinity in the New Testament*. London: SPCK, 1962.

9장

성령과
영성 형성

마이클 글레럽(Michael Glerup)

제9요소 | 영성 형성은 성령의 직접적인 사역으로 일어난다. 그것은 우리가 믿음의 공동체와 세상에서 살아가도록 성령이 내주, 충만, 인도, 은사 및 능력 부여 등의 사역을 수행하여 우리를 중생시키고 예수 그리스도의 형상으로 빚어내는 사역이다.

설명 | 성경적인 형성 작업을 정의하고 이해하려면 성령께서 신자를 빚어내고 변화시키는 것을 다룬 성경 구절들과 함께 시작하는 것이 최선이다(롬 8:26-29). 성령은 우리를 중생시키고 점차 예수 그리스도의 형상을 닮아가도록 인도하신다. 이는 순결과 고난과 희생의 이미지를 반영하고 세상에서 소금과 빛으로 살게 하는 것을 의미한다(롬 8:29; 갈 4:19; 마 5:13, 16). 성령은 신자들이자 믿음의 공동체인 우리 안에 거하고 우리를 충만케 함으로(엡 5:18) 모든 진리 가운데로 인도하시고(롬 8:14; 요 16:13), 우리 삶에 성령의 열매를 맺게 하시며(갈 5:22-23), 교회와 세상에서의 사역을 위해 은사를 주신다(고전 12장).

✝

성령의 사명은 그리스도를 우리에게 모셔오고 우리를 그리스도에게 데려가는 일이다. 성령은 친밀함을 도모하는 신적인 중매자이다.
— R. R. 레노

준비된 학생: 역사의 중심축

도시 바깥에 있는 작은 언덕 위에서 그리스도는 모든 사람 앞에 발가벗긴 채 십자가에 못박혀 죽었다. 이 사건을 목격한 초기 사도들은 그것을 다음과 같이 해석해야 한다고 우리에게 일러주었다. "하나님이 세상을 이처럼 사랑하사 독생자를 주셨으니 이는 그를 믿는 자마다 멸망하지 않고 영생을 얻게 하려 하심이라"(요 3:16). 영생의 능력을 지녔음에도 십자가에 달린 그리스도는 우리의 죄를 위해 죽었고, 장사되었고, 음부로 내려갔고, 부활했고, 하늘에 계신 아버지의 오른편으로 올라가셨다. 그리하여 새 언약이 확증되었고, 사도적인 증인들은 땅 끝까지 이르러 좋은 소식을 전하라는 사명을 받았다. 죄의 용서는 당장 새로운 삶을 얻을 수 있게 해주었다. 이제 학생은 준비를 갖추었다. 이로써 무대가 준비되었고 이제는 성령이 오실 차례가 된 것이다.

오순절 날 성령의 강림, 하나님의 백성을 불러내는 일, 그리스도의 몸의 구성, 삶의 새로운 규율-거룩한 사랑이란 새로운 법-의 도입, 온 세상으로 복음이 전파되기 시작하는 일은 예수가 죽은 지 불과 몇 주 내에 일어났다. 이 일련의 사건들은 역사의 중심축, 혹은 새 시대의 출범이라고 불린다.

신학적으로 말하면, 이 역사의 중심축에서 그 초점이 아들의 사역에서 성령의 사역으로 바뀌는데, 후자는 전자의 사역에 따른 유익을 교회에 적용하는 역할을 한다. 그리스도와 관련해서는 주로 "우리를 위하는 하나님"을 이야기하는데 비해, 이제는 "우리 안에서 일하시는 하나님"에 관해 더 많이 이야기하게 된다. 우리는 이런 사건들을 마치 그것들이 우리의 경험 바깥에서 일어나는 것처럼 논하지 않고, 오히려 우리의 공동체에 속한 이들이 하나씩 죄를 깨달아 변화되고 중생하고 의롭게 되고 그리스도와 연합하게 되는 내면적인 과정과 사건들로 논하게 된다. 성령은 친밀함을 도모하는 역할을 한다. 부활한 그리스도를 믿는 모든 사람은 더 이상 영적인 고아가 아니라 그분의 영적인 몸에 편입된다.

성자 하나님이 십자가에서 자신을 단번에 제물로 드리심으로 우리에게 주신 용서는, 우리가 언제나 받아 누려야 할 것이고, 우리는 신앙의 각 단계마다 그것을 받을 수 있는 능력을 얻어야 한다. 그리스도 안에서 우리는 하나님이 우리를 위해 행하신 일을 배운다. 성령에 의해 우리는 하나님이 행하신 일에 반응하여 우리의 행위를 조정하고, 하나님의 비할 데 없는 사랑과 관련하여 우리의 사랑을 개조하고, 하나님의 구속 사역이 깨어진 우리 삶의 모든 영역에 영향을 미치도록 허락한다. 이 중심축으로 인해 우리 자신의 결정과 행위가 그리스도의 몸의 역사, 곧 구원 이야기의 중요한 일부가 된다.

하나님은 그의 아들을 통해 죄를 용서할 뿐 아니라, 성령을 통해 죄의 세력을 전복시키고 공동체 내에서 날마다 일어나는 인간 상호간의 행위와 삶을 바꾸어놓는다. 복음은 그리스도의 죽음과 부활을 선포할 뿐 아니라 우리에게 성령의 능력으로 죄에 대해 죽고 하나님에 대해 살라고 촉구한다. 그리하여 우리는 죽음으로써 참 생명을 얻는다. 우리는 성령에 의해 의식적으로 또 무의식적으로, 능동적으로 또 수동적으로 하나님의 구원 사역의 영역으로 들어가도록 부름을 받는다.

오순절과 바울

초대 교회의 오순절에 대한 이해와 관련하여 프로테스탄트 그리스도인들이 흔히 간과하는 중요한 측면이 하나 있다. 그것은 유대인의 축일인 샤부오트(*Shavuot*)와 오순절 사이의 관계이다. 샤부오트는 유월절로부터 50일이 지난 뒤에 시내 산에서 하나님이 모세와 이스라엘에게 율법을 주신 것을 기념하는 축일이다. 유월절에는 유대인이 포로상태에서 해방된 것을 기억했고, 그로부터 50일이 지난 샤부오트에는 율법을 받은 것과 하나님의 백성이 된 것을 기념했다. 부활절로부터 50일이 지난 뒤에 기념하는 오순절은 성령께서 사도 공동체에 강림한 것과 교회가 형성된 것을 경축했다. 보통은 성령과 율법을 서로 상반된 것으로 여기지만, 초대 교회의 기억 속에서는 성령의 강림이 율법의 강림을 상기시켰던 것이다.

이 연관성을 더 논의하기 전에 율법을 받을 때 일어났던 사건들을 간단하게 뒤돌아보자. 이스라엘 백성은 모세를 좇아 이집트에서 떠난 직후에 시내 광야로 들어가서 어느 산 밑자락에 캠프를 쳤다. 모세는 하나님과 만나기 위해 그 산을 여러 번 오르내렸다. 그러던 중 어느 때에 모세는 "하나님의 손가락으로 쓰인" 돌판을 받았다(출 31:18). 모세가 그 돌판을 들고 산에서 내려와 보니 이스라엘 백성이 온통 방탕함과 이방의 송아지 숭배에 빠져있었다. 모세는 격노하여 그 돌판을 집어던져 깨뜨렸고, 우상숭배를 금하는 하나님의 명령에 따라 3천 명을 죽이도록 지시했다.

얼마 지나지 않아 모세는 하나님의 명령대로 돌판 둘을 처음 것과 같이 다듬어 산에 올라갔다(출 34:1, 4). 모세는 하나님 앞에서 40일 밤낮을 먹지도 마시지도 않은 뒤에 "두 판을 손에 들고" 산에서 돌아왔다(출 34:29). 그는 하나님과 대면했기 때문에 얼굴에 광채가 나는 것을 모르고 있었다. 아론과 이스라엘 백성은 그 광채 때문에 모세에게 접근하기를 두려워했으나, 그는 그들에게 가까이 오도록 격려했다. 그는 시내 산에 있는 동안 하나님에게 받은 모든 명령을 그들에게 전했다. 이후에 그는 수건으로 얼굴을 가렸다. 그런데 그 본문은 이렇게 글을 잇는다.

> 그러나 모세가 여호와 앞에 들어가서 함께 말할 때에는 나오기까지 수건을 벗고 있다가 나와서는 그 명령하신 일을 이스라엘 자손에게 전하며 이스라엘 자손이 모세의 얼굴의 광채를 보므로 모세가 여호와께 말하러 들어가기까지 다시 수건으로 자기 얼굴을 가렸더라(출 34:34-35)

방금 인용한 성경 본문에 따르면, 모세는 왜 수건으로 얼굴을 가렸던 것일까? 간단하게 답하자면, 얼굴을 감추기 위해서다. 맞는 말이다. 그런데 왜 그렇게 한 것인가? 그의 얼굴에서 광채가 나기에 이스라엘 백성이 가까이 가기를 두려워했기 때문에 얼굴을 감추었던 것인가? 이 구절을 주의 깊게 읽어보라. 그는 백성들에게 말한 뒤에야 수건으로 얼굴을 가렸다. 왜 그랬을까? 무언가를 감추기 위해서다. 그게 무엇인가? 모세는 스러져가는 광채를 감추기 위해 그 얼굴을 가렸다. 그러면 왜 모세는 자기 얼굴의 광채가 스러져가고 있다는 사실을 감추고 싶었을까? 그 주제에 대해서는 잠시 후에 다시 살피기로 하자.

율법과 선지자

유대 민족에게 율법은 무엇인가? 그것은 하나님이 자기 백성에게 주신 선물이다. 율법은 빛이요, 배우지 못한 사람을 위한 지혜이며, 이스라엘 자손이 자기네가 정말로 하나님의 백성임을 증명할 수 있게 해주는 수단이다. 가장 중요한 점은 이것이다. 율법은 하나님이 정해놓은, 복 있는 삶으로 들어가는 통로다. 성경의 두 구절이 이 점을 잘 보여준다. 첫째는 레위기 18장 5절이다. "너희는 내 규례와 법도를 지키라 사람이 이를 행하면 그로 말미암아 살리라 나는 여호와이니라" 이스라엘 백성을 위해 모세에게 주어진 법도는 그들이 지키기만 하면 생명으로 인도하는 그런 것이다. 둘째 구절은 모세의 고별 설교이다.

> 보라 내가 오늘 생명과 복과 사망과 화를 네 앞에 두었나니 곧 내가 오늘 네게 명령하여 네 하나님 여호와를 사랑하고 그 모든 길로 행하며 그의 명령과 규례와 법도를 지키라 하는 것이라 그리하면 네가 생존하며 번성할 것이요…내가 오늘 하늘과 땅을 불러 너희에게 증거를 삼노라 내가 생명과 사망과 복과 저주를 네 앞에 두었은즉 너와 네 자손이 살기 위하여 생명을 택하고 네 하나님 여호와를 사랑하고 그의 말씀을 청종하며 또 그를 의지하라 그는 네 생명이시요 네 장수이시니 …(신 30:15-16, 19-20)

이 구절들이 잘 보여주듯이 율법은 이스라엘 백성을 생명과 번영으로 인도하는 길이다. 그것은 변혁의 수단이다. 즉, 율법은 예전에 세상에서 가장 강력한 정부의 노예였던 소수의 셈족을 하나님의 백성으로 변혁시키는 수단이었던 것이다.

예레미야와 에스겔이 대변하는 선지자적 전통도 이 사건의 의미를 밝혀준다. 예레미야를 통해 하나님은 "내가 나의 법을 그들의 속에 두며 그들의 마음에 기록하여 나는 그들의 하나님이 되고 그들은 내 백성이 될 것이라"고 선포하셨다(렘 31:33). 또한 이어서 그분은 에스겔 선지자를 통해 이렇게 선언하셨다. "새 영을 너희 속에 두고 새 마음을 너희에게 주되 너희 육신에서 굳은 마음을 제거하고 부드러운 마음을 줄 것이며 또 내 영을 너희 속에 두어 너희로 내 율례를 행하게 하리니 너희가 내 규례를 지켜 행할지라"(겔 36:26-27). 예레미야에게 주신 말씀의 배경은 출애굽기에 나오는 이스라엘 백성의 선조들의 신실치 못한 모습이다. 에스겔에게 준 약속은 포로 상태에 있는 이스라엘 집안에 선포된 것이다. 이 두 경우 모두 이런 약속에 이어 백성들의 죄를 용서해 주겠다는 또 다른 약속이 뒤따른다.

초기 사도 공동체는 오순절에 성령의 강림을 통해 하나님의 움직임을 간파했을 때 이런 구절들을 해석의 틀로 삼았다. 따라서 우리 역시 사도행전 2장을 이스라엘의 율법 수령, 율법의 의미, 선조의 신실치 못한 모습, 새 언약이 맺어질 날에 대한 기대 등에 비추어 해석하는 것은 적절한 접근이다.

지난 유월절에는 예수님이 당국에 넘겨져서 매를 맞고 정죄를 받아 십자가에서 죽으셨다. 그리고 부활함으로써 제자들을 깜짝 놀라게 하셨다. 죄의 속박은 깨어졌고, 예전에 죄와 죽음의 포로가 되었던 사람들이 해방을 얻었다. 그로부터 50일이 지난 후 예수님은 하늘로 올라가셨다. 그리고 이미 약속하신 대로 오순절에 성령의 강림으로 자기 백성에게 돌아오셨다.

여기서 내가 주장하는 바는 오순절의 배경에는 율법의 수여와 그에 따른 생명의 약속이 있다는 것이다. 이런 해석의 틀이 세상에서 행하는 하나님의 사역에 대한 참신한 통찰을 준다고 나는 믿는다. 이렇게 말하면 당연히 당신은 "그런데 그게 도대체 무슨 의미가 있는가?"라고 물을 것이다. 이에 대한 답변을 얻으려면 바울이 쓴 고린도후서를 살펴볼 필요가 있다.

고린도후서 3장 7-8절에서 바울은 이렇게 물었다. "돌에 써서 새긴 죽게 하는 율법 조문의 직분도 영광이 있어 이스라엘 자손들은 모세의 얼굴의 없어질 영광 때문에도 그 얼굴을 주목하지 못하였거든 하물며 영의 직분은 더욱 영광이 있지 아니하겠느냐." 여기에서 바울이 사용한 "죽게 하는 직분"이란 말은 모세가 첫 번째 돌판을 가져왔을 때 우상숭배에 참여한 3천 명이 죽임을 당한 사건을 언급하는 것이었다. 이어서 그는 율법의 수령과 복음의 영접을 대비시켰다. 먼저 그는 율법의 수령을 돌에 새겨진 것, 없어질 것, 정죄 받는 것과 연관시켰다. 이와 대조적으로, 영의 직분은 사람의 마음 판에 새겨진 것, 길이 있을 것, 의롭게 하는 것 등으로 묘사했다. 전자의 이미지는 그것이 외적이고 한시적이고 부족하다는 점을 시사한다. 후자는 내적이고 영원하고 충분한 것으로 묘사된다. 바울은 인생 경험과 성경 해석에 입각하여, 본래는 생명에 이르는 수단으로 주어진 율법이 실제로는 그런 생명을 낳지 못했다고 확신한 것이다. 그러므로 영의 영광이 율법의 영광을 추월한 것이다. 바울이 현재 담대히 선포하는 영의 직분, 곧 성령의 사역의 영광은 바로 모세가 약속했던 그 생명이 이제는 성령의 능력을 통해 예수님 안에서 주어진다는 사실에 있다.

논의를 더 진행하기에 앞서, 우리가 율법의 영광을 그리고 이스라엘 백성 가운데서 성령을 통해 일하신 하나님의 활동을 부인하지 않는 것이 중요하다. 바울의 용어를 사용하자면, 옛 언약은 비록 예수 그리스도를 통한 하나님의 새로운 사역에 비하면 그 영광이 퇴색되기는 했지만 그래도 영광스러운 것이었다. 이런 식으로 생각해보라. 내가 밤중에 집으로 걸어갈 때는 가로등과 달과 헤드라이트에 대해 무척 감사하게 되는데, 그것은 그런 것들이 내가 집으로 가는 길을 찾기에 충분한 빛을 제공하기 때문이다. 그러나 눈부신 태양이 비치는 대낮에는 그런 것이 불필요해진다. 이와 마찬가지로 생명에 이르는 수단으로 주어진 율법은 더 이상 예전과 같은 빛을 제공하지 못하는 것이다.

예레미야 선지자는 이 새로운 날을 고대하였다. "그들이 다시는 각기 이웃과 형제를 가리켜 이르기를 너는 여호와를 알라 하지 아니하리니 이는 작은 자로부터 큰 자까지 다 나를 알기 때문이라"(렘 31:34). 하나님을 아는 이 지식은 이제 예수님의 삶과 죽음과 사역에서 밝히 드러났다. 죽기 직전에 제자들과 나눈 최후의 대화에서 예수님은 자기가 곧 길이요 진리요 생명이라고 주장했고, 자기를 아는 자는 하늘에 계신 아버지를 안다고 말씀하셨다(요 14:6-7). 이 대화의 끝자락에서 그분은 제자들에게 자기가 곧 떠난다고 염려하지 말라고 격려하면서, 자기가 아버지에게 부탁하여 그들과 함께 있고 아들을 증언할 보혜사를 보내줄 것이라고 했다. 그 진리의 영은 하나님을 아는 지식을 예수의 제자들에게 전달하는 등 예수님의 사역을 계속 이어갈 것이다. 그리고 성령을 통해 오는 그 지식은 내면의 지식으로서 작은 자로부터 큰 자에 이르기까지 예수님의 길을 좇는 모든 사람에게 주어진다.

이런 성령의 사역에 대한 바울의 믿음은 다메섹 도상에서 부활한 그리스도를 만난 경험에서 유래했을 뿐 아니라 생명에 이르는 수단인 토라에 대한 해석에 바탕을 두고 있다. 누구든지 출애굽기 34장을 자세히 읽어보면 모세가 수건으로 얼굴을 가린 것이 문제로 다가온다. 앞에서 논의했듯이, 모세는 하나님 앞에 나갈 때는 언제나 수건을 벗었다. 하나님과 말씀을 나눈 뒤에는 그분이 그에게 명령한 모든 것을 이스라엘 백성에게 전달했다. 이후에 그는 다시 하나님의 존전에 들어갈 때까지는 수건으로 얼굴을 가렸다. 그러면 모세는 왜 사람들에게 말한 뒤에 수건으로 얼굴을 가린 것일까? 좀 더 직접적으로 묻자면, 모세는 왜 자기 얼굴을 가린 것인가? 바울에 따르면, 그는 자기 얼굴의 광채가 스러지고 있다는 사실을 감추기 위해 얼굴을 가렸던 것이다(고후 3:13). 모세의 수건은 그의 얼굴이 영원히 변모된 것이 아니라는 사실을 감추었다는 말이다. 모세가 얼굴을 가린 것을 보고 이스라엘 백성-그리고 장래 세대들-은 모세에 의해 주어진 율법이 영원히 타당한 것이라는 잘못된 결론을 내렸다. 그러나 바울이 15절에서 분명히 밝혔듯이, 모세의 수건은 스러지고 있는 것, 곧 율법의 종말을 감추었던 것이다. 모세를 통해 받았던 율법은 율법의 성취(*telos*)이신 그리스도의 성육신-탄생, 삶, 죽음, 부활-안에서 갑작스런 종말을 맞았다. 여기서 바울이 "종말"(end, NASB)이란 단어를 사용한 것은 이중적인 사실, 곧 율법이 그리스도 안에서 성취되었다(그 목표에 도달했다)는 것과 율법이 더 이상 하나님의 백성을 다스리는 권세로 작용하지 않는다는 것을 표현하기 위함이었을 것이다.

바울은 부활한 그리스도의 영광의 빛에 비추어, 그가 사라와 하갈의 이야기를 해석한 것과 비슷하게 모세의 수건도 상징적으로 해석했다. 모세의 경우만 보면 율법이 한시적인 성격을 갖고 있다는 사실이 분명히 드러나지 않는다. 즉 율법의 영광이 스러지고 있으며 마침내 메시아가 올 때에 그 빛이 퇴색될 것이라는 점이 분명하지 않다. 따라서 모세의 수건은 부활한 그리스도의 더 뛰어난 영광의 맥락에서만 제대로 이해할 수 있다. 그러므로 오직 그리스도 안에서만 수건이 제거되기 때문에 바울의 가르침과 같이 그리스도에게 눈을 돌리기까지 그 성경 본문은 수건에 가려진 채로 남아있다. 예수님도 성경을 해석하는 유대인들에게 다음과 같은 말로써 똑같은 원리를 지적하셨다. "너희가 성경에서 영생을 얻는 줄 생각하고 성경을 연구하거니와 이 성경이 곧 내게 대하여 증언하는 것이니라 그러나 너희가 영생을 얻기 위하여 내게 오기를 원치 아니하는도다"(요 5:39-40). 모세가 약속했던 그 생명은 생명을 주는 성령을 통해 오직 그리스도 안에서만 얻을 수 있는 것이다.

자유의 영

모세의 수건에 관해 논의하는 대목에서 바울은 수건이 모세(토라에 대한 언급)와 그리스도 없이 성경을 읽는 사람들의 마음을 덮는다고 말했다(고후 3:15 참고). 많은 주석가들은 이처럼 바울이 수건을 모세의 얼굴에서 성경을 읽는 자의 마음으로 옮기는 것을 무시한다. 그것은 이런 해석에 대한 역사적인 근거나 문법적인 근거를 찾는 것이 아주 어렵기 때문에 충분히 이해할 만한 반응이다. 나는 이때 바울이 에스겔서 36장 26절에 언급된 돌 같은 마음을 가리키고 있는 것이라고 생각한다. 고린도후서 3장 3절에서 바울은 고린도 교회의 독자들을 돌판에 쓴 편지가 아니라 살아계신 하나님의 영으로 마음 판에 쓴 자신의 추천서라고 주장했다. 바울이 보기에, 사도들의 증언을 통해 성령을 받은 하나님의 백성은 바로 에스겔서에 나오는 약속을 받은 사람들이었던 것이다. 예전에는 반역으로 굳어졌던 그들의 마음이 지금은 생명을 주는 성령에 의해 부드러워지고 새롭게 되었다. 그들은 살아있는 추천서가 되었고, 그 결과 세상을 향한 그리스도의 메시지가 되었던 것이다.

바울은 이어서 "주는 영이시니 주의 영이 계신 곳에는 자유가 있느니라"고 말했다(고후 3:17). 바울에 따르면, 부활한 주님은 영으로서 공동체 안에 현존하신다. 예수님의 삶과 사역에 나타났던 진리와 능력과 생명은 이제 성령을 통해 제공된다. 하지만 그 영은 주님의 영이기 때문에 여전히 주님과는 구별된 상태로 있다.

그러면 "주의 영이 계신 곳에는 자유가 있다"는 말은 무슨 뜻인가? 첫째, 바울이 말하는 "자유"는 출애굽 이야기, 즉 이스라엘 자손이 이집트의 포로생활에서 해방되는 여정을 상기시킨다. 따라서 바울이 당시의 사건들-성육신과 성령의 강림-을 새로운 출애굽으로 보았다고 결론을 내려도 무방하다. 바로의 통치하에 있던 이스라엘 자손이 바로의 체제 하의 노예상태에서 벗어나는 여정은 오늘날 하나님의 백성이 아담의 반역의 결과인 죄의 노예상태에서 벗어나는 여정과 비슷하다. 하나님의 백성은 성령의 인도와 능력을 받기 때문에 더 이상 아담의 범죄에 의해 물들지 않는다. 그들은 이제 그리스도에 의해 물든다. 사회적 영향에 종속되는 원(原)가족의 빗나간 이야기에 더 이상 속박되지 않고, 본래 약속되었던 생명, 곧 성령을 통해 얻을 수 있게 된 그 생명을 추구하도록 해방된 것이다. 바울은 인간의 자유의 중요한 양상을 요약하기 위해 보통 "담대함"으로 번역되는 **파르헤시아**(*parrhesia*)란 단어를 사용했다(고후 3:12). 그런 의미에서 자유는 "하나님에 대한 솔직함" 내지 "신뢰를 바탕으로 한 친밀함"을 가리킨다. 따라서 주님의 영이 있는 곳에는 기도로 하나님께 담대히 나아가는 일이 있고, 또한 신뢰와 친밀함을 특징으로 하는 삶이 있다.

성령은 우리가 마음대로 방자한 삶을 살도록 우리를 자유롭게 하는 것이 아니다. 성령은 율법을 우리 마음속에 내면화시킴으로써, 혹은 바울의 표현을 빌리자면 그것을 우리의 마음 판에 새김으로써 우리를 자유롭게 한다. 그러면 이 율법은 무엇인가? 그것은 이중적인 사랑의 법이다. 하나님을 사랑하라는 법과 네 이웃을 사랑하라는 법이다. 이는 모세를 통해 주어진 법과는 달리 성령에 의해 우리 마음에 부어진 하나님의 사랑의 힘으로 지키는 법이다(롬 5:5). 그 법을 성취할 수 있는 에너지를 공급하는 것은 바로 사랑이다(겔 36:26). 토마스 아퀴나스(Thomas Aquinas)는 이렇게 썼다.

> 성령은 내적으로 우리의 영에 새로운 역동성(에너지)을 부여하여 그 영을 온전케 한다. 그리고 그로 인해 사람은 마치 신적인 법이 그에게 그 일을 하도록 명령하는 것처럼 사랑으로 인해 악한 일을 삼간다. 그러므로 그는 신적인 법에 종속되어 있지 않기 때문에 자유로운 것이 아니라, 그 내적인 역동성이 신적인 법이 요구하는 일을 행하도록 인도하기 때문에 자유로운 것이다.[1]

이 새로운 법은 한 마디로 성령이며, 성령은 우리가 그 요구사항을 이룰 수 있도록 내용과 에너지를 모두 공급하신다.

그러므로 우리는 성령을 통하여 약속된 생명을 추구할 자유를 얻는다. 그런데 이 생명은 어떤 모습을 갖고 있는가? 그 특징은 우리가 목격하는 형상, 곧 주님의 영광스런 모습이다. 그 형상은 우리를 위해 자기를 내어주신 부활한 그리스도의 형상이다. 이 형상을 응시할 때 우리는 성령에 의해 그것을 닮아가게 된다. 여기에서 우리는 성령의 사역을 얼핏 보게 된다. 성령은 성경의 조명을 통하여 그리스도의 진리로 우리를 인도하고, 이어서 우리가 그리스도의 형상을 본받도록 우리에게 능력을 부여한다.

이 과정은 두 부분으로 되어 있다. ① "우리가 다…거울을 보는 것 같이 주의 영광을 보매"(고후 3:18). ② "영광에서 영광에 이르니"(고후 3:18). 이는 영이신 주님으로부터 오는 변화의 과정을 묘사하는 것이다. 후자를 먼저 논의하려고 한다. 이것은 변화의 과정을 영광에서 영광에 이르는 하나의 움직임으로 묘사하는 어구이다. 초기 해석자들은 이것을 인간적 기준에 따른 영광에서 성령에 따른 영광으로 변하는 움직임으로 설명했다. 인간의 가장 깊은 중심에는 그리스도의 영에 의해 새롭게 된 하나님의 선물이 있다. 이는 우리에게 "속한" 것일 뿐 아니라 우리 "안에" 있는 선물이다. 이는 우리로 하여금 하나님이 그리스도 안에서 주도하신 일에 반응하게 하는 우리의 인간성의 일부이다. 곧 우리의 욕망, 상상, 주의가 자리 잡고 있는 처소이고 하나님을 관조할 수 있게 해준다. 우리 존재의 가장 깊은 곳에 있는 이 중심은 하나님의 선물인 동시에 "우리의 것"이다. 성령의 사역은 우리의 욕망(갈 5:22-23)과 상상을 순결하게 하고 개조함으로써 우리의 내적 구조와 외적 행위가 점차 그리스도의 형상을 닮아가게 한다. 그런즉 이 움직임은 단순한 인간적인 영광에서 성령에 의해 점차 빚어지는 인격의 영광에 이르는 움직임이다.

초기 기독교의 선생들은 오래된 신학적 개념들을 발전시키는 가운데 성경이 인간의 영혼에 거울과 같은 역할을 한다고 주장했다. 성경의 거울 안에서 우리가 하나님의 얼굴을 본다는 말이다. 아우구스티누스는 "이생에서는 하나님의 성경을 하나님의 얼굴로 대하라"고 가르쳤다.[2] 성경의 거울을 보면 거기에 우리의 마음이 드러나 있다. 그 말씀은 성령의 능력으로 활동력을 갖게 되어 순결케 하는 하나님의 역사가 우리의 영혼 깊숙한 곳에 침투하도록 만든다. 이처럼 우리의 마음이 성령의 인도를 받아 성경의 거울 안에 드러날 뿐 아니라, 우리는 하나님의 뜻에 따라 사는 법도 배운다. 우리는 폭넓은 성경 연구와 그리스도의 삶을 계속 본받는 일을 통해, 그리고 영적인 변화를 다루는 성경 이야기를 통해 우리의 경험과 하나님과 동행하는 삶을 이해하기 위한 모델을 얻는다.

성령은 여기에 머무는 분이다

오순절에 드디어 그 위대한 선지자적 전승-하나님이 성령을 통해 보편적으로 임재하리라는 약속-이 성취되었다. 하나님의 공동체는 성령의 내주를 통해 살아있는 하나님의 성전이 되었다. 성령은 이제 "일시적인 방문객"이 아니라 세상 끝날까지 하나님의 백성 가운데 거주하신다. 오순절에 부어진 성령은 예전에 약속되었던 영이다. 베드로의 설교는 성령의 보내심과 하나님의 오른편에 계신 승천한 예수님을 연결시킴으로써 예수께서 자기 약속을 지켰음을 천명했다. 성령은 하나님의 백성과 영원히 함께 있을 그 약속된 보혜사이다. 그는 제자들 속에 내주하며 "너희에게 모든 것을 가르치고 내가 너희에게 말한 모든 것을 생각나게 할" 진리의 영이다(요 14:26).

성령은 오순절에 강력한 모습으로 역사 속에 들어와 새로운 시대를 출범시켰다. 바로 성령의 시대이다. 그로 인해 무언가가 확실히 달라졌다. 오순절 이후에 성령이 현존하는 방식에 변화가 생겼다는 점에는 모두가 동의한다. 문제는 그것을 어떻게 해석하느냐 하는 것이다.[3] 이런 변화의 한 실례로서, 자기를 박해하는 자들에 대한 제사장 스가랴의 반응(대하 24:17-22)과 스데반의 반응(행 7:55-60)의 대조적인 모습을 들 수 있다. 둘 다 성령의 인도를 받았고, 진실을 말했기 때문에 돌에 맞아 죽었으며, 죽기 전에 하나님께 부르짖었다. 스가랴는 죽을 때 "여호와는 감찰하시고 신원하여(복수하여) 주옵소서"라고 말했다(대하 24:22). 이에 비해 스데반은 잠들기 전에 "주여 이 죄를 그들에게 돌리지 마옵소서"(행 7:60)라고 소리쳤다. 둘 다 자기가 받은 계시에 따라 의롭게 행했지만, 스데반은 사랑이신 하나님의 선물, 곧 성령을 받았기 때문에 죽는 순간에도 피조물을 향한 하나님의 배려와 사랑을 본받아 그렇게 말할 수 있었던 것이다.

성육신 이전 시대에 성령의 사역은 앞날을 예측하는 일이었다. 성육신 이후에는 성령이 예수님 안에 현존했다. 그리고 예수님이 승천한 이후에 비로소 생명을 주는 성령의 내주(內住)가 역사적 사건이 된다. 이 점은 베드로가 오순절 사건의 증인들에게 한 말에서 잘 드러난다. "이 예수를 하나님이 살리신지라 우리가 다 이 일의 증인이로다 하나님이 오른손으로 예수를 높이시매 그가 약속하신 성령을 아버지께 받아서 너희가 보고 듣는 이것을 부어 주셨느니라"(행 2:32-33). 성령의 사역은 아주 독특한 형태를 취한다. 성령은 성자 하나님의 사역을 정확하게 기억하고, 그분의 사명을 변호하며 완성할 뿐 아니라, 은혜와 신뢰의 살아있는 공동체를 형성한다.

오순절에 성령의 능력으로 행한 베드로의 설교는 청중들의 "마음을 찔렀다"(행 2:37). 고뇌에 빠진 그들은 "형제들아, 우리가 어찌할꼬?"하고 물었다. 이에 베드로는 이렇게 말했다. "너희가 회개하여 각각 예수 그리스도의 이름으로 세례를 받고 죄 사함을 받으라 그리하면 성령의 선물을 받으리라"(행 2:37-38). 베드로의 권면은 두 가지 반응-회개하고 세례를 받으라-과 두 가지 약속-죄 사함과 성령의 영접-을 제안한다. 오순절의 역사적 사건에서 우리는 성령의 사역의 결과로 개인이 변화되는 것을 발견할 수 있다. 사실상 사도행전의 나머지 부분과 바울의 편지들은 성령의 이와 같은 변혁의 사역에 대한 기록이라고 할 수 있다. 여기서 변혁의 사역이란 죄를 깨닫게 하는 것, 회개, 중생, 내주, 세례, 인치는 일, 충만케 하는 일 등을 가리킨다.

변화를 일으키는 성령의 사역

죄를 깨닫게 하는 일과 회개

성령은 내적으로 죄를 깨닫게 하여(요 16:8) 회개하고픈 마음을 불러일으킨다. 성령이 우리 속에서 행하시는 이 사역은 단순한 후회보다 더 깊은 차원의 것이다. 성령은 우리의 삶을 특징짓는 이기적인 야망과 불만족을 인식하게 해준다. 바로 여기에서 우리는 심판과 은혜를 모두 경험한다. 우리는 임박한 심판에 신경을 쓰지만, 우리가 완전히 절망에 빠지기 전에 은혜가 용서의 가능성을 제공한다. 그러면 우리의 행위에 대한 변명과 합리화는 묵살되고, 우리는 유일하게 적절한 반응인 감사를 표명한다. 성령은 회심에 있어서 죄를 깨닫게 하는 일과 회개를 가능케 할 뿐 아니라 계속해서 성화시키는 일, 즉 우리로 그리스도의 형상을 본받게 하는 일도 수행한다.

노르위치의 줄리안

노르위치의 줄리안(Julian of Norwich)은 서른 살에 아파서 죽을 지경에 이르렀다. 그녀가 곧 죽을 것으로 확신한 사제는 최후의 의식을 집행했다. 며칠 뒤에 그 사제가 다시 그녀를 방문했을 때는, 놀랍게도 그 모든 고통이 갑자기 그녀를 떠났고 일련의 놀라운 "계시들"이 시작되었다. 다음 내용은 자기 피조물을 향한 하나님의 관점에 대해 그녀가 배운 바를 성찰한 것이다.

> 내가 그동안 배운 것은 우리가 우리의 죄를 보면 거기서 등을 돌려야 한다는 것, 그러면 하나님의 분노가 떠나고, 우리는 용서를 받고 그분의 자비를 경험하게 된다는 것이었다. …
>
> 그러나 주님이 나에게 그분의 사랑을 나타낼 때 그 사랑을 억제하는 모습을 나는 전혀 볼 수 없었다. 사랑이신 하나님이 우리가 그분을 의지하기까지 자신의 사랑의 일부를 억누르는 것은 불가능한 듯 보였다. 내 눈에는 사랑밖에 보이지 않았다.
>
> 그래서 나는 관조하면서 그분을 찾았다. 그리고 이제 만일 하나님이 나에게 은혜를 주시면, 나는 하나님의 자비가 어떻게 작동하는지를 최선을 다해 묘사할 것이다.
>
> 이생에서 우리는 너무도 불안정하다. 우리 가운데 가장 훌륭한 그리스도인도 마찬가지다. 우리는 한순간 하나님을 사랑한다고 말하고, 실제로 그분을 사랑한다. 그리고 다음 순간에는 죄에 빠진다. 한순간은 사람들을 칭찬하다가도, 다음 순간은 그들의 등 뒤에서 그들을 비방한다. 혹은 우리가 좋아하는 사람들의 죄는 스스럼없이 간과하지만 용서할 만한 "가치"가 없다고 생각하는 이들은 용서하기를 거부한다. 우리가 이런 죄에 빠지는 것은 우리가 우리 자신을 제대로 보지 못하고 우리가 행하는 큰 악에 대해 무지하기 때문이다. 우리의 자기중심적인 모습을 보면 우리는 참으로 연약하고 어리석다. 게다가 우리의 선한 의도를 무력하게 만드는 인생의 그 모든 질병과 슬픈 사건들을 생각해 보라.[4]

줄리안은 인간이 이런 부정적인 죄악에 빠지는 것은 영적으로 눈이 멀었기 때문이라고 추론했다. 말하자면, 우리가 하나님을 있는 그대로 계속 보지 못하기 때문이라는 것이다. 만일 우리가 하나님의 연민과 관대함을 인식한다면, 어떻게 우리가 다른 사람에게 원한을 품거나 그들을 경멸할 수 있겠는가? 그럼에도 우리는 그런 행위를 하고 있으며, 얼마 지나지 않아 더이상 하나님의 자비를 인식하지 못하고 우리의 죄에 압도당한다. 우리는 우리의 죄가 하나님의 구속적 사랑보다 더 깊고 생생하다고 착각한다. 그녀는 이렇게 글을 이었다.

> 그렇기 때문에 우리의 선한 주님, 곧 한없는 생명이신 성령께서 우리의 영혼 속에 거주하고 있는 것이다. 우리가 넘어지고 하나님의 사랑을 잊어버릴 때 그분이 우리를 보호하신다. 그분은 우리 속에 평화를 향한 갈망과 불안에서 벗어나고 싶은 갈망을 불러일으킨다. 그분은 우리 속에서 일하셔서 우리에게 안식을 주신다. 이를 우리는 은혜라고 부른다. 그분은 우리 속에서 일하시고, 그 일을 통해 우리에 대한 우리 자신의 불만족을 일깨워 주신다. 일단 우리가 자신에게 불만족하고 있음을 알게 되면, 우리는 기꺼이 방향을 바꾸어 하나님의 손길 아래에서 순종적인 자세를 취하게 된다.[5]

우리 안에 내주하는 성령은 우리를 보호하고 우리의 죄를 깨닫게 한다. 성령은 먼저 우리에게 삼위일체의 내적 역학, 곧 하나님의 사랑을 상기시킴으로써 우리를 보호한다. 우리가 성령을 신뢰할 수 있는 것은 그분이 하나님의 마음을 알기 때문이다. 그리고 성령이 죄를 깨닫게 하는 방법은 우리에게 죄책감과 수치심을 잔뜩 안겨주는 것이 아니라, 하나님에게서 동떨어진 삶의 불만족스런 모습을 우리에게 보여주는 것이다. 따라서 우리는 죄책감 때문이 아니라 감사하는 마음으로 하나님께 돌아가고, 그분의 가벼운 멍에를 지고 싶은 마음이 생긴다. 하나님은 저 멀리 숨어서 우리가 죄를 인식하고 거기서 돌이킬 것을 기다리는 게 아니라, 언제나 성령으로 현존하면서 우리를 자신에게 돌아오게 하고 우리 안에 순종하고픈 마음을 불러일으키신다.

줄리안에 대한 TACT의 성찰

이 책을 편찬하는 과정에서 TACT의 각 그룹은 제각기 맡은 장을 발표하여 피드백과 비평을 받곤 했다. 피드백이 긍정적인 경우도 있었고 비판적인 때도 있었다. 내가 줄리안에 관한 이 대목을 발표했을 때 뜻밖에도 여러 참석자가 부정적인 반응을 보였다. 물론 사람마다 반응하는 것이 조금씩 달랐지만 그들의 비판을 단순하게 요약하면, 줄리안의 관점은 너무 허용적이라는 것이었다. 줄리안이 묘사하는 기독교의 그림은 하나님의 정의를 희생시킨 채 그분의 용납하는 사랑만 고양시킨다는 것이었다.

나는 그들의 평가를 진지하게 받아들였다. 왜냐하면 대부분의 경우, 그들의 분석이 옳고 나의 무지를 교정해주었기 때문이다. 그러나 이 문제를 더 깊이 성찰하다가 나는 문득 「바베트의 만찬」(Babette's Feast)[6]이란 영화의 끝에 나온 인용문이 생각났다. "인애와 진리가 같이 만나고 의와 화평이 서로 입맞추리라"(시 85:10). 이 구절을 문맥에 따라 읽으면 하나님의 영광(kabod)이 그 땅에 머물면 인애(자비)와 진리가 만난다는 뜻이다. 마찬가지로, 성령의 영광이 우리 마음속에 머물면 자비와 진리가 서로 만날 것이다. 즉, 하나님의 용납하는 사랑과 정의가 함께 있게 될 것이다. 자비는 신실한 순종의 마음을 불러일으키는 법이다.

오늘날의 제자도 혹은 영성 형성은 죄를 깨닫게 하여 회개로 이끄는 성령의 사역을 빼앗아버리는 경향이 있다. 하나님의 자비에는 동기를 유발하는 능력-내주하는 성령-이 있는데, 작금의 제자도는 그것을 분노와 죄책감과 수치심과 같은 인간적인 조작 수단으로 대치시켜 버린다. 왜 그런가? 우리가 비참한 죄인이기 때문인가? 아니다. 줄리안의 말처럼 이생에서 우리는 불안정한 존재이기 때문이다. 한 순간은 하나님을 사랑하다가도 다음 순간에는 그 사랑을 잊어버리는 존재이기 때문이다. 우리의 자기중심적인 본성은 인생의 상처와 실망과 뒤섞여서 내주하는 성령을 통해, 개인적으로 또 공동체적으로, 우리에게 주어진 하나님의 사랑을 가려버린다.[7]

믿음, 세대, 그리고 성령의 내주

북아프리카 히포의 주교였던 아우구스티누스는 서구 역사상 가장 영향력이 큰 사상가라고 말해도 무방할 것이다. 그는 주로 예정론과 원죄에 관한 신학적 성찰로 잘 알려져 있지만, 그의 저술은 삼위일체와 성령의 본성에 대한 서구 사상에도 중요한 영향을 미쳤다.

성령의 본성에 관한 아우구스티누스의 신학 사상에 특별히 중요한 역할을 했던 본문은 다음 두 가지다. "우리에게 주신 성령으로 말미암아 하나님의 사랑이 우리 마음에 부은 바 됨이라"(롬 5:5) "그의 성령을 우리에게 주시므로 우리가 그 안에 거한다"(요일 4:13) 이 구절들에 근거하여 아우구스티누스는 성령의 독특한 사역은 우리로 하나님 안에 거하게 하고 그분이 우리 안에 거하게 하는 것이라고 말했다. 우리로 하여금 성령을 통하여 하나님 안에 거하게 하는 수단은 사랑이다. 따라서 성령의 독특한 속성은 사랑이고, 성령은 곧 사랑이신 하나님의 선물이다. 로버트 루이스 윌켄(Robert Louis Wilken)은 이렇게 말했다. "주어진 것이 신자의 삶 속으로 들어가서 그의 소유가 되고, 그 신자로 하여금 주신 분을 향하게 한다. 성경에 사용된 용법에 따르면 선물과 사랑은 상호관계를 표현하는 용어로서 그 속에 상호성이라는 개념이 들어있다."[8]

성령의 선물은 하나님과 신자 사이의 유대관계를 형성한다. 그런데 아우구스티누스가 주장했듯이 성령은 또한 하나님 아버지와 그 아들 간의 유대이기도 하다. 아버지(사랑하는 자)와 아들(사랑받는 자) 간의 사랑의 유대가 곧 성령이다. 따라서 성령을 보내심은 하나님과 인간 사이에 교제의 끈을 형성할 뿐 아니라, 아들과 아버지를 영원히 묶어주는 사랑을 우리에게 나타내기도 한다. 그렇다면 성령은 사랑이신 하나님의 선물인 셈이다. 그리고 성령이 우리의 마음속에 부어졌기(내주하기) 때문에 우리는 하나님-그 본성과 내적 관계가 곧 사랑이신 분-과의 교제를 경험하는 것이다. 성령은 우리로 하여금 부활한 그리스도를 믿게 할 뿐 아니라 우리 속에 새 생명을 창조하고 아버지와 아들의 임재와 함께 우리 속에 내주하신다. 뿐만 아니라, 우리는 새 생명이 주는 유익을 받고 또한 하나님의 내적 본성인 자기를 내어주는 사랑을 실제로 경험한다.

인치심과 확신

나는 2007년 여름에야 중국 대륙을 방문하게 되었지만 언제나 중국에 사는 그리스도인에 대해 호기심이 많았다. 동남아시아로 여행을 떠나기 전에 로스앤젤레스에서 홍콩까지의 열두 시간의 비행 동안 편하게 읽을 책을 한 권 구했다. 『하늘에 속한 사람: 현대판 사도행전의 기적, 윈 형제의 중국 전도행전』(The Heavenly Man, 홍성사)이란 무척 흥미로운 제목이 달린 책이었다. 처음에는 단번에 다 읽을 생각이었으나 두어 시간이 지나면서 그만 정서적으로 고갈되고 말았다. 나는 중국의 그리스도인들이 날마다 직면하는 어려움에 대해 읽고 완전히 압도당한 것이다. 그 책에 묘사된 시련과 기적 중의 일부는 그 신빙성이 의심스럽기도 했지만 그렇다고 그 책이 지닌 영적 통찰의 가치가 떨어지는 것은 아니다.

　나는 그리스도인들에게 역사적으로나 지리적으로 어려운 문화적 상황에 몸담고 있는 다른 그리스도인들과 공감대를 형성하도록 적극적으로 권유하는 사람이다. 그런 관계로부터 얻는 지혜는 우리의 문화적 맹점을 제거하는 데 상당한 도움을 준다. 나는 연구를 통해 다른 기독교 문화들을 경험하게 되면서 배움으로 습득한 하나님에 대한 지식(진리), 즉 실천으로 옮기지 않은 그런 지식은 참된 지식이 아니라는 점을 깨닫기 시작했다. 그런데 내가 경험한 미국의 기독교는 특히 그런 실천이 정서적인 고통이나 희생을 수반한다면 그것은 선택의 문제라고 여기는 것 같다. 그런 이유로 나는 서양의 방문객들과 선교사들이 그에게 "무슨 신학교에 다녔느냐?"고 물었을 때 원 형제가 내놓은 답변을 높이 평가한다. 그는 "성령의 개인 성경 학교"-이는 감옥을 가리킨다-에서 수년 간 훈련을 받았다고 대답했던 것이다. 그리고 이렇게 덧붙였다.

> 때로는 우리 서양 친구들이 우리가 하는 답변의 뜻을 잘 몰라서 "당신은 이 성경 학교에서 무슨 자료를 사용하는가?"라고 묻는다. 그러면 우리는 "유일한 자료는 우리의 발에 묶여 있는 쇠고랑과 우리를 상하게 하는 가죽 채찍"이라고 대답한다. 이 감옥 신학교에서 우리는 책으로부터는 결코 배울 수 없는, 주님에 관한 귀중한 가르침을 많이 배웠다. 우리는 보다 깊은 차원에서 하나님을 알게 되었다. 우리는 우리를 향한 그분의 선하심과 자애로운 신실하심을 알고 있다.[9]

그처럼 어려운 상황 속에서 성령은 감옥에 갇힌 중국의 그리스도인들에게 하나님의 선하심과 신실하심을 가르쳐준 것이다. 그들은 주님을 위해 감옥에 갇힌 그리스도인들은 고난을 당하고 있는 자들이 아니라는 걸 깨달았다. 원은 이렇게 썼다.

> 정말로 고난을 받는 사람들은 하나님의 임재를 결코 경험하지 못하는 자들이다…하나님의 임재를 경험하려면 역경과 고난의 길, 곧 십자가의 길을 걸어야 한다…내가 처음 감옥에 갔을 때는 도대체 왜 하나님이 그것을 허락했는지를 놓고 무척 고심했다. 서서히 단지 내가 그분을 위해 일한 것보다 그분이 나

를 향한 더 깊은 목적을 갖고 계시다는 것을 깨닫기 시작했다. 그분은 나를 알고 싶어 했고, 나는 그분을 알고 싶어졌다. 그것도 깊이 그리고 친밀하게.[10]

성령은 우리에게 하나님에 관한 인격적인-깊고 친밀한-지식을 가르쳐 주기를 원한다. 나는 윈 형제가 한 말, 곧 "우리는 우리를 향한 그분의 선하심과 자애로운 신실하심을 알고 있다"[11]는 말을 좋아한다. 이 짧은 문장 속에 더 심오한 삶에 이르는 열쇠가 있기 때문이다. 이 지식에 이르는 길은 하나님과 교제하면서 십자가의 길에 들어서는 것이다. 바로 여기에서 우리는 정말로 고난을 받는 사람들은 하나님의 임재를 결코 경험하지 못하는 자들임을 배운다. 바로 이런 어렵고 어두운 경험을 통하여 우리는 성령의 능력으로 위로와 사랑을 베푸시는 하나님의 임재를 확신하게 된다. 바로 여기에서 우리는 우리가 구속의 날을 위해 인치심을 받았다는 것을 안다.

인(印)을 친다(sealing)는 은유는 영성 형성에서 성령의 사역을 이해하는 데 도움을 준다. 레위 지파의 제사장들은 희생 제물로 내놓은 어린 양들에게 흠이 있는지 여부를 검사했다. 아무런 흠이 없는 것으로 밝혀진 동물들에게는 성전의 도장을 찍어서 희생 제물로 합당하다는 것을 표시했다. 요한은 이 상징을 하나님의 어린 양인 예수께 적용하여, "(그는) 아버지 하나님께서 인치신 자"라고 말했다(요 6:27). 바울은 한 걸음 더 나아가 이 은유를 그리스도 안에 있는 사람들에게도 적용했다. "그 안에서 너희도 진리의 말씀 곧 너희의 구원의 복음을 듣고 그 안에서 또한 믿어 약속의 성령으로 인치심을 받았으니 이는 우리 기업의 보증이 되사 그 얻으신 것을 속량하시고 그의 영광을 찬송하게 하려 하심이라"(엡 1:13-14). 성령으로 인치심을 받은 자들은 장차 약속된 영생의 선물-하나님을 아는 지식-을 받게 될 것임을 확신해도 좋다. 중국 농촌에 있는 그 외딴 감옥들 속에서 그리스도인들은 하나님을 아는 깊은 지식, 곧 성령을 공급받았던 것이다. 이 지식을 통해 그들은 그들의 바람대로 하나님과 함께하는 삶이 계속될 것을 확신할 수 있었다.

성령 충만과 성화

클레르보의 베르나르(Bernard of Clairvaux)는 1090년 어느 기사의 셋째 아들로 태어났다. 그의 형제들은 군인으로 양육되었으나 베르나르는 어린 시절부터 학문을 추구하는 방향으로 나갔다. 그래서 스물두 살에 시토에 있는 수도원에 들어갔다. 당시 수도사들은 일과 공부, 예배와 기도의 단순한 리듬을 따라 생활하고 있었다.

오늘날과 비슷하게 당시의 영적 지도자들도 영적 유익을 주기보다는 마음을 달래는 약한 복음을 가르칠 뿐이었다. 그들은 하나님의 수단과 길을 가르치기보다 수련생들을 영적인 잠에 빠져들게 하는, 안심시키는 말만 되풀이했다. 즉, "당신은 제자가 되지 않고도 그리스도인이 될 수 있다"는 식으로 가르쳤다고 할 수 있다. 그런 행습에 대해 베르나르는 이런 반론을 제기했다.

> 우리의 믿음이 잠들지 않으려면 이런 잘못을 조심해야 한다. 내가 여러분에게 경고하건대, 머리는 "올바른" 기독교 교리로 가득하지만 그 진리를 일상에서 실천하지 못하는 그런 사람이 되지 말라. 사도 야고보가 경고한 것처럼, 선행으로 드러나지 않는 믿음은 전혀 참된 기독교 신앙이 아니다. 우리가 어떤 것을 진실로 믿을 때는 우리의 지성뿐 아니라 우리의 모든 것을 거기에 바치고, 점진적으로 우리의 모든 행위가 변화되기 때문이다.[12]

우리의 믿음이 참되고 살아있고 활동력이 있음을 보여주는 최초의 표시는 성령의 빛이 우리의 영혼의 어두운 구석을 비춰 주기를 간구하는 것이다. 우리가 하나님을 사랑한다고 주장하듯이 누군가를 사랑할 때 우리는 상대방의 마음을 상하게 하지 않고 기쁘게 하고 싶다. 그로 인해 우리는 성령께 우리의 영적 굶주림들-권력과 안정과 위로를 갈망하는-이 어떻게 우리로 죄를 짓게 하는지 보여 달라고 간구한다. 그리고 하나님께 우리가 어떻게 날마다 새롭게 하나님으로 충만케 되어 이런 욕구를 채울 수 있는지 그 방법을 보여 달라고 부탁한다. 그런 식으로 우리는 다른 이들을 옳지 않게 대하고, 우리를 만족시킬 수 없는 세상적인 보물들로 우리의 삶을 채우게 만드는 굶주림을 쫓아낼 수 있다. 그러나 우리 가운데 일부는 그리스도의 길로 걷기 시작했다가 공허한 영적인 갈망에 사로잡히는 경우가 많다.

　우리의 숨은 동기가 노출되고 변하게 될 때, 우리는 더는 우리의 최초의 부모였던 아담과 하와처럼 말하지 않을 것이다. 말하자면, 우리의 수치를 가리기 위해 변명과 비난과 자기 연민을 일삼지 않을 것이다. 자신의 죄를 은폐하기 위해 거짓말을 하는 것은 우리 자신에 관한 진실을 자백하기를 거부하는 것과 다름없다.

결론 : 실제적인 제안

오순절에 대한 사도들의 기억에는 민수기 11장에 묘사된 바 모세의 사역에서 나타나는 성령의 역할에 대한 기억이 묻어있다. 이게 무슨 말인지 설명해 보겠다. 모세는 너무나 버거운 사역의 짐에 억눌려서 하나님께 불평하며 구원을 요청한다. 하나님은 그에게 "네게 임한 영을 그들(장로들)에게도 임하게 하겠다"고 응답한다(민 11:17). 그래서 모세는 하나님의 명령대로 장로들을 모았고, 하나님이 구름 가운데 강림하여 모세에게 임한 영을 장로들에게도 임하게 하셨다. "영이 임하신 때에 그들이 예언을 하다가 다시는 하지 아니하였더라"(민 11:25).

　두 장로가 모세의 지시를 받고도 장막에 나아가지 않았음에도 역시 예언을 했다. 모세의 도우미인 눈의 아들 여호수아는 모세의 권위를 보호할 목적으로 모세에게 그들을 중단시키라고 요청했다. 그러나 모세는 이렇게 응답했다. "네가 나를 두고 시기하느냐 여호와께서 그의 영을 그의 모든 백성에게 주사 다 선지자가 되게 하시기를 원하노라"(민 11:29).

선지자들 중에 가장 위대한 선지자였던 모세는 장차 모든 하나님의 백성이 선지자가 되고 하나님의 영이 그들에게 임할 날을 내다보았다. 모세의 시대에는 성령이 장로들과 공유되어 하나님의 능력을 드러내고 그들이 하나님의 공동체의 리더임을 확증해주었던 것이다.

내가 이제까지 이 장에서 주장한 것은, 바울이 고린도후서 3장에서 일종의 유대적인 해석 논증(더 작은 것에서 더 큰 것으로 논증하는 방식)을 활용하여 자기 사역을 변호했던 것처럼, 사도행전의 저자가 역사적인 사건들을 통하여 예수 그리스도 안에 있는 새 언약이 모세의 언약보다 우월한 것임을 논증하고 있다는 것이다. 그 우월성은 두 가지다. 첫째, 사도들은 자기 얼굴을 이스라엘 백성 앞에서 수건으로 가렸던 모세와 달리 아주 담대하게 행동하고 자신 있게 말했다. 모세는 바로와 대면하는 일을 놓고 자기는 본래 말을 잘 못하고 "입이 뻣뻣하고 혀가 둔하므로" 하나님께 다른 사람을 보내달라고 부탁했다(출 4:10). 그러나 베드로를 비롯한 사도들은 자신들에게 맡겨진 일로부터 몸을 사리지 않았다. 그들은 예수님이 하나님의 거룩한 분이고 영생의 말씀을 하셨다는 것을 알았기 때문에 담대하게 행동했다(요 6:68-69). 그리고 하나님이 예수님을 무덤에서 일으키셨고(그들이 그 일에 대한 증인이었다) 약속한 성령을 부어주셨기(오순절 날에 현장에 있었던 사람들이 증인이었다) 때문에 그들은 담대할 수 있었다.

둘째, 첫 번째 법은 돌판에 새겨졌으나 두 번째 법은 하나님의 영에 의해 사람들의 마음 판에 새겨졌다. 첫 번째 법이 도래했을 때는 정죄가 있었다. 그러나 두 번째 법은 하나님의 백성을 의롭게 하기 위해 내면에 도래했다. 예수님은 하나님 나라와 연관된 법과 모세를 통해 주어진 법의 내적인 차이점을 대비시켰다. "옛 사람에게 말한 바 살인하지 말라 하였다는 것을 너희가 들었으나 나는 너희에게 이르노니 형제에게 노하는 자마다 심판을 받게 되리라"(마 5:21-22). 이와 마찬가지로 바울 역시 시내 산에서 받은 계명들을 이렇게 요약했다. "네 이웃을 네 자신과 같이 사랑하라 하신 그 말씀 가운데 다 들었느니라 사랑은 이웃에게 악을 행하지 아니하나니 그러므로 사랑은 율법의 완성이니라"(롬 13:9-10). 이처럼 사랑의 법이 완성된 것은 성령을 통하여 우리 마음에 부어진 하나님의 사랑을 통해서였다(롬 5:5).

담대함과 내면화된 하나님의 사랑이라는 선물은 제자 공동체에 능력을 부여하여 선교사역을 수행하게 하고, 하나님에 대한 사랑(예배)과 이웃에 대한 사랑(기쁘고 관대한 마음)을 특징으로 하는 공동생활을 나누게 하였다. 선교사역을 수행하는 변혁의 공동체는 무엇보다도 성령에 의해 빚어지고 그 능력으로 움직이는 공동체이다.

이 장을 마치면서 세 가지 습관을 제안하고 싶은데, 이는 성령의 인도와 능력으로 각 사람과 그의 공동체를 선교적인 인물과 공동체로 만들어 줄 것이다.

첫째는 공동체 안에서 날마다 순종하는 것이다. "너희가 나를 사랑하면 나의 계명을 지키리라"(요 14:15)는 예수님의 말씀은 약속된 위로자인 진리의 영의 도래와 연결되어 있다. 순종은 깨달음으로 이어지고, 깨달음은 순종으로 이어진다. 처음에는 우리가 징벌에 대한 두려움이나 어떤 유익 때문에 순종할 수도 있지만, 결국에는 그리스도에 대한 사랑이 순종의 동기가 되어야 한다. 순종과 깨달음은 공동체 안에서 습득된다.

둘째는 역사에 나타난 하나님의 움직임과 관련된 성경 구절들을 묵상하는 일이다. 내가 초기 기독교 저자들로부터 배운 놀랍도록 보람 있는 습관은 바울이 말하는 신비에 비추어 성경을 묵상하는 것이다. 무슨 말인지 설명해보겠다. 베드로는 오순절 설교에서 하나님의 "정하신 계획"에 관해 말했다(행 2:23, 표준새번역). 훗날 바울은 자기의 소명이 "만세와 만대로부터 감추어졌던 비밀", 말하자면 "너희 안에 계신 그리스도 곧 영광의 소망"을 널리 알리는 것이라고 말했다(골 1:26-27). 베드로가 말하는 "정하신 계획"과 바울이 언급한 "감추어졌던 비밀"은 역사를 관통하는 동일한 하나님의 움직임이다. 바울이 말하는 비밀을 나는 다음과 같이 요약하는 바이다. 인간은 본래 하나님과 친밀한 관계를 맺도록 창조되었으나 결국 반역하고 말았다. 때가 차매 하나님은 자신의 영원한 목적에 따라 그리스도를 불경건한 자들을 위해 죽게 하심으로 우리에 대한 사랑을 보여주셨다. 그러므로 우리는 이제 믿음으로 의롭게 되었고, 우리 주 예수님을 통해 하나님과 화평을 누리고, 우리의 생명은 그리스도 안에 감춰져 있다. 이 신적인 사랑, 곧 하나님이 그리스도 안에서 우리에게 베푸신 그 사랑은 이제 우리에게 주어진 선물인 성령을 통해 우리의 마음에 부어졌다. 이 성령, 곧 양자의 영은 우리로 하여금 영생의 소망에 따라 하나님의 자녀요 상속자가 되게 하려고 부어진 것이다. 우리는 성령을 통해 하나님과 친밀한 관계를 맺고 있는 만큼 바로 그 사랑을 베풀 수 있게 되었고, 이로써 우리는 피조물에게 하나님을 반영하는 존재가 될 수 있다.

셋째는 아주 초창기의 기독교 공동체를 특징지었던 것으로서 극진히 사랑받은 자녀들이 성령을 통해 예수님의 아버지에게 드리는 기도이다. 바울은 우리가 기도로 하나님께 "아빠! 아버지!"라고 부르짖을 때 "성령이 친히 우리의 영과 더불어 우리가 하나님의 자녀인 것을 증언하신다"고 가르쳤다(롬 8:16). 우리가 하나님의 자녀이기 때문에 성령은 우리의 연약함을 도우셔서 "말할 수 없는 탄식으로 우리를 위하여 친히 간구하신다"(롬 8:26). 성령은 우리의 영과 아주 긴밀하게 연관되어 있기에 우리를 위해 기도하는 것이다. 우리가 인생을 살다보면 어떻게 기도해야 할지 모를 만큼 어려운 상황에 처할 때가 많지만, 우리는 성령이 하나님의 뜻에 따라 우리를 위해 기도하실 것을 확신할 수 있다.

요컨대, 내가 제안하는 세 단계는 공동체 내에서의 순종, 바울이 말하는 비밀에 비추어 성경을 묵상하는 일, 성령에 의존하는 기도 등이다. 나는 당신에게 경외하고 감사하고 기뻐하는 마음으로 이 세 가지 습관을 실천하도록 권하고 싶다.

묵상 및 토론을 위한 질문

1. 현재 당신이 몸담고 있는 사역에 대해 솔직하게 생각해 보라. 그 사역에는 성령의 역할이 얼마만큼 필요한가? 순전히 사람들의 노력과 재능으로 운영되는 부분은 얼마나 되는가?

2. 글로 기록된 율법과 성령을 통하여 사람들의 마음 판에 새겨진 율법은 어떤 상호관계가 있는가? 그런 관계에 비추어 당신이 속한 공동체가 영성 형성을 "어떻게" 추진하고 있고 그 바람직한 모습을 어떻게 이해하고 있는지 이야기해 보라.

3. 한 공동체가 영성 형성과 거룩함을 지향하면서도 각 사람의 삶에서 행하는 성령의 독특한 사역이 들어설 여지를 남겨놓을 수 있는가? 이는 구체적으로 어떤 모습을 지니겠는가?

4. 영성 형성에 헌신하는 공동체는 성령 안에서 어떻게 하나님의 임재를 경험하는가? 성령이 일할 수 있도록 문을 열어놓기 위해서는 어떤 조치를 취할 필요가 있는가? 주로 어떤 일들이 성령의 사역을 밀어내는가?

추천도서

Joel C. Elowsky ed. *We Believe in the Holy Spirit. Ancient Christian Doctrine*, vol. 4. Downers Grove, IL: InterVarsity, 2009.

싱클레어 어 B. 퍼거슨, 『성령』(*The Holy Spirit: Contours of Christian Theology*), 한국 IVP, 1999.

고든 스미스, 『예수의 음성』(*The Voice of Jesus: Discernment, Prayer and the Witness of the Spirit*), 한국 IVP, 2007.

10장

성경과
영성 형성

리처드 애버벡(Richard E. Averbeck)

제10요소 | 영성 형성은 하나님의 권위 있고 믿을 만한 계시인 성경에 바탕을 두고 있다. 우리의 으뜸가는 진리의 원천인 성경은 역사상 범세계적으로 출현한 영적 훈련의 용도와 영성 모델에 대한 평가지침을 제공한다.

설명 | 성경은 하나님의 특별 계시인 만큼, 우리는 영성 형성을 공부하고 연습하고 가르칠 때 성경에 의존하고 성경에 맞출 필요가 있다(스 7:10; 딤후 3:15-17). 성령께서 성경을 통해 우리에게 개인적으로 또 공동체적으로 역사할 때, 성경은 살아 있고 활력이 있어 우리 마음과 삶을 침투하고 노출시키고 변화시키는 일을 한다(히 4:12-13). 성경은 우리를 영적 훈련으로 초대하고 또 그 용도를 잘 보여주는데, 이는 하나님 나라와 세상에서 잘 사는 방법과 수단과 은혜로 초대하는 것이다(수 1:8; 마 11:28-30). 다양한 전통과 민족적 배경에 바탕을 둔 역사적인 영성 모델들과 오늘날의 모델들은 성경의 가르침에 부합하는 한, 우리의 생각과 진보를 자극하는 면에서 귀중한 자원이 될 수 있다.

✢

우리는 성경을 경배하지 않는다. 우리는 성경을 통해 우리에게 자신을 계시하신 하나님을 경배한다. 우리가 성경을 아주 진지하게 여기는 것은 바로 그런 이유 때문이다. 성경은 우리가 예배하는 하나님이 계시하신 말씀이다. 내가 주님을 알게 된 것은 1969년 가을 대학생활을 막 시작한 때였다. 당시는 히피가 등장하고 예수 운동이 일어나던 시기였는데, 양자 모두 나와 관계가 있었다. 나는 히피는 아니었지만 그들과 같이 인생에 대해 절망감과 무의미함을 느끼고 있었다. 내가 처음으로 예수님을 알고 믿는 것에 관해 들었을 때, 나는 바로 그것이 내가 그동안 찾고 있었던 것임을 금방 알아차렸다. 나의 경우, 주님께 나아오는 일은 지옥을 피하는 것과는 거의 관계가 없었고, 무엇을 위해 또 누구를 위해 살 것인가 하는 삶의 목적과 관련이 있었다.

당신이 누군가를 사랑하면 그 사람의 말을 진지하게 받아들인다. 나는 위스콘신의 한 목장에서 자랐기 때문에 농학을 공부하고 있었다. 그런데 얼마 지나지 않아 예수님을 알고 섬기는 일을 제외하고 모든 것에 대한 흥미를 잃어버렸다. 그것은 곧 성경 공부, 기도, 다른 신자들과의 교제, 복음 전도를 중심으로 한 생활을 의미했다. 그러다가 구약성경은 히브리어로, 신약성경은 그리스어로 기록되었다는 것을 알게 되면서 자연스럽게 그리스어와 히브리어를 배워야겠다는 생각이 들었다. 그로부터 오래지 않아 나는 그 언어들을 배우기 위해 성경 대학으로 전학했다. 거기서 내 아내 멜린다를 만났다. 이왕 내친걸음에 우리는 신학교로 진학하여 결국 구약과 고대 근동학 박사과정을 밟게 되었다.

신명기 6장의 위대한 쉐마는 "이스라엘아 들으라(히브리어로 *shema*) 우리 하나님 여호와는 오직 유일한 여호와이시라"(4절)는 선언과 함께 시작한다. 그리고 훗날 예수님의 첫 번째 큰 계명으로 알려지게 된 말씀(마 22:37-38)이 곧바로 따라온다. "너는 마음을 다하고 뜻을 다하고 힘을 다하여 네 하나님 여호와를 사랑하라"(5절.)[1] 여기에는 분열된 충성심이 들어설 자리가 없다는 뜻이 내포되어 있다. 우리는 다른 어떤 신이라도 경배할 의무가 없다. 그 다음에 나오는 구절이 바로 이 장의 주제이다. "오늘 내가 네게 명하는 이 말씀을 너는 **마음에 새기라**"(6절, 강조체는 추가한 것). 우리가 진정으로 하나님을 사랑하면 그분의 말씀이 우리의 마음에 새겨질 것이다. 우리는 그 말씀에 온통 몰입하게 되리라. 따라서 우리는 자녀들에게 아주 자연스럽게 하나님의 말씀에 관해 이야기하게 될 것이다(7절). 그것은 우리가 세상에서 영위하는 삶의 지침이 될 것이다(8-9절). 이에 대해 예수님은 이렇게 말씀하셨다. "나의 계명을 지키는 자라야 나를 사랑하는 자니 나를 사랑하는 자는 내 아버지께 사랑을 받을 것이요 나도 그를 사랑하여 그에게 나를 나타내리라"(요 14:21).

두 번째로 큰 계명은 "네 이웃을 네 자신 같이 사랑하라"는 것이다(마 22:39; 레 19:18을 보고 19:34도 참고하라. 특히 마 7:12에 나오는 황금률도 보라). 그렇다, 성경은 우리를 향한 하나님의 사랑과 거꾸로 그분에 대한 우리의 사랑에 관한 책이다. 그러나 동시에 우리가 남에게 사랑받고 싶은 대로 남을 사랑하는 것에 관한 책이기도 하다. 예수님의 말씀처럼 "이 두 계명이 온 율법과 선지자의 강령이다"(마 22:40). 궁극적으로 성경은 하나님과 우리의 관계 및 우리끼리의 관계를 모두 다루는 책이다. 성경은 하나님이 우리와 좋은 관계를 맺기 원하고 또 우리가 서로 좋은 관계를 맺기 원하기 때문에 존재하는 책이라고 할 수 있다.

이 장에서 논의할 내용은 크게 두 부분으로 나뉜다. 첫째 부분은 우리는 성경에 나오는 영성 형성에 대해 생각할 것이다. 여기서 우리의 관심사는 성경에 따르면 영성 형성이 무엇이며 구체적으로 어떻게 작동해야 하는지를 명확하게 이해하는 일이다. 여기서 주안점은 다음 두 가지다. 첫째, 이 장의 서두에서 선언한 것처럼 성경은 영성 형성에 관한 믿을 만한 신적 계시를 담고 있다. 우리는 성경으로부터 영성 형성에 관한 진리를 알 수 있다. 사실상 성경은 무엇보다도 이 진리를 다루는 책이다. 둘째, 하나님의 말씀에 계시된 영성 형성의 목표는 우리의 마음과 삶을 예수 그리스도의 형상에 따라 형성하는 것(변화시키는 것)이며, 바로 그것이 하나님 아버지의 뜻이다. 성경 전체는 영적 훈련에 관한 내용을 포함하여, 어떤 식으로든 개인적인 그리고 공동체적인 영성 형성에 기여하도록 고안되어 있다.

이 장의 두 번째 부분은 영성 형성에서 성경의 역할을 다룰 것이다. 이 대목에서는 초점을 실제로 영성 형성 작업을 하는 데 있어서 성경을 사용하는 방법과 수단에 둘 것이다. 여기서의 주안점은 다음 세 가지다. 첫째, 본래 신적 계시로서 성경의 기록을 지도한 성령은 우리로 하여금 그 기록된 계시의 영향을 받게 하기 위해 개인적으로 그리고 공동체적으로 우리 속에 거한다. 이를 가리켜 "조명"이라고 부른다. 둘째, "영적 독서"라고 불리는 성경 읽기 방식이 있다. 이런 독서 방법을 제대로 이해하고 실천할 필요가 있는데, 이것은 기본적인 공부와 해석을 우회하지 않으면서도 한 개인이나 그룹이 성경의 특정한 말씀이나 구절을 개인의 삶이나 신앙 공동체에 적용하는 법을 깊이 묵상하는 것이다. 셋째, 성경은 또한 영성 형성의 분별에서 으뜸가는 권위를 갖고 있기 때문에 다양한 역사적이고 현대적인 이론들과 영성 형성의 행습 그리고 그 배후의 신학을 평가하는 역할을 한다.

성경에 나오는 영성 형성

내가 지난 몇 년 간 TACT 팀과 함께 일하면서 가장 고맙게 생각했던 것 중 하나는 영성 형성을 성경적 관점에서 이해하려는 변함없는 태도였다. 처음부터 우리는 우리의 주요 요소들을 "영성 형성의 성경적인 서술"이라고 불렀다. 우리는 하나님과 성령이 우리와 세계, 그리고 특히 영성 형성에 관한 진리를 담은 믿을 만하고 권위 있는 하나님의 계시인 성경을 기록하는 데 영감을 불어넣었다는 사실을 굳게 믿었다.

우리는 하나님이 다른 방식으로도 자신을 계시했다는 사실을 알고 있다. 예컨대, 자연과 인간의 양심과 같은 것을 통해서다. 성경은 시편 9편 1-6절과 로마서 1장 18-23절, 2장 14-16절 같은 곳에서 이런 형태의 계시를 찬양하고 있다. 인간의 창조성과 하나님의 창조세계의 아름다움을 감상하고 즐기는 일은 성령이 우리의 마음과 삶을 변화시킬 때 종종 사용하는 강력한 도구이다. 우리 가운데 때때로 하나님의 창조세계의 경이로움과 아름다움과 광대함에 압도해본 적이 없는 사람이 있는가? 사실 우리는 하나님이 창조세계를 통해 우리에게 다가오고 우리를 변화시키시는 일만으로도 이 책의 한 장을 할애할 수도 있을 것이다.

그렇지만 가장 명확한 형태의 계시는 영감을 받아 기록된 모세와 다른 선지자들의 글을 통해서 왔고, 가장 중요한 계시는 신약성경에 계시된 대로 궁극적인 선지자요 제사장이요 왕이신 하나님의 아들 예수 그리스도를 통해서 도래했다(히 1:1-3). 예를 들면, 시편 19편은 자연의 경이로움과 아름다움에 나타난 하나님의 자기 계시의 영광(1-6절)을 하나님의 율법의 광채 및 달콤함(7-11절)과 묶어준다. 성경에서 가장 긴 장인 시편 119편은 온통 하나님의 영감을 받은 기록된 말씀을 찬양하고 그 말씀이 우리에게 주는 유익을 노래하는 데 비쳐진다.

성경은 영성 형성을 위한 하나님의 계시다

성경의 영감을 다루는 중요한 신약성경의 구절은 다음 두 가지인데, 그것들은 여기에서 특별히 살펴볼 필요가 있다. 첫번째 구절은 디모데후서 3장 16-17절이다. "모든 성경은 하나님의 감동으로 된 것(그리스어로는 *theopneustos*, 문자적으로는 '하나님이 숨을 불어넣었다'는 뜻; 숨을 뜻하는 *pneus*에 주목하고 앞에서 언급한 *pneuma*를 기억하라)으로 교훈과 책망과 바르게 함과 의로 교육하기에 유익하니 이는 하나님의 사람으로 온전하게 하며 모든 선한 일을 행할 능력을 갖추게 하려 함이라" 그래서 디모데는 진실한 것을 말할 때 성경에 의존할 수 있었을 뿐 아니라, 사람들이 그리스도 예수 안에서 경건한 삶을 살도록 가르치고 권면하고 훈련할 때 성경을 신적 권위를 지닌 책으로 사용할 수 있었다. 흥미로운 점은 그가 "어려서부터" 성경을 알아왔다는 사실이다(15절). 이는 이 단락이 (적어도 일차적으로, 그리고 아주 직접적으로) 구약성경에 관해 말하고 있음을 보여주는데, 이유인즉 디모데가 어렸을 때는 신약성경이 기록되기 전이었기 때문이다. 게다가 바울이 이 단락을 쓴 것은 그의 사역이 막바지에 이르렀을 때(아마도 이것이 그가 쓴 마지막 편지였을 것이다)였고 또한 당시는 바울을 비롯한 여러 저자들이 이미 신약성경의 상당 부분을 썼을 때였음에도, 그는 구약성경 전체를 영감을 받은 책으로 보았을 뿐 아니라 그리스도인을 가르치고 지도하기에 유익한 책으로 보았다. 바울이 보기에는 구약성경 전체가 여전히 영감을 받은 책들이었던 것이다.

여기에서 우리는 바울이 신약성경을 선호하여 구약성경을 뒤로 제쳐놓은 적이 한 번도 없었다는 사실을 주목할 필요가 있다. 우리도 그렇게 해서는 안 된다. 우리의 영성 형성에는 구약성경을 포함해 성경 전체가 필요하다. 오늘날 교회가 갖고 있는 문제들 중 상당 부분은 제자도가 빠져 있기에 실제로는 "좋은 소식"이 아닌 축소된 복음이다.[2] 그러나 애초에 이런 문제가 발생한 이유 중 하나는, 실제적으로 말하자면, 우리가 축소된 정경-그것은 구약성서의 일부를 마치 부록처럼 달고 있는 신약성경에 국한되어 있다-으로 인한 문제를 갖고 있기 때문이다. 아마도 예수님이나 사도들은 이런 문제를 생각해 본 적도 없을 것이고 그냥 넘어가지도 않을 것이다.

여기에서 우리가 영성 형성에 대해 신구약 모두를 포함하는 성경적 접근의 중요성을 강조하는 이유는 다음 두 가지다. 첫째, 신약성경은 구약성경에 크게 의존하고 있는 만큼 후자가 없이 단독으로 읽어서는 안 된다. 신약성경의 모든 저자들은 그 독자들이 구약성경을 잘 알고 있고 그것을 교회의 경전으로 수용하고 있다고 가정했다. 사실 우리가 가장 초창기 교회의 성경이 다름 아닌 구약

성경-히브리어로 쓰였든지 그리스어로 번역되었든 간에-이었음을 기억할 필요가 있다. 만일 구약성경을 무시하면 신약성경을 오해할 소지가 많고 어쩌면 아예 이해하지 못할 수도 있다. 둘째, 영성 형성에 관한 성경의 가르침을 진지하게 연구해보면 그것이 구약성경의 토양에 깊이 뿌리박고 있음을 알 수 있다.[3]

성경의 신적 영감성을 이야기하는 또 다른 신약성경 단락은 베드로후서 1장 21절이다. "예언은 언제든지 각 사람의 뜻으로 낸 것이 아니요 오직 성령의 감동하심을 받은 사람들이 하나님께 받아 말한 것임이라." 이는 구약성경을 기록한 선지자들이 마치 배가 바람에 이끌려서 움직이듯이 성령의 이끌림을 받았다는 것을 말한다. 구약성경과 신약성경에 나오는 "영"이란 단어는 종종 "생기를 불어넣다"라든가 "바람"을 뜻하기도 하기 때문에 이 은유는 영감의 본질을 이해하는 데 도움을 준다. 에스겔 37장 5-6절, 9-10절, 14절과 요한복음 3장 8절을 비교해보라. 이 구절들에서 "바람," "생기를 불어넣다," 혹은 "영"으로 번역된 단어들은 모두 같은 단어다. 구약성경에 나오는 예언의 말씀은 성령의 생기에 의해 창조되었고 신적 생명력을 뿜어낸다.

베드로후서 1장 21절의 문맥에서 예언의 말씀은, 디모데후서 3장 16절과는 달리 구약성경에 국한되지 않는다. 베드로의 요점은 예수님의 변모를 목격한 사도들의 증언(벧후 1:16-18; 참고. 마 17:1-13절과 다른 병행구절들)은 "(구약성경의) 예언의 말씀을 더욱 확실하게 만드는"(벧후 1:19, NIV) 결과를 낳았고, 이 말씀이 정말로 실현될 때까지 독자들은 주의를 기울일 필요가 있다는 것이다(19절의 끝부분). 예수님은 장차 그 모든 영광과 능력을 드러내며 오실 것이다. 우리는 "성경의 모든 예언은 마음대로 해석되어서는 안 된다"(20절)는 것을 아는 가운데 예수님의 재림을 맞이할 준비를 갖춰야 한다.[4] 말하자면, 성경을 해석할 때 자기 나름의 견해를 좇을 것이 아니라 사도들의 증언을 따라야 한다는 뜻이다. 예언의 말씀을 읽을 때 아무도 자기 뜻에 따라 그저 예전의 어떤 방식으로 읽어서는 안된다. 왜냐하면 그 말씀들은 그저 예전의 어떤 방식으로 기록된 것이 아니기 때문이다. "예언은 언제든지 사람의 뜻으로 낸 것이 아니요 오직 성령의 감동하심을 받은 사람들이 하나님께 받아 말한 것임이라"(21절). 우리를 위해 신약성경에 기록된 사도들의 증언은 영감을 받아 기록된 구약성경의 예언의 말씀을 해석할 때 좇아야 할 지침이다. 그러므로 베드로후서 1장 16-21절에서는 신약의 사도들과 구약의 선지자들이 다함께 묶여있는 것이다.

베드로후서 2장 1절은 이 단락의 요점을 뚜렷이 부각시킨다. "그러나 백성 가운데 또한 거짓 선지자들이 일어났었나니 이와 같이 너희 중에도 거짓 선생들이 있으리라." 이 책의 나머지 부분은 대체로 이런 거짓 선생들의 문제와 그들의 가르침이 주는 영향을 다룬다. 선지자들과 사도들은 베드로후서 3장 2절에서도 짝을 이루고 있다. "(내가) 곧 거룩한 (구약의) 선지자들이 예언한 말씀과 주 되신 구주께서 너희의 (신약의) 사도들로 말미암아 명하신 것을 기억하게 하려 하노라." 베드로는 심지어 바울의 저술이 지닌 사도적인 권위까지 논의에 끌어들인다. 이 편지의 끝부분에서 그는 "우리 주의 오래 참으심이 구원이 될 줄로 여기라 우리가 사랑하는 형제 바울도 그 받은 지혜대로 너희에게 이렇게 썼고"(3:15)라고 썼다. 그는 바울의 글 중에는 "알기 어려운 것이 더러 있다"(16절)고 지적하면서 "무식한 자들과 굳세지 못한 자들이 다른 (구약) 성경과 같이" 바울의 글도 "억지로 풀다가 스스로 멸망에 이른다"(16절)고 말하며 그들의 경각심을 불러일으켰다. 여기서 주목할 점은 구약성경을 "다른" 성경으로 언급한 만큼 바울의 저술(암암리에 다른 사도들의 저술도) 역시 영감을 받은 성경으로 간주하고 있다는 사실이다.

영성 형성(변화)에 대한 성경적인 이해

우리는 영성 형성을 정의하고 이해하려고 할 때 신구약 성경 전체를 으뜸가는 지침으로 삼아야 한다. 영성 형성을 성경적 관점에서 정의하는 최선의 방법은 우리의 모습이 그리스도의 형상을 "본받게" 되는 과정에서 성령의 역할을 언급하는 구절들에 의거하는 것이다(갈 4:19).⁵⁾ 이에 따르면 영성 형성은 무엇보다도 성령께서 우리로 하나님의 아들 예수 그리스도의 형상을 본받게 할 목적으로 하나님 아버지의 뜻을 따라 수행하는 형성 작업이라고 할 수 있다. "성령이 하나님의 뜻대로 성도를 위하여 간구하심이니라…**하나님**이 미리 아신 자들을 또한 그 **아들**의 형상을 본받게 하기 위하여 미리 정하셨도다"(롬 8:27, 29, 강조체는 추가한 것). 그러므로 성경적으로 말하면 영성 형성은 그리스도 안에 있는 진정한 신자의 삶 가운데 성령의 임재와 능력을 통하여 이뤄지는 삼위일체 하나님의 사역이라고 할 수 있다. 우리의 몫은 성령이 행하시는 이 사역을 열심히 구하고, 환영하고, 자극하고, 협조하고, 참여하는 일이다.

영성 형성에서 성령의 사역과 우리의 노력의 상호관계를 이해하는 것이 중요하다. 우리가 노력으로 구원을 획득하는 것은 아니지만(이에 대해서는 나중에 좀 더 말할 것이다), 우리는 구원의 효과가 우리의 마음과 삶에 나타나도록 노력할 필요는 있다. 사실 우리는 변화를 받으라는 명령을 받은 사람들이다. "너희는 이 세대를 본받지 말고 오직 마음을 새롭게 함으로 **변화를 받으라**"(롬 12:2, 강조체는 추가한 것). 성경은 또한 변화의 방법과 수단에 관해서도 말하고 있다. 그러나 변화에 필요한 능력은 우리 자신의 의지나 노력이 아니라 성령에 의해 공급된다는 사실을 알 필요가 있다. 예를 들어 고린도후서 3장 18절은 "우리가…그와 같은 형상으로 변화하여 영광에서 영광에 이르니 곧 **주의 영으로** 말미암음이니라"(강조체는 추가한 것)고 말하고 있다. 즉 이 변화의 작업은 우리의 주님이신 성령께서 우리 속에서 행하는 일인 것이다.

이 점을 이해하기 위해 성경에 나오는 한 가지 예를 드는 게 좋겠다. 성령은 신적인 "바람" 내지는 하나님의 "숨"이므로("영"으로 번역된 *ruakh*라는 구약의 히브리어와 *pneuma*란 신약의 그리스어는 "바람" 내지는 "숨"이란 뜻도 갖고 있다. 예컨대, 폐렴을 가리키는 *pneumonia*라는 단어도 그런 어원을 갖고 있다) 바람에 비유될 수 있다. 이는 앞서 말한 것처럼 배를 이끌어가려고 돛을 미는 바람을 일컫는다. 바로 이것이 베드로후서 1장 21절("예언은…오직 성령의 감동하심을 받은 사람들이 하나님께 받아 말한 것임이라")에서 사용된 이미지다. 이와 똑같은 그리스어 단어는 바울이 탄 배가 바람에 "떠밀려 가는" 것을 묘사하는 사도행전 27장 15절과 17절에도 나온다. 그리고 이 히브리어 단어는 악인을 "바람(*ruakh*)에 나는" 겨와 같다고 말하는 시편 1편 4절에 사용되고 있다. 예수님은 이 이미지를 니고데모와의 대화에서 말장난하듯이 사용한 적이 있다. "바람(*pneuma*)이 임의로 불매 네가 그 소리는 들어도 어디서 와서 어디로 가는지 알지 못하나니 성령(*pneuma*)으로 난 사람도 다 그러하니라"(요 3:8).

이 예를 드는 이유는 우리 자신이 우리의 변화에 필요한 능력을 공급하지 않는다는 점을 지적하기 위해서다. 우리가 아닌 성령(하나님의 바람)이 그런 일을 하신다. 그렇지만 우리는 하나님의 영이 공급하는 능력을 포착하기 위해 돛을 올릴 수는 있다. 성경은 돛을 올리는 방법에 대해서는 아주 많은 말을 하고 있다(아래에 나오는 영적 훈련에 관한 내용을 참고하라). 어쨌든 우리는 진정한 능력이 우리 자신에게서 나온다고 착각해서는 안 된다. 마치 돛단배가 물길을 가로질러 앞으로 나아가려면 바람에 의존해야 하듯이, 우리 역시 영성 형성에서 진보를 이루려면 성령에 의존해야 하는 것이다. 우리가 돛을 올릴 수는 있지만, 아니 그렇게 하라는 명령을 받고 있지만, 바람을 불게 할 수는 없다. 이런 의미에서 우리는 처음부터 끝까지 성령에게 의존되어 있는 존재들이다. 성경이 그렇게 말하고 있다.

이 모든 것에 비춰 보면 우리는 영성 형성에 대해 (신약과 구약을 모두 포함한) 성경적인 접근을 할 필요가 있는데, 이때 성경을 성령의 인도와 능력을 받으며 사는 우리 삶의 대본으로 여기는 자세가 요구된다.[6] 옛날부터 내려오는 격언 중에 "역사(history)"는 곧 "그분의 이야기(His-story)"라는 말이 있다. 즉, 역사는 창조에서 완성에 이르는 하나님의 이야기라는 뜻이다. 이 세상에 존재하는 모든 것과 일어나는 모든 일은 보다 큰 하나님의 이야기의 일부인 셈이다. 이는 하나님의 이야기의 테두리 내에 속하지 않는 이야기는 하나도 없다는 의미이다. 따라서 집단적 차원의 인류의 이야기는 물론이고 우리 개개인의 이야기 역시 "그분의 이야기"의 일부이다. 이것을 출발점으로 삼아 성경이 무엇이며 무엇에 관한 책인지, 그리고 하나님은 성경이 우리의 삶에서 어떤 역할을 하기 바라시는지 알아보도록 하자.

첫째, 성경은 한 가지 이야기를 들려주는 권위 있는 정경이다. 하지만 그것은 그렇고 그런 옛 이야기가 아니다. 그것은 실화인데다가 더 중요한 점은 우리가 알든 모르든, 좋아하든 좋아하지 않든 우리 모두가 그것의 일부로 속해 있는 그런 이야기라는 것이다. 말하자면 우리는 그 이야기가 진행되는 과정에 합류한 셈이다. 그리고 성경은 우리가 삶에서 직면하는 일과 어떻게 그것을 가장 잘 직면할 수 있는지를 다루는 우리 인생의 대본이다. 물론 성경은 먼 과거의 오래 된 문화를 배경으로 하는 고서(古書)임에 틀림없다. 우리는 이 사실을 진지하게 고려할 필요가 있다. 그럼에도 불구하고 성경이 들려주는 이야기를 읽어보면 그것이 고대와 현대를 막론하고 모든 시대의 모든 사람이 겪는 삶의 문제들에 초점을 맞추고 있음을 알게 된다. 그런 의미에서 성경은 우리 각 사람의 개인적인 이야기와 직접 연결되어 있다.

궁극적인 의미에서 하나님의 이야기만이 유일한 참 이야기라고 할 수 있다. 결국 다른 모든 이야기들은 그 이야기의 일부이기 때문이다. 하나님의 섭리란 이런 것을 일컫는 말이다. 그 누구도 그리고 아무것도 이 대본 밖에 서 있을 수 없다. 왜냐하면 그것은 하나님 자신이 쓴 대본이기 때문이다. 또한 그분은 그 연극의 유일한 감독이다. 모든 것이 그분의 창조적이고, 섭리적이고, 전지하고, 전능하고, 직접적인 간섭의 손길 아래에 놓여 있다. 그분이 통제권을 쥐고 모든 일에 활발하게 개입하시는데, 이는 만사가 그분의 뜻에 따라 이루어지게 하기 위해서다. 잃어버린 자와 찾은 자를 막론하고 우리 모두는 그 무대의 배우들이다.

성경은 개개인의 이야기일 뿐 아니라 가족과 공동체와 신앙 공동체와 세계 전반에 관한 이야기이기도 하다. 사람들은 누구나 자기가 속한 문화와 공동체의 매트릭스와 밀접한 관계가 있기 때문에 그런 환경과 상관없이 성경을 읽을 수 없다. 개개인의 경험과 마찬가지로 공동체의 경험도 성경을 읽는 방식에 큰 영향을 미친다. 그들이 성경 이야기를 알든 모르든, 진지하게 받아들이든 않든 모든 공동체는 성경 이야기의 일부인 만큼, 성경은 공동체의 모든 차원과 경험에 의거해서 말하고 또 그것을 대상으로 말한다. 성경의 이야기를 진지하게 받아들이는 사람들은 자기들이 몸담은 문화와 복잡한 공동체의 한복판에서 신앙 공동체를 만들고 예수 그리스도 안에 나타난 하나님의 은혜를 증언한다.

둘째, 성경은 개인과 신앙 공동체 모두에게 과거에 발생한 일을 묘사할 뿐 아니라 우리가 지금 어떻게 살아야 하는지를 가르쳐 주는 규범적 성격도 갖고 있다. 즉 그것은 서술적인 면과 규범적인 면을 모두 다루는 대본인 것이다. 성경은 세계가 창조될 때부터 이제까지 언제나 사물의 진상에 관한 이야기를 들려주고 있다. 많은 계절과 차원을 지닌 우리의 생애 전체는 이 대본에 속해 있다. 한편으로는 성경을 기록하고 읽었던 고대의 상황에 주의를 기울이는 것이 오늘날 성경을 잘 읽는데 필수적인 요건이다. 어쨌든 성경은 고대의 독자들을 위해 쓰였던 책이 아닌가! 그러므로 우리는 성경이 결국 한 책으로 묶인 고대의 글 모음집이란 사실에 합당한 주의를 기울이면서 열정을 품고 엄밀함과 통찰력을 겸비하여 그것을 읽을 필요가 있다.

다른 한편으로 성경을 하나의 이야기 대본으로 읽기 위해서는 그것이 고대와 현대를 막론하고 인간의 삶 전반에 관해 말하는 내용에 주의를 기울일 필요가 있다. 그러면 성경은 우리가 텍스트를 통하여 삶의 의미를 이해하도록 도와줄 것이다. 그것은 그 텍스트와 함께 사람들을 그들이 있는 곳에서 만날 것이고, 아울러 사람들을 거기에서 마땅히 가야 할 곳으로 인도할 것이다. 물론 그 텍스트는 우리의 안내자 역할을 할 것이다. 하나의 대본으로서 성경은 우리를 잘 묘사해 주는 동시에 우리에게 필요한 규범을 제공한다. 우리는 성경을 읽을 때 이 두 가지 면을 모두 고려할 필요가 있다. 성경의 내러티브적인 틀은 하나의 이야기로 구성되어 있고, 우리 각자의 이야기는 그 이야기에서 나오는 궤도를 좇고 있다. 그러므로 이 이야기는 우리가 영위하고 있는 삶에 관한 교훈을 준다. 그리고 그 속에 담긴 이야기들은 제각기 나름대로 우리에게 교훈을 제공한다. 성경에는 물론 다른 문학 장르도 있고, 그 모든 것은 나름대로 우리에게 가르침을 준다. 예컨대, 율법은 명령하고, 의례는 재연하고, 시는 정교하게 표현하고, 잠언은 훈련하고, 종말론은 소망하는 역할을 한다. 이 모든 장르는 가르침을 주고 또 우리의 삶에서 일하시는 하나님의 사역에 중요하지만, 그것들이 가르치는 방식은 내러티브와는 다르다.[7]

우리 모두가 알다시피 때로는 어떤 텍스트의 역사적인 의미를 파악하는 일이 굉장히 어렵다. 석의상의 어려움도 많고 해석도 분분하다. 때로는 아무리 노력해도 어느 구절이나 단락의 전반적인 의미나 구체적인 취지를 알 수 없는 경우가 있고, 그로 인해 그것을 어떻게 실천해야 할지 모르기도 한다. 그렇지만 보통은 완전히 극복할 수 없는 문제는 아니어서 문맥과 역사적 맥락에 비추어 그 텍스트의 기본적인 뜻 및 중요성과 관련하여 어느 정도 타당한 결론에 도달할 때도 적지 않다. 더구나 성경은 우리가 누구인지, 우리가 어떻게 하나님의 이야기에 들어 맞는지, 우리가 어떻게 살아야 하는지 등 중요한 사항에 대해서는 아주 분명하게 말하고 있다. 진짜 문제는 그런 것들을 이해하는 것이 아니고, 그것들을 믿고 그것에 헌신하고, 그것을 우리의 일상생활과 연계시켜 실제로 그에 따라 사는 일이다.[8] 그러므로 이 장의 두 번째 부분은 영성 형성에서 성경을 사용하는 법으로 이어진다.

영성 형성과 성경의 사용

잘 알려진 것처럼, 포스트모던 문화의 한 가지 특징은 "거대담론에 대한 불신"이다.[9] 오늘날은 다원주의가 대세이다. 개인적인 이야기가 다른 모든 것을 지배하는 만큼, 당신에게 진리인 것이 나에게는 진리가 아닐 수도 있다.

대본적 성경신학(a scriptive biblical theology, 성경을 인생을 위한 하나님의 대본으로 여기는 신학-편집자 주)은 성경의 이야기를 깊이 꿰뚫고 들어가 그것이 개인과 공동체들의 개별적 경험들을 설명하는 방식을 아주 잘 보여준다. 그로 인해 거대 담론에 대한 그들의 불신은, 성경이 개인과 가정과 공동체의 경험을 설명하고, 또 지금 그런 경험을 하고 있는 이들에게 심오하고 의미 있는 길을 제시해 주는 방식이 지닌 강력한 힘에 의해 극복된다. 들을 귀가 있는 자들과 볼 눈이 있는 자들은 지속적으로 새롭게 되는 개인적인 삶, 지금 여기에서 하나님 나라의 백성과 교제하는 새로운 공동체의 삶, 어둠에 둘러싸인 세상 한복판에서 빛으로 존재하는 새로운 선교 사역 등에도 부름을 받고 있다. 하나님의 이야기로부터 흘러나오는 빛은 우리를 통해서도 세상 속으로 들어간다. 어쨌든 우리의 삶도 그 이야기의 연장선상에 있기 때문이다.

영성 형성에서의 조명

"조명"은 성경의 저술에 영감을 준 성령이 우리 속에 내주하는 신적인 위격으로서 어떻게 개인적으로 그리고 공동체적으로 성경을 통해 우리에게 영향을 미치는가 하는 문제다. 성령은 성경을 통해 우리의 삶을 조명해 주고 이로써 우리가 그에 따라 살도록 동기를 유발시킨다.[10] 이 용어는 시편 119편 105절과 같은 구절들, 곧 하나님의 말씀을 "내 발에 등이요 내 길에 빛"이라고 묘사한 대목들로부터 유래한 것이다. 신약성경에도 바울이 하나님께 "지혜와 계시의 영"을 에베소 교인들에게 주도록 기도하고, 그들의 마음의 눈을 "밝혀" 달라고 간구하는 에베소서 1장 17-18절(참고. 고후 4:4) 같은 단락들이 있다.

조명은 우리의 인생의 빛인 하나님의 말씀 안에 있는 하나님의 이야기에 관한 것이다. 태초에 하나님이 "빛이 있으라" 하시니 "빛이 있었다"(창 1:3). 하나님이 그저 말씀만 했는데 그대로 된 것이다. 이 창조의 말씀은 하나님의 아들의 성육신을 통하여 그 모습을 완전히 드러낸다.

태초에 말씀이 계시니라 이 말씀이 하나님과 함께 계셨으니 이 말씀은 곧 하나님이시니라…만물이 그로 말미암아 지은 바 되었으니 지은 것이 하나도 그가 없이는 된 것이 없느니라 그 안에 생명이 있었으니 이 생명은 사람들의 빛이라 빛이 어둠에 비치되 어둠이 깨닫지 못하더라(요 1:1, 3-5)

이어서 요한은 성막과 성전 속에 영광의 구름이 거하는 구약성경의 패턴(출 40:34-38, 참고. 레 9:22-24; 16:1-2; 왕하 8:10-11)을 끌어온다. "말씀이 육신이 되어 우리 가운데 거하시매(즉, '성막을 치시매') 우리가 그의 영광을 보니 아버지의 독생자의 영광이요 은혜와 진리가 충만하더라"(요 1:14). 하나님의 말씀이신 예수께서 우리 가운데 "성막을 치신" 것이다.

예수님은 대제사장적 기도에서 이 영광을 우리에게 넘겨주셨다. "내게 주신 영광을 내가 그들에게 주었사오니 이는 우리가 하나가 된 것 같이 그들도 하나가 되게 하려 함이니이다"(요 17:22). 이제 우리는 우리 안에 그리고 우리 가운데 계신 성령을 통해 이 땅에 그분의 영광을 비추는 통로이다.

주는 영이시니 주의 영이 계신 곳에는 자유가 있느니라 우리가 다 수건을 벗은 얼굴로 거울을 보는 것 같이 주의 영광을 보매 그와 같은 형상으로 변화하여 영광에서 영광에 이르니 곧 주의 영으로 말미암음이니라(고후 3:17-18, 참고. 고후 3:7-16; 4:6-7, 16-18; 5:5)

우리가 우리의 창조주요 구속주이신 하나님을 예배하고 섬길 때 우리는 실제로 이 세상을 비추는 하나님의 영광이 된다. 우리는 빛나는 하나님의 영광이 내주하는 하나님의 성전이다. 우리 개개인도 하나님의 성전이고(고전 6:19-20) 믿음의 공동체도 마찬가지다(고전 3:16-17; 엡 2:19-22; 3:14-21).

영성 형성과 영적 독서

성경은 우리의 삶의 변화에 있어 주된 지침의 역할을 하며, 우리 안에 있는 낡고 부패한 것을 모두 뜯어내고 우리를 그리스도 예수 안에 있는 새롭고 거룩하고 살아있는 것으로 리모델링한다(예컨대, 다음 구절들에 나오는 "벗다"와 "입다"는 표현을 보라. 롬 13:11-14; 엡 4:20-25; 골 3:8-11). 성경은 이 리모델링 프로젝트에서 주요 도구로 사용되는 다양한 개인적인 영적 훈련과 공동체적인 훈련들에 대해 이야기한다. 우리는 지금 자율적인 계획이 아니라 우리가 걸을 새로운 길과 새롭게 걷는 법에 관해 말하고 있는 중이다. 이런 것들은 행위의 훈련이 아닌 영적인 훈련의 도구이다. 말하자면 삶 전체를 안팎으로 변화시키기 위해 성령의 도움을 받아 인간의 영을 훈련시키는 방법이다. 그것은 우리가 예전에 갔던 곳과는 다른 곳으로 인도하는 전혀 새로운 삶이고, 우리가 거기로 가는 것은 우리를 거기로 데려가는 예수님과 동행하고 있기 때문이다. 영적 훈련은 제대로 이해되고 실행 된다면 무슨 일이 일어나든 상관없이 우리의 삶의 한복판에서 예수님과 동행하는 방법이요 수단이다.

먼저 영적 훈련을 숨 쉬는 동작에 맞추어 두 가지 범주로 나누는 것이 좋겠다. "영"이란 단어는 "숨"이란 뜻도 갖고 있다는 점을 기억하라. 신체적 생명을 유지하기 위해 숨을 들이 쉬고 내쉬는 것처럼, 하나님과 그리고 서로와 함께하는 영적인 삶 역시 지속적인 들숨과 날숨을 필요로 한다. 이 양자 사이에는 생명을 주는 역동적 관계가 있다. ① **들숨**: 성경을 읽고 공부하고 암송하고 묵상하는 일, 고독과 침묵을 통해 하나님으로부터 숨을 들이 쉬는 것. ② **날숨**: 기도와 예배, 교제, 섬김, 선교, 성령의 열매를 맺는 삶을 통해 하나님과 다른 사람을 향해 숨을 내쉬는 것. 신체적인 숨쉬기와 마찬가지로 양자 중 어느 하나만 할 경우에는 생명을 잃고 만다. 우리는 여기와 다른 곳에 언급된 영적 훈련 각각에 대해서 수많은 성경 구절을 인용할 수 있다. 때로는 여러 훈련이 동시에 등장하는 구절도 있다. 예를 들어, 오순절 직후에 1세기 교회가 영위했던 삶을 묘사하는 구절을 생각해보라. "그들이 사도의 **가르침**을 받아 서로 **교**

제하고 떡을 떼며 오로지 **기도하기**를 힘쓰니라"(행 2:42, 강조체는 추가한 것).

이 장은 영성 형성에서 성경의 역할을 다루고 있는 만큼, 이른바 "영적 독서" 내지는 "기독교적 묵상"으로 알려진 성찰적인 성경 읽기에 초점을 맞추려고 한다. 그것은 천천히, 사려 깊게, 성경과 더불어 기도하는 것이다. 하나님 앞에서 기도하는 마음으로 성경을 읽으며, 성경의 내용을 통해 하나님이 하시는 말씀을 듣고 거꾸로 하나님께 말하는 것이다. 기독교적 묵상은 의도적으로 어느 한 구절에 머물면서 그 안에서 하나님을 만나는 훈련이다. 시편 1편은 밤낮으로 묵상하는 사람이 자신의 삶에서 환경에 좌우되지 않는 안정과 열매를 얻게 될 것이라고 한다. 그리스도인이 성경을 묵상하는 주된 목적은 하나님에 관한 더 많은 정보를 얻기 위해서가 아니라 하나님의 말씀 안에서 그분을 만나기 위해서다. 물론 묵상은 해당 구절의 의미를 발견하는 일도 포함하지만, 거기에 머물지 않고 기도하는 자세로 말씀을 듣거나 그 구절의 함의에 기초하여 주님께 반응하는 것으로 자연스럽게 이동한다.

이런 묵상은 역사적으로 여러 형태를 지녔는데 그 중의 하나는 "경건한 독서"(lectio divina)로 알려져 있는 것이다. 하지만 많은 사람은 이런 용어나 그 순서를 모르는 중에도 그 훈련을 실행해 왔다.[11] 어쨌든 유진 피터슨의 말과 같이 그것은 성령의 학교에서 "중심을 차지하는 커리큘럼"이다. 그것은 "성경 이야기 전체와 나의 이야기를 융합시키려는 의도로 행하는 독서의 방식"이다. 그러므로 영적 독서는 우리의 개인 및 공동의 이야기들을 "그분의 이야기"(His-story)의 본질과 내용에 접목시킨다. 그것은 "삶의 방식으로 구현되는 독서의 방식이다." 성경은 "영적인 글"이므로 그것을 잘 읽으려면 성경의 본질에 부합하는 방식의 "영적 독서"를 할 필요가 있다. 영적 독서는 우리의 몸과 마음과 삶 전체를 요구할 뿐 아니라 날마다 영구적으로 수행해야 하기 때문에 결코 "만만찮은 훈련"이다.[12]

이 시점에 나를 포함한 여러 사람이 직면했던 특정한 문제 하나를 다루는 것이 필요하겠다. 그것은 성경을 읽는 방식을 "영적"(spiritual) 독서와 "정보위주"(informational)의 독서로 억지로 나누는 이분법이다.[13] 안타깝게도, 영적인 독서는 종종 공부와 석의와 해석학과 신학적 성찰 등의 훈련과 대비된다. 한 번은 집단의 영적 독서에 대해 설명하던 어떤 이가, 집단적 렉티오 디비나(lectio divina)에서는 설사 어떤 사람이 해당 텍스트를 잘못 이해하고 있더라도 그에 대한 성찰은 모두 정당하다는 식으로 말했던 것이 기억난다. 또 한 번은 어느 교회의 장로가 장로회에서 발생한 갈등에 관해 이야기했던 적이 있다. 그에 따르면, 몇몇 장로들이 영적 독서에 관한 특정한 저자의 말을 인용하며 우리는 정보위주의 독서에서 사용되는 "이성적이고 인지적이고 지적인 기능"을 의도적으로 억누르고 오로지 "마음과 영"과 함께 "영적으로만" 읽어야 한다고 주장했다고 한다.[14]

이런 접근의 문제점은 성경을 읽을 때 일종의 주관주의가 개입하는 바람에 하나님께서 그 텍스트를 통해 우리에게 말씀하는 것을 분별하기보다 독자 자신의 생각과 상상에 따라 텍스트를 읽는 것이다. 사람들은 물론 자기가 서 있는 입장, 문화적·교육적·인종적 배경, 세계관, 혹은 선교적인 맥락에 입각하여 성경을 읽기 마련이다. 이는 자연스러운 것이므로 전혀 문제 될 것이 없다. 오히려 우리는 이렇게 서로 다른 입장을 가진 사람들을 통해 성경으로부터 새로운 것을 배울 때도 종종 있다. 우리와 다른 배경을 가진 사람들이 성경에서 우리가 예전에는 결코 보지 못했던 것을 발견하는 것이다. 우리의 제한된 삶과 경험은 성경이 말하는 무언가를 보도록 우리의 생각과 마음을 열어주지 못할 때가 있다. 왜냐하면 그런 것은 다른 입장에 서야만 눈에 들어오기 때문이다. 그런데 여기서 우리가 말하고 있는 것은 정말로 성경 속에 있는 것이지 독자의 상상이나 경험에 따라 억지로 텍스트에서 끌어낸 의미가 아니라는 점을 유념할 필요가 있다.

영적 독서에 관한 글을 쓴 저자들 중 대표적인 인물들은 진지하게 성경을 해석적으로(즉, 정보위주로) 읽는 것이 중요하다는 점을 강조한다. 리처드 피스(Richard Peace)는 심지어 집단적인 영적 독서를 계획할 때 그 시간을 두 부분으로 나누어, 먼저는 그 텍스트가 실제로 말하고 있는 것을 이해하는 데 투자하고, 다음 시간은 묵상하는 자세로 그 텍스트가 삶에 주는 영적인 영향을 경청하라고 추천한다.[15] 유진 피터슨은 그의 책 중 한 장 전체를 석의 (exegesis, 어떤 것 혹은 누군가를 설명한다는 뜻을 가진 그리스어 단어; 요1:18에 나오는 문장-예수께서 "[아버지를] 나타내셨다"-을 보라)가 필요한 텍스트로서의 성경을 다루는 데 할애했다. 그는 석의를 우리 자신의 상상이 아니라 그 텍스트와 그 속에 있는 하나님이 의도한 뜻에 "순종하는" 수단이라고 정의했다.

> 석의가 없으면 영성은 감상적인 성향을 띈다. 석의 없는 영성은 자기 탐닉적이 된다. 잘 훈련된 석의가 없으면 영성은 모든 핵심 동사들과 명사들을 내 경험에 입각해서 정의하는 개인의 언어가 되어 버린다. 그리고 기도는 결국 탄식과 더듬거리는 소리로 끝나고 만다.[16]

영적 독서는 무언가를 "덜하는" 독서가 아니라 "더하는" 독서의 방법이다. 정보위주의 독서와 영적인 독서는 서로를 조율하는 두 가지 방식으로 함께 기능할 필요가 있다. 즉 때로는 단락의 의미를 깊이 파헤치고 또 때로는 멈춰 서서 그 단락이 우리의 삶에 주는 함의와 영향을 곰곰이 생각하는 등 양자 사이를 오가는 것이 필요하다. 그 함의를 곰곰이 생각하다보면 우리가 더 공부해야 할 필요가 있는 무언가를 깨달을 때가 있고, 거꾸로 후자가 전자로 이어질 때도 있다. 영적 독서를 할 때 우리는 지성을 제쳐놓거나 영성을 뒤에 남겨두거나 하지 않는다. 오히려 우리는 우리가 가진 모든 것과 우리 존재의 모든 것을 그 텍스트로 가져온다. 이에 못 미치는 것은 영적인 유형이든 지적인 유형이든 모두 인위적인 독서일 뿐이다.

언젠가 나는 영성 형성 사역에 몸담은 다른 지도자들과 함께 애리조나 주 피닉스의 도심지에서 전개되고 있는 네이버후드 미니스트리(Neighbourhood Ministries)를 방문해 큰 깨달음을 얻었던 적이 있다. 극심한 가난, 약물과 폭력으로 파산한 인생과 가정들, 희망이 없는 절망의 늪의 한복판에서 이뤄지는 하나님의 사역을 보고 우리는 큰 충격을 받았다. 거기서 섬기는 이들은 변혁이 일어나는 것을 직접 목격하고 또 그들 스스로 그것을 경험했다. 남을 위해 우는 것을 생생하게 체험했다. 이 모든 일이 일어나고 있는 중에 그 사역의 지도자는 그 그룹 앞에 앉아서 가난한 자에 관한 성경 구절들을 중심으로 묵상하고 토론하는 일을 추진하고 있었다. 이런 영적 독서가 진행되는 동안 나를 가장 놀라게 한 것은 그들이 그 사역을 추진하는 중에 날마다 하나님의 심정을 깊이 이해할 필요를 느끼고 있었다는 사실이다. 그들에게는 하나님의 말씀을 피상적으로 보는 것만으로는 충분하지 않았다. 진정한 선교는 하나님의 말씀에 대한 깊고도 오래 남는 공부와 묵상을 요구한다.

하나님과 그분의 말씀을 진지하게 여긴다는 것은 하나님이 그의 말씀을 통해 말하고자 하는 바를 진지하게 대한다는 뜻이다. 이는 하나님의 의도를 가볍게 여기며 성경을 읽을 때 발견하는 것을 진지하게 여기는 태도가 아니다. 하나님이 의도한 뜻을 가볍게 여기는 태도는 성경이 하나님의 계시라는 사실을 부인하는 것과 다르지 않다. 게다가 그것은 성령께서 텍스트를 통해 우리의 삶을 조명해 주는 일을 꺾어 버린다. 성령이야말로 하나님이 우리에게 하시는 말씀으로, 우리의 삶에 영향을 줄 의도로 성경에 영감을 불어넣은 분이기 때문이다. 물론 사람들이 특정한 구절의 의미를 놓고 정당하게 서로 의견을 달리하는 경우도 있다. 어느 정도의 주관성은 불가피하지만, 우리가 찾고 있는 것은 충분한 정보와 분별력을 겸비한 주관성이다.

그런데 문제가 이와 다른 방향으로 전개되기도 한다. 우리 중에는 그 어떤 종류든 "신비적인" 행습에 대해 강하게 반발하는 사람들이 있다. 영적 독서가 때로는 그런 신비주의와 연루되기도 한다. 누군가 말했듯이, "신비주의"(mysticism)는 "안개"(mist)와 함께 시작하여 "분열"(schism)로 끝난다. 그러나 결국 우리는 하나님은 여전히 우리에게 신비로 남는 여러 측면을 갖고 계신 분임을 인정하지 않을 수 없고, 날마다 그리고 순간순간 그분의 임재를 연습하는 일에도 신비로운 점이 있는 것이 틀림없다.[17] 지금 나는 오늘날 뉴 에이지 영성에 풍미하는 동양의 신비주의 전통을 이야기하는 것이 아니다. 명약관화한 사실은, 성경적인 방식으로 인간의 영에 작동하는 성령의 사역에 주의를 기울이는 합당한 기독교적 신비주의가 분명히 존재한다는 것이다.

바울은 이것을 다음과 같이 설명했다. "너희는 다시 무서워하는 종의 영을 받지 아니하고 양자의 영을 받았으므로 우리가 아빠 아버지라고 부르짖느니라 성령이 친히 우리의 영과 더불어 우리가 하나님의 자녀인 것을 증언하시느니라"(롬 8:15-16). 성령은 신자의 영 안에서 오직 신적인 영만 할 수 있는 일을 행한다. 그것은 물론 신비적인 일이지만 그렇다고 덜 실재적인 것은 아니다. 하지만 신비적인 일이 하나님의 말씀에 닻을 내리지 않을 때는 심각한 문제가 생긴다. 그러나 성령께서 주관적으로 영감을 받은 말씀을 통해 인간의 영에 행하려는 일이 무시되거나 부차적인 중요성만 가진 것으로 취급될 때에도 문제가 발생한다. 때론 성경에 대한 인지적인 이해에 몰두하는 사람들은 온통 그 일에만 주의를 기울이는 바람에 사태가 조금 주관적인 방향으로 나가면 손을 떼버린다. 그러나 하나님은 우리가 그분을 인지적으로 생각할 뿐 아니라 우리의 삶에 임하는 그분의 임재를 느끼고 경험하고 연습하도록 우리를 창조하셨다.

하나님과의 만남을 보다 충만하게 체험하는 것이 곧 기독교가 말하는 묵상이다. 그것은 성경 공부 이상의 것이고 하나님을 친히 만나는 일이다. 하나님은 그분의 말씀을 통해 그분의 영으로 말하고, 그분이 우리에게 말씀하실 때 우리는 정보 이상의 것 곧 변화를 얻는다. 그분이 우리에게 말씀하실 때는 우리의 가슴이 불타올라 예배를 드리고, 우리의 인생관이 재조정되고, 우리가 그분의 영광을 사랑하고 좀 더 그분과 같이 되기를 열망하게 된다. 시편 1편에 따르면 "주야로" 묵상하는 사람은 가물 때에도 "그 잎사귀가 마르지 아니하고" 항상 열매를 맺는 "시냇가에 심은 나무"와 같다(2-3절). 즉, 우리가 묵상을 통해 얻는 영양분은 우리가 처한 환경과 상관없이 안정과 의지할 만한 열매를 제공한다는 것이다. 이와 똑같은 용어가 여호수아 1장 8절에도 사용되고 있다. (영어성경에 나오는 책들의 배열과 다른) 3부로 된 히브리어 성경을 보면, 여호수아 1장은 토라(구약성경의 첫 다섯 권인 모세오경)와 선지서(여호수아에서 말라기까지) 간의 교차로에, 그리고 시편 1편은 선지서와 성문서(시편에서 역대기까지) 사이에 위치해 있다. 그러므로 하나님의 말씀을 묵상한다는 개념이 구약의 정경을 다함께 묶어주고 있는 셈이다.

영적 독서는 주님을 따라 가는 동안 그분과 천천히, 사려 깊게, 의식적인 교류를 나누는 행습이다. 이 렉티오 디비나는 초기 교회의 수도원 세계에 그 기원이 있으며, 이를 공식적으로 명료하게 설명한 사람은 귀고 2세(Guigo the Second)라는 12세기의 수사였다.

> 독서는 말하자면 우리 입 속에 단단한 음식을 넣는 것이고, 묵상은 그것을 씹어서 잘게 부수는 것이고, 기도는 그것을 맛보는 (그리고 삼키는) 것이고, 관조는 우리를 기쁘게 하고 원기를 회복시키는 그것의 달콤함이다(우리가 일상생활을 영위하면서 그것을 소화하는 일이다).[18]

렉티오 디비나는 다양하게 설명되곤 하지만 개인적으로 실행하든 그룹으로 하든, 대개는 다음과 같은 몇 가지 단계로 구분된다.[19] 거기에 흔히 포함되는 요소들은 다음과 같다.

1. 렉티오(*lectio*, 읽기): 10-20절 가량 되는 성경 본문을 천천히 여러 번 읽으면서 그 말씀에 귀를 기울이고 그것을 해석하라. 그 단락을 잘 이해하는 데 필요한 시간을 충분히 갖고 모든 조치를 취하라. 특히 유익한 은유와 이미지를 눈여겨 보고 곰곰이 생각하라. 357쪽에 나오는 마태복음 11장 28-30절에 대한 영적 독서를 참고하라.

2. 메디타티오(*meditatio*, 묵상하기): 그것이 당신이 처한 상황에 대해 갖는 함의라는 측면에서 그 메시지를 깊이 묵상하라. 이것은 본문의 세계 속으로 들어가서 성경을 당신의 삶을 위한 대본으로 받아들이는 것이다(성경에 대한 대본적인 접근에 관한 논의는 339-340쪽에 나온다).

3. 오라티오(*oratio*, 기도하기): 하나님의 말씀을 기도로 바꾸는 것. 본문이 당신이나 그룹의 삶에 주는 영향과 함의를 기도로 하나님께 되돌려드리는 것이다. 그러나 우리가 유의해야 할 것은 기도는 사실상 렉티오 디비나가 진행되는 전 과정을 관통하고 있다는 것이다.

4. 콘템플라티오(*contemplatio*, 관조하기): 당신이 읽은 내용을 취하여 온종일 그것을 묵상하고 기도하며, 당신의 삶과 인간관계에서 그것을 순전하고 겸손하게 살아냄으로써 그 말씀에 순종하라.

5. 콜라티오(*collatio*, 비교하기): 이 행습을 그룹으로 실행하고 있다면, 본문이 당신에게 주는 영향을 다른 사람들과 나누라(이것이 그룹으로 모일 때는 보통 2단계와 3단계 사이에 놓인다).

  때로는 영적 독서가 이 단계에 따라 진행되기도 한다. 그러나 이 과정을 좀 더 주의 깊게 살펴보면, 묵상을 하는 중에 좀 더 공부할 필요가 있는 어떤 것이 떠오를 수 있다. 또 본문을 갖고 기도하다가 추가적인 묵상이나 공부로 이어질 수도 있다. 온종일 그 메시지를 관조하다가 다시 본문을 공부하거나 묵상하거나 기도하거나 다른 사람과 토론하게 될 수도 있다. 이 모든 차원에서 성경을 읽고 살아 내는 것, 바로 그것이 우리가 성령의 능력과 인도를 받아 오늘 바로 여기에서 의도적으로 성경의 일부가 됨으로써 하나님의 이야기를 따라 잘 살아가는 하나의 방법이다.

성경을 진지하게 그리고 개인적으로 섭취하지 않고는 진정한 영성 형성이 있을 수 없다. 책임 있게 성경을 읽고 그 내용에 반응하는 일은 제자 훈련의 핵심 커리큘럼이다. 이것이 영적 독서의 모든 것이다. 이와 같은 행습은 개인적 및 공동체적 성경 읽기와 공부를 새로운 차원으로 이끌어 준다. 본문을 진지하게 주의 깊게 천천히 읽으면 우리는 그 본문 안에 계신 하나님과 함께 하는 시간을 갖게 된다. 즉, 거기에 계신 하나님과 실제로 만나는 것이다. 우리가 개인적으로나 그룹으로 성경을 묵상할 때 우리는 우리 자신의 삶을 진지하게 재고하게 된다. 그러므로 영적 독서는 우리로 하여금 하나님과 서로에게 진실한 사람이 되게 해준다. 또한 우리의 삶을 향한 하나님의 뜻을 찾기 위해 "쉬지 않고 기도하게"(살전 5:17) 해준다. 뿐만 아니라, 우리는 그 말씀을 듣고 일상생활 속으로 들어감으로써 우리의 행위와 말, 우리와 하나님의 관계, 우리 상호간의 관계에 변화가 일어나는 것을 경험한다. 성경을 읽는 한 방법인 이 훈련은 영적인 숨쉬기 운동(들숨과 날숨)을 하나로 묶어준다.

영성 형성의 평가기준으로서의 성경

끝으로, 성경은 교회의 다양한 전통에서 나온 영성 형성의 여러가지 모델들과 접근들과 고전적 본문들을 평가하는 기초가 된다. 우리는 물론 이런 전통들에 속한 소중한 것을 모두 인정하고 활용할 필요가 있다. 우리는 종종 이질적인 개념들과 모델들과 행습들을 모두 묶어서 한 덩어리로 만들고, 각 요소가 전체에 상당한 기여를 하게 되기를 바란다. 이는 통일성 속의 다양성, 아니 다양성을 지닌 통일성의 문제다. 그러나 우리가 성경적인 기독교 영성과 영성 형성에 통합시키려 해서는 안 되는 특정 종류의 영성과 영성 형성도 존재한다. 그러므로 우리는 성경을 평가기준으로 삼아 여러 전통에 속한 것들을 평가할 필요가 있다.

언젠가 나는 "모든 사람이 영성 형성을 습득한다. 문제는 어떤 것을 얻느냐 하는 것이다"라는 말을 들은 적이 있다. 그 가운데 어떤 종류는 성경적인 것에 미치지 못할 뿐 아니라 아예 기독교적이지도 않다. 내가 현재 염두에 두고 있는 것은 "새로운 영성"(New Spirituality)에[20] 관한 제임스 헤릭(James Herrick)의 책에 나오는 서구적인 영성인데, 이는 오래된 것과 새로운 것이 다 함께 뒤섞인 일련의 새로운 영성들로 구성되어 있다. 이 영성은 우리가 숨 쉬고 있는 서구 문화의 공기 속에 존재하고 있으며, 계몽주의를 포함하여 1700년대 이래 발전한 강력한 문화적 세력들, 영적인 과학과 과학적 종교를 부추긴 과학의 발달, 정신분석적인 인본주의 영성, 밀교적 영성들, 그리고 동양의 영성들(특히 불교와 힌두교)의 영향 등에 의해 신장되었다. 여기에서 우리의 관심사는 구체적으로 **기독교** 영성의 역사에서 선하고 유익한 것을 수집하여 **성경적** 영성이라는 우산 아래 정리하는 통합 작업이다.

예를 들어, 얼마 전에 나는 『그리스도를 본받아』(*The Imitation Christ*)라는 책에 나오는 한 장-"예수님과의 친밀한 우정에 관하여"-을 읽고 있었다. 이 책은 보통 15세기의 수사인 토마스 아 캠피스(Thomas á kempis)의 작품으로 알려져 있는데, 본래는 14세기의 공동생활 형제단의 창설자들의 영성에서 유래한 것이다.[21] 이 장은 다른 어떤 관계도 초월하는 예수님과의 우정관계가 지닌 가치를 설명하고 있다. "예수님을 위해 모든 사람이 사랑을 받게 하되, 예수님은 그 자체로 사랑을 받게 하라." 이 장에는 언급되고 있지 않지만 그 때 내 머릿속에 요한복음 15장이 떠올랐다. "내 계명은 곧 내가 너희를 사랑한 것 같이 너희도 서로 사랑하라 하는 이것이니라 사람이 친구를 위하여 자기 목숨을 버리면 이보다 더 큰 사랑이 없나니 너희는 내가 명하는 대로 행하면 곧 나의 친구라"(12-14절).

문득 내 친구 중에 왕-하나님의 아들이신 예수-이 있고, 그분은 내가 그의 아버지 앞에서 간구할 때 자기의 이름을 사용하도록 허락해 준다는 사실이 생각났다. 하나님 아버지는 나를 그의 자녀로 입양했고, 나는 이제 예수의 나라의 동료 상속자로 존재한다(요 15:16; 14:2-3). 게다가, 나에게는 위로부터 온 도우미(즉, 상담자 내지는 변호인)인 성령도 있다(요 15:26; 14:16-17). 흔히 도우미들은 그들이 돕는 사람보다 낮은 것으로 생각되지만, 이 도우미는 위로부터 우리를 돕기 위해 위에 서 계실 뿐 아니라 우리와 함께 그리고 우리 안에 거하고 있다(요 14:23, 26). 나는 삼위일체와 삼위일체 특유의 유대관계를 맺도록, 그리고 예수님을 가장 친한 친구로 알고 있는 사람들과도 그런 관계를 맺도록 초대를 받았다(요 17:20-24). 『그리스도를 본받아』에 나오는 이 대목을 읽기 전에는 이런 내용이 내 가슴에 절실히 와 닿은 적이 없었다.

다른 한편, 우리는 예수님이 그분의 아버지께 대제사장적 기도를 드릴 때 자기를 아는 모든 사람이 하나가 되게 해달라고 간구했던 것을 기억할 필요가 있다. "아버지여…우리가 하나가 된 것 같이 그들도 하나가 되게 하려 함이니이다 곧 내가 그들 안에 있고 아버지께서 내 안에 계시어 그들로 온전함을 이루어 하나가 되게 하려 함은 아버지께서 나를 보내신 것과 또 나를 사랑하심 같이 그들도 사랑하신 것을 세상으로 알게 하려 함이로소이다"(요 17:21-23). 참된 신자들이 하나가 되는 것은 우리 주님에게는 결코 사소한 일이 아니다. 마찬가지로, 사도 바울 역시 유대인과 이방인을 나누던 벽이 무너져서 이제는 두 교회가 아닌 한 교회만 있다는 사실을 매우 중요시했다(엡 2:11-18). 우리는 또 다른 방식으로 그 벽을 다시 세우지 않도록 주의할 필요가 있다. 교회는 한 거룩한 성령의 전이다. 그 토대는 사도들과 선지자들이며, 예수님은 그 모퉁잇돌이다(엡 2:19-22). 이 성전은 일정한 규모를 갖고 있고, 그리스도의 사랑의 영광으로 가득 차 있어서 "하나님의 모든 충만한 것"으로 충만하다(엡 3:19, 20-21절도 보라). 우리는 "평안의 매는 줄로 성령이 하나 되게 하신 것을 힘써 지켜도록"(엡 4:3) 부름을 받았는데, 그것은 "몸이 하나요 성령도 한 분이시니…한 소망 안에서…주도 한 분이시오 믿음도 하나요 세례도 하나요 하나님도 한 분이시니 곧 만유의 아버지시라 만유 위에 계시고 만유를 통일하시고 만유 가운데 계시기" 때문이다(엡 4:4-6). 교회는 오랫동안 하나가 되지 못하는 바람에 그 온전함과 신뢰성에 심각한 상처를 입었다. 우리는 이 점에 대해 크게 우려해야 마땅하다.

다른 한편, 우리는 진리를 희생시키면서 하나됨을 추구하면 안 된다. 성경은 창조로부터 1세기 교회에 이르는 하나님의 믿을 만하고 권위 있고 교훈적인 이야기를 담고 있으며, 더 나아가 장차 이뤄질 완성을 내다보고 있다. 1세기와 장차 도래할 완성 사이에는 계속 진행 중인 이야기가 있으며, 이 역시 하나님의 이야기에 속한다. 우리는 바로 지금 그 이야기의 일부로 살아가고 있다. 사실은 모든 사람(과 모든 사건)은 그들이 그것을 알든 모르든, 이것을 좋아하든 좋아하지 않든 그 이야기의 일부이다. 신약성경 시대 이후의 교회사는 기독교 영성의 이야기를 포함하고 있다. 그런데 문제는 교회사의 이런 측면을 읽어보면 여러 원리들과 행습들이 "뒤섞여" 있어서 일부는 성경적 영성과 영성 형성의 우산 아래 잘 들어맞지만, 또 그렇지 못한 것들도 있다는 사실이 드러난다.[22] 이 역시 우리가 우려할 만한 사안이다.

가짜 영성을 인식하는 최선의 방법은 참된 신조에 익숙해지는 것이다. 첫째, 우리가 찾는 하나 됨은 우리의 공로가 전혀 없이 오직 예수 그리스도를 믿음으로 은혜에 의해서만 구원을 받는다는 복음(엡 2:8-9)에 온전히 의존한다. 이것만으로도 역사적으로 "기독교"라는 미명 하에 풍미했던 많은 것들이 제거된다. 그동안 "믿음 중심"의 기독교와 상반되는 "공로 중심"의 기독교-공식적인 형태와 대중적인 형태를 막론하고-에 이와 관련된 혼동이 너무나 많이 있었다. 그러나 두 번째로, 이 문제에는 다른 측면도 있다. 구원은 전적으로 믿음을 통해 은혜로 받는 것이지만, 우리가 여기서 말하는 은혜와 믿음은 또한 우리를 그리스도 예수 안에서 새롭게 창조하여 결국 그분의 제자로 살게 하는 그런 것이다(엡 2:10). 우리는 행동하는 진정한 믿음을 통해 하나님의 은혜에 의해 개조되는 셈이다. 하나님이 우리를 위해 계획했고 또 우리에게 따르도록 명한 새로운 삶의 방식이 존재한다.

예수님은 그것을 마태복음 11장 28-30절에서 이렇게 표현했다. "수고하고 무거운 짐 진 자들아 다 내게로 오라 내가 너희를 **쉬게** 하리라 나는 마음이 온유하고 겸손하니 나의 멍에를 매고 내게 배우라 그리하면 **너희 마음**

이 쉼을 얻으리니 이는 **내 멍에는 쉽고** 내 짐은 **가벼움**이라"(강조체는 추가한 것).[23)] 쉼과 멍에는 보통은 함께하지 않는다. 아니, 정반대되는 것처럼 보인다. 멍에는 일하는 짐승(말이나 황소)의 목에 채우는 마구의 일부로서 어떤 짐을 운반하거나 당기게 하기 위한 것이다. 일은 쉼의 반대편에 있다. 아니, 그렇게 보인다. 그런데 예수님은 "수고하고 무거운 짐 진 자들"을 부르는 이 단락에서 이 둘을 함께 묶어놓았다. 그들은 피곤해서 쉼이 필요하다는 것은 알지만 멍에로 무거운 짐에 묶여 있어서 도무지 쉴 수 없는 사람들이다. 예수님은 마음(영혼)의 쉼에 관해 말하고 있었다. 그분은 또한 우리에게 새로운 멍에를 매고 삶의 회복을 꾀하라고 초청하고 계신다. 이 멍에는 쉽고 가벼운 것이며 우리가 예수님으로부터 배우는 것이다. 이로써 우리는 예수님과 동일시되어 그 안에서 쉼을 얻는다. 그분이 그 멍에 안에 우리와 함께 있기 때문이다. 우리는 우리가 예수님 안에서 누구인가를 성경을 통해 알고 있고, 우리가 그분의 것이고 그분이 우리의 것이라는 믿음에 입각하여 살아간다.

또한 우리는 우리가 인생의 짐에 눌려 있다는 것을 알고 있다. 여기서 예수님은 문자적인 의미에서 신체적인 멍에와 짐에 대해 이야기하고 있는 것이 아니다. 하지만 우리가 수고하고 무거운 짐을 지고 있다는 사실은 사람들의 얼굴과 일상생활만 보면 금방 알 수 있다. 우리가 고뇌와 염려를 수반하는 질병이나 노동이나 관계상의 어려움으로 인해 신체적인 고통에 시달리고 있든 그렇지 않든, 우리의 마음은 피곤하고 삶은 힘겹다. 그래서 우리는 탄식한다(롬 8:18-26). 여기서 예수님이 그리고 계신 그림과 제공하고 계신 초대는 그분의 온유하고 겸손한 마음에서 나오는 것이다. 인생의 짐에 억눌린 사람은 누구나 예수께 나와서 자기에게 필요한 쉼과 다른 멍에, 곧 그 짐이 가볍기 때문에 쉬운 멍에를 얻을 수 있다. 인생의 짐은 본래 지긋지긋할 만큼 무겁도록 되어 있는 것은 아니다! 하나님은 결코 그렇게 되도록 의도한 적이 없다. 우리는 어수선한 삶을 피할 수는 없지만 마음의 쉼은 얻을 수 있다.

우리는 우리의 힘겨운 멍에와 무거운 짐을 예수님의 쉬운 멍에와 가벼운 짐과 교환할 수 있다. 예수님은 온유하고 겸손한 분이라 우리에게 너무 많은 짐을 지우지 않고 우리의 원기를 회복시켜 의미 있는 인생을 살게 하신다. 우리의 주님으로서 그분은 주인이긴 하지만 온유한 주인이다. 가장 힘겨운 짐은 우리 자신의 타락으로 인해 스스로 짊어지는 것들이다. 우리는 그분의 견습생으로서 이 초대에 따라 인생을 사는 법을 그분에게서 배운다. 이것이 바로 회복이다.

복음이 언제나 모든 사람에게 좋은 소식인 이유는 그리스도 안에서 우리에게 주어진 쉼을 미처 향유하지 못하는 구석이 우리에게 있기 때문이다. 로마서 8장이 말하듯이, 모든 피조물이 탄식하고 있지만-우리 역시 그 한복판에서 탄식하고 있다-성령께서 우리와 함께 탄식하고 또 우리를 위해 아버지께 탄식하기 위해 바로 그곳에서 우리를 만나신다. 그리고 아버지의 계획은 우리로 예수 그리스도의 형상을 본받게 하려는 자신의 선한 뜻에 따라 모든 것을 이루는 것이다(롬 8:26-29). 달리 표현하면, 그분의 목표는 예수님이 마태복음 11장에서 제공한 쉼이 우리의 마음과 삶 깊숙이 스며들게 함으로써 우리가 어수선한 삶의 현장에서도 하나님과 사람들을 잘 사랑하게 하는 것이다. 이런 삶은 마태복음 22장 34-40절에 나오는 예수님의 가장 큰 두 계명을 실천하는 것이며,[29] 이는 그 명에가 어떤 모습이고 어떤 느낌을 주는지를 가장 잘 요약해주고 있다. 우리가 예수님과 동행하고 그분의 형상으로 변화할 때는 하나님과 사람들을 사랑하는 일 이외에는 의미 있는 것이 하나도 없다.

영성 형성을 잘 하고 있는 사람은 인생을 미친 듯이 살지 않는다. 오늘날 영적으로 그리스도의 형상을 본받고자 하는 많은 사람은 우선 대대적인 생활방식의 개조가 필요하다. 문제는 그리스도인들 가운데도 전혀 쉼을 누리지 못하는 사람이 많다는 사실이다. 마음이 쉼을 얻으면 인생의 짐도 더 쉽고 가볍게 느껴지는데, 바로 그것이 예수님이 우리에게 제공하는 것이다. 이런 쉼이 없이는 영적으로 잘 형성될 수 없는 법이다.

결론

우리가 예수 그리스도 안에 있는 쉼을 바탕으로 살아갈 경우, 영적 훈련은 더 열심히 일하는 문제가 아니다. 우리가 그리스도 안에 안식할 때, 영적 훈련은 우리에게 능력을 주는 하나님의 은혜가 우리의 일상생활에 임하도록 하는 방법이요 수단이다. 말하자면, 하나님의 성령의 바람을 포착하여 그리스도의 형상을 본받는 방향으로 나가기 위해 우리의 닻을 올리는 방법이라는 뜻이다. 이것이 우리가 쉼을 얻기 위해 짊어져야 할 멍에이다. 우리가 마음의 평안을 얻으려면 삶의 목적이 필요하다. 성경의 여러 곳에서 이런 영적 훈련에 대한 우리의 참여를 명령하고, 묘사하고, 설명하고, 예증하고, 또한 효과적인 것으로 입증하고 있다. 우리가 보다 규칙적으로, 그리고 진실한 자세로 의미를 추구하며 이런 훈련을 한다면, 비록 계속해서 많은 좌절과 몸부림을 경험하기는 하겠지만, 우리는 그리스도 안에서 성숙하도록 해주는 영적인 삶과 형성의 리듬을 얻게 될 것이다.

그렇다, 종종 삶의 현실이 우리를 엉망진창으로 만들지라도, 그리스도 안에서 사는 삶은 그런 어려움을 통해 점차 성장하게 된다(롬 5:3-4; 약 1:2-7). 예수의 제자인 우리에게는 어려운 상황 속에서 영적 훈련에 몰입할 때에만 배울 수 있는 귀중한 교훈이 있다. 어느 의미에서는, 인생 그 자체가 하나의 학교이고, 우리가 인생을 통해 배우는 것은 인생살이의 와중에서 우리를 자유롭게 해주는 그런 훈련을 얼마나 잘 하느냐에 달려 있다. 이 자유는 그리스도 안에 있는 우리의 정체성에 대한 깊은 인식과 함께 시작된다. "이제 그리스도 예수 안에 있는 자에게는 결코 정죄함이 없고"(롬 8:1), 아무 것도 "우리를 우리 주 그리스도 예수 안에 있는 하나님의 사랑에서 끊을 수 없다"(롬 8:39).

묵상 및 토론을 위한 질문

1. 당신은 이 장에서 영적 훈련에 관한 글을 읽었다. 당신은 성경을 중심으로 하는 훈련들과 그렇지 않은 훈련들 사이에서 얼마나 균형을 맞추고 있는가? 어느 쪽으로든 균형을 잃으면 어떤 위험이 뒤따르는가?

2. 당신의 사역 현장에서 성령이 성경을 사용하여 사람들의 마음을 새롭게 하는 것을 목격한 적이 있는가? 있다면 구체적으로 이야기해 보라.

3. 한 공동체가 어떻게 성경을 통해 하나님의 부르심을 해석하고 이해할 수 있는가? 성경은 서술적 성격과 규범적 성격을 모두 갖고 있기 때문에 성경에 따라 개개인과 공동체의 영성 형성을 평가할 때 어떤 어려움이 있는가?

4. 일반적으로 단순한 성경공부에서 영적 독서로 발전하는 데는 어떤 어려움이 있는가? 당신이 영적 독서로부터 받는 영향은 성경공부의 경우와 어떻게 다른가?

5. 오늘날은 권위를 거부하는 시대다. 이런 시대에 당신이 섬기는 신자들에게 성경이 그들의 성품 형성에 꼭 필요한 권위 있는 목소리라는 것을 어떻게 알릴 수 있는가?

추천도서

Jan Johnson, *Study and Meditation*. Downers Grove, IL: InterVarsity, 2003.

Mario Masini, *Lectio Divina: An Ancient Prayer That Is Ever New*. Translated by Edmund C. Lane, S. S. P. New York: Alba House, 1998.

Richard Peace, *Contemplative Bible Reading: Experiencing God Through Scripture*. Colorado Springs, CO: NavPress, 1998.

유진 피터슨, 『이 책을 먹으라』(*Eat This Book: A Conversation in the Art of Spiritual Reading*), 한국 IVP, 2006.

후기

앨런 앤드루스와 크리스토퍼 모튼
(Alan Andrews with Christopher Morton)

예상컨대, 목사들과 교회 지도자들은 이 책을 읽은 후 이런 질문을 던질 것 같다. "우리 교회에서는 이것을 구체적으로 어떻게 실행할 수 있는가?" 영성 형성의 요소들에 대해 이야기하는 것과 그것을 어느 지역교회에서 현실로 만드는 일은 별개의 문제다. 그리스도를 본받기 위한 영적 훈련은 지역적인 신앙 공동체의 풍토에 잘 접목되어야 한다. 그렇지 않으면 그것은 별로 쓸모가 없을 것이다.

3년 전, 나는 동역자들과 함께 열두 달 동안 40개도 넘는 교회를 방문한 적이 있다. 대다수의 경우, 우리는 교회의 지도자 그룹과 한나절이나 반나절을 보내며 영성 형성의 요소들에 관해 토론했다. 우리의 목적은 교회의 구체적인 현실을 고찰하고 "영성 형성을 추구하는 교회"로 발전시키려면 어떤 조치가 필요한지를 확정하는 것이었다. 그것은 나에게 놀라운 배움의 경험이었다.

지역교회에서 열심히 활동하는 것은 나에게는 새로운 경험이 아니다. 나는 성장하는 시기에 지역교회에 푹 빠져서 살았었다. 중·고등부 부장, 장로, 위원회의 의장, 소그룹 사역의 리더 등 다양한 역할을 수행했다. 아울러 주일학교에서도 가르쳤고 여러 강단에서 설교를 하기도 했다. 그러나 이런 경험은 내가 여행을 하면서 다양한 교회 지도자들과 만나서 배운 것과는 거리가 멀었다.

나는 내가 모르는 것이 얼마나 많은지 깨닫고 고개를 숙였다. 그리고 각 지역교회는 나름의 문화와 DNA가 있다는 사실을 거듭해서 상기해야 했다. 아울러 사실상 모든 목사들이 하나님의 영광을 위해 자기 교회가 최상의 모습을 지니도록 간절히 열망하는 좋은 사람들임을 알게 되었다. 그런 지도자들과 교류하는 동안 우리는 우리가 영성 형성을 추구하는 교회를 발전시키기 위한 어떤 공식을 발견할 수 없을 것이란 사실을 금방 알아챘다. 필요한 것은 방향을 설정해 주는 지도 원리들과 상당 기간에 걸쳐 시행착오를 통해 발전할 실행과정이었다.

신자들 속에 그리스도의 형상을 빚어내려고 신앙 공동체를 섬기는 일은 결코 만만한 작업이 아니다. 이 수고를 사도 바울은 이렇게 묘사했다. "나의 자녀들아 너희 속에 그리스도의 형상을 이루기까지 다시 너희를 위하여 해산하는 수고를 하노라"(갈 4:19). 영성 형성은 하나의 프로그램이나 테크닉이 아니라 각 공동체마다 독특성을 지닌 신중하고 수고로운 과정이다.

이 후기에서 우리는 지도 원리 몇 가지를 소개할 생각이다. 영성 형성을 추구하는 교회를 발전시키는 데 필요한 사항을 자세히 설명하는 일은 다음 기회로 미루어야겠다. 하지만 TACT 그룹은 적어도 기본 방향이라도 제시하여 이 책을 읽는 많은 지도자들에게 실질적인 도움을 주는 것이 필요하다고 생각한다.

제1 지도 원리 | 영성 형성은 신자들이 의도적으로 개인적인 영성 개발, 공동체 형성, 선교 활동에 관여할 때 이루어진다. 영성 개발의 이 세 가지 측면은 따로따로 분립시키면 안 되고 유기적으로 연결되어야 한다.

설명 | 영성 형성의 기초는 믿음이다. 하나님의 선하심과 은혜에 대한 믿음이 없으면 우리는 무력한 존재이다. 그런데 믿음의 문제는 유진 피터슨이 프리드리히 니체의 글에서 인용한 말대로 "같은 방향으로 오랫동안 순종하는 것"

이다.[1] 우리가 하나님을 신뢰한다면, 우리는 영성 형성을 추구하게 되어있다.

그리스도의 형상을 본받는 일은 세 가지 차원에서 일어난다. 첫째, 우리는 의도적으로 개인적인 영성 개발에 관여한다. 이는 여러 영적 훈련-공부, 기도, 고독, 예배, 금식 등-을 통해 하나님과의 관계를 주도적으로 개발하는 일이다. 이런 훈련은 그 자체가 목적이 아니고, 우리가 하나님의 은혜로 그분에게서 배우고 그 음성을 들을 수 있도록 준비시키는 역할을 한다. 영적 훈련을 연습하는 것은 한마디로 영적으로 지혜롭게 되는 것이다.

둘째, 우리는 다른 신자들과 더불어 공동체 안에 살 때 그리스도의 형상을 본받게 된다. 우리가 가르침, 칭찬, 보호를 받고, 그리스도 안에서 우리가 누군지를 발견하는 일은 공동체 안에서 일어난다. 공동체의 기본 원리는 "나와 더불어 하나님과 타인을 신뢰하는" 능력이다. 우리가 그리스도 안에서 성장하는 데는 환경도 중요한 역할을 한다. 그리고 건강한 공동체에서는 환경을 잘 해석하는 법을 배울 수 있다.

셋째, 우리는 이 땅에서 진행되는 예수님의 선교에 합류할 때 그리스도의 형상을 본받게 된다. 흔히 우리는 영적으로 상당히 성장한 뒤에야 선교에 참여할 만한 능력을 받을 것이라고 생각한다. 이것이 어느 정도는 사실이지만(우리 모두가 늘 부족한 사람이라는 사실을 염두에 두어야 한다) 선교가 우리를 성장시키는 것도 사실이다. 하나님은 우리가 주위 사람들과 그분의 선교에 참여할 때 우리 자신에 관한 중요한 교훈을 가르쳐 주신다.

이 세 가지 차원은 제각기 따로 수행되는 게 아니라 반드시 유기적으로 수행되어야 한다. 이 세 차원이 상호작용할 때, 그 효과는 기하급수적으로 늘어나기 때문이다.

제2 지도 원리 | 영성 형성을 추구하는 교회의 중심에는 예수님과 그의 나라가 있다. 성경은 그리스도 중심적인 책이다. 예수님의 주된 메시지는 하나님 나라가 가까웠고 우리에게 열려있다는 것이었다.

설명 | 우리는 좋은 소식이 절실히 필요한 타락한 세상에 살고 있다. 우리는 예수님의 손과 발로서 그 나라의 백성답게 살아야 한다. 그러므로 모든 신자는 이 세상에서 그분의 사랑과 현존을 보여 주려고 애써야 한다.

영성 형성을 추구하는 교회의 리더로서 우리는 또한 달라스 윌라드가 말한 이른바 "하나님의 능동적인 보살핌"[2]이라는 것이 현존하고 있음을 가르치고 전파할 책임이 있다.

영성 형성을 추구하는 모든 교회는 섬기는 일, 사람들에게 능력을 부여하는 일, 하나님 나라의 백성다운 삶, 하나님 나라를 모든 의사소통의 중심으로 삼는 가르침과 설교 등에 헌신한 리더십을 갖추고 있어야 한다. 예수님은 하나님 나라가 가까웠다고 선포했고, 하나님 나라에 들어가면 영생을 바라보는 놀라운 눈이 열릴 것이라고 전파했다. 교회의 지도자들은 계속해서 성령의 능력을 힘입어 예수님의 메시지를 전파할 책임이 있다.

영성 형성을 중시하는 교회가 모이는 것은 하나님 나라를 전파하고 그 나라의 왕을 예배하기 위함이다. 그 교회가 흩어지는 것은 저항이 심한 곳에서 어둠을 물리치고 하나님 나라의 빛을 가져옴으로써 그 나라를 확장시키기 위함이다.

우리는 두 나라가 서로 충돌하는 세상에 살고 있다. 종종 치열한 전투가 벌어지는 듯이 보여도 하나님 나라는 확장되고 있다. 예수님의 핵심 메시지는 그의 나라가 움직이고 있는 중이고, 하나님의 백성은 영생에 참여하는 특권을 받았다는 것이다. 현재 어둠은 쫓겨나는 중이고, 하나님의 빛이 진격하고 있다.

제3 지도 원리 | 영성 형성을 추구하는 교회는 잃어버린 자, 연약한 자, 가장 작은 자의 토양에 굳게 뿌리박고 있어야 한다.

설명 | 예수님은 "인자가 온 것은 잃어버린 자를 찾아 구원하려 함이니라"(눅 19:10)고 말씀하셨다. 누가복음 15장이 분명히 밝히듯이 우리는 잃어버린

동전이고, 잃어버린 양이며, 잃어버린 아들이다. 오직 우리를 찾으러 오는 사랑의 하나님만이 절박한 상황에서 우리를 구출할 수 있다. 우리를 위해 늘 주도권을 잡는 분은 바로 하나님이다.

교회의 우선적인 기능 중 하나는 모든 종류의 토양에 늘 하나님의 말씀의 씨를 심는 일이다. 우리는 열심히 토지를 경작하며 하나님 나라의 씨를 심는 농부와 같다. 지도자는 물론이고 모든 신자는 길을 잃은 사람들과 부지런히 관계를 맺으라는 부르심을 받고 있다. 그러나 이것은 잃어버린 자를 찾는 일 이상의 의미가 있는 부르심이다. 예수님은 사회적인 예절을 무시하면서까지 하나님 나라를 널리 전파했다. 작은 자가 천 명을 이루겠고 약한 자가 강국을 이룰 것이다(사 60:22). 복음은 죄수와 마음이 상한 자와 슬퍼하는 자를 위한 것이다. 예수님은 양팔을 벌리고 당시에 환영을 받지 못했던 자들-가난한 자, 절름발이, 맹인 등-을 끌어안았다.

하나님 나라의 단순한 원리는 회개하고 믿고 예수님을 좇는 것이다. 누구든지 이 초대에 응하면 그 나라에 들어갈 수 있다. 영성 형성을 추구하는 교회는 복음의 씨앗을 사회의 가장 연약하고 가장 작은 자들 사이에 확실히 뿌려야 한다. 마태복음 25장 34-46절은 최후의 심판이 우리가 굶주린 자와 목마른 자와 헐벗은 자에게 어떻게 행했는가와 밀접한 관계가 있다는 것을 분명히 하고 있다.

그렇다, 복음은 모든 사람을 위한 것이다. 하지만 종종 이것은 자기들이 환영을 받지 못한다고 느끼는 사람들을 위한 것임을 의미한다. 예수님의 시대에 그분을 가장 강력하게 반대했던 자들은 기득권자들이었다. 우리는 교회의 문을 교회 안으로 들어오고 싶은 모든 사람에게 늘 열어두어야 한다. 많은 경우, 영생을 경험할 필요가 있는 사람들은 우리 가운데 가장 연약한 자들(가난한 자, 특별한 필요가 있는 자)이다. 우리는 그들을 찾아서 우리 공동체로 영접해야 마땅하다.

나는 교회 지도자들이 이 지도 원리에 가장 강력한 반대를 표명하는 모습을 자주 본다. 그들은 이미 자신들에게 맡겨진 짐이 충분히 무겁다고 느낀다. 그래서 잃어버린 자를 의도적으로 찾는 책임을 더하는 것은 한계를 넘어서는 것이라 생각한다. 이에 대해 나는 신약의 교회에서 이 지도 원리에 반대할 만한 성경적 근거를 찾을 수 있는 지도자는 아무도 없을 것이라고 응답한다. 물론 맞는 말이다. 오늘날 교회의 구조를 보면 잃어버린 자를 찾아 나선다는 것이 무척 어려운 일이다. 그러나 문제는 필요 이상의 압력을 가하는 것에 있지 않고 교회의 구조와 교회에 대한 기대에 있다. 하나님 나라의 공동체는 본래 잃어버린 자와 깊은 관계가 있음을 명심해야 한다.

제4 지도 원리 | 영성 형성을 추구하는 교회는 하나님 나라의 문화 속에 존재하는 "생수의 강"(요7:38)으로 나아오는 모든 사람을 환영하는 은혜의 환경을 조성하려고 힘써야 한다.

설명 | 빌 스롤과 브루스 맥니콜은 이 책의 2장에서 문화가 종종 말보다 더 큰 소리를 낸다고 지적했다. 교회마다 나름의 문화가 있다. 어떤 문화는 가난한 자를 환영하지 않는다. 독신 남녀가 꼭 필요한 배려를 받지 못하는 경우도 많다. 외모, 소득, 교육수준, 인종과 같은 사회적 요소들이 우리 공동체의 문화를 좌우하기도 한다. 이 모든 것은 특정한 부류에게 그들을 환영하지 않는다고 말한다.

그러나 예수님은 모든 사람에게 동일한 메시지를 전했다. "회개하고, 믿고, 나를 따르라." 예수께서는 겸손히 자기를 배우는 자가 되라고 사람들을 초대한 것이다. 그것 외에는 아무것도 중요하지 않았다! 요한복음 7장 37-38절에서 예수님은 누구든지 목마르거든 자기에게 와서 그들의 배에서 흘러나오는 "생수의 강"을 경험하라고 외쳤다. 이 흐르는 생수를 얻는 데는 두 가지 선행조건이 있었다. 예수님을 목말라하고 그분에게 나오는 것이었다. 이를 달리 표현하면 "나와 함께 하나님을 믿으라"는 말이다. 이 얼마나 놀라운 은혜인가!

은혜와 진리는 서로 배타적인 관계가 아니다. 예수님은 "은혜와 진리가 충만한" 상태로 오셨다(요 1:14). 진리에 대한 욕구를 일으키는 것은 은혜이다. 오늘날처럼 인정을 받으려면 업적이 필요한 세상에서는 하나님의 은혜와 같은 것은 어디서도 찾을 수 없다. 그 은혜는 이렇게 말한다. "네가 내 안에 있으면 안전하다. 너는 내가 너의 최상의 유익을 위해 모든 것을 행할 것임을 믿어도 좋다. 네가 나에게 가까이 오면 내 나라에서 너의 참된 운명에 이르도록 너를 개발시켜줄 것이다."

우리는 예수께서 교회 공동체에 약속한 것을 완전히 이룰 수는 없다. 우리가 할 수 있는 최선의 일은 예수님이 약속한 것을 실질적으로 베풀려고 애쓰는 것이다. 우리는 완벽한 안전을 제공할 수는 없지만 안전한 공동체가 되려고 애쓸 수는 있다. 그리고 실패할 때는 그것을 시인하면 된다. 우리가 남의 유익을 위해 모든 것을 행할 수는 없더라도 그 목표를 향해 전진할 수는 있다. 그리고 우리가 잘못된 의도를 품을 때는 겸손하게 우리의 연약함을 적절히 다루면 된다. 예수께서 우리에게 이런 놀라운 약속들을 하셨듯이, 우리의 공동체 역시 이와 똑같은 은혜를 구성원들에게 실질적으로 베풀어야 한다.

제5 지도 원리 | 영성 형성을 추구하는 교회는 교인들에게 영성 형성을 설교하고 가르치고 그들이 실제로 거기에 참여하도록 권유해야 한다. 이는 의도적인 영성 형성이 교회의 초점이 되어야 한다는 뜻이다.

설명 | 영성 형성은 무엇보다도 하나님의 사역이다. 아무도 다른 사람을 하나님 앞에서 겸손히 깨어지게 할 수 없고, 아무도 누군가에게 하나님을 알고 싶은 열망을 불러일으킬 수 없다. 이런 것들은 오직 하나님의 은혜, 곧 기적으로만 가능하다. 하지만 이 두 가지 은혜의 선물이 있다면, 우리는 우리의 교회 안에서 유기적인 과정을 개발하여 교인들에게 그리스도 안에서 성숙할 수 있는 최고의 기회를 제공할 수 있다.

사도 바울은 "나의 자녀들아 너희 속에 그리스도의 형상을 이루기까지 다시 너희를 위하여 해산하는 수고를 하노라"(갈 4:19)고 말했다. 우리의 목표는 우리의 공동체를 구성하는 사람들의 삶 속에서 그리스도의 형상이 완전히 이뤄지는 것이 되어야 한다.

진정한 영성 형성은 모든 사람이 겸손히 예수님을 따르는 환경에서 이뤄진다. 영성 형성은 공동체와 의도적인 성품의 형성과 선교를 통해 이루어진다. 이런 맥락에서 인간관계는 서로를 빚어내는 데 필수적인 요소이다. 교회는 건강한 은혜의 환경을 조성하고 성장을 지향하는 분위기를 만들기 위해 가르침을 제공한다. 하지만 영성 형성이 생생하게 느껴지는 때는 개인적인 성경공부, 성구암송, 고독, 기도, 예배의 시간, 일대일로 만나는 시간, 소그룹으로 교제하는 시간, 다함께 선교에 참여하는 시간이다.

물론 나는 많은 목사와 교회 지도자들이 이런 내용을 읽더라도 그런 일은 현실적으로 불가능하다고 느낀다는 것을 알고 있다. 그러나 그런 일은 실제로 일어날 수 있고 또 일어난다. 다시 말하건대, 우리의 교회의 구조와 기대와 전통이 굉장한 걸림돌이 될 수 있다. 그러나 교회를 소그룹 공동체들로 분화하여 이 공동체들이 공동체 형성, 의도적인 개인적 영성 개발, 선교 사역(직업의 현장에서 이뤄지는)에 동시에 참여하게 되면 종종 해결의 실마리를 찾을 수 있다.

그렇다고 한 가지 해결책이 모든 문제를 해결한다는 뜻은 아니다. 다만 나는 영성 형성을 위해 재조직된 교회들이 아주 효과적으로 움직이고 있는 모습을 목격해왔다는 점을 이야기하고 싶을 뿐이다. 지금으로서는 의도적인 영성 형성이 영성 형성을 추구하는 교회의 초점이 되어야 한다는 것만 지적하고 싶다.

제6 지도 원리 | 사역을 위해 교인들을 구비시키는 일은 영성 형성을 추구하는 교회의 건강에 아주 중요하다.
설명 | 이 책의 저변에 깔린 한 가지 가정은 선교에 참여하는 일이 우리의 영성 형성에 매우 중요하다는 것이다. 마이클 그린(Michael Green)은 『초대교회

의 복음전도』(Evagelism in the Early Church)에서 초대 교회가 확장한 비결의 하나는 평범한 신자가 일상생활에서 "좋은 소식을 재잘거리는 것"이었다고 말했다.[3] 오늘날은 우리의 영성 형성과 복음의 진보 둘 다를 위해서 "재잘거리는 교회"가 절실히 필요한 실정이다.

에베소서 4장 11-12절은 이런 맥락에서 자주 잘못 해석되고 오용되긴 하지만, 그래도 교회 리더십의 중요한 역할이 섬김의 사역을 위해 성도들을 구비시키는 것임을 지적할 필요가 있다. 이는 지도자들이 회중들 뒤에 서서 그 공동체가 바쁘게 사역하도록 격려한다고 되는 일이 아니다. 신약성경에 나오는 지도자들은 사역 현장의 선두에 서 있는 경우가 많다. 지도자들은 모범을 보이고, 적극적으로 가르치고, 비전을 제시하고, 기회를 분별함으로써 교인을 구비시킨다. 가장 강력한 방법은 아마 본보기를 보이는 것이리라. 예수께서는 "너희에게 평강이 있을지어다 아버지께서 나를 보내신 것 같이 나도 너희를 보내노라"(요 20:21)고 말씀하셨다. 예수님이 능동적으로 사역의 모범을 보이고 제자들도 그렇게 하도록 구비시킨 것처럼, 우리 역시 교회에서 똑같은 일을 해야 한다.

우리는 우리 자신의 영성 형성에서 실제 사역의 중요성을 과소평가해서는 안 된다. 섬김의 사역을 위해 교인들을 구비시키면 이런 놀라운 영성 형성의 길이 열린다. 누가복음 10장에서 예수님은 자기가 가르친 대로 사역을 하도록 제자들을 둘씩 내보냈다. 그들은 돌아와서 하나님의 권능이 작동하는 것을 직접 목격했다고 보고했다. 그들의 경험이 그들을 변화시켰던 것이다. 하지만 그들이 먼저 예수님이 하나님 나라를 확장시키는 사역을 보지 못했더라면 그렇게 파송되는 일도 없었을 것이다.

제7 지도 원리 | 영성 형성을 추구하는 교회는 복음의 진보와 하나님의 백성의 영성 형성을 위해 새로운 하나님 나라의 지도자를 키운다.
설명 | 하나님 나라의 지도자는 이방인 지도자들과는 아주 다른 정체성을

갖고 있다(눅 22:24-27). 예수님은 다가오는 하나님 나라에서 누가 그분의 오른편에 앉을 것인지를 놓고 논쟁을 벌이는 제자들을 꾸짖었다. 이어서 하나님 나라에 존재하는 리더십을 이렇게 정의했다.

> 예수께서 제자들을 불러다가 이르시되 이방인의 집권자들이 그들을 임의로 주관하고 그 고관들이 그들에게 권세를 부리는 줄을 너희가 알거니와 너희 중에는 그렇지 않아야 하나니 너희 중에 누구든지 크고자 하는 자는 너희를 섬기는 자가 되고 너희 중에 누구든지 으뜸이 되고자 하는 자는 너희의 종이 되어야 하리라 인자가 온 것은 섬김을 받으려 함이 아니라 도리어 섬기려 하고 자기 목숨을 많은 사람의 대속물로 주려 함이니라(마 20:25-28)

이 세상의 지도자들은 대부분 개인적인 이익과 보존을 위해 권세와 권력을 행사한다. 심지어는 사람들을 섬기기 위해 자신들의 권력과 권세를 사용하는 가장 훌륭한 지도자들조차 자신들의 일차적인 정체성을 지도자의 역할에서 찾는다. 이런 권세와 권위를 포기한다는 것은 도무지 타협할 수 없는 일이다.

하나님 나라에서는 지도자들이 자신의 정체성을 지도자로서의 역할에서 찾지 않는다. 오히려 그 나라의 시민은 누구나 자신의 기본적인 정체성을 종의 역할에서 찾는다. 그 나라의 지도자들은 더욱더 그래야 한다. 그 지도자들은 리더의 역할은 주어졌다가 없어질 수도 있지만, 자신들의 일차적인 정체성이 하나님과 그의 백성을 섬기는 종이란 사실에 있음을 알고 있다. 그들은 섬기는 지도자들이 아니라 지도하는 종들인 셈이다.

하나님 나라의 지도자들은 하나님을 섬기고 그 백성의 평안을 증진하기 위해 존재한다. 그들은 모범을 보임으로써 능력을 부여하고 가르치고 지도하는 일을 수행한다. 물론 그들은 계획도 하고 비전도 제시하고 결정도 내리지만 결코 자기보존을 위해 그렇게 하는 것이 아니다. 그들의 목표는 하나님의 백성을 건강하게 하고 복음을 증진시키는 것이다. 그렇기 때문에 그들은 다음과 같은 예수님의 말씀에 담긴 의미를 잘 이해한다.

> 내가 주와 또는 선생이 되어 너희 발을 씻었으니 너희도 서로 발을 씻어주는 것이 옳으니라 내가 너희에게 행한 것 같이 너희도 행하게 하려 하여 본을 보였노라 내가 진실로 진실로 너희에게 이르노니 종이 주인보다 크지 못하고 보냄을 받은 자가 보낸 자보다 크지 못하나니 (요 13:14-16)

참된 하나님 나라의 지도자를 키우는 일은 영성 형성을 추구하는 교회의 건강과 성장에 매우 중요하다. 이런 리더들이 개발되고 배가될수록 교회도 그만큼 건강하고 성숙해진다.

제8 지도 원리 | 성경은 하나님의 백성을 묘사하기 위해 여러 은유를 사용하지만 가장 우선적인 것은 유기적인 은유들-예컨대 몸과 가족-이다.
설명 | 이 후기에서 나는 유기적인 관계의 필요성을 강조해 왔다. 내가 지역교회에서 관찰한 큰 문제 중의 하나는 교회의 구체적인 역할이나 활동들이 교회 전체와의 연관성을 결여하고 있다는 것이었다. 그 자체가 목적인 독자적인 역할들은 있으나 그런 것이 교회 전체나 복음의 진보에 별로 기여하지 못하는 경우가 적지 않다. 이런 현상은 교회의 유기적인 통일성과 가족적인 속성을 깨뜨려 버린다.

영성 형성을 추구하는 교회는 유기적 통일성을 바탕으로 부흥한다. 몸의 각 부위는 다른 모든 부위로 인해 살아간다. 그렇기 때문에 우리는 공동체와 의도적인 개인적 영성 개발과 선교가 유기적인 덩어리로 일어나야 한다고 강조했던 것이다. 교회는 본래 각 부위들과 온몸으로부터 유익을 얻는 상호의존적인 몸이 되도록 되어 있다.

교회에는 가르침, 비전 제시, 공동 기획, 건강한 은혜의 환경이 모두 필요하지만, 신자들로 하여금 공동체와 개인적인 영성 개발과 선교에 참여하게 도와주는 소규모 공동체들도 필요하다. 교회의 이 두 가지 측면이 통일성과 다양성 안에 잘 묶여있을 때, 건강한 영성 형성을 추구하는 교회로 성장할 가능성이 높아진다.

후기를 마무리하면서 독자들과 함께 영성 형성을 추구하는 교회의 비전이 어떤 것인지를 나누고 싶다. 얼마 전에 나는 브루스 밀른(Bruce Milne)이 인도하는 에베소서 연구 과정을 밟은 적이 있다. 그는 캐나다 밴쿠버에 있는 제일침례교회의 목사로 17년 동안 섬긴 뒤에 지금은 저자이자 선생으로 폭넓게 활동하고 있다.

브루스는 그 과정을 이상적인 교회의 비전 선언문과 함께 끝마쳤다. 그리고 그의 책『역동적인 다양성』(Dynamic Diversity) 역시 동일한 비전 선언문으로 끝난다. 나는 그의 꿈이 영성 형성을 추구하는 교회의 비전을 많이 반영하고 있다고 생각한다. 거기에다 나는 영성 형성의 중요한 측면들을 덧붙이고 싶지만, 그 비전의 정신과 명료성을 높이 평가하는 바이다.

나에게는 꿈이 있습니다. 온갖 피부색과 모든 인종이 함께 모여 환영과 따스함과 존엄성과 소속감을 찾을 수 있는 회중에 대한 꿈, 남성과 여성들이 삼위일체 하나님을 예배하고, 하나님이 보시기에 똑같이 귀한 자들로 다함께 섬기며, 하나님을 영화롭게 하는 면에서 모두가 똑같은 역량을 가진 그런 교회에 대한 꿈입니다.

나에게는 꿈이 있습니다. 어린이, 젊은이, 중년층과 노년층, 베이비붐 세대(1950-60년 출생), 베이비 버스트 세대(1961-80년 출생), X세대(1965-76년 출생), M세대(1978년 이후 출생) 등이 서로 존경하고 사랑하는 법을 배우고, 서로가 필요한 관계임을 아는 기독교 공동체, 다양한 부와 권력을 가진 사람들이 다함께 살고 관계하고 웃을 수 있는 공동체에 대한 꿈입니다.

나에게는 꿈이 있습니다. 싱글과 기혼 부부, 가족이 있는 기혼 부부, 편부모와 이혼한 사람이 모두 하나님과 그의 백성 앞에서 그 가치를 인정받는 하나님의 가족, 가난한 자와 부유한 자, 세련된 자와 세련되지 못한 자, 신체와 정신이 강한 자와 신체와 정신이 연약한 자가 다함께 사랑하며 사는 법을 배우고, 서로를 고마워하고 인정하는 그런 가족에 대한 꿈입니다.

나에게는 꿈이 있습니다. 성격의 차이, 다양한 영적 내력, 혹은 영적인 여정의 결여가 서로를 용납하는 데 걸림돌이 되지 않는 그런 하나님의 백성에 대한 꿈입니다.

나에게는 꿈이 있습니다. 각양각색의 모든 인류가 승천하신 주 예수 그리스도의 의식적이고 복된 통치 아래서 해방과 능력을 주는 살아있는 그의 말씀을 통해 하나가 되고, 성도들과 천사들과 더불어 예배하며 놀라운 성찬에 동참하는 꿈입니다.

그리고 나에게는 꿈이 있습니다. 이런 다채롭고 기쁨이 넘치는 가족이 성령에 휩쓸려 예배 처소에서 주변 공동체로 쏟아져 나와 양팔로 사람들을 끌어안고 그 마음속에 그들을 포용하는 모습, 가난한 자와 노숙자, 편부모와 부랑아, 에이즈 환자와 중독자 등 사랑의 사역에 필요한 모든 사람에게 보살핌을 베푸는 모습, 그리고 잃어버린 자와 외로운 자, 풍요로운 자와 권력 있는 자, 냉소주의자와 구도자, 젊은이와 늙은이, 타종교인과 무종교인, 지역 주민과 땅 끝에서 온 사람 등에게 예수님과 그분의 큰 구원의 기쁜 소식을 나누는 모습, 세상의 유일한 구원자를 높이 받들되 모든 사람을 포용하고 변화시키는 그분의 거룩한 사랑을 역동적인 다양성을 지닌 공동체의 삶으로 반영하고 입증하는 그런 모습…나에게는 꿈이 있습니다.[4]

과연 브루스가 꿈꾸는 그런 교회가 존재할 날이 있을까? 나는 그런 날이 오기를 바라지만, 중요한 것은 꿈꾸고 바라고 믿는 것을 결코 멈추지 않는 것이다. 꿈꾸고 바라고 믿는 것은 교회의 특징이다. 그런 것들이야말로 모든 영성 형성의 토대가 된다!

주

머리말: TACT가 걸어온 여정

1) Donald G. Bloesch, *Spirituality Old and New* (Downers Grove, IL : InterVarsity Academic, 2007).
2) James C. Wilhoit, *Spiritual Formation as if the Church Mattered* (Grand Rapids, MI: Baker Academic, 2008).
3) Jan Johnson, Keith J. Matthews, and Dallas Willard, *Dallas Willard's Study Guide to The Divine Conspiracy* (San Francisco: HarperOne, 2001), 107.

1장 하나님 나라의 복음과 영성 형성

1) 이 장을 집필하는 데 격려와 도움을 준 Don Simpson에게 감사드린다.
2) Thomas Gerard Weinandy, *Athanasius: A Theological Introduction* (Farnham, Surrey, U.K.: Ashgate Publishing, 2007), 130-131.

2장 은혜의 공동체

1) Daniel Goleman, Richard E. Boyatzis, and Annie McKee, *Primal Leadership* (Watertown, MA: Harvard Business School Press, 2004), 16.
2) Goleman, Boyatzis, and McKee, 6.
3) 다음 책을 보라. Bill Thrall, Bruce McNicol, John Lynch, *TrueFaced* (Colorado Springs, CO: NavPress, 2004), 68.
4) Marion Skeete와 나눈 대화에서.
5) Thrall, McNicol, Lynch, 92.
6) 이 주제들에 관해 더 알고 싶으면 다음 책들을 보라. Bill Thrall, Bruce McNicol, and John Lynch, *Bo's Café* (Newbury Park, CA: Windblown Media, 2009). 동일한 저자들이 공저한 *TrueFaced*.

3장 영적 변화의 과정

1) Dallas Willard, *The Spirit of the Disciplines* (San Francisco: HarperOne, 1991), 258. 『영성훈련』(은성, 1993).
2) Doug Greenwold, *Making Disciples Jesus' Way* (Columbia, MD: Bible-in-Context Ministries, 2007), 36.
3) Jan Johnson, Keith J. Matthews, and Dallas Willard, *Dallas Willard's Study Guide to The Divine Conspiracy* (San Francisco: HarperOne, 2001), 107.
4) Dallas Willard, "The Spirit Is Willing: The Body as a Tool for Spiritual Growth," *The Christian Educator's Handbook on Spiritual Formation*, ed. Kenneth O. Gangel and James Wilhoit (Grand Rapids, MI: Baker, 1994), 225.

5) Eugene H. Peterson, *A Long Obedience in the Same Direction* (Downers Grove, IL : InterVarsity, 1980), 30. 『한 길 가는 순례자』(한국 IVP, 2001).

6) Andy Pack의 Dallas Willard와의 인터뷰, "Kingdom Living", *Christianity and Renewal*, May 2002.

7) 많은 저자들은 영적 훈련을 서로 다른 방식으로 범주화하고 있다. 통일된 명칭도 없다. 나는 Dallas Willard가 『영적 훈련과 성장』에서 사용한 명칭을 따오기로 했다.

8) Henri Nouwen, *The Way of the Heart* (New York: Ballantine, 1981), 25–27. 『마음의 길』(분도출판사, 1989).

9) Watchman Nee, quoted in John Koessler, *True Discipleship* (Chicago: Moody, 2003), 269.

10) Howard Snyder, *The Community of the King*, 『그리스도의 공동체』(생명의말씀사, 1987).

4장 내면으로부터 시작되는 영성 형성

1) C. S. Lewis, *Mere Christianity* (New York: HarperCollins, 2001), 123. 『순전한 기독교』(홍성사, 2005).

2) 디모데후서 4:10. "Demas, in love with this present world, has deserted me" (NRSV).

3) John Wesley, *The Works of the Reverend John Wesley*, trans. John Emory (New York: T. Mason and G. Lane, 1839), 784.

4) Dallas Willard가 2004년 로스앤젤레스의 Spiritual Formation Forum에서 행한 주제 강연에서.

5) 디모데후서 3장 17절에 나오는 "온전하다"(*artios*)는 단어는 "모든 선한 일을 행할 능력을 갖추다"라는 뜻이다. 이런 능력은 기술 이상의 것이다. 이 단어는 또한 나중에 복합동사 "구비되다"로 사용되고 있는데, 이는 "기술, 완전히 준비된 상태, 잘 공급된 상태"를 강조한다.

6) 갈라디아서 4장 19절과 로마서 12장 2절, 8장 29절은 그리스어 단어인 *morphe*를 어간으로 삼아 "형상을 이루다"(formed), "변화되다"(transformed), "본받다"(conformed) 등에 관해 말하고 있다. 여기에서 영어 동사인 form이 유래되었다.

7) James R. Newby, *Elton Trueblood: Believer, Teacher, and Friend* (San Francisco: Harper and Row, 1990), 55.

8) C. S. Lewis, *The Weight of Glory* (New York: HarperCollins, 2001), as quoted in Job and Shawchuck, *A Guide to Prayer for Ministers and Other Servants*, 85. 『영광의 무게』(홍성사, 2008).

9) Franz Delitzsch, *A System of Biblical Psychology* (Grand Rapids, MI: Baker, 1977), 292 [originally published in 1855].

10) Delitzsch, 292.

11) Delitzsch, 293–294.

12) William Law, *A Serious Call to a Devout and Holy Life* (Alachua, FL : Bridge-Logos, 2008), 17.

13) Aleksandr Solzhenitsyn, *The Gulag Archipelago* (New York: Basic Books, 1997), 168.

14) Law, 50.

15) Law, 35.

16) Law, 22.

17) Dallas Willard, foreword to *Choose the Life: Exploring a Faith That Embraces Discipleship*, by Bill Hull (Grand Rapids, MI: Baker, 2004), 6.

18) Jan Johnson, Keith J. Matthews, and Dallas Willard, *Dallas Willard's Study Guide to The Divine Conspiracy* (San Francisco: HarperOne, 2001), 107.

19) 어떤 영적 훈련을 포함시킬 것인지, 영적 훈련을 어떤 범주로 나눌 것인지에 대해서는 다양한 견해가 있다. 이에 관해 더 알고 싶으면 다음 책들을 참고하라. Richard Foster, *Celebration of Discipline* (New York: HarperCollins, 1988) or Dallas Willard, *The Spirit of the Disciplines* (San Francisco: HarperOne, 1991).

20) Dallas Willard, *The Spirit of the Disciplines* (San Francisco: HarperOne, 1991), 10. 『영성훈련』(은성, 1993).

21) Dietrich Bonhoeffer, *The Cost of Discipleship* (New York: Macmillan, 1979), 69. 『진정한 사도가 되라』(보이스사, 1990).

5장 삶의 모든 영역에 걸친 변화

1) Dallas Willard, *The Spirit of the Disciplines* (SanFrancisco: HarperOne, 1991), 14. 『영성훈련』(은성, 1993).

2) Richard Lovelace, *Dynamics of Spiritual Life: An Evangelical Theology of Renewal* (Downers Grove, IL: InterVarsity Academic, 1979), 229–237.

3) Dallas Willard, *Renovation of the Heart: Putting On the Character of Christ* (Colorado Springs, CO: NavPress, 2002), 30. 『마음의 혁신』(복 있는 사람, 2003).

4) Dallas Willard, *The Divine Conspiracy* (San Francisco: HarperOne, 1998), 35ff. 『하나님의 모략』(복 있는 사람, 2000).

5) Greg Hawkins and Cally Parkinson, *Reveal* (Barrington, IL: Willow Creek Resources, 2007), 4.

6) Kent Carlson과 나눈 대화에서.

7) Sandra Wilson, *Counseling Adult Children of Alcoholics* (Dallas: Word, 1989), 268. 『알콜 중독 상담』(두란노, 1997).

8) Wilson, 268.

9) Darrell L. Guder, *Missional Church: A Vision for the Sending of the Church in North America* (Grand Rapids, MI: Eerdmans, 1998), 5.

10) George Barna, *Growing True Disciples* (Colorado Springs, CO: WaterBrook, 2001), 119.

6장 고난을 통한 영성 형성

1) Mark E. Biddle, *Missing the Mark: Sin and Its Consequences in Biblical Theology* (Nashville: Abingdon, 2005), chapter 1.

2) 다음 책을 보라. C. S. Lewis, *Out of the Silent Planet* (New York: Scribner, 2003). 『침묵의 행성 밖에서』(홍성사, 2009).

3) Robert Banks and R. Paul Stevens, eds., *The Complete Book of Everyday Christianity* (Downers Grove, IL: InterVarsity, 1997); "powers"에 관한 설명을 보라.

4) Joel Shuman and Brian Volck, *Reclaiming the Body: Christians and the Faithful Use of Modern Medicine* (Grand Rapids, MI: Brazos, 2006), 32.

5) John Piper and Justin Taylor, eds., *Suffering and the Sovereignty of God* (Wheaton, IL: Crossway, 2006), 98.

6) L. Ann Jervis, *At the Heart of the Gospel* (Grand Rapids, MI: Eerdmans, 2007), 24.

7) Jervis, 18-19.

8) Karl Barth, *The Epistle to the Romans* (Oxford, U.K.: Oxford University Press, 1968), 156. 『로마서 강해』(한들출판사, 2000).

9) Jürgen Moltmann, *The Crucified God* (Minneapolis: Augsburg Fortress, 1993), 1217.

10) Donald G. Bloesch, *Spirituality Old and New: Recovering Authentic Spiritual Life* (Downers Grove, IL: InterVarsity, 2007), 78-79.

11) Dietrich Bonhoeffer, *Dietrich Bonhoeffer: Conspiracy and Imprisonment, 1940-1945*, Dietrich Bonhoeffer Works, vol. 16 (Minneapolis: Augsburg Fortress, 2006), 284.

12) W. E. Vine, *Vine's Expository Dictionary of Old and New Testament Words* (Nashville: Thomas Nelson, 1996).

13) World PopClock Projection, http://www.census.gov/ipc/www/popclockworld.html (accessed July 17, 2009).

14) Philip Yancey, *Prayer: Does It Make Any Difference?* (Grand Rapids, MI: Zondervan, 2006), 49. 『기도』(청림출판, 2007).15) Jervis, 99-100.

16) Jervis, 129-130.

17) C. S. Lewis, T*he Problem of Pain* (SanFrancisco: HarperOne, 2001), 96. 『고통의 문제』(홍성사, 2002).

18) Piper and Taylor, 98.

19) Brennan Manning, *Abba's Child* (Colorado Springs, CO: NavPress, 1994), 37-38. 『아바의 자녀』(복 있는 사람, 2012).

20) Judith Hougen, *Transformed into Fire* (Grand Rapids, MI: Kregel, 2002), 23.

21) Jervis, 84.

22) Yancey, 100.

7장 하나님의 선교에 참여

1) 복음주의의 원로인 Carl Henry는 『복음주의자의 불편한 양심』(*The Uneasy Conscience of Modern*

    Fundamentalism), 한국 IVP, 2009.에서 이 점을 지적했다.

2) Ray Bakke가 1989년 네비게이토 선교회에서 행한 교회사 강의에서.

3) Darrell L. Bock, "About the Book" in *Luke: InterVarsity Press New Testament Commentary* (Downers Grove, IL : InterVarsity, 1994).

4) "죄인의 기도"는 본인이 죄를 범한 것을 인정하고 예수 그리스도의 삶과 죽음과 부활을 통해 가능케 된 하나님의 구원을 선물로 받게 하는 기도를 말한다. 이 기도는 종종 죄와 구속을 언급하는 로마서에 나오는 구절들을 인용하곤 한다(롬 3:23; 6:23; 10:9-10).

5) M. G. Easton, *Illustrated Bible Dictionary*, 3rd ed. (New York: Harper, 1897), s.v. "Samaritans."

6) Bock, "Discipleship: Looking to Our Neighbor, to Jesus and to God," Luke 10 passage.

7) Porter Anderson, "Study: U.S. Employees Put in Most Hours," August 31, 2001, http://archives.cnn.com/2001/CAREER/trends/08/30/ilo.study/.

8) Juliet Schor, *The Overworked American* (New York: Basic Books, 1993), 1.

9) Carl Honore, *In Praise of Slowness* (New York: HarperCollins, 2004), 4.

10) 미국 독립선언서의 전문을 풀어서 쓴 것.

11) Michael O. Emerson and Christian Smith, *Divided by Faith: Evangelical Religion and the Problem of Race in America* (Oxford, U.K.: Oxford University Press, 2000), 14.

12) Emerson and Smith, 25.

13) Emerson and Smith, 24.

14) 내장 출혈이 일어날 때 오랜 출혈을 야기하는 유전적인 출혈성 질환. 이는 응고 단백질의 결함으로 인한 것이며, 교정용 단백질이 정맥으로 주입될 때 일정한 시간 동안 정상적인 응고작용이 일어나게 된다. 이 단백질은 많은 결장이 농축된 특정 단백질을 생산하는 이른바 부분 분리(fractionation) 과정을 통해 인간의 혈장에서 추출한 것이다(factor VIII: "FVIII").

15) Eric Stolte와 나눈 대화에서.

16) Greg Paul, *God in the Alley: Being and Seeing Jesus in a Broken World* (Colorado Springs, CO: Shaw Books, 2004), 17-19.

17) *MSN Encarta Encyclopedia Online*, s.v. "Wilberforce, William," http://Encarta.msn.com/encyclopedia_761558751/William_Wilberforce.html.

8장 영성 형성의 토대로서의 삼위일체

1) Christopher Morton과 나눈 대화에서.

2) Michael Downey, *Altogether Gift: A Trinitarian Spirituality* (Maryknoll, NY: Orbis, 2000), 54-55.

3) Tertullian, *The Ante-Nicene Fathers*, vol. 3 (Peabody, MA: Hendrickson, 1994), 617; *Against Praxeaus*, 11.

4) 다음 책을 보라. Eugene H. Peterson, *Christ Plays in Ten Thousand Places* (Grand Rapids, MI: Eerdmans,

2005), 44. 『현실, 하나님의 세계』(한국 IVP, 2006).

5) Clement of Alexandria, "Who Is the Rich Man That Shall Be Saved," *The Ante-Nicene Fathers*, vol. 2 (Peabody, MA: Hendrickson, 1994), 21.

6) Thomas à Kempis, *The Imitation of Christ*, ed. Donald Demaray (Grand Rapids, MI: Baker, 1982), 11. 『그리스도를 본받아』(포이에마, 2012).

7) François Fénelon, *Christian Perfection* (New York: Harper, 1947), 43.

8) Augustine, *The Works of Saint Augustine*, vol. 3, pt. 10 (Hyde Park, NY: New City Press, 1994), 110; Sermon 350A, 21.

9) Christopher Morton과 나눈 대화에서.

10) Robert E. Webber, *The Divine Embrace* (Grand Rapids, MI: Baker, 2006), 42. 『하나님의 포옹』(미션월드라이브러리, 2007).

11) Charles Wesley, "Let Earth and Heaven Combine," *Hymns for the Nativity of Our Lord* (London: William Strahan, 1745), number 5, emphasis added.

12) Charles Spurgeon, *The Metropolitan Tabernacle Pulpit*, vol. 58 (London: Passmore & Alabaster, 1912), 184.

13) Eugene H. Peterson, "Evangelical Spirituality," *The Futures of Evangelicalism*, eds. Craig Bartholomew, Robin Parry, and Andrew West (Grand Rapids, MI: Kregel, 2003), 236.

14) Spurgeon, *The Metropolitan Tabernacle Pulpit*, vol. 9 (London: Passmore & Alabaster, 1863), 627.

15) Downey, 38.

16) Augustine, *Nicene and Post-Nicene Fathers*, first series, vol. 7 (Grand Rapids, MI: Eerdmans, 1983), 172; Homilies on John, 26.13.

17) Henri Nouwen, *Reaching Out: The Three Movements of the Spiritual Life* (Garden City, NY: Doubleday, 1975), 19. 『영적 발돋움』(두란노, 2007).

18) *The March of the Penguins*, directed by Luc Jacquet (Burbank, CA: Warner Independent Pictures, 2005).

19) Webber, 183.

20) Downey, 84.

21) Augustine, *Nicene and Post-Nicene Fathers*, first series, vol. 7 (Grand Rapids, MI: Eerdmans, 1983), 171; Homilies on the Gospel of John, 26.11.

22) *The Westminster Confession of Faith*, 29.7, http://www.reformed.org/documents/westminster_conf_of_faith.html.

23) Charles Spurgeon, 54.332, http://trevinwax.com/2007/06/09/spurgeonon-the-lords-supper (accessed August 7, 2009).

24) Augustine, *The Works of Saint Augustine*, vol. 1, pt. 8 (Hyde Park, NY: New City Press, 2005), 88; *Of True Religion*, 87.

25) Thomas Merton, *The New Man* (New York: Farrar, Straus and Giroux, 1961), 189.
26) Polycarp, *The Ante-Nicene Fathers*, vol. 1 (Grand Rapids, MI: Eerdmans, 1979), 42; *The Martyrdom of Polycarp*, 14.

9장 성령과 영성 형성

1) Thomas Aquinas, *2 Corinthians*, ed. R. Cai, C.3, lect. 3, no. 112, quoted in Yves Congar, *I Believe in the Holy Spirit*, vol. 2 (San Francisco: HarperSanFrancisco, 1983), 125.
2) Augustine, *The Works of St. Augustine: Essential Sermons*, trans. Edmund Hill, pt. 3 (New York: New City Press, 1990), sermon 22.7, 1.41-48.
3) "아들의 성육신, 그리스도의 부활과 영화, 약속된 성령의 도래가 아무 것도 변화시키지 않았고 새로운 것을 초래하지 않았다는 것은 도무지 상상할 수 없는 일이다. 그때까지는 무언가 부족한 것이 있었고 성령의 선물도 온전하지 않았다. 물론 현 시대에도 우리에게는 성령의 첫 열매밖에 없으므로 여전히 온전하지 못하다." 출처: *I Believe in the Holy Spirit*, 77쪽에 인용된 콩가르의 글.
4) Julian of Norwich, *Showings*, trans. Edmund Colledge, O.S.A., and James Walsh, S.J. (Mahwah, NJ: Paulist Press, 1978), chapter 47, 260-262; see also David Hazard, *I Promise You a Crown: A 40-Day Journey in the Company of Julian of Norwich* (Minneapolis: Bethany House, 1995), 98.
5) Julian of Norwich, *Showings*, chapter 48; see also Hazard, I Promise You a Crown, 99.
6) 이 영화는 1987년에 최고의 외국 영화로 오스카상을 받았다.
7) 인간의 죄는 예수 그리스도, 하나님의 말씀, 피조물을 향한 하나님의 완전한 사랑을 배척하는 것에 그 뿌리를 두고 있다. 이런 배척은 불순종으로 나타난다. 그리고 불순종의 행위는 흔히 개인과 공동체의 삶에 고통을 초래한다. 공동체를 통해 훈계하고 징계하고 위로하는 일은 성령의 중요한 사역이다. 교정을 촉구하는 말을 하지 않는 것은 사실상 우리의 이웃에 대한 분노의 행위이자 적대감의 표현이다. 마르틴 루터는 이렇게 말했다. "나는 분명 내 형제를 책망하고 꾸짖어야 하지만, 그에게 적대적이 되어서는 안 된다. 내가 만일 형제의 심정으로 그에게 '그리스도께서 제자들에게 말한 것처럼 이 바보야…'라고 말하면, 이는 분노의 표시가 아니라 친구 사랑의 표시이다. 왜냐하면 내가 형제의 안녕을 염두에 두고 있지 않았다면 입을 다물고 그를 그냥 내버려두었을 것이기 때문이다. 그러나 내가 입을 열어 그를 책망한다는 사실은 내가 그를 사랑하고 그의 안녕을 추구하고 있음을 시사한다. 내 형제를 교훈하고 책망하지 못하는 것이야말로 사실상 분노의 증거이기 때문이다." 출처: "Sermon on Matthew 5:20-26," *What Luther Says*, vol. 3, ed. E. Plass (St. Louis: Concordia, 1959), 1169.
8) Robert Louis Wilken, *The Spirit of Early Christian Thought* (New Haven: Yale University Press, 2003), 104-105.
9) Brother Yun, with Paul Hattaway, *The Heavenly Man: The Remarkable True Story of Chinese Christian Brother Yun* (London: Monarch Books, 2003), 311. 『하늘에 속한 사람』(홍성사, 2004).
10) Yun, 312.

11) Yun, 312.
12) David Hazard, *Your Angels Guard My Steps* (Minneapolis: Bethany House, 1998), 126; see also Bernard of Clairvaux, *Sermons for the Summer Season: Liturgical Sermons from Rogationtide and Pentecost* (Kalamazoo, MI: Cistercian Publications, 1991), CF 53.

10장 성경과 영성 형성

1) 문자적으로는 "당신의 모든 것을 다하여"라는 뜻, "당신의 모든 자원을 다하여"라는 의미로 보인다. 히브리어 성경의 아람어 번역판의 하나인 옹켈로스 탈굼(Targum Onkelos)은 여기에서 ma'amon이란 단어를 사용하고 있는데, 이는 마태복음 6장 24절에서 "금전적인 부"라는 뜻을 지닌 "맘몬"으로 음역된 그 단어이다.
2) "복음"으로 번역된 그리스어 단어가 *euangelion*으로서 문자적으로 "좋은 소식"이란 뜻이다. 이 점을 잘 확대해 설명하고 있는 다음 두 책을 추천하는 바이다.)Dallas Willard, 『잊혀진 제자도』(복 있는 사람, 2007), Bill Hull, 『온전한 제자도』(국제제자훈련원, 2009).
3) 신구약 전체의 관점에서 영성 형성의 본질과 여러 측면을 자세히 논의한 글을 보려면, Richard E. Averbeck, "Spirit, Community, and Mission: A Biblical Theology for Spiritual Formation," *Journal of Spiritual Formation and Soul Care* 1:1 (Spring 2008): 27-53.
4) 이 구절은 이제까지 학자들 사이에 많은 논쟁을 불러일으켰다. 대표적인 두 가지 해석을 소개하면 다음과 같다. (1) NIV성경은 베드로후서 1장 20절을 "성경의 모든 예언은 선지자의 개인적인 해석으로 말미암은 것이 아니다"라고 번역한다. 이는 선지자가 (성경에 기록되어 있는) **과거에** 보고 들은 것을 어떻게 해석했는지를 언급하는 말이다. (2) NRSV성경은 "성경의 모든 예언은 각자 개인적으로 해석해서는 안 된다"라고 번역한다. 이는 아무도 **현재** 자신의 인간적인 뜻에 따라(즉, 자기가 원하는 바에 따라) 예언의 글을 해석할 권리가 없다는 뜻이다. 왜냐하면 그 글은 애초에 어떤 인간의 뜻에 따라 주어진 게 아니고 하나님이 의도한 뜻과 함께 성경의 지도를 받아 주어진 것이기 때문이다(21절을 보라). 여기서는 후자의 견해를 따랐지만, 이 논쟁의 세세한 내용을 여기에서 다룰 수는 없다.
5) "영성 형성"은 "영적 성장", "성화", "제자도" 등과 비슷한 용어이므로 때로는 이런 단어들과 서로 번갈아 사용되기도 한다. 하지만 성경적인 관점에서 보면, "영성 형성"이란 용어는 성령이 우리 속에서 행하는 역동적인 사역에 더욱 주목하게 해주는 장점이 있다.
6) 지난 30여 년 동안 많은 학자들이 성경 읽기에 대한 이런 접근을 개발해왔다. 가장 최근에는 케빈 벤후저(Kevin Vanhoozer)가 다음 책에서 신학적이고 해석학적인 관점에서 이 접근을 개발한 바 있다. *The Drama of Doctrine: A Canonical Linguistic Approach to Christian Theology* (Louisville, KY: Westminster John Knox, 2005). 그는 예전에 나온 많은 저서를 참고했는데, 특히 내러티브 문학 이론 분야에서는 Hans Frei, 신학적-극적 신학에서는 Hans Urs von Balthasar, 이론적 해석학에서는 Paul Ricoeur의 저술에 기대고 있다. Meir Sternberg의 대표작인 *The Poetics of Biblical Narrative: Ideological Literature and the Drama of Reading* (Bloomington, IN: Indiana University Press, 1985)도 이 접근에 상당히 기여하고 있다. 어느 의미에서 Sternberg의 저서는 Frei의 독창적인 책, *The Eclipse of Biblical*

Narrative: A Study in Eighteenth and Nineteenth Century Hermeneutics (New Haven and London: Yale University Press, 1974)의 후속편이라고 할 수 있다. Eugene H.Peterson 역시 훌륭한 저서인 『이 책을 먹으라』(한국 IVP, 2006)에서 성경을 대본으로 읽는 것을 중요시하고 있다. 영적 독서에 대해서는 나중에 다룰 예정이다.

7) 이를테면, 다음 책들에 나오는 장르의 문제에 대한 간략한 언급을 참고하라. Sternberg, *The Poetics of Biblical Narrative*, 41-42. Vanhoozer, *The Drama of Doctrine*, 282-285.

8) Sternberg(*The Poetics of Biblical Narrative*, 48-57)는 성경을 "절대 안전한 작품"으로 보는 중요한 입장을 개발했다. 이는 학계와 같은 곳에서 가끔 볼 수 있듯이 고의적으로 "나쁜 신앙"으로 성경을 읽지 않는 한, 즉 성경 텍스트로부터 의제를 끌어내지 않고 어떤 의제를 들고 텍스트에 접근하지 않는 한, "성경은 읽기 어렵고, 제대로 읽지 못하거나 잘못 읽기는 쉽지만 반대로 읽기는 사실상 불가능하다"는 뜻이다. 그의 말대로 "전반적인 줄거리, 세계 질서, 가치 체계 등 중요한 사항들은 모든 독자들이 명백히 알 수 있다." 그러므로 텍스트의 특정 대목을 둘러싼 해석자들 사이의 많은 논쟁으로 인해 "(흔히 볼 수 있듯이) 이런 면에서 상당한 의견일치를 이루고 있다는 사실을 간과해서는 안 된다"(50-51쪽).

9) Jean-François Lyotard, *The Postmodern Condition* (Minneapolis: University of Minnesota Press, 1984), xxiv. 거대담론이란 우리의 모든 개인적, 가정적, 문화적, 공동체적인 지엽적 이야기들을 설명해주는 하나의 전반적인 내러티브를 말한다. 이 담론은 우리 모두와 우리 각자에게 삶이 왜 이런 모습인지를 설명해 준다.

10) 이 주제를 더 철저히 다룬 글을 보려면, Richard E. Averbeck, "God, People, and the Bible: A Spiritually Formative Approach to Biblical Scholarship," *Who's Afraid of the Holy Spirit? An Investigation into the Ministry of the Spirit of God Today*, eds. Daniel B. Wallace and M. James Sawyer (Dallas: Biblical Studies Press, 2005), 137-165. 을 참고하라.

11) 이 개념을 가장 잘 설명한 자료는 다음과 같다. Mario Masini, *Lectio Divina: An Ancient Prayer That Is Ever New*, trans. Edmund C. Lane, S.S.P. (New York: Alba House, 1998); Richard Peace, *Contemplative Bible Reading: Experiencing God Through Scripture* (Colorado Springs, CO: NavPress, 1998); and Eugene H. Peterson, *Eat This Book: A Conversation in the Art of Spiritual Reading* (Grand Rapids, MI: Eerdmans, 2006), 특히 1-11, 80-117. 『이 책을 먹으라』(한국 IVP, 2006).

12) Peterson, 4, 10, 90-91.

13) M. Robert Mulholland Jr.가 한 진술을 보라. *Shaped by the Word: The Power of Scripture in Spiritual Formation*, rev. ed. (Nashville: Upper Room, 2000), 61-63.

14) Mulholland, *Shaped by the Word*, 20쪽을 보라. 이 책의 이 단락에는 부주의한 진술이 상당히 많이 있다. 그래서 나중에 그는 이렇게 썼다. "나는 양자를 뚜렷이 대조시킬 목적으로 정보위주의 독서에 대한 대안을 지나치게 강조했다. 하지만 정보위주의 독서방식과 영성 형성을 위한 방식 사이에는 풍성한 상호작용이 존재한다"(61쪽). 이어서 양자 사이에 균형을 맞추는 일이 중요하다고 그는 강조한다. 이 책에는 아주 유익한 내용이 많지만, 그가 정보위주의 독서 내지는 해석적인 석의에 관해 긍정적으로 말할 때는 이미 독자들이 앞서 읽은 내용으로 인해 양자 사이의 균형을 잃은 시점이다. 『거룩한 독서』(은성, 2004).

15) Peace, 17-20을 보라; Masini, 21-22을 보라.
16) Peterson, 57-58.
17) 이 문제를 놓고 오늘날 복음주의자들이 벌이는 성경적 및 신학적 논쟁은 그리스도인의 삶에서의 모든 형태의 신비적인 경험을 사실상 부정하는 Bloesch의 입장과 이에 반론을 제기하는 Demarest의 입장이 잘 보여주고 있다. Donald G. Bloesch, *Spirituality Old and New: Recovering Authentic Spiritual Life* (Downers Grove, IL: InterVarsity, 2007). *Journal of Spiritual Formation and Soul Care* 1:1 (Spring 2008), 110-113쪽에 수록된, Bloesch의 책에 대한 Bruce Demarest의 비평.
18) Peterson, *Eat The Book*, 91, footnote 1에 인용된 Guigo the Second의 글. 강조체와 추가한 내용은 나의 것.
19) Cynthia I. Zirlott, "Lectio Divina," in *The Upper Room Dictionary of Christian Spiritual Formation*, ed. Keith Beasley-Topliffe (Nashville: Upper Room, 2003), 168-169; Masini, *Lectio Divina*, 73-100; 렉티오 디비나에 관한 지침과 실행방법은 Peace, *Contemplative Bible Reading*과 Peterson, *Eat This Book*, 79-117쪽을 참고하라.
20) James A. Herrick, *The Making of the New Spirituality: The Eclipse of the Western Religious Tradition* (Downers Grove, IL : InterVarsity, 2003). 특히 머리말(20-35쪽)과 결론(250-281쪽)에 나오는 요약과 평가 대목을 보라. 나의 간략한 요약문은 거기서 끌어온 것이다.
21) Thomas à Kempis, *The Imitation of Christ*, ed. Hal M. Helms (Orleans, MA: The Community of Jesus, 1982), 69-71.
22) 이에 대해 잘 개관한 책은 Gordon Mursell, ed., *The Story of Christian Spirituality: Two Thousand Years, from East to West* (Minneapolis: Fortress Press, 2001). 역사적 흐름들, 자원들, 이슈들을 아주 관대하면서도 분별력 있게 요약한 글로는 Bruce Demarest, *Satisfy Your Soul: Renewing the Heart of Christian Spirituality* (Colorado Springs, CO: NavPress, 1999), 255-281를 보라.
23) 이 단락을 잘 논의한 글로는 Michael J. Wilkins, *Matthew*, NIV Application Commentary (Grand Rapids, MI: Zondervan, 2004). 『마태복음』(솔로몬, 2009), 422-428, 433-434. 24. 이 두 큰 계명을 잘 다룬 책은 Scot McKnight, *The Jesus Creed* (Brewster, MA: Paraclete Press, 2004)이다.

후기

1) 다음 책을 보라, Eugene H. Peterson, *A Long Obedience in the Same Direction* (Downers Grove, IL : InterVarsity, 2000). 『한 길 가는 순례자』(한국 IVP, 2001).
2) 다음 책을 보라, Dallas Willard, *Renovation of the Heart: Putting On the Character of Christ* (Colorado Springs, CO: NavPress, 2002), 70. 『마음의 혁신』(복 있는 사람, 2003).
3) Michael Green, *Evangelism in the Early Church* (Grand Rapids, MI: Eerdmans, 2004), 411. 『초대교회 복음전도』(기독교문서선교회, 1988).
4) Bruce Milne, *Dynamic Diversity* (Downers Grove, IL: InterVarsity, 2007), 173-174. 이 "꿈"은 물론 마틴 루터 킹이 1963년 8월 28일 링컨 기념관의 계단에 서서 행한 연설에 바탕을 두고 있다.

필자 소개

앨런 앤드루스 (Alan Andrews)

미국 네비게이토 선교회 회장을 역임했고 현재는 신학 및 문화 사상가(TACT) 그룹의 대표이다. 미국 네비게이토의 여러 사역을 감독하는 전국 필드 책임자 등 오랫동안 국내외적으로 다양한 사역을 이끌었다. *Everyone Gets to Play*라는 소책자의 저자이며, 가족으로는 아내와 세 딸과 열 명의 손자/손녀가 있다. 현재 피닉스에 거주하면서 도시 사역에 종사하고 있다.

리처드 애버벡 (Richard E. Averbeck)

트리니티 신학교의 구약 및 셈족 언어 교수. 달라스 신학교와 그레이스 신학교에서 가르쳤다. 갈보리 성경 대학(B.A.)과 그레이스 신학교(M.Div.)와 드롭시 대학(Ph.D., 애넨버그 연구소), 그리고 그레이스 신학교(성경적 상담학 석사)에서 각각 공부했다. Spiritual Formation Forum의 창설자로서 대표를 역임했고, *Life and Culture in the Ancient Near East* 저널의 책임 편집자로 일했으며, 많은 글을 기고했다. 가족으로는 아내와 성인이 된 두 아들이 있다.

브루스 디마레스트 (Bruce Demarest)

덴버 신학교의 신학 및 영성 형성 담당 교수. 맨체스터 대학교에서 성경신학과 역사신학을 연구하여 박사학위를 받았다. 저서로는 *Soul Guide: Following Jesus as Spiritual Director*, *Satisfy Your Soul: Renewing the Heart of Christian Spirituality* 등이 있고, 가장 최근에는 *Seasons of the Soul: Stages of Spiritual Development*를 출간했다.

파울라 풀러 (Paula Fuller)

미국 IVF의 부회장이자 다인종 사역의 대표로 일하고 있다. 1996년부터 전임사역에 종사했으며, 경력으로는 전도 및 지역사회 개발 책임자, 샌프란시스코에 위치한 대규모 다인종 교회의 부목사 등을 역임했다. UC 버클리(재무학, BS), 스탠퍼드 대학교(MBA), 풀러 신학교(M.Div.) 등에서 공부했다. 현재는 가족과 함께 캘리포니아 주 프레몬트에 살고 있다.

마이클 글레럽(Michael Glerup)

드류 대학교에서 박사학위를 받았다. 현재 이스턴 대학교에 소재한 초기 아프리카 기독교 센터의 프로젝트 책임자로 일하고 있다. *Ancient Christian Commentary on Scripture: Ezekiel and Daniel*의 공동편집인이자 *Ancient Christian Texts* 시리즈의 담당 편집자 겸 운영팀장이기도 하다. "*Ancient Christian Wisdom for a Post-Modern Age*"에 칼럼을 기고하며, Conversations: A Forum for Authentic Transformation에 출연하기도 한다. 심리치료사이자 영성 지도자인 아내와 펜실베이니아 주 세인트 데이비스에 살고 있다.

빌 헐(Bill Hull)

미국의 Evangelical Free Church of America의 목사로 섬겨왔고, 제자도와 제자훈련, 영성 형성 분야의 주요 강사이자 주요 저자이기도 하다. 오럴 로버츠 대학교(B.S.)와 탈봇 신학교(M.Div.)에서 공부했고, 저서로는 『온전한 제자도』(국제제자훈련원) 등이 있다. 가족으로는 아내와 성인이 된 두 아들이 있다.

키스 매튜즈(Keith J. Matthews)

아주사 퍼시픽 대학교 신학대학원의 사역부 의장 겸 영성 형성과 현대문화 담당 교수. 오랫동안 전국 여러 교회에서 목회자로 섬겨왔다. 풀러 신학교의 겸임교수이기도 하다. 여러 글의 필자이며 *Dallas Willard's Study Guide to The Divine Conspiracy*의 공저자이다. 가족으로는 아내와 성인이 된 세 자녀가 있다.

브루스 맥니콜(Bruce McNicol)

재정법, 신학, 리더십, 조직개발 등 여러 분야에 걸쳐 학위를 갖고 있다. 국제적인 강사로 알려져 있으며 현재 애리조나에 본부가 있는 TrueFaced 팀의 회장으로 섬기고 있다. *The Ascent of a Leader*, *TrueFaced*, *Behind the Mask*, *The High-Trust Culture*, *Bo's Cafe* 등 여러 책의 공저자이며, 현재 아내 및 세 자녀와 함께 피닉스에 살고 있다.

키스 메이어(Keith Meyer)

미네소타 주 메이플 그로브에 있는 Church of the Open Door의 담임 목사로 17년 간 사역했다. 저서로는 *Whole Life Transformation: Becoming the Change Your Church Needs* 가 있다. 현재 Becoming The Change Ministries의 대표로 개인 및 공동체의 영성 형성 분야에서 다양한 사역을 하고 있다. 덴버 신학교의 겸임교수와 Renovare Institute for Christian Spiritual Formation의 강사로도 활동하고 있다. 웹사이트는 www.keithmeyer.org

크리스토퍼 모튼(Christopher Morton)

네비게이토 선교회에서 신학 및 문화 분야 선임 연구원이자 경제 및 재정 분야의 연구 조교로 일하고 있다. 콜로라도 주립대학교(B.S, B.A., MBA), 풀러 신학교(M.A.), 그리고 맨체스터 대학교의 나자린 신학대학(Ph.D.)에서 공부했다. 가족으로는 아내와 세 자녀가 있다.

페기 레이노소(Peggy Reynoso)

페기 레이노소와 그녀의 남편 폴은 20년 동안 멕시코에서 선교사로 일했고 현재는 샌안토니오에서 네비게이토 선교회의 히스패닉 사역을 하고 있다. 페기는 네비게이토의 전국 여성 리더십 팀의 멤버이다. 본래 네 자녀가 있었는데 딸은 19세 때 불의의 사고로 숨졌다.

빌 스롤(Bill Thrall)

베스트셀러인 *The Ascent of a Leader*와 *TrueFaced*의 공저자. 국제적인 강사이자

Leadership Catalyst의 공동창설자이기도 하다. 빌은 유명한 Phoenix Church Open Door Fellowship을 창설하여 20년간 목회자로 일했다. 그리고 성품 개발 훈련 프로그램을 개발하여 전 세계적으로 많은 남녀의 멘토로 활동하고 있다. 현재 아내와 함께 피닉스에 살고 있으며, 성인이 된 세 자녀와 아홉 명의 손자/손녀가 있다.

달라스 윌라드(Dallas Willard)
로스앤젤레스에 있는 남가주 대학교의 철학 교수. 남침례교 목사 안수를 받았으며, 『하나님의 모략』, 『마음의 혁신』(이상 복 있는 사람), 『영성훈련: 삶을 변화시키는 하나님의 방법에 대한 이해』(은성출판사), 『하나님의 음성』(한국 IVP) 등 수많은 저서와 글을 집필했다. 가족으로는 아내와 성인이 된 두 자녀와 한 명의 손녀가 있다.

옮긴이 홍병룡

연세대학교 정치외교학과와 동대학원을 졸업하고 IVP 대표간사로 일했다. 캐나다 리젠트 칼리지와 기독교학문연구소(ICS)에서 공부했으며, 호주에서 한국학을 공부했다. 옮긴 책으로는 『소명』(IVP), 『완전한 진리』, 『그리스도를 아는 지식』(복 있는 사람), 『그리스도를 본받아』(포이에마) 외에 다수가 있다.

제자도와 영성 형성

초판 1쇄 발행 2012년 9월 25일
초판 5쇄 발행 2013년 2월 15일

지은이 달라스 윌라드 외 10명
엮은이 앨런 앤드루스
옮긴이 홍병룡
펴낸이 오정현
펴낸곳 도서출판 국제제자훈련원

기획책임 김명호 **편집책임** 옥성호
편집 이혜성 **디자인** 이은교
마케팅 김겸성 송상헌 고태석 박형은 오주영 김미정

등록 제22-1240호(1997년 12월 5일)
주소 (137-865)서울시 서초구 서초1동 1443-26
e-mail dmipress@sarang.org **홈페이지** www.discipleN.com
전화 (02)3489-4300 **팩스** (02)3489-4309

ISBN 978-89-5731-582-8 03230

※ 책값은 뒤표지에 있습니다. 잘못된 책은 구입하신 곳에서 교환해 드립니다.

> 국제제자훈련원은 건강한 교회를 꿈꾸는 목회의 동반자로서 제자 삼는 사역을 중심으로 성경적 목회 모델을 제시함으로 세계 교회를 섬기는 전문 사역 기관입니다.